Das neue börsengesetzliche Regulierungskonzept für den Rückzug aus reguliertem Markt und Freiverkehr de *lege lata* und *de lege ferenda*

**Europäische Hochschulschriften Recht**

European University Studies in Law

Publications Universitaires Européennes de Droit

Band/Volume **6084**

Samuel Frommelt

# Das neue börsengesetzliche Regulierungskonzept für den Rückzug aus reguliertem Markt und Freiverkehr *de lege lata* und *de lege ferenda*

PETER LANG

**Bibliografische Information der Deutschen Nationalbibliothek**
Die Deutsche Nationalbibliothek verzeichnet diese Publikation in der Deutschen Nationalbibliografie; detaillierte bibliografische Daten sind im Internet über http://dnb.d-nb.de abrufbar.

Zugl.: Zugl.: Passau, Univ., Diss., 2018

Gedruckt auf alterungsbeständigem, säurefreiem Papier.
Druck und Bindung: CPI books GmbH, Leck

D 739
ISSN 0531-7312
ISBN 978-3-631-78004-6 (Print)
E-ISBN 978-3-631-79075-5 (E-PDF)
E-ISBN 978-3-631-79076-2 (EPUB)
E-ISBN 978-3-631-79077-9 (MOBI)
DOI 10.3726/b15654



Diese Publikation wurde begutachtet.

www.peterlang.com

*Meinen Eltern*

# Vorwort

Die vorliegende Arbeit wurde von der Rechtswissenschaftlichen Fakultät der Universität Passau im Sommersemester 2018 als Dissertation angenommen. In den Fußnoten angegebene Internet-Links sind auf dem Stand vom 21. August 2017. Auch Gesetzesänderungen sowie Literaturaktualisierungen konnten bis zu diesem Datum berücksichtigt werden.

Herzlich danken möchte ich zunächst meinem Doktorvater Professor Dr. Holger Altmeppen, der bereits während meiner Zeit als studentische Hilfskraft an seinem Lehrstuhl mein Interesse für das Gesellschafts- und Wirtschaftsrecht geweckt und mir durch das Zugestehen von Freiräumen und einer zügigen Korrektur die Anfertigung dieser Dissertation maßgeblich erleichtert hat. Mein Dank gilt außerdem Herrn Professor Dr. Michael Beurskens, LL.M. (University of Chicago), LL.M. (Gew. Rechtsschutz) für die zügige Erstellung des Zweitgutachtens.

Danken möchte ich zudem meinen Freunden Julius Brock und David Klaiber für ihre hilfreichen Anmerkungen und angeregte Diskussionen. Mein ganz besonderer Dank gilt zudem meiner Freundin, Sarah Johnen, die fachlich stets eine große Hilfe war und ohne deren Motivation und Rückhalt diese Arbeit so nicht zustande gekommen wäre. Mein allumfassender Dank gilt indes meinen Eltern, die mich zu jeder Zeit und in jeder Lebenslage unterstützt und gefördert haben und denen diese Arbeit gewidmet ist.

München, den 4. November 2018

# Inhaltsverzeichnis

# Einführung

## A. Einleitung

Das Delisting hat in der jüngeren deutschen Rechtsgeschichte eine sehr wechselhafte und kontroverse Stellung eingenommen und sich damit durchaus den Beinamen der *„unendlichen Geschichte“* verdient.[1] Es war Gegenstand mehrerer Regulierungsvorhaben auf unterschiedlichen Regulierungsebenen, von einer Nichtregelung über die Regelung in den verschiedenen BörsO bis hin zur (zunächst rudimentären) Behandlung im BörsG. Prägend war jedoch die Entwicklung innerhalb der Rechtsprechung, in der nicht nur der BGH, sondern mittelbar auch das BVerfG entscheidende Rollen spielten.

Zeitweilig wurde die Diskussion um das Für und Wider einer gesetzlichen Regelung des Delisting und dessen konkrete Ausformung zu einem regelrechten Kampf um die Attraktivität des deutschen Aktienmarkts und damit einhergehend des Wirtschaftsstandorts Deutschland generell stilisiert.[2] In der Blütezeit der Echauffiertheit wurde „Delisting“ von manchen im Zusammenhang mit vermeintlichen Verlusten von Kleinanlegern sogar als Unwort des Jahres bezeichnet.[3] Auch der Gebrauch martialischer Rhetorik (*„Dolchstoß für den treuen langfristigen Anleger“*) war anscheinend probates Mittel, seiner Meinung Gehör zu verschaffen.[4]

Die Diskussion ist nach wie vor – wenn auch nicht immer ausdrücklich – von grundsätzlichen politisch-ökonomischen Gedanken geprägt, was an manchen Stellen eine „saubere“ juristische Auseinandersetzung mit den sich stellenden Problemen in den Hintergrund rücken lässt.

Dieser scheinbar nicht enden wollenden Diskussion über die rechtlich korrekte Handhabung des Delisting hat nun der Gesetzgeber einen regulatorischen Riegel vorgeschoben. Er hat durch den von ihm neu geschaffenen Regelungskomplex in § 39 BörsG versucht, eine einheitliche und allen Interessen gerecht

---

1 *Casper*, FS Köndgen, 117.

2 Man betrachte nur den Beitrag von *Seibt* zur Diskussion im Bundestag vor Erlass des § 39 BörsG n. F. (Protokoll der öffentlichen Anhörung des Finanzausschusses vom 7.9.2015, S. 25).

3 So augenscheinlich die DSW *in persona* ihres Geschäftsführers *Tüngler*, vgl. *Bayer/Hofmann*, AG 2015, R55.

4 Auf diesen Ausdruck weisen *Apfelbacher/Decher/Hoffmann-Becking*, Börsen-Zeitung v. 26.9.2015 hin.

werdende Regelung zu schaffen. Hierbei war er sich aber bewusst, dass die Praxis ein anderes Bild zeichnen könnte, sodass die Regierungsfraktionen von CDU/CSU und SPD der Bundesregierung aufgaben, bis zum Ende des Jahres 2017 über die Erfahrungen mit der Neuregelung – insbesondere im Hinblick auf die Rechtsschutzmöglichkeiten – zu berichten,[5] was den Nährboden für die Befassung in Wissenschaft und Praxis mit der Frage nach Verbesserungsmöglichkeiten bereitete. In seiner Bestrebung, die unterschiedlichen Interessen im Wege eines Kompromisses miteinander zu vereinen,[6] hat der Gesetzgeber mit § 39 BörsG eine in ihrer Komplexität und Vielschichtigkeit allen voran im Hinblick auf die Anzahl an letztlich tangierten Gesetzen bemerkenswerte Regelung geschaffen. Bereits hieran zeigt sich, dass die Diskussion über die richtige Handhabung des Delisting keinesfalls am Ende angekommen ist, sondern sich die Streitpunkte lediglich verlagern werden.[7]

Realpolitisch sind in naher Zukunft – betrachtet man die Reaktionen aufseiten der Anlegervertreter – keine grundsätzlichen Änderungen etwa in Form einer gänzlichen Deregulierung zu erwarten, sodass eine detaillierte Beschäftigung mit dem neuen Regulierungskomplex unumgänglich sein wird und in der folgenden Arbeit angestrengt werden soll.

## B. Ziel der Bearbeitung

Die verfassungsrechtliche Behandlung des Delisting und seiner grundrechtlichen, insbesondere eigentumsrechtlichen Implikationen ist bereits an so vielen unterschiedlichen Stellen in einer so umfassenden Tiefe erfolgt, dass eine ausführliche Auseinandersetzung mit diesen Fragen anderen Werken vorbehalten bleiben soll.[8] Selbiges gilt für die einzelnen, sich stetig im Wandel befindlichen Regelungen in den verschiedenen BörsO.[9]

Die vorliegende Arbeit hat sich zum Ziel gesetzt, das neue Regulationsregime des Delisting ausführlich darzustellen sowie die Handhabung für den

---

5 Vgl. BT-Drucks. 18/6220, S. 79.

6 Die fehlende Konsequenz dieses Ansatzes kritisiert *Goetz*, BB 2015, 2691, 2693.

7 Diese Einschätzung teilt auch *Casper*, FS Köndgen, 117, 146.

8 S. hierzu beispielhaft die monographische Aufbereitung dieses Komplexes von *Kastl*, Rückzug von der Börse, S. 206 ff., mit zahlreichen weiteren Nachweisen.

9 Vgl. bzgl. der Delisting-Regelungen *Kastl*, Rückzug von der Börse, S. 122 ff.; bzgl. der früher geltenden Offenbarungspflichten *Rutz*, Delisting und Downgrading, S. 201 ff. Nach Einführung der MAR haben diese für die hier relevanten Zusammenhänge auch weitgehend an Bedeutung eingebüßt, s. hierzu ausführlich u.: Kapitel 1 B.III.1.c.bb.

Rechtsanwender zu erleichtern und verständlich zu machen. Es stellt sich dabei vornehmlich die Frage, ob es dem Gesetzgeber gelungen ist, einen sinnvollen Kompromiss zwischen den Interessen der Minderheitsaktionäre und der effektiven Durchführung des Delisting zu bewerkstelligen, die an den richtigen Stellen ansetzt und die angemessene Art und Weise des Anlegerschutzes konstituiert. Anhand dieser Fragen ist die Neuregelung zu bewerten. Dabei soll die dem Gesetzgeber gegenüber geäußerte Kritik an den entsprechenden Stellen auf ihre Berechtigung überprüft werden, indem zunächst jeweils die gesetzliche Anordnung detailliert dargestellt und deren konkrete Anwendung erarbeitet werden und – wenn erforderlich – die Änderung bzw. Ergänzung einzelner Regelungskomplex angeregt wird, um anhand dessen ein einheitliches und dogmatisch stringentes sowie praktisch sinnvoll handhabbares Gesamtgefüge zu konzipieren.

## C. Gang der Darstellung

Im ersten Teil der vorzulegenden Arbeit sollen – nach einer kursorischen Skizzierung des Aufbaus einer Börse samt ihrer Marktsegmente und den Grundlagen der Zulassung und Einbeziehung – die im Fortgang der Arbeit zugrunde gelegten Begrifflichkeiten im Zusammenhang mit dem Komplex des Delisting, die Grundlagen des Delisting sowie dessen Implikationen, insbesondere die Gründe für ein solches und die tangierten Interessen der Beteiligten unter besonderer Berücksichtigung des Einflusses der MAR auf die Regulierung des Freiverkehrs beschrieben werden.

Daran anknüpfend wird die Entwicklung der Regulierung des Delisting, beginnend mit einer dezentralisierten Regulierung durch die BörsO über die sich im Wandel der Zeit geänderte Ausgestaltung des Anlegerschutzes bis zu dessen Aufgabe durch die Rechtsprechung weitergeführt durch die Literatur und schließlich mündend in die Neuregelung des § 39 BörsG illustriert.

Letztere soll im Folgenden detailliert beleuchtet werden. Hierzu wird zunächst die Notwendigkeit einer Regulierung anhand empirischer Befunde und einer auf den zuvor dargestellten tangierten Interessen basierenden Analyse der Marktgegebenheiten bestimmt. Hieran schließen sich Überlegungen nach dem grundsätzlichen Aufbau einer Schutznorm und Ausführungen zu der Frage an, nach welchen grundlegenden Prinzipien sich eine gesetzliche Ausgestaltung (wie etwa Regulierungsebene und -umfang) zu richten hat.

Gleichsam Weiterführung dieses Gedankens und Einführung in die detaillierte Darstellung des § 39 BörsG soll die sich anschließende Beschäftigung mit der (durchaus bewegten) Gesetzgebungsgeschichte und den im Rahmen dieser präsentierten divergierenden Regelungskonzepte sein.

Schließlich sollen die einzelnen Tatbestandsmerkmale sowie die Rechtsfolgen und der sich ergebende Rechtsschutz des § 39 BörsG im Detail dargestellt und bewertet werden, wobei jeweils die Effektivität der einzelnen Regelungskomplexe und ihre dogmatische und praktische Tauglichkeit Gegenstand der Untersuchung sein werden. Deren Anfang bildet eine Darstellung der grundlegend gewählten Konzeption der Angebotspflicht nach Vorbild des Übernahmerechts in perspektivischem Vergleich zu anderen Abfindungsregelungen.

Nach der Skizzierung des Anwendungsbereichs der Norm wird ein erster Schwerpunkt auf den Grundlagen der konkreten Ausgestaltung der Angebotspflicht, insbesondere der Abfindungshöhe nach Börsenwert, sowie u. a. deren Bedingungsfeindlichkeit und dem Grundsatz des Vollangebots liegen. Hieran schließt sich die Darstellung der verfahrensrechtlichen Ausgestaltung des Angebots an.

Der kontroversen Frage der Anwendbarkeit der Neuregelung auf Downlistings soll daraufhin ein eigener Abschnitt gewidmet werden, in denen die momentane gesetzliche Regelung dargestellt und Änderungen angeregt werden. Danach werden die Ausnahmen von der Abfindung nach Börsenwert im Einzelnen mitsamt all ihren Facetten und den sich stellenden Fragen skizziert, um danach wiederum die Ausnahmen von der Angebotspflicht bei Zweitlistungen zu beleuchten.

Daraufhin werden die Regelungsmöglichkeiten der Börsen gem. § 39 Abs. 5 BörsG und eben jene in der Satzung des Emittenten dargestellt.

Dem Tatbestand folgend werden die Rechtsschutzmöglichkeiten der Beteiligten aufgezeigt, wobei der Fokus hier auf dem der Anleger liegen wird, insbesondere auf der Evaluierung der Geltungsanordnung des KapMuG.

Zuletzt sollen Folgefragen wie die Behandlung notleidender Gesellschaften, respektive der in Bezug auf sanierungsbedürftige und insolvente Emittenten bestehende Regelungsbedarf geschildert werden.

# 1 Das Delisting im Börsenumfeld

## A. Die Börsenzulassung

Da ein Delisting die Beendigung der Zulassung bedeutet,[10] ist eine genauere Auseinandersetzung mit dem Begriff der Börsenzulassung an dieser Stelle unumgänglich. Hierfür muss jedoch wiederum zunächst der Aufbau einer Börse einschließlich ihrer unterschiedlichen Marktsegmente dargestellt werden.

### I. Der Aufbau der Börse

Es soll zunächst skizziert werden, wie eine Börse aufgebaut und strukturiert ist.[11]

#### *1. Rechtsform, Organe und Aufsicht*

Nach der erst 2007 durch das FRUG eingeführten[12] Definition von „Börse" in § 2 Abs. 1 BörsG sind Börsen zunächst *„teilrechtsfähige Anstalten des öffentlichen Rechts, die nach Maßgabe dieses Gesetzes multilaterale Systeme regeln und überwachen"*. Die Börse ist damit mangels Vollrechtsfähigkeit zwar keine juristische Person des öffentlichen Rechts iSd. § 89 BGB,[13] sie kann jedoch trotzdem im verwaltungsgerichtlichen Verfahren unter ihrem Namen klagen und verklagt werden, § 2 Abs. 5 BörsG. Sie ist als Anstalt des öffentlichen Rechts auch *„faktischer Marktveranstalter"*[14] und somit Betreiber des Börsenhandels[15] und als solcher autonom dafür verantwortlich, für einen ordnungsgemäß durchgeführten Börsenhandel zu sorgen.[16] Dieses der Börse verliehene Selbstverwaltungsrecht führt

---

10 S. hierzu ausführlich u.: Kapitel 1 B.I.

11 Hierbei wird sich auf die Darstellung der Aspekte beschränkt werden, die für die folgenden Ausführungen zum Delisting von erhöhter Relevanz sind. Für eine ausführlichere Darstellung des Börsenbegriffs *Seiffert* in Kümpel/Wittig, Bank- und KapitalmarktR, Rn. 4.21 ff. Für eine Darstellung der historischen Entwicklung *Merkt* in Hopt/Rudolph/Baum, Börsenreform, S. 22 ff.

12 Vgl. *Bröcker* in Claussen, Bank- und BörsenR, § 6, Rn. 18. S. zu der zuvor geführten Diskussion über eine exakte Definition und die nun bestehenden Merkmale einer Börse ausführlich *Seiffert* in Kümpel/Wittig, Bank- und KapitalmarktR, Rn. 4.23 ff.

13 *Beck* in Schwark/Zimmer, KPMK, § 2 BörsG, Rn. 37.

14 *Seiffert* in Kümpel/Wittig, Bank- und KapitalmarktR, Rn. 4.171 und 4.181.

15 So explizit im Hinblick auf die FWB *Bröcker* in Claussen, Bank- und BörsenR, § 6, Rn. 21.

16 *Seiffert* in Kümpel/Wittig, Bank- und KapitalmarktR, Rn. 4.181.

zu einem selbstständigen und ohne Direktive wahrzunehmenden Handlungsspielraum im Rahmen der auf die Börse übertragenen Aufgaben[17] und umfasst gleichzeitig die Befugnis der Börse, Regelungen für diesen Handel zu treffen, was durch Erlass der entsprechenden BörsO in Form von Satzungen (§ 12 Abs. 2 Nr. 1 BörsG) erfolgt.[18] Als Anstalt des öffentlichen Rechts besteht zugunsten der Börse auch eine Rechtssetzungsbefugnis zum Erlass von Verwaltungsakten.[19] Die Börse handelt nach der börsenrechtlichen Konzeption durch ihre Organe, namentlich die Börsengeschäftsführung (§ 15 BörsG), den Börsenrat (§ 12 BörsG), den Sanktionsausschuss (§ 22 BörsG) und die Handelsüberwachungsstelle (§ 7 BörsG),[20] wobei für die vorliegende Arbeit lediglich die Geschäftsführung von erhöhter Relevanz sein wird. Die Geschäftsführung ist nämlich gem. § 15 Abs. 1 S. 1 BörsG für die laufenden Geschäfte der Börse zuständig, mithin für alle Aufgaben, die nicht explizit einem anderen Organ zugewiesen sind, vgl. § 7 Abs. 2 BörsO FWB. Hiervon erfasst sind insbesondere die Erteilung der Zulassung als auch deren Widerruf.[21]

Von der Börse als Veranstalterin des Marktes ist indes der Träger der Börse zu differenzieren.[22] Der Träger ist grundsätzlich gem. § 5 Abs. 1 S. 1 BörsG dazu berechtigt und verpflichtet, für die Errichtung und den Betrieb der Börse zu sorgen. Er fungiert nach Erteilung der Erlaubnis iSd. § 4 Abs. 1 S. 1 BörsG als Beliehener[23] und ist als solcher bei der Erfüllung der ihm obliegenden öffentlichen Pflichten stets der staatlichen Überwachung unterstellt.[24] Dabei ist ihm die Einflussnahme auf die interne Organisation des Börsenhandels und -aufbaus verwehrt; sein Aufgaben- und Pflichtenprogramm erstreckt sich lediglich auf die

---

17 *Seiffert* in Kümpel/Wittig, Bank- und KapitalmarktR, Rn. 4.182.

18 Vgl. hierzu *Seiffert* in Kümpel/Wittig, Bank- und KapitalmarktR, Rn. 4.184; *Burgi*, WM 2009, 2337, 2339. Die in der vorliegenden Arbeit in Bezug genommenen BörsO und Freiverkehr-AGB befinden sich allesamt auf dem Stand vom 20.8.2017.

19 *Burgi*, WM 2009, 2337, 2339.

20 Vgl. *Bröcker* in Claussen, Bank- und BörsenR, § 6, Rn. 35; *Groß*, KapMaR, Vorbemerkungen BörsG, Rn. 27.

21 Hierzu insgesamt *Groß*, KapMaR, § 15 BörsG, Rn. 5; *Seiffert* in Kümpel/Wittig, Bank- und KapitalmarktR, Rn. 4.201 und 4.207.

22 Vgl. *Bröcker* in Claussen, Bank- und BörsenR, § 6, Rn. 21; *Schwark*, WM 2000, 2517, 2520. Der Träger der FWB ist gem. § 3 Abs. 1 BörsO FWB für den hier interessierenden Aktienhandel die Deutsche Börse AG.

23 *Groß*, KapMaR, § 5 BörsG, Rn. 3; *Burgi*, WM 2009, 2337, 2343.

24 *Seiffert* in Kümpel/Wittig, Bank- und KapitalmarktR, Rn. 4.148 auch zur Frage, ob es sich hierbei um eine Rechts- oder Fachaufsicht handelt, mwN.

Bereitstellung und Gewährleistung der erforderlichen Mittel zum Betrieb der Börse (sog. „*Wirtschaftliches Management*").[25]

Die Aufsicht über die Börse obliegt gem. § 3 Abs. 1 S. 1 BörsG der obersten Landesbehörde. Dies ist der jeweils zuständige Fachminister, meist also der Wirtschaftsminister des Bundeslands, in welchem die Börse ihren Sitz hat.[26] Die Befugnisse der Börsenaufsicht bestehen grundsätzlich darin, das Handeln der Börsenorgane im Rahmen der Rechtsaufsicht auf dessen Rechtmäßigkeit hin zu überprüfen.[27] Diese Aufgaben sind von jenen der BaFin zu unterscheiden, die gem. § 4 Abs. 1 S. 1 WpHG vornehmlich die – im hier vorliegenden Zusammenhang relevante –Überwachung der Handelsteilnehmer in Bezug auf Insiderhandel und Veröffentlichungspflichten im Rahmen der Marktaufsicht wahrnimmt.[28]

### 2. *Die verschiedenen Handelssegmente*

Die grundsätzliche Konzeption der Handelssegmente der Börse definiert sich durch eine Zwei-Segmente-Teilung in den regulierten Markt gem. §§ 32 ff. BörsG und den Freiverkehr gem. § 48 BörsG.[29]

#### *a. Der regulierte Markt*

Den bei äußerlicher Betrachtung des tatsächlichen Handelsgeschehens nicht bemerkbaren Differenzen stehen bedeutende Unterschiede in der rechtlichen Ausgestaltung und den hieraus resultierenden Konsequenzen gegenüber:[30] Bei dem regulierten Markt handelt es sich um einen Handelsplatz öffentlich-rechtlicher Prägung.[31] Dies führt zu grundsätzlich hohen Anforderungen an die von

---

25 Vgl. hierzu *Seiffert* in Kümpel/Wittig, Bank- und KapitalmarktR, Rn. 4.165 ff.

26 *Groß*, KapMaR, § 3 BörsG, Rn. 7.

27 *Seiffert* in Kümpel/Wittig, Bank- und KapitalmarktR, Rn. 4.381.

28 *Bröcker* in Claussen, Bank- und BörsenR, § 6, Rn. 30; vgl. zu den Aufgaben und Befugnissen der BaFin im Allgemeinen und zu den weiteren Aufgaben *Döhmel* in Assmann/Schneider, WpHG, § 4, Rn. 3.

29 *Seiffert* in Kümpel/Wittig, Bank- und KapitalmarktR, Rn. 4.307; *Schanz*, Börseneinführung, § 11, Rn. 20 f.; *Bröcker* in Claussen, Bank- und BörsenR, § 6, Rn. 43.

30 Anschaulich hierzu *Seiffert* in Kümpel/Wittig, Bank- und KapitalmarktR, Rn. 4.307 ff., der zunächst darauf hinweist, dass ein Handel in beiden Segmenten zumeist in dem gleichen Börsensaal stattfinden wird, um dann auf die Bedeutsamkeit der rechtlichen Unterschiede einzugehen.

31 *Seiffert* in Kümpel/Wittig, Bank- und KapitalmarktR, Rn. 4.307; *Bröcker* in Claussen, Bank- und BörsenR, § 6, Rn. 46, der auch hier nochmal darauf hinweist, dass es sich deswegen stets um einen organisierten Markt iSd. § 2 Abs. 5 WpHG handelt.

den Emittenten für den Handel ihrer Papiere zu erfüllenden Kriterien.[32] Dies beginnt bereits mit den ihrerseits an strenge Voraussetzungen geknüpften Zulassungsvoraussetzungen gem. § 32 BörsG.[33] Hinzu kommt grundsätzlich die obligatorische Erfüllung erhöhter Zulassungsfolgepflichten.[34]

Innerhalb des regulierten Markts gibt es gem. § 42 Abs. 1 BörsG für die Börsen die Möglichkeit, eine weitere Diversifizierung des Handelssegments vorzunehmen. An der FWB[35] ist dies in Form einer Zweiteilung geschehen, indem bereits zum 1.1.2003 mit Schaffung des *Prime Standard* ein Teilbereich mit – im Gegensatz zum Teilbereich des *General Standard* – erhöhten Zulassungsfolgepflichten eingerichtet wurde.[36] Es bestehen zwischen den beiden Teilsegmenten auch faktische Unterschiede: So ist die Listung im *Prime Standard* z. B. Voraussetzung für eine Aufnahme in den DAX oder den MDAX[37] und richtet sich im Allgemeinen an Gesellschaften, deren Ziel die Aufmerksamkeit von und der Zugang zu internationalen Märkten ist,[38] während der *General Standard* eher für kleine und mittelständische AG mit einem Fokus auf nationale Investoren konzipiert ist und auch von diesen genutzt wird.[39]

---

32 So explizit *Bröcker* in Claussen, Bank- und BörsenR, § 6, Rn. 46, der ferner darauf hinweist, dass – insbesondere im Hinblick auf die gesteigerten Informationsmöglichkeiten der Anleger – mit dieser erhöhten Regulierung auch die gesteigerte Aufmerksamkeit von Inverstoren einhergeht. *Schanz*, Börseneinführung, § 11, Rn. 23 verweist diesbezüglich weiter auf die zumeist bestehende erhöhte Marktkapitalisierung und die entsprechend gesteigerte Liquidität.

33 Vgl. hierzu ausführlich u.: Kapitel 1 A.III.

34 S. zu diesen ausführlich u.: Kapitel 1 B.III.1.c.aa.

35 S. zu dem unter dem Namen *m:access* an der Münchener Börse gewählten segmentsübergreifenden Konzept *Schanz*, Börseneinführung, § 11, Rn. 59. Es soll sich im Folgenden jedoch – mit Ausnahmen – auf die FWB beschränkt werden.

36 *Göckeler* in Beck'sches Hdb. AG, § 26, Rn. 120, der in diesem Zusammenhang von zwei „*Transparenzstandards*" spricht; *Seiffert* in Kümpel/Wittig, Bank- und KapitalmarktR, Rn. 4.314.

37 *Weitnauer*, Hdb. Venture Capital, Teil 1, Rn. 118; *Gebhardt*, WM Sonderbeilage Nr. 2/2003, 3, 15.

38 *Singhof/Weber* in Habersack/Mülbert/Schlitt, Unternehmensfinanzierung am Kapitalmarkt, § 4, Rn. 28.

39 *Meyer* in Marsch-Barner/Schäfer, Hdb. börsennotierte AG, § 7, Rn. 50; *Bröcker* in Claussen, Bank- und BörsenR, § 6, Rn. 49.

*b. Der Freiverkehr*

Beim Freiverkehr hingegen handelt es sich nach h. M. nicht um ein öffentlich-rechtlich, sondern vielmehr um ein privatrechtlich organisiertes Segment.[40] Dies gilt bzw. galt zumindest für die Bedingungen, denen die Handelsteilnehmer unterworfen sind, insbesondere im Hinblick auf die Teilnahme am und die Einbeziehung in den Handel,[41] da die am Freiverkehr einbezogenen Wertpapiere bisher grundsätzlich lediglich den regulatorischen Vorgaben der AGB für den Freiverkehr der jeweiligen Börse unterlagen.[42] Der Freiverkehr ist somit auch kein organisierter Markt iSd. § 2 Abs. 5 WpHG.[43] Eine erhebliche Erweiterung der Pflichten eines Emittenten auch im Freiverkehr – unabhängig von den Regelungen der einzelnen Börsen – ist jedoch durch die MAR normiert worden.[44]

Aufgrund der Ermächtigung hierzu in § 48 Abs. 1 S. 3 BörsG haben die Börsen ferner auch das Segment des Freiverkehrs (an der FWB der sog. *Open Market*, vgl. § 1 Abs. 1 AGB FV FWB) in ihren AGB normativ ausgestaltet.[45] An der FWB erfolgte zunächst im Segment des Freiverkehrs eine weitere Unterteilung in ein Premiumsegment (*Entry Standard*[46]) und den übrigen *Open Market* (*Quotation Board*), die sich erheblich im Hinblick auf die unterschiedlichen

40 *Meyer* in Marsch-Barner/Schäfer, Hdb. börsennotierte AG, § 7, Rn. 48; *Schanz*, Börseneinführung § 11, Rn. 43; offen gelassen von *Bröcker* in Claussen, Bank- und BörsenR, § 6, Rn. 51; a. A. *Groß*, KapMaR, § 48 BörsG, Rn. 2.

41 Vgl. *Groß*, KapMaR, § 48 BörsG, Rn. 2, der eine Integration des Freiverkehrs in die öffentlich-rechtliche Organisation der Börse mit der Begründung annimmt, dass der im Freiverkehr zustande kommende Preis der Papiere einen Börsenpreis darstelle.

42 *Schwark* in Schwark/Zimmer, KPMK, § 48 BörsG, Rn. 3; *Kumpan* in Baumbach/Hopt, HGB, § 48 BörsG, Rn. 3. Ausführlich zu den AGB FV FWB *Harrer* in Beck'sches Hdb. AG, § 25, Rn. 15 ff.

43 *Seiffert* in Kümpel/Wittig, Bank- und KapitalmarktR, Rn. 4.323; *Weitnauer*, Hdb. Venture Capital, Teil 1, Rn. 127.

44 S. zu diesen ausführlich u.: Kapitel 1 B.III.1.c.bb(2).

45 *Schanz*, Börseneinführung, § 12, Rn. 1.

46 Obwohl die Münchner Börse ihre Ermächtigung dahin gehend ausgeübt hat, eine segmentsübergreifende Aufteilung vorzunehmen, ist als Premiumhandelssegment an der Münchner Börse das Handelssegment *m:access* anzusehen, vgl. *Schanz*, Börseneinführung, § 11, Rn. 59.

Einbeziehungsvoraussetzungen,[47] aber auch bezogen auf die Einbeziehungsfolgepflichten unterschieden.[48]

Der *Entry Standard* ist zum 1.3.2017 jedoch durch das Segment *Scale* ersetzt worden, das sich insbesondere an KMU richtet[49] und dessen Einbeziehungsvoraussetzungen in §§ 16 ff. AGB FV FWB geregelt sind. Die zuvor im *Entry Standard* gelisteten Gesellschaften, welche die Einbeziehungsvoraussetzungen von *Scale* nicht erfüllen, können weiterhin im sog. *Basic Board* einbezogen bleiben, das jedoch nicht als gesondertes Transparenzsegment deklariert wird.[50] Das *Quotation Board* ist indes unverändert geblieben.[51]

All dies darf jedoch nicht zu dem Fehlverständnis führen, die Unterteilung der Marktsegmente in Teilsegmente habe Auswirkung auf die Marktsegmente an sich; vielmehr verbleibt es rechtlich bei der gesetzlich vorgegebenen Segmentierung in regulierten Markt iSd. §§ 32 ff. BörsG und Freiverkehr iSd. § 48 BörsG, da die BörsO an dieser Normenkonzeption nichts zu ändern vermögen.[52]

Die Börsenpreisbestimmung gem. § 24 BörsG erfolgt im regulierten Markt und dem Freiverkehr unter Zugrundelegung der gleichen Maßstäbe, vgl. § 24 Abs. 1 S. 2 BörsG.[53] Die Preisbestimmung hat unter Beachtung der Grundsätze des § 24 Abs. 2 BörsG zu erfolgen, wobei die konkrete Feststellung in den jeweiligen BörsO und den entsprechenden AGB für den jeweiligen Freiverkehr geregelt ist.[54] Durch die Regulierung des Preises im Wege der staatlich überwachten

---

47 Vgl. zu den früheren Regelungen *Weidlich/Dietz/Cammerer*, GWR 2013, 39 ff.: Zur Notierung im *Entry Standard* war u. a. ein öffentliches Angebot samt Prospekt bzgl. der Aktien erforderlich, vgl. § 17 Abs. 1 AGB FV FWB a. F., eine Erstnotierung für Aktien im *Quotation Board* war und ist vielmehr nicht möglich. Es ist hier nur noch eine Zweitnotierung nach bereits bestehender Zulassung an einem anderen Markt möglich, wobei insofern eine bestehende Einbeziehung in den Freiverkehr nicht genügt. Vgl. hierzu auch *Bröcker* in Claussen, Bank- und BörsenR, § 6, Rn. 55. Diese grundsätzliche Konzeption bzgl. des Antrags ist auch beibehalten worden, s. hierzu sogleich

48 *Bröcker* in Claussen, Bank- und BörsenR, § 6, Rn. 53 f.

49 Vgl. *Weber*, NJW 2017, 991, 992.

50 Fragenkatalog der FWB (abrufbar unter http://www.kapital-fuer-ihre-zukunft.com/wp-content/uploads/2017/02/FAQ_Scale_Deutsch.pdf, zuletzt abgerufen am 20.8.2017), S. 4.

51 Fragenkatalog der FWB, aaO., S. 9.

52 *Gebhardt*, WM Sonderbeilage Nr. 2/2003, 3, 4 f.; *Seiffert* in Kümpel/Wittig, Bank- und KapitalmarktR, Rn. 4.314, der insbesondere auf den Vorteil der weiteren Unterteilung für ausländische Investoren hinweist.

53 *Groß*, KapMaR, § 24 BörsG, Rn. 5.

54 *Groß*, KapMaR, § 48 BörsG, Rn. 9.

Preisfindung wird in beiden Segmenten Vertrauen der Anlegerschaft in die zutreffende Abbildung des tatsächlichen Marktwerts geschaffen, indem das Zustandekommen des Preises – zumindest im Hinblick auf die Grundlagen des zu beachtenden Preisfeststellungsverfahren – einheitlich erfolgt.[55]

## II. Der Begriff der Börsenzulassung

Bei der Börsenzulassung von Wertpapieren handelt es sich um *„die öffentlich-rechtliche Erlaubnis, für den Handel in den betreffenden Wertpapieren in dem jeweiligen Marktsegment die Börseneinrichtungen zu nutzen“*.[56]

Die gesetzliche Normierung der Zulassung ist in § 32 Abs. 1 BörsG erfolgt. Hiernach bedürfen Wertpapiere, die an einem regulierten Markt gehandelt werden sollen, der Zulassung oder Einbeziehung durch die Geschäftsführung. Von der Zulassung erfasst sind die Wertpapiere der betreffenden Gesellschaften, nicht etwa Letztere selbst, sodass bei einem Firmenwechsel oder einer Umwandlung in eine andere Rechtsform, bei der die bestehenden Aktien beibehalten werden, die erneute Zulassung obsolet ist.[57] Die Zulassung der Aktien zur Börse ist des Weiteren von deren Emission und der Einführung der Aktien in die Börse sowie deren börsenrechtlicher Notierung zu unterscheiden:[58] Unter Emission versteht man gemeinhin die Ausgabe von Aktien an die Anleger im Wege der Platzierung, sodass hiervon auch die – u. U. rein privatrechtliche – Ausgabe von nicht an der Börse zugelassenen Aktien umfasst ist. Eine Zulassung ist folglich kein zwingender Bestandteil einer Emission.[59]

Die Einführung wiederum ist nach der Legaldefinition des § 38 Abs. 1 S. 1 BörsG die *„Aufnahme der Notierung der zugelassenen Wertpapiere im regulierten Markt“*. Bereits aus dem Wortlaut ergibt sich, dass die Einführung in die Börse eine zuvor erfolgte Zulassung bedingt.[60] Die Notierung iSd. Börsenrechts ist die

---

55 *Schlüter*, BörsenhandelsR, Kapitel G, Rn. 277.

56 *Groß*, KapMaR, § 32 BörsG, Rn. 5. Ähnlich *Trapp* in Habersack/Mülbert/Schlitt, Unternehmensfinanzierung am Kapitalmarkt, § 37, Rn. 6; *Fluck*, WM 1995, 553, 557 spricht insofern von einem *„Anstaltsbenutzungsverhältnis“*.

57 *Groß*, KapMaR, § 32 BörsG, Rn. 5, auch zu dem Streit, ob dies ebenfalls bei einer Umwandlung in eine AG oder KGaA so ist, mwN.; *Gebhardt* in Schäfer/Hamann, KMG, § 30 BörsG, Rn. 9, mit Hinweis auf die Missverständlichkeit des Begriffs der *„börsennotierten Gesellschaft“*.

58 Vgl. *Trapp* in Habersack/Mülbert/Schlitt, Unternehmensfinanzierung am Kapitalmarkt, § 37, Rn. 6; überblicksartig auch *Groß*, KapMaR, § 32 BörsG, Rn. 7.

59 Hierzu insgesamt *Groß*, KapMaR, § 32 BörsG, Rn. 7.

60 *Gebhardt* in Schäfer/Hamann, KMG, § 37 BörsG, Rn. 2; *Groß*, KapMaR, § 32 BörsG, Rn. 7.

dann folgende Feststellung des Börsenkurses für das betreffende Papier.[61] Erst nach Zulassung der Wertpapiere sind somit die Aufnahme der Börsennotierung im börsenrechtlichen Sinne und damit der Handel der Wertpapiere möglich.[62]

Es besteht weiterhin die Möglichkeit, Papiere an einer deutschen Börse zu handeln, wenn sie zuvor gem. § 33 Abs. 1 BörsG in den regulierten Markt einbezogen wurden.[63] Dies kann sowohl auf Antrag des Emittenten als auch von Amts wegen aufgrund einer Entscheidung der Börsengeschäftsführung geschehen,[64] wenn die Papiere bereits an einer anderen inländischen Börse (§ 33 Abs. 1 Nr. 1 BörsG), an einem regulierten Markt innerhalb eines EU-Staats (§ 33 Abs. 1 Nr. 2 BörsG) oder an einem Markt in einem Drittstaat, dessen Zulassungsvoraussetzungen und Folgepflichten mit denen an deutschen Börsen vergleichbar sind und an dem der Informationsaustausch zwischen den Handelsüberwachungsstellen gesichert ist (§ 33 Abs. 1 Nr. 3 BörsG), zugelassen sind.[65]

Das Aktiengesetz hingegen geht in § 3 Abs. 2 AktG davon aus, dass eine Gesellschaft dann börsennotiert iSd. Aktienrechts ist, wenn ihre „*Aktien zu einem Markt zugelassen sind, der von staatlich anerkannten Stellen geregelt und überwacht wird, regelmäßig stattfindet und für das Publikum mittelbar oder unmittelbar zugänglich ist*“. Es kommt also für die Börsennotierung im aktienrechtlichen Sinne und die daran anknüpfenden Pflichten darauf an, dass die Aktien an einem regulierten Markt, mithin also gem. der §§ 32 ff. BörsG, zugelassen oder in diesen einbezogen worden sind.[66] Es genügt insofern auch, wenn die Aktien an einem regulierten Markt zugelassen sind, der Handel mit diesen jedoch an einem weniger regulierten Markt stattfindet.[67] Nicht ausreichend ist hingegen lediglich die Einbeziehung in den Freiverkehr iSd. § 48 BörsG.[68] Es

61 *Schanz*, Börseneinführung, § 12, Rn. 1; vgl. ferner zu diesem Begriff *Gebhardt* in Schäfer/Hamann, KMG, § 37 BörsG, Rn. 3.

62 *Schanz*, Börseneinführung, § 12, Rn. 1.

63 Hierzu *Ledermann* in Schäfer/Hamann, KMG, § 56 BörsG, Rn. 1 zu dem § 33 BörsG entsprechenden (vgl. hierzu *Groß*, KapMaR, § 33 BörsG, Rn. 1) § 56 BörsG a. F.

64 Instruktiv zu diesen beiden Möglichkeiten *Groß*, KapMaR, § 33 BörsG, Rn. 5.

65 S. zu den Voraussetzungen im Einzelnen *Heidelbach* in Schwark/Zimmer, KPMK, § 33 BörsG, Rn. 8 ff.

66 *Heider* in MünchKommAktG, § 3, Rn. 38; *Drescher* in Spindler/Stilz, AktG, § 3, Rn. 5.

67 *Heider* in MünchKommAktG, § 3, Rn. 38; *Drescher* in Spindler/Stilz, AktG, § 3, Rn. 5.

68 OLG München, Beschl. v. 21.5.2008 – Az.: 31 Wx 62/07 = NZG 2008, 755, 758 am Beispiel der Handelbarkeit von Aktien an der *m:access* statt am amtlichen Markt; *Koch* in Hüffer, AktG, § 3, Rn. 6; so auch (unter Verweis auf die Reg-Begr.) *Rutz*, Delisting und Downgrading, S. 118.

genügt im Hinblick auf die Reg-Begr.[69] wiederum jedoch die Handelbarkeit an einem vergleichbaren ausländischen Markt,[70] also einem solchen, der staatlich reguliert ist und entsprechend überwacht wird.[71]

## III. Rechtsnatur der Zulassung und Voraussetzung ihrer Erteilung

Die Zulassung zum Handel am regulierten Markt erfolgt nach jeweiliger Prüfung im Einzelfall und stellt nach zustimmungswürdiger allgemeiner Ansicht einen begünstigenden Verwaltungsakt iSd. § 35 S. 1 VwVfG dar.[72]

Entscheidungsbefugt ist gem. §§ 32 Abs. 1, 15 Abs. 1 BörsG die Börsengeschäftsführung.[73] Die formellen Anforderungen für einen ordnungsgemäßen Antrag sind in den §§ 48 ff. BörsZulVo geregelt.[74] Es handelt sich bei dem in § 32 Abs. 1 BörsG normierten Zulassungserfordernis dogmatisch um ein präventives Verbot mit Erlaubnisvorbehalt.[75] Durch dieses Erfordernis ist zum einen der Anlegerschutz und zum anderen – aus kollektiv-ökonomischer Perspektive – u. a. die Gewährleistung eines ordnungsgemäß funktionierenden Börsenhandels bezweckt.[76] Liegen die Zulassungsvoraussetzungen des § 32 Abs. 3 BörsG vor,[77] ist die Börsengeschäftsführung in ihrer Entscheidung über die Erteilung

---

69 BT-Drucks. 13/9712, S. 12, rechte Spalte, unter Verweis auf die zunehmende Harmonisierung des Begriffs der börsennotierten Gesellschaft im Aktien- und Kapitalmarktrecht; vgl. auch *Koch* in Hüffer, AktG, § 3, Rn. 6.

70 Eine Notierung an der NASDAQ soll hierfür nicht ausreichen, vgl. *Heider* in MünchKommAktG, § 3, Rn. 38; *Claussen*, DB 1998, 177, 178. Zum Verhältnis des aktienrechtlichen Begriffs der Börsennotierung und der Definition des organisierten Markts iSd. § 2 Abs. 5 WpHG *Drescher* in Spindler/Stilz, AktG, § 3, Rn. 5, mwN.

71 *Drescher* in Spindler/Stilz, AktG, § 3, Rn. 5; *Lingemann/Wasmann*, BB 1998, 853, 854.

72 *Gebhardt* in Schäfer/Hamann, KMG, § 30 BörsG, Rn. 3; *Groß*, KapMaR, § 32 BörsG, Rn. 5; *Heidelbach* in Schwark/Zimmer, KPMK, § 39 BörsG, Rn. 17; *Jäger*, NZG 1999, 381, 382.

73 Vgl. *Heidelbach* in Schwark/Zimmer, KPMK, § 32 BörsG, Rn. 17.

74 *Bröcker* in Claussen, Bank- und BörsenR, § 6, Rn. 68 unter Hinweis auf die gem. § 48 Abs. 2 BörsZulVo erforderlichen Unterlagen, insbesondere die Satzung und Jahresberichte.

75 *Gebhardt* in Schäfer/Hamann, KMG, § 30 BörsG, Rn. 2 (noch zu § 30 BörsG a. F., der bezüglich der hier interessierenden Zulassung dem aktuellen § 32 BörsG entspricht, vgl. *Groß*, KapMaR, § 32 BörsG, Rn. 4a).

76 *Schanz*, Börseneinführung, § 12, Rn. 3.

77 Dem Grunde nach sind die Voraussetzungen gem. § 32 Abs. 3 BörsG, dass die Vorgaben des Art. 35 der VO Nr. 1287/2006 – mithin die freie Handel- und Übertragbarkeit der Wertpapiere – gewährleistet, die Voraussetzungen der BörsZulVo – insbesondere

gebunden und muss die Zulassung gewähren. Eine Ausnahme hiervon besteht nur in Fällen des § 32 Abs. 4 BörsG, in denen der Börsengeschäftsführung ein entsprechendes Ermessen zusteht.[78]

Wie bereits erwähnt, ist gem. § 48 Abs. 3 BörsG eine Zulassung zum Freiverkehr nicht erforderlich und im Hinblick auf § 48 Abs. 1 S. 3 BörsG auch gar nicht möglich; es besteht hingegen lediglich das Erfordernis, die Einbeziehung nach den Vorgaben der aufgrund der jeweiligen BörsO für den Freiverkehr erlassenen AGB (vgl. z. B. § 109 Abs. 1 BörsO FWB) auf privatrechtlicher Grundlage zu erhalten.[79]

## IV. Zulassungsfähige Wertpapiere

§ 32 BörsG spricht lediglich davon, dass „*Wertpapiere*" der Zulassung bedürfen; gesetzlich geregelt bzw. legal definiert ist indes nicht, welche Wertpapiere hierunter zu subsumieren sind.[80]

Zur Bestimmung, ob ein Wertpapier börsenzulassungsfähig ist, kann nach h. M. grundsätzlich auf die Wertpapierbegriffe in anderen Gesetzen – zu nennen sind hier insbesondere § 2 Abs. 1 WpPG und § 2 Abs. 1 WpHG – zurückgegriffen werden.[81] Es handelt sich bei der jeweiligen Bestimmung um eine Einzelfallentscheidung, welche von der Börsengeschäftsführung zu treffen ist.[82] Hierzu wird vornehmlich danach differenziert, ob das betreffende Wertpapier den speziellen Erfordernissen an die Handelbarkeit am regulierten Markt genügt, mithin

---

die publikumsschützenden Vorschriften der §§ 1–12 BörsZulVo, z. B. § 2 Abs. 1 BörsZulVo, nach welchem der voraussichtliche Kurswert der zuzulassenden Aktien zumindest EUR 1, 25 Mio. betragen muss – erfüllt und ein den Vorgaben des WpPG entsprechender Prospekt veröffentlicht sein müssen, vgl. *Bröcker* in Claussen, Bank- und BörsenR, § 6, Rn. 69. Außerdem hierzu *Groß*, KapMaR, § 32 BörsG, Rn. 13 ff. und 19 ff.; ausführlich auch *Trapp* in Habersack/Mülbert/Schlitt, Unternehmensfinanzierung am Kapitalmarkt, § 37, Rn. 1 ff. Einen Überblick hierüber bietet *Schanz*, Börseneinführung, § 11, Rn. 23. Von einer detaillierten Darstellung der Voraussetzung muss hier abgesehen werden.

78 Hierzu insgesamt *Groß*, KapMaR, § 32 BörsG, Rn. 39 f.

79 *Groß*, KapMaR, § 48 BörsG, Rn. 3.

80 Ausführlich *Gebhardt* in Schäfer/Hamann, KMG, § 30 BörsG, Rn. 9 f.; *Groß*, KapMaR, § 32 BörsG, Rn. 12.

81 *Gebhardt* in Schäfer/Hamann, KMG, § 30 BörsG, Rn. 10; *Groß*, KapMaR, § 32 BörsG, Rn. 12.

82 *Gebhardt* in Schäfer/Hamann, KMG, § 30 BörsG, Rn. 10.

fungibel, d. h. ohne Restriktionen handelbar ist.[83] Hiernach sind neben Aktien auch diese vertretende Zertifikate, Inhaberschuldverschreibungen sowie Fondsanteile zulassungsfähig, wobei unerheblich ist, ob es sich bei dem Emittenten um ein deutsches oder ein ausländisches Unternehmen handelt.[84]

## V. Auf einzelne Aktiengattungen beschränkte Zulassung

Zu beachten ist bei alledem indes das grundsätzlich geltende Verbot der Teilzulassung.[85] Es müssen jedoch nicht stets alle Aktien des Emittenten an der Börse gehandelt werden, wenn die Zulassung beantragt wird; vielmehr ist in § 7 Abs. 1 S. 1 BörsZulVo der eben genannte Grundsatz dahin gehend konkretisiert, dass lediglich für alle Aktien der gleichen Gattung die Zulassung beantragt werden muss.[86] Bei der Bestimmung der Gleichartigkeit kann auf den aktienrechtlichen Gattungsbegriff zurückgegriffen werden, wonach gem. § 11 S. 2 AktG Aktien mit gleichen Rechten eine Gattung bilden.[87] Als Kriterien zur Annahme einer Aktiengattung sind sowohl gleiche Mitgliedschaftsrechte als auch gleiche

83 *Groß*, KapMaR, § 32 BörsG, Rn. 12; *Gebhardt* in Schäfer/Hamann, KMG, § 30 BörsG, Rn. 10, wobei Letzterer auf den Begriff der freien Handelbarkeit gem. § 5 Abs. 1 BörsZulVo verweist.

84 Ausführlich hierzu *Gebhardt* in Schäfer/Hamann, KMG, § 30 BörsG, Rn. 10 ff., der auch noch weitere, seltene Fälle wie z. B. staatliche Schuldverschreibungen in Bezug nimmt. Nicht zulassungsfähig sind indes beispielsweise GmbH-Anteile oder Anteile an Personengesellschaften, vgl. *Schanz*, Börseneinführung, § 3, Rn. 1. Es soll im Folgenden zur Erleichterung der Verständlichkeit vornehmlich von Aktien die Rede sein, es sei denn, es ergeben sich Besonderheiten. Der Gesetzgeber ging bei der Schaffung der Neuregelung des § 39 BörsG zudem einen anderen Weg, indem er die Pflicht zur Veröffentlichung eines Angebots an das Vorliegen von Wertpapieren gem. § 2 Abs. 2 WpÜG knüpfte, vgl. hierzu insgesamt und ausführlich u.: Kapitel 4 A.I.1. Eine detaillierte Auseinandersetzung mit allen Fallgruppen zulassungsfähiger Wertpapiere kann somit an dieser Stelle unterbleiben, da für die weitere Bearbeitung lediglich der Wertpapierbegriff des § 2 Abs. 2 WpÜG von erhöhter Relevanz sein wird. Vgl. zu den Besonderheiten des Delisting von Anleihen *Habersack* in Habersack/Mülbert/Schlitt, Unternehmensfinanzierung am Kapitalmarkt, § 40, Rn. 32 f.

85 S. hierzu *Gebhardt* in Schäfer/Hamann, KMG, § 7 BörsZulVo, Rn. 2.

86 S. du diesem gesamten Komplex allgemein *Gebhardt* in Schäfer/Hamann, KMG, § 7 BörsZulVo, Rn. 2 ff.; *Groß*, KapMaR, § 7 BörsZulVo, Rn. 12 ff.

87 *Groß*, KapMaR, § 7 BörsZulVo, Rn. 12; *Gebhardt* in Schäfer/Hamann, KMG, § 7 BörsZulVo, Rn. 3.

Mitgliedschaftspflichten allgemein anerkannt.[88] Keine Rolle spielt insofern die Frage der Gleichheit von Nennbetrags- und Stückaktien, da eine AG gem. § 8 Abs. 1 AktG nur eine dieser Aktienformen ausgeben kann.[89] Auch aus der unterschiedlichen Ausgestaltung der Aktien in Namens- und Inhaberaktien resultiert mangels divergierender, hierdurch vermittelter Rechte keine unterschiedliche Gattung.[90] Selbiges gilt darüber hinaus auch für die Börsenzulassung als Kriterium für die Unterschiedlichkeit von Aktiengattungen.[91]

Für den Fortgang dieser Arbeit wird jedoch die auch in der Praxis am häufigsten anzutreffende Diversifizierung von Aktien in Stamm- und (stimmrechtslose) Vorzugsaktien[92] eine gesonderte Stellung einnehmen.[93] Letztere zeichnen sich gem. § 139 Abs. 1. AktG dadurch aus, dass sie – bei entsprechend lautender Satzungsregelung[94] – kein Stimmrecht gewähren, jedoch ein erhöhter Dividendenanspruch besteht,[95] während erstere neben einem entsprechenden Gewinnbezugsrecht stets ein Stimmrecht vermitteln.[96] Aufgrund dieser Divergenzen handelt es sich um unterschiedliche Aktiengattungen,[97] die grundsätzlich die

---

88 Vgl. nur *Heider* in MünchKommAktG, § 11, Rn. 28; *Solveen* in Hölters, AktG, § 11, Rn. 14; *Koch* in Hüffer, AktG, § 11, Rn. 7; *Vatter* in Spindler/Stilz, AktG, § 11, Rn. 3.

89 Vgl. *Koch* in Hüffer, AktG, § 11, Rn. 7. I. Erg. auch *Heider* in MünchKommAktG, § 11, Rn. 31, der jedoch auf die gleichen Rechte der beiden Aktienformen abstellt.

90 *Vatter* in Spindler/Stilz, AktG, § 11, Rn. 3; *Heider* in MünchKommAktG, § 11, Rn. 30. Anderes gilt wiederum für sog. *Tracking Stocks*, die in gattungsbegründender Weise Gewinnbezugsrechte auf einzelne Unternehmensteile gewähren, so sehr anschaulich *Koch* in Hüffer, AktG, § 11, Rn. 4 mit ausführlichen weiteren Nachweisen; *Ziemons* in K. Schmidt/Lutter, AktG, § 11, Rn. 9.

91 *Koch* in Hüffer, AktG, § 11, Rn. 7; *Ziemons* in K. Schmidt/Lutter, AktG, § 11, Rn. 11.

92 Vgl. *Koch* in Hüffer, AktG, § 11, Rn. 7.

93 Insbesondere bei der Frage, ob sich ein Delisting-Angebot gem. § 39 Abs. 2 S. 3 Nr. 1 BörsG auf eine Gattung beschränken darf, s. hierzu u.: Kapitel 4 A.III.

94 *Heider* in MünchKommAktG, § 12, Rn. 35, der darauf verweist, dass grundsätzlich bei Beachtung des Wesens der AG eine beliebige Anzahl an Aktiengattungen geschaffen werden kann.

95 Vgl. *Heider* in MünchKommAktG, § 12, Rn. 30 f. auch zu den Fällen der §§ 140 Abs. 2 und 141 AktG, in denen bei Vorzugsaktien Stimmrechte bestehen.

96 Es handelt sich entsprechend um den Regelfall, wenn keine anderslautende Satzungsregelung besteht, vgl. *Göckeler* in Beck'sches Hdb. AG, § 21, Rn. 226.

97 Vgl. nur *Koch* in Hüffer, AktG, § 11, Rn. 7; *Heider* in MünchKommAktG, § 12, Rn. 30; *Solveen* in Hölters, AktG, § 12, Rn. 9.

Möglichkeit der („Teil"-)Zulassung eröffnen, sodass (z. B.) ausschließlich Vorzugsaktien dem börslichen Handel zugeführt werden können.[98]

## B. Grundlagen des Delisting

Hierauf aufbauend sollen im Folgenden die Grundlagen des Delisting dargestellt werden.

### I. Der Begriff des Delisting

Es besteht keine gesetzliche Definition von Delisting,[99] sodass unterschiedliche Versuche unternommen wurden, eine allgemeingültige Definition zu prägen. So wird weiterfassend unter Delisting *„die Überführung einer börsennotierten Gesellschaft in ein Unternehmen, das nicht an einer öffentlichen Börse gehandelt wird"*, verstanden.[100] Andere spezifizieren dies dahin gehend, dass unter Delisting *„die Beendigung der Zulassung von Wertpapieren zum Börsenhandel an einer Wertpapierbörse"* zu fassen ist.[101]

Hierbei kann man zunächst eine grobe Unterteilung in das auf Antrag des Emittenten erfolgende sog. reguläre Delisting,[102] dessen Voraussetzungen mittlerweile in § 39 BörsG geregelt sind und welches primär Gegenstand der vorliegenden Arbeit sein soll, und die Fälle des kalten Delisting bemühen, wobei Letztere gemein haben, dass eine Strukturmaßnahme durchgeführt wird, welche die Beendigung der Börsenzulassung zur Folge hat.[103]

---

98 So auch *Gebhardt* in Schäfer/Hamann, KMG, § 7 BörsZulVo, Rn. 4. Auch in diesem Falle ist jedoch eine weitere Einschränkung möglich, wenn die Voraussetzungen des § 7 Abs. 1 S. 2 BörsZulVo vorliegen, namentlich wenn die nur teilweise Zulassung zum Erhalt des beherrschenden Einflusses auf den Emittenten erforderlich ist oder bzgl. des nicht vom Zulassungsantrag umfassten Teils Handelsverbote bestehen und aus der nur teilweisen Zulassung jeweils keine Nachteile für die Erwerber erwachsen, vgl. ausführlich *Gebhardt* in Schäfer/Hamann, KMG, § 7 BörsZulVo, Rn. 6 ff. und zusammenfassend mwN. *Groß*, KapMaR, § 7 BörsZulVo, Rn. 13.

99 *Harrer/Wilsing*, DZWIR 2002, 485.

100 *Even/Vera*, DStR 2002, 1315; *Richard/Weinheimer*, BB, 1999, 1613.

101 *Harrer/Wilsing*, DZWIR 2002, 485.

102 S. zu diesem Begriff etwa *Stöber*, BB 2014, 9; *Zetsche*, NZG 2000, 1065; *Even/Vera*, DStR 2002, 1315.

103 Zu dieser Grobeinteilung allgemein *Kubis* in MünchKommAktG, § 1 SpruchG, Rn. 28. Generell zum kalten Delisting *Pluskat*, BKR 2007, 54. S. zu diesen Fällen ausführlich u.: Kapitel 3 B.III.

Für das reguläre Delisting hat der BGH bereits sehr früh konkretisierend die Definition vom „*Rückzug der Gesellschaft aus dem Amtlichen Handel und dem geregelten Markt an allen Börsen*" geprägt,[104] die vereinzelt mittlerweile zum „*Rückzug eines Emittenten aus dem regulierten Markt*" vereinfacht wurde.[105] Ein ebenso gangbarer Weg einer Definition des regulären Delisting ist die Vornahme einer negativen Abgrenzung zu den anderen Formen des Delisting, indem man unter regulärem Delisting schlicht „*die Beendigung der Zulassung, die nicht durch eine Änderung der gesellschaftsrechtlichen Struktur des Unternehmens bedingt ist*", versteht.[106] Einigkeit besteht indes darüber, dass es beim Delisting um die Beendigung der Zulassung der Wertpapiere zum Handel an der Börse und nicht etwa um die Kursaussetzung oder Einstellung der Notierung geht,[107] da Letztere lediglich die vorübergehende Aussetzung der Kursbildung für die Papiere zur Folge hat; ein Umstand, der für die Zulassung jedoch unerheblich ist.[108] Dies kann auch anschaulich mit dem *actus contrarius*-Gedanken begründet werden, da die Zulassung – das sog. Listing (als Gegenstück zum Delisting) – eben die Aufnahme eines Wertpapiers zum börslichen Handel bedeutet.[109]

Wurde früher teilweise noch vertreten, dass ausschließlich der Rückzug von der Börse, der aufgrund eines Antrags des Vorstands vollzogen wird, als Delisting zu bezeichnen sein soll, nicht jedoch Fälle, in denen die Zulassung vAw. wegfällt,[110] fassen verschiedene Autoren nunmehr unter den Begriff des Delisting unterschiedliche Nuancierungen und Konstellationen.[111] Zumeist werden

---

104 BGH, Urt. v. 25.11.2002 – Az.: II ZR 133/01 = NJW 2003, 1032, 1034. Der amtliche Markt wurde im Zuge des Finanzmarktrichtlinie-Umsetzungsgesetzes zusammen mit dem geregelten Markt durch den heutigen regulierten Markt als (Teil-)Marktsegment ersetzt, vgl. *Groß*, KapMaR, Vorbemerkungen BörsG, Rn. 20c; *Seiffert* in Kümpel/Wittig, Bank- und KapitalmarktR, Rn. 4.316.

105 *Habersack* in Habersack/Mülbert/Schlitt, Unternehmensfinanzierung am Kapitalmarkt, § 40, Rn. 1.

106 So *Gutte*, Delisting, S. 25.

107 *Groß*, KapMaR, § 39 BörsG, Rn. 11 mwN.; *Schanz*, Börseneinführung, § 18, Rn. 2; *Klenke*, WM 1995, 1089, 1093 f.

108 *Gutte*, Delisting, S. 24. Vgl. insgesamt zu dem Verhältnis Notierung – Zulassung *Klenke*, WM 1995, 1089, 1093 f.

109 *Gutte*, Delisting, S. 24.

110 So wohl *Wirth/Arnold*, ZIP 2000, 111; überblicksartig *Pfüller/Anders*, NZG 2003, 459.

111 S. hierzu *Groß*, KapMaR, § 39 BörsG, Rn. 11, insbesondere Fn. 25 mit Verweisen auf die unterschiedlichen Auffassungen.

die divergierenden Begrifflichkeiten, wie etwa „*Going Private*“[112], Börsenaustritt[113] oder „*Public to Private*“ jedoch synonym für den im Folgenden gebrauchten Begriff des Delisting verwendet.[114] In der vorliegenden Arbeit wird unter Delisting hingegen der vollständige Rückzug aus dem regulierten Markt ohne fortbestehende Zulassung oder Einbeziehung verstanden.

## II. Begriffsbestimmung Downlisting, Downgrading und partielles Delisting

Zur Gewährleistung einer einheitlichen Handhabung der Begriffe des Downlisting, Downgrading und des partiellen Delisting soll das in der vorliegenden Arbeit zugrunde gelegte Verständnis dieser – nicht immer ganz einheitlich verwendeten[115] – Termini kurz dargelegt werden.

Unter Downlisting soll in dieser Arbeit der Wechsel in ein Börsensegment niedrigerer Stufe, also ein Wechsel vom regulierten Markt in den (qualifizierten) Freiverkehr, verstanden werden.[116] Dies ist auch das Verständnis, das der Gesetzgeber im Hinblick auf die Neuregelung des § 39 BörsG in seiner Begründung zugrunde legt.[117]

Im Gegensatz hierzu soll unter dem Begriff des Downgrading der Vorgang verstanden werden, bei dem ein Emittent seine Aktien innerhalb eines Börsensegments herabstuft, insbesondere der Wechsel innerhalb des regulierten Markts

---

112 Vgl. hierzu *Land/Hasselbach*, DB 2000, 557. *Wirth/Arnold*, ZIP 2000, 111 sehen das *Going Private* indes als allgemeinen, auch den vollständigen Rückzug umfassenden Überbegriff des Delisting, da Letzteres sich nur auf Teilrückzüge beschränke. *Kastl*, Rückzug von der Börse, S. 42 versteht das *Going Private* generell im Zusammenhang mit der Dezimierung des Aktionärskreises.

113 *Vollmer/Grupp*, ZGR 1995, 459, 471 f.

114 Vgl. hierzu auch *Willamowski* in Heidel, AktR, § 39 BörsG, Rn. 4; *Groß*, KapMaR, § 39 BörsG, Rn. 11.

115 *Glienke/Röder*, BB 2014, 899, 900.

116 Dieser Terminus hat sich vermehrt in der Literatur durchgesetzt, vgl. *Bayer*, ZfPW 2015, 163, 186; *ders.*, ZIP 2015, 853, 858; *Seibt/Wollenschläger*, AG 2009, 807. Er wurde auch vom Finanzausschuss des Bundestags aufgegriffen, BT-Drucks. 18/6220, S. 84. Andere gehen indes davon aus, dass der Wechsel vom regulierten Markt in den Freiverkehr als Downgrading zu bezeichnen ist, so z. B. *Groß*, AG 2015, 812, 814, unter Verweis auf die Terminologie des BVerfG, Urt. v. 11.7.2012 – Az.: 1 BvR 3142/07, 1 BvR 1569/08 = NJW 2012, 3081.

117 BT-Drucks. 18/6220, S. 84 (Fall eines „*Wechsels in den (qualifizierten) Freiverkehr*“).

der FWB vom *Prime Standard* in den *General Standard*.[118] Hierbei sind die gesetzlichen Anforderungen, die an ein Delisting gestellt werden, nicht zu beachten, da dem Grunde nach keine Veränderung bezüglich der Rechte der Aktionäre im Hinblick auf ihre Papiere eintritt.[119] In der Praxis regeln daher die Börsen diese Vorgänge: In § 54 Abs. 1 BörsO FWB ist dies etwa dergestalt geschehen, dass für den Rückzug aus dem *Prime Standard* ein Antrag des Emittenten einzige Voraussetzung ist und der Widerruf lediglich von der Börsengeschäftsführung veröffentlicht werden muss.

Ein sog. partielles Delisting – es wird in diesem Zusammenhang auch von Teil-Delisting gesprochen – liegt hingegen dann vor, wenn eine an mehreren Börsen in Deutschland gelistete AG sich von einem Börsenplatz zurückzieht, während ihre Aktien an einem oder mehreren anderen Börsenplätzen weiterhin gehandelt werden.[120]

Ferner ist noch auf den Fall eines Emittenten, dessen Papiere in den Freiverkehr einbezogen sind hinzuweisen, der sich schließlich aus diesem zurückzieht. Auch in einem solchen Fall wird mittlerweile nicht mehr nur – wie in der vorliegenden Arbeit – vom Rückzug aus dem Freiverkehr, sondern vereinzelt auch von einem sog. irregulären Delisting gesprochen.[121]

Zuletzt bedarf eine weitere, sich aus einem Downlisting und einem Rückzug aus dem Freiverkehr zusammensetzende Sonderkonstellation der Darstellung, die unter dem Stichwort des *„gestuften Delisting“* durchaus praktische Relevanz erlangt hat. Bei einem solchen wird vom Emittenten zunächst ein Downlisting vom regulierten Markt in den (qualifizierten) Freiverkehr durchgeführt, um sich im Anschluss gänzlich von der Börse zurückzuziehen (teilweise auch *Q-Delisting* genannt).[122]

---

118 So wie hier *Bayer*, ZfPW 2015, 163, 186; *ders.*, ZIP 2015, 853, 858; *Glienke/Röder*, BB 2014, 899, 900, auch zu dem genannten Beispiel; i. Erg. wohl auch *Schlitt*, ZIP 2004, 533, 541. Anders *Groß*, KapMaR, § 39 BörsG, Rn. 16.

119 So i. Erg. auch *Groß*, KapMaR, § 39 BörsG, Rn. 20.

120 *Groß*, AG 2015, 812, 814, der von Teil-Delisting spricht; *Schlitt*, ZIP 2004, 533, 540 f.; *Gegler*, BKR 2016, 273, die jeweils vom partiellen Delisting sprechen. Vgl. auch *Wicke*, DNotZ 2015, 488, 489.

121 So z. B. *Thomale/Walter*, ZGR 2016, 679, 682.

122 S. insgesamt hierzu *Bayer*, ZIP 2015, 853, 858.

## III. Motivation zur Durchführung eines Delisting

Das Delisting war über die Jahre stets Gegenstand kontroverser Auseinandersetzungen bis hin zu dem Punkt, dass – vor Schaffung einer gesetzlichen Grundlage im Jahre 1998[123] – dessen Zulässigkeit sogar gänzlich infrage gestellt wurde.[124]

Die generelle Auseinandersetzung mit dem Delisting basiert in Deutschland stets auf einem latenten Misstrauen dem Hauptaktionär und/oder einem möglichen Investor gegenüber. Entsprechend war und ist die Diskussion über die Sinnhaftigkeit und Ausgestaltung einer Regulierung des Delisting insgesamt maßgebend von der grundsätzlichen Annahme geprägt, die jeweilige Gesellschaft intendiere – geleitet durch die Interessen eines Großaktionärs – die Fungibilität der Aktien einzuschränken und somit das Interesse von (unliebsamen) Minderheitsaktionären an einer Beteiligung an der Gesellschaft wirtschaftlich unattraktiver zu machen.[125]

Blickt man hingegen über die Landesgrenzen hinaus, zeichnet sich dort mancherorts ein gänzlich anderes Bild. In den USA ist der Schutz der Aktionäre beispielsweise viel geringer, weil von potentiell vorteilhaften Effekten für das Unternehmen (und somit seine Aktionäre) durch einen Börsenrückzug ausgegangen wird.[126] In der hiesigen Diskussion wird eben dies häufig außer Acht gelassen: Es sind durchaus Fälle denkbar, in denen schlicht die Kosten für eine Börsennotierung und die damit einhergehenden Folgekosten deren Nutzen übersteigen und somit ein Delisting im Interesse aller beteiligten Share- und Stakeholder, also auch der Aktionäre, liegen kann.[127]

Die Entscheidung des Vorstands,[128] den Widerruf der Börsenzulassung von Wertpapieren zu beantragen, kann indes grundsätzlich aus mannigfaltigen Beweggründen heraus geschehen.[129] Sie wird jedoch grundsätzlich dann getroffen werden, wenn die Nachteile einer Börsenzulassung deren Vorteile überwiegen. Diese an sich banale Aussage bedarf der genaueren Erläuterung, da ein Delisting die Beteiligten jeweils unterschiedlich tangiert.[130] Entsprechend sind

123 Vgl. hierzu *Mayen*, ZHR 2015, 1.
124 *Morell*, ZBB 2016, 67, 69 mwN.
125 Insgesamt ähnlich *Thomale/Walter*, ZGR 2016, 679, 696 f.
126 Vgl. zu diesem gesamten Komplex *Thomale/Walter*, ZGR 2016, 679, 696 ff.
127 *Thomale/Walter*, ZGR 2016, 679, 696 f., die sogar so weit gehen, dass in solchen Fällen eine Pflicht des Vorstands bestehen kann, ein Delisting durchzuführen.
128 S. hierzu unten: Kapitel 2 A.II.4.c.
129 S. hierzu allgemein: *Richard* in Richard/Weinheimer, Hdb. Going Private, S. 25 ff.
130 Vgl. hierzu abstrakt *Morell*, ZBB 2016, 67, 70 ff.

zunächst die grundsätzlichen Folgen in den Blick zu nehmen, die sich für die verschiedenen Beteiligten durch ein Delisting ergeben:

### *1. Motive und Abwägungskriterien des Vorstands*

Der Vorstand hat seiner Entscheidung stets die Vornahme einer entsprechenden Abwägung mit dem Gesellschaftsinteresse vorzuschalten.[131] Bei abstrakter und rechtspolitisch weniger aufgeladener Betrachtung hat der Rückzug von der Börse den Wegfall zum einen der Publizitätspflichten für die Gesellschaft und zum anderen der Handelbarkeit der Aktien an einem öffentlich regulierten Markt zur Folge.[132] Unabhängig von gesetzlichen Pflichten trägt jedoch auch die wirtschaftliche Motivation des Emittenten die Entscheidung zum Delisting maßgeblich mit. Als sinnvoller Ansatz zur Determination der Sinnhaftigkeit des Fortbestehens der Listung erscheint es, sich die Frage zu stellen, ob die Kosten für die Börsennotierung in Relation zur möglichen Kapitalbeschaffung an der Börse höher sind als die Kosten, die für die Aufnahme von Fremdkapital erforderlich wären.[133]

#### *a. Mangelnde Effektivität des Listing*

Vor diesem Hintergrund können insbesondere eine hohe Eigenkapitalquote und/ oder ausreichend freier *Cash-Flow* die Notwendigkeit erneuter Kapitalaufnahme am Kapitalmarkt obsolet werden lassen.[134] Dieses Phänomen kann insbesondere auf mittelständische Unternehmen zutreffen, die sich durch ihr IPO ausreichend Kapital zur Finanzierung von Vorhaben und – als Resultat – entsprechend für langfristige Profitabilität verschaffen konnten.[135] Selbiges gilt für Gesellschaften, die nicht oder lediglich verhältnismäßig gering an den Kursgewinnen der Gesamtbranche partizipieren, sowie in denjenigen Fällen, in denen der Kurs der Aktie generell keinen für die Gesellschaft wünschenswerten Unternehmenswert widerspiegelt und somit eine weitere Kapitalaufnahme sich wegen einer niedrigen Emissionserwartung als nicht lohnenswert erweist.[136]

---

131 *Wieneke/Schulz*, AG 2016, 809, 815.

132 *Morell*, ZBB 2016, 67, 70.

133 So *Möllers/Kernchen*, ZGR 2011, 1, 2. Die folgende Darstellung kann aufgrund des komplexen Entscheidungsprozesses und der vielen möglichen Motive keinen Anspruch auf Vollständigkeit erheben, sondern soll lediglich ein überblicksartiges Bild der bedeutenden relevanten Motive zeichnen.

134 *Pfüller/Anders*, NZG 2003, 459, 461.

135 *Schmitt/Süßmann*, BB 2014, 1451, 1452.

136 *Pfüller/Anders*, NZG 2003, 459, 460.

Eine weitere Nuancierung dieses Gedankens ergibt sich aus kompetitiver Perspektive: Die nicht börsennotierte Konkurrenz des Emittenten hat stets die Möglichkeit, sich über die ökonomische Lage des Emittenten zu informieren, während diese Möglichkeit in die andere Richtung nicht besteht, wodurch ein signifikantes Informationsungleichgewicht entstehen kann.[137] Dieses würde durch den börsenrückzugsbedingten Wegfall der Publizitätspflichten egalisiert.

### *b. Personal- und Kostenaufwand*

Außerdem muss vom Vorstand stets überprüft werden, ob die mit einer Börsenzulassung einhergehenden administrativen, mit entsprechend erhöhtem Personal- und Kostenaufwand verbundenen[138] Pflichten gegenüber den aus einer Börsenzulassung resultierenden Vorteilen – wie z. B. der erhöhten Beachtung des Unternehmens in der Öffentlichkeit und der Attraktivität für Investoren aufgrund der Handelbarkeit an einem Sekundärmarkt[139] – noch verhältnismäßig und gewinnbringend sind.[140] Eben diese Abwägung zwischen Kapitalbedarf und Aufwand für die Aufrechterhaltung der Zulassung kann auch die ausschlaggebende Erwägung bei der Wahl des Börsensegments sein.[141] Hinzu kommen im Einzelfall nicht gesetzlich geregelte administrative Aufgaben des Managements wie etwa die Pflege von *Investor Relations*, die außerdem weitere Personalkosten produzieren.[142]

Die tatsächlich anfallenden Kosten für die Aufrechterhaltung der Börsenzulassung können je nach Größe und Gewinnerwartung der Gesellschaft eine weitere Überlegung darstellen.[143] Die in jedem Fall hinzukommenden Kosten hingegen, insbesondere das Erfordernis des Aufstellens eines Konzernabschlusses nach IFRS, sind stets ein signifikanter Kostenfaktor.[144]

---

137 In diese Richtung *Pasch/Schmeling/Starke*, CF 2015, 295, 297.

138 *Stöber*, BB 2014, 9, 10.

139 *Schanz*, Börseneinführung, § 2, Rn. 9 f.; *Pfüller/Anders*, NZG 2003, 459, 461. *Henze*, FS Raiser, 145, 148 weist allerdings auch darauf hin, dass dies in manchen Fällen auch zum Nachteil gereichen kann.

140 *Heidelbach* in Schwark/Zimmer, KPMK, § 39 BörsG, Rn. 11.

141 *Sudmeyer* in Münchener Anw. Hdb. AktR, § 47, Rn. 27.

142 Vgl. *Pfüller/Anders*, NZG 2003, 459, 461; *Pasch/Schmeling/Starke*, CF 2015, 295, 296.

143 Krit. *Schlote/Schmitt*, HV-Magazin 1/2015, 26, die bei den meisten Unternehmen von Kosten von unter EUR 100.000,00 jährlich ausgehen. *Morell*, ZBB 2016, 67, 70 geht insofern von ca. EUR 234.000,00 aus. Vgl. insgesamt auch *Pasch/Schmeling/Starke*, CF 2015, 295, 296. In jedem Fall fallen an der FWB im regulierten Markt jährlich EUR 11.700,00 für die Notierung an, § 15 GebührenO FWB iVm. der Gebührentabelle.

144 So auch *Morell*, ZBB 2016, 67, 70; *Pasch/Schmeling/Starke*, CF 2015, 295, 296.

### *c. Zulassungs- und Einbeziehungsfolgepflichten*

Eine der primären Intentionen für ein Delisting ist indes – neben der eben erwähnten Effekte, die hiervon auch tangiert sind – die Vermeidung der an die Börsenzulassung anknüpfenden Pflichten und des hiermit verbundenen Aufwands für das Management.[145] Der Widerruf der Zulassung hat auch stets die Beendigung der aktienrechtlichen Börsennotierung iSd. § 3 Abs. 2 AktG – und damit einhergehend das Entfallen des erhöhten aktienrechtlichen Pflichtenprogramms – zur Folge,[146] da für dieses stets die Zulassung an einem organisierten Markt Voraussetzung ist.[147]

An die Zulassung zum regulierten Markt und die Einbeziehung in den Freiverkehr knüpfen indes konkret die im Anschluss darzustellenden Folgepflichten an:[148]

#### aa. Zulassungsfolgepflichten

Grundsätzlich können – neben den weniger relevanten Pflichten, die sich direkt aus dem BörsG ergeben,[149] – zwei Anknüpfungspunkte zur Kategorisierung der Zulassungsfolgepflichten herangezogen werden: die aktien- und die kapitalmarktrechtlichen Folgepflichten.[150]

---

145 *Richard* in Richard/Weinheimer, Hdb. Going Private, S. 29 geht davon aus, dass *„börsenbedingte Tätigkeiten"* bis zu 50% der Arbeitszeit des Vorstands ausmachen können.

146 Implizit, da die Zulassung stets als Voraussetzung angesehen wird, *Koch* in Hüffer, AktG, § 3, Rn. 6; *Solveen* in Hölters, AktG, § 3, Rn. 7.

147 *Koch* in Hüffer, AktG, § 3, Rn. 6; *Solveen* in Hölters, AktG, § 3, Rn. 7.

148 S. hierzu im Allgemeinen *Heider* in MünchKommAktG, § 3, Rn. 40 ff.; eine anschauliche Übersicht bietet *Schanz*, Börseneinführung, § 11, Rn. 27.

149 Vgl. *Bröcker* in Claussen, Bank- und BörsenR, § 6, Rn. 89. Hierbei handelt es sich insbesondere um die sich aus § 40 Abs. 1 BörsG ergebende Pflicht, bei einer erneuten Ausgabe von Aktien derselben Gattung die Zulassung zu beantragen, wobei Näheres in § 69 BörsZulVo geregelt ist, *Kumpan* in Baumbach/Hopt, HGB, § 40 BörsG, Rn. 1. Ferner besteht gem. § 41 Abs. 1 BörsG die Pflicht des Emittenten, der Börsengeschäftsführung Auskünfte zu erteilen, die erforderlich sind, damit diese ihre Aufgaben im Hinblick auf die Zulassungserteilung erfüllen können. Genauer zu diesem Anspruch *Heidelbach* in Schwark/Zimmer, KPMK, § 41 BörsG, Rn. 3 ff.

150 S. zu dieser Unterteilung *Heider* in MünchKommAktG, § 3, Rn. 40 ff.; *Bröcker* in Claussen, Bank- und BörsenR, § 6, Rn. 89.

### (1). Aktienrechtliche Zulassungsfolgepflichten

Handelt es sich bei der Gesellschaft um eine börsennotierte Gesellschaft iSd. § 3 Abs. 2 AktG, sind hieran umfassende Pflichten aus dem AktG geknüpft, die über die einer nicht börsennotierten AG obliegenden Pflichten hinausgehen.[151]

Die wohl prominenteste Pflicht börsennotierter Gesellschaften ist zunächst die Pflicht zur Abgabe einer Entsprechenserklärung gem. § 161 AktG, ob bzw. inwieweit die Gesellschaft die Vorgaben des DCGK eingehalten hat.[152] Außerdem sind im Rahmen des VorstAG[153] börsennotierte Gesellschaften gem. § 87 Abs. 1 S. 2 AktG dazu verpflichtet worden, die Vergütungsstruktur des Vorstands an dem langfristigen Erfolg der Gesellschaft auszurichten (vgl. hierzu auch 4.2.3 DCGK).[154] Neben der erhöhten Anzahl an verpflichtenden Einberufungen des Aufsichtsrats gem. § 110 Abs. 3 AktG[155] sind beispielhaft noch die zusätzlichen Anforderungen an die Einberufung der Hauptversammlung gem. § 121 Abs. 3 S. 3 AktG zu nennen.[156]

Darüber hinaus zu beachten sind die Pflichten, die an kapitalmarktorientierte Gesellschaften gem. § 264d HGB gestellt werden: Nach dieser Vorschrift sind Gesellschaften dann als kapitalmarktorientierte zu behandeln, wenn ihre Wertpapiere an einem organisierten Markt iSd. § 2 Abs. 5 WpHG gehandelt werden. Der regulierte Markt stellt einen solchen Markt dar,[157] sodass hier notierte Gesellschaften auch die Pflichten zu beachten haben, die das AktG an das Bestehen einer

---

151 *Heider* in MünchKommAktG, § 3, Rn. 40 ff. Zum Begriff der börsennotierten Gesellschaft ausführlich *Bayer*, FS Hopt, 373 ff.
Es soll hier lediglich ein Überblick über die sich aus dem AktG ergebenden Pflichten gegeben werden, da deren konkrete Darstellung für den Fortgang der Arbeit nicht ausschlaggebend sein wird. Für eine ausführliche Darstellung s. *Rutz*, Delisting und Downgrading, S. 116 ff.

152 S. zu den genannten Beispielen und mit Verweis auf weitere Pflichten *Heider* in MünchKommAktG, § 3, Rn. 43.

153 BGBl. I 2009, S. 2509. Zu den dortigen Änderungen überblicksartig *Spindler*, NJOZ 2009, 3282 ff. S. hierzu auch *Rutz*, Delisting und Downgrading, S. 124.

154 *Hoffmann-Becking* in Münchener Hdb. des GesR, § 2, Rn. 14. Vgl. im Einzelnen hierzu *Wiesner* in Münchener Hdb. des GesR, § 21, Rn. 45 f.; *Dauner-Lieb* in Henssler/Strohn, GesR, § 87 AktG, Rn. 22 ff.

155 *Solveen* in Hölters, AktG, § 3, Rn. 7.

156 Vgl. hierzu *Rutz*, Delisting und Downgrading, S. 128 f. Ausführlich zu diesen Regelungen *Koch* in Hüffer, AktG, § 121, Rn. 10 ff. Zu den Anforderungen an die Einberufung der Hauptversammlung nach § 123 Abs. 4 AktG, wenn Inhaberaktien ausgegeben sind, im Einzelnen *Liebscher* in Henssler/Strohn, GesR, § 123 AktG, Rn. 9 f.

157 *Reimer* in MünchKommHGB, § 264d, Rn. 3.

Kapitalmarktorientierung einer Gesellschaft knüpft.[158] Dies gilt indes nicht für Gesellschaften, deren Wertpapiere in den Freiverkehr einbezogen sind, da dieser kein organisierter Markt iSd. § 2 Abs. 5 WpHG ist.[159]

### (2). Kapitalmarktrechtliche Zulassungsfolgepflichten

Hinzu kommen bei bestehender Börsenzulassung die sich mittlerweile aus der MAR[160] ergebenden kapitalmarktrechtlichen Folgepflichten.

Nach Art. 2 Abs. 1 lit. a MAR gelten die neu eingeführten kapitalmarktrechtlichen Pflichten für Gesellschaften, die an einem *„geregeltem Markt"*, also u. a. auch dem regulierten Markt einer deutschen Börse, zugelassen sind.[161] Von gesonderter Bedeutung sind danach das in Art. 15 MAR geregelte Verbot der Markmanipulation und die Ad-hoc-Veröffentlichungspflicht des Art. 17 MAR. Da der Gesetzgeber diese jedoch gesondert in § 39 Abs. 3 S. 3 Nr. 1 und 2 BörsG in Bezug genommen hat, sollen diese an dortiger Stelle besprochen werden.[162]

Des Weiteren erwähnenswert ist das in Art. 14 MAR verortete Verbot von Insidergeschäften iSd. Art. 8 MAR. Danach ist es verboten, Geschäfte zu tätigen, die auf Insiderinformationen iSd. Art. 7 MAR beruhen.[163] Es ist gem. Art. 18 MAR außerdem eine Insiderliste zu erstellen, die alle Personen enthält, die mit Insiderinformationen in Kontakt gekommen sind; diese muss an die nationale Aufsichtsbehörde übermittelt werden.[164] Weiter von Bedeutung sind die im Vergleich zur Vorgängerregelung des § 15a WpHG a. F. teilweise erweiterten Regelungen zu den *Directors' Dealings* nach Art. 19 MAR.[165] Hiernach müssen Führungskräfte (vgl. Art. 3 Abs. 1 Nr. 25 lit. a MAR), insbesondere also Organe des Emittenten, und Personen, die regelmäßig mit Insiderinformationen in

---

158 Vgl. hierzu *Rutz*, Delisting und Downgrading, S. 121.

159 *Lutter* in Schmidt/Lutter, AktG, § 3, Rn. 6; *Merkt* in Baumbach/Hopt, HGB, § 264d HGB, Rn. 1.

160 Verordnung (EU) Nr. 596/2014 des Europäischen Parlaments und des Rates vom 16. April 2014 über Marktmissbrauch (Marktmissbrauchsverordnung) und zur Aufhebung der Richtlinie 2003/6/EG des Europäischen Parlaments und des Rates und der Richtlinien 2003/124/EG, 2003/125/EG und 2004/72/EG der Kommission, ABl. L 173/1, v. 12.6.2014.

161 Vgl. auch *Poelzig*, NZG 2016, 528, 530; *dies.*, NZG 2016, 761, 763; *von der Linden*, DStR 2016, 1036.

162 S. hierzu ausführlich u.: Kapitel 6 B.

163 Vgl. *von der Linden*, DStR 2016, 1036 f. S. zum Begriff der Insiderinformation u.: Kapitel 6 B.I.1.

164 *Von der Linden*, DStR 2016, 1036, 1038 f. auch unter Hinweis auf die konkret mitzuteilenden Daten.

165 *Von der Linden*, DStR 2016, 1036, 1039 f.

Kontakt kommen und innerhalb des Emittenten mit Entscheidungsbefugnissen ausgestattet sind (vgl. Art. 3 Abs. 1 Nr. 25 lit. b MAR), sowie diesen jeweils nahestehende Personen jedes Geschäft melden, das sie in eigener Sache und im Zusammenhang mit Papieren des Emittenten oder sich auf diese beziehende Derivate tätigen.[166] Für den Emittenten selbst erwächst aus Art. 19 Abs. 5 UAbs. 1 S. 1 MAR die Pflicht, die Führungskräfte auf deren Pflichten hinzuweisen.[167] In diesem Zusammenhang ist außerdem die neu eingeführte, *Closed Periods* genannte 30-Tage-Frist vor Ankündigung eines Zwischen- oder Jahresabschlusses relevant. In diesem Zeitraum sind den betroffenen Personen grundsätzlich jegliche Eigengeschäfte verboten.[168] Aus national-rechtlicher Perspektive sind zudem erhöhte Jahresfinanzberichtspflichten gem. § 37v WpHG zu beachten.[169]

Für Gesellschaften, die im *Prime Standard* an der FWB gelistet sind, gelten gem. §§ 46 ff. BörsO FWB zusätzliche Anforderungen: Erwähnenswert sind hier die Pflichten zur Erstellung von Unternehmenskalendern und zum zusätzlichen Abhalten von Analystenveranstaltungen gem. § 51 f. BörsO FWB[170] sowie das Erfordernis eines englisch- und deutschsprachigen (Halbjahres-)Finanzberichts nach internationalen Rechnungslegungsstandards gem. §§ 48 f. BörsO FWB.[171]

### bb. Einbeziehungsfolgepflichten

Die Pflichten, die mit einer Einbeziehung in den Freiverkehr einhergehen, unterscheiden sich maßgeblich nach und vor Inkrafttreten der MAR.

#### (1). Folgepflichten vor Inkrafttreten der MAR

Auch vor Inkrafttreten der MAR bestand im Hinblick auf das Verbot der Marktmanipulation und des Insiderhandels – dem Grunde nach – kein Unterschied zwischen einer Listung im regulierten Markt und im Freiverkehr, da an beiden Märkten gehandelte Papiere den entsprechenden Regelungsregimen

166 *Von der Linden*, DStR 2016, 1036, 1039.

167 *Von der Linden*, DStR 2016, 1036, 1040.

168 Hierzu insgesamt *von der Linden*, DStR 2016, 1036, 1040 auch zu den Ausnahmetatbeständen.

169 *Heidelbach* in Schwark/Zimmer, KPMK, § 39 BörsG, Rn. 11; *Stöber*, BB 2014, 9, 10. Zum zeitlichen Wirkungsbereich *Matyschok*, BB 2009, 1494 ff.

170 Vgl. noch zur alten Fassung der BörsO *Seiffert* in Kümpel/Wittig, Bank- und KapitalmarktR, Rn. 4.315.

171 S. hierzu *Stöber*, BB 2014, 9, 10.

unterlagen.[172] Für Gesellschaften, die in den Freiverkehr einbezogen und dort im *Entry Standard* gelistet waren, galt gem. § 19 AGB FV FWB a. F. neben gesteigerten Jahresabschlussberichtspflichten u. a. die Pflicht, wesentliche Informationen, die den Emittenten oder seine Papiere betreffen, sofort zu veröffentlichen.[173] Hingegen bestand zuvor die gesetzliche Ad-hoc-Mitteilungspflicht des § 15 WpHG a. F. nicht, obwohl die Papiere als Insiderpapiere iSd. WpHG zu betrachten waren.[174]

Zumeist waren entsprechende Publizitätspflichten in den BörsO des jeweiligen Freiverkehrs zwar geregelt, diese konnten jedoch nicht in vergleichbarem Maße durchgesetzt werden, wie es mit den im WpHG möglichen Sanktionen für Emittenten am regulierten Markt möglich war.[175] Auch waren in den Regularien für die Freiverkehrssegmente keine den für den regulierten Markt in § 15a WpHG a. F. normierten Restriktionen bezüglich *Directors' Dealings* vergleichbaren Regelungen enthalten.[176] In Bezug auf die Meldeschwellen nach §§ 21 ff. WpHG, die gem. § 21 Abs. 2 iVm. § 2 Abs. 5 WpHG nur auf Anteile an Gesellschaften mit an einem organisierten Markt zugelassen Wertpapieren Anwendung finden[177] und für diese die geringeren Mitteilungspflichten des § 20 AktG ersetzen (§ 20 Abs. 8 AktG),[178] bestanden Unterschiede zwischen reguliertem

172 *Rutz*, Delisting und Downgrading, S. 208; *Krause*, CCZ 2014, 248, 259; *von der Linden*, DStR 2016, 1036 f.

173 Vgl. *Rutz*, Delisting und Downgrading, S. 163 f. S. zu den Folgepflichten im Allgemeinen *Weitnauer*, Hdb. Venture Capital, Teil 1, Rn. 126; *Weidlich/Dietz/Cammerer*, GWR 2013, 39, 40. Eine Übersicht über die Folgepflichten bietet *Schanz*, Börseneinführung, § 11, Rn. 27.

174 *Seiffert* in Kümpel/Wittig, Bank- und KapitalmarktR, Rn. 4.324 ff. Vgl. zu § 15 WpHG auch *Weitnauer*, Hdb. Venture Capital, Teil 1, Rn. 127. Krit. *Schwark* in Schwark/Zimmer, KPMK, § 15 WpHG, Rn. 26 ff.

175 *Rutz*, Delisting und Downgrading, S. 209.

176 *Rutz*, Delisting und Downgrading, S. 209.

177 *Heider* in MünchKommAktG, § 3, Rn. 44; *Schürnbrand* in Emmerich/Habersack, Aktien- und GmbH Konzernrecht, § 21 WpHG, Rn. 5. Erfasst von der Meldepflicht sind außerdem Gesellschaften (unabhängig von ihrer konkreten Rechtsform) mit Sitz in Deutschland, deren Anteile in Deutschland oder einem anderen EU-Staat oder EWR-Vertragsstaat zugelassen sind, oder solche, die zwar ihren Sitz außerhalb dieser Gebiete haben, deren Papiere jedoch trotzdem dort zugelassen sind, vgl. *Schneider* in Assmann/Schneider, WpHG, § 21, Rn. 79 ff.

178 Vgl. hierzu *Koch* in Hüffer, AktG, § 20, Rn. 18 f. § 20 AktG gilt jedoch für jede AG unabhängig von ihrer Listung, vgl. *Rutz*, Delisting und Downgrading, S. 209.

Markt und Freiverkehr, da für die Freiverkehrssegmente hierzu keine Regelungen in den jeweiligen BörsO getroffen worden waren.[179]

Insgesamt war also im Hinblick auf den Aktionärsschutz - was die Publizitätspflichten anbelangte - durchaus ein signifikanter Unterschied auszumachen.

### (2). Folgepflichten nach Inkrafttreten der MAR

Die Einbeziehungsfolgepflichten sind hingegen seit Wirksamwerden der MAR erheblich verschärft und an den regulierten Markt angeglichen worden.[180] Um auf die Veränderung des Marktumfeldes zu reagieren und die Integrität des Marktes auch außerhalb der regulierten Märkte zu gewährleisten, hat der europäische Gesetzgeber die kapitalmarktrechtlichen Pflichten durch die Erstreckung auf Freiverkehrsemittenten erheblich erweitert:[181]

#### *(a). Erstreckung auf den Freiverkehr*

Von überragender Bedeutung ist zunächst die Tatsache, dass nunmehr auch alle Emittenten, deren Papiere[182] im Freiverkehr gehandelt werden, gem. § 17 MAR Insiderinformationen unverzüglich veröffentlichen müssen.[183] Diese neue Regelung wird durch die Sanktionsmöglichkeiten des durch das FiMaNoG geänderten § 39 WpHG komplettiert, nach dem bei einem Verstoß des Emittenten dieser nun bebußt werden kann, § 39 Abs. 3d Nr. 6 bis 11, Abs. 4a S. 1, S. 2 Nr. 2, S. 3 WpHG.[184] Eben dies stellt auch den bedeutenden Unterschied zu den vorherigen Reglungen durch die Geschäftsbedingungen des Freiverkehrs dar.[185] Nach Art. 18 MAR sind auch Freiverkehrsemittenten nun verpflichtet, Insiderlisten zu führen.[186] Sie unterfallen außerdem gem. Art. 19 Abs. 4 MAR nun auch im oben beschriebenen Umfang den Regelungen zu den *Directors' Dealings*.[187]

---

179 *Rutz*, Delisting und Downgrading, S. 209.

180 Vgl. insgesamt *Rubner/Pospiech*, GWR 2016, 228 ff.; *Graßl*, DB 2015, 2066 f.

181 Erwägungsgrund 9 zur MAR, vgl. hierzu *Graßl*, DB 2015, 2066 f.; *Seibt/Wollenschläger* AG 2014, 593, 595.

182 Vgl. genauer zu den erfassten Wertpapieren von Freiverkehrsemittenten *Scholz*, NZG 2016, 1286 ff.

183 Vgl. *Rubner/Pospiech*, GWR 2016, 228.

184 *Rubner/Pospiech*, GWR 2016, 228; zu Letzterem *Poelzig*, NZG 2016, 492, 497.

185 *Linnerz/Freyling*, BB 2017, 1354, 1357.

186 *Franke/Schulenburg* in Umnuß, Corporate Compliance Checklisten, Kapitel 3, Rn. 37; *von der Linden*, DStR 2016, 1036, 1038 f.; *Rubner/Pospiech*, GWR 2016, 228. Hiervon sind KMU in geringem Ausmaß ausgenommen, vgl. hierzu *Poelzig*, NZG 2016, 761, 772.

187 *Rubner/Pospiech*, GWR 2016, 228, 229.

#### *(b). Beschränkung auf antragsbedingte Einbeziehung*

Dieser nun erweiterte Anwendungsbereich gilt jedoch nicht uneingeschränkt: Im Hinblick auf die Möglichkeit des Fremdeinbezugs, also eines solchen durch einen Dritten ohne Antrag des Emittenten selbst, bestehen entsprechende Restriktionen im Anwendungsbereich. So gelten die kapitalmarktrechtlichen Einbeziehungsfolgepflichten nur, wenn der Einbeziehung die Initiative des Emittenten vorausging, er also den entsprechenden Antrag gestellt oder die Einbeziehung genehmigt hat.[188] Dies ist nur folgerichtig, da andernfalls Dritte dem Emittenten ungewollt weitere Pflichten aufbürden könnten, was mit Blick auf das Verbot von Verträgen zulasten Dritter unzulässig wäre.[189] In Bezug auf die Veröffentlichung von Insiderinformationen gem. Art. 17 Abs. 1 MAR sah sich der europäische Gesetzgeber sogar veranlasst, dies in Erwägungsgrund 49 zur MAR nochmals *expressis verbis* klarzustellen.[190] Betrachtet man vor diesem Hintergrund die aktuelle Regelung der FWB, wird der Verlauf der Trennlinie bezüglich der Offenlegungsvorschriften zwischen *Quotation Board* (mit Ausnahme der Billigung durch den Emittenten iSd. § 10 Abs. 2 AGB FV FWB) auf der einen und *Basic Board* bzw. *Scale* als qualifiziertes Freiverkehrssegment auf der anderen Seite deutlich: § 10 Abs. 1 AGB FV FWB regelt den Kreis der möglichen Antragsteller für das *Quotation Board*. Hiernach können ausschließlich Teilnehmer am Markt, die gleichzeitig sog. Spezialisten gem. § 32 AGB FV FWB sind, den Antrag auf Einbeziehung stellen.

### (3). Schlussfolgerung

Aktionäre eines qualifizierten Freiverkehrsemittenten können nunmehr im Hinblick auf die Kapitalmarkttransparenz ein nahezu gleiches Schutzniveau erwarten, wie es auch im regulierten Markt vorzufinden ist. Daneben ist der umfassende Katalog der Einbeziehungsfolgepflichten für Aktien im neuen Segment *Scale* mittlerweile in § 21 AGB FV FWB geregelt und umfasst neben der verpflichtenden Durchführung einer Analystenveranstaltung und umfassenden Informationspflichten der Börse gegenüber die Pflicht zur Vorlage von (Halb-)

---

188 Erwägungsgrund 8 zur MAR. Vgl. hierzu auch *von der Linden*, DStR 2016, 1036, 1037; *Seibt/Wollenschläger* AG 2014, 593, 595; *Graßl*, DB 2015, 2066, 2067. Zu Letzterem in Bezug auf Art. 17 MAR s. auch Erwägungsgrund 49 S. 5 zur MAR; vgl. hierzu *Scholz*, NZG 2016, 1286, 1287.

189 Vgl. *Hopt/Kumpan* in Schimansky/Bunte/Lwowski, BankR-Hdb., § 107, Rn. 137. Zustimmend *Pfüller* in Fuchs, WpHG, § 15, Rn. 72.

190 S. hierzu ausführlich *Scholz*, NZG 2016, 1286, 1288; vgl. auch *Kiesewetter/Parmentier*, BB 2013, 2371, 2375.

Jahres- und (Zwischen-)Lageberichten. Einzig verbleibender Unterschied zum regulierten Markt sind insofern die noch bestehenden Divergenzen zwischen den Meldepflichten in § 21 WpHG und § 20 AktG[191] sowie die Nichtgeltung der aktienrechtlichen Zulassungsfolgepflichten für Freiverkehrsemittenten.[192] Dies dürfte jedoch im Vergleich zu den übrigen Vorschriften bei der Investitionsentscheidung eines Aktionärs nur in geringem Maße von Relevanz sein.[193]

Insgesamt stellt die Erstreckung der kapitalmarktrechtlichen Folgepflichten auf Freiverkehrsemittenten in diesem Umfang einen merklichen Paradigmenwechsel dar. Die qualitativen Unterschiede des Pflichtenprogramms eines börsennotierten Emittenten zeigen sich nunmehr aufgrund der signifikanten Verschärfung der Einbeziehungsfolgepflichten durch die MAR aus regulatorischer Sicht nicht maßgeblich im Verhältnis von reguliertem Markt zu (qualifiziertem) Freiverkehr, sondern im Vergleich von börsennotierten zu gänzlich nicht an einem Börsenplatz gehandelten Papieren.[194]

#### cc. Wegfall des Pflichtenprogramms durch Widerruf der Zulassung

Grundsätzlich entfallen durch den Widerruf der Zulassung die an die Börsennotierung anknüpfenden Zulassungsfolgepflichten.[195] Es sind lediglich weiterhin gewisse Nachpflichten zu beachten, die jeweils im Einzelfall zu bestimmen sind.[196] Trotz entsprechender Kritik[197] ist den Finanzberichtspflichten der §§ 37v, w WpHG nach Ansicht der BaFin für zum Zeitpunkt des Delisting bereits abgeschlossene Zeiträume noch nachzukommen.[198] Es ist jedoch keine Entsprechenserklärung nach dem DCGK mehr abzugeben, wenn das Delisting vor dem an sich jährlich üblichen Datum wirksam wird.[199] Fällt das Wirksamwerden des Delisting in den kurzen Zeitraum der Frist für die Veröffentlichung von Mitteilungspflichten gem. §§ 21 ff. WpHG oder die Veröffentlichung von *Directors'*

---

191 Vgl. die tabellarische Aufstellung bei *Kastl*, Rückzug von der Börse, S. 426.

192 S. hierzu bereits o.: Kapitel 1 B.III.1.c.aa(1).

193 A. A. wohl *Verse*, Aktionärsschutz beim Delisting (abrufbar unter http://institut-kreditrecht.de/pdf/gelbe_reihe/Verse_Delisting_160728.pdf, zuletzt abgerufen am 20.8.2017), S. 4.

194 Dies wird auch aus empirischer Sicht bestätigt, vgl. *Thomale/Walter*, ZGR 2016, 679, 717. Ausführlich hierzu u.: Kapitel 2 B.V.3.d.

195 Vgl. *Wieneke/Schulz*, AG 2016, 809, 817 ff.

196 Vgl. zu dem Folgenden insgesamt *Wieneke/Schulz*, AG 2016, 809, 818 f.

197 *Matyschok*, BB 2009, 1494, 1495.

198 BaFin, Emittentenleitfaden 2013, S. 200. Vgl. hierzu insgesamt *Wieneke/Schulz*, AG 2016, 809, 818.

199 *Wieneke/Schulz*, AG 2016, 809, 819 mwN.

*Dealings* gem. Art. 19 MAR, ist die Mitteilung noch zu veröffentlichen, da die Pflicht bereits zuvor entstanden ist.[200] Unzweifelhaft entfällt mit dem Wirksamwerden des Delisting hingegen die Veröffentlichungspflicht von Insiderinformationen gem. Art. 17 MAR.[201] Selbiges gilt für die Pflicht, diese Informationen für fünf Jahre nach ihrer Veröffentlichung auf der Website des Emittenten öffentlich zugänglich zu lassen, Art. 17 Abs. 1 UAbs. 2 S. 3 MAR, da diese nur potenziellen Investoren einer (öffentlich gehandelten) Gesellschaft dazu dienen soll, sich ein Bild von den Geschäften dieser zu machen. Diesem Zweck kann und braucht nicht mehr genügt werden, wenn der Emittent nicht mehr an der Börse gehandelt wird.[202] Weiterhin muss der Emittent jedoch seiner Pflicht aus § 3a Abs. 3 WpAIV[203] für sechs Jahre nachkommen, die dort genannten Informationen über die Veröffentlichung insiderrelevanter Tatsachen zugänglich zu lassen, da dies der (nachträglichen) Aufklärung und nicht der Marktinformation dienen soll.[204] Aus Art. 18 Abs. 5 MAR ergibt sich Selbiges für einen Fünfjahreszeitraum für das Führen von Insiderlisten.[205]

## 2. *Das grundsätzliche Spannungsfeld zwischen Emittent, Haupt- und Minderheitsaktionären*

Betrachtet man die zuvor dargestellten Beteiligten – namentlich die AG, die an der Verringerung der Börsenzulassungsfolgepflichten interessiert ist, und den Vorstand, der wiederum die Verringerung seiner Aufgaben herbeiführen will – auf der einen und die vom Delisting betroffenen Minderheitsaktionäre, welche die vermeintliche Verminderung der Handelbarkeit ihrer Aktien und Wertverluste befürchten, auf der anderen Seite, liegt der Schluss nahe, dass eben deren Interessen auch von erhöhter Bedeutung sein werden. Bei genauerer Untersuchung kristallisiert sich für einen erheblichen Teil der interessierenden Gesellschaften jedoch faktisch das (Haupt-)Konfliktpotential im Verhältnis zwischen Minderheitsaktionären und Hauptaktionär heraus.[206] Analysiert man nämlich

---

200 So zu Recht *Wieneke/Schulz*, AG 2016, 809, 818.

201 *Wieneke/Schulz*, AG 2016, 809, 818.

202 Vgl. insgesamt hierzu *Wieneke/Schulz*, AG 2016, 809, 818.

203 S. zum Anwendungsbereich der WpAIV *Retsch*, NZG 2016, 1201, 1202 unter Verweis auf die FAQ der BaFin. Die WpAIV tritt insofern hinter den europäischen Normen zurück, es sei denn, es ergeben sich aus diesen keine Regelungen für den entsprechenden Komplex.

204 *Wieneke/Schulz*, AG 2016, 809, 818.

205 *Wieneke/Schulz*, AG 2016, 809, 818.

206 *Morell*, ZBB 2016, 67, 70.

die Gesellschaften, die in der Zeit nach dem *Frosta*-Beschluss des BGH[207] ein Delisting angestrengt haben, ergibt sich meist eine starke Prägung durch einen Hauptaktionär und lediglich ein geringer Streubesitzanteil der Aktien.[208] So hatten von diesen Gesellschaften ca. 75% einen Aktionär, der zumindest 50% der Aktien an der AG hielt.[209] Danach werden trotz der grundsätzlichen Unabhängigkeit des Vorstands[210] in der Praxis die Interessen des Hauptaktionärs (übermittelt durch den Aufsichtsrat) zumindest neben den Interessen des Vorstands und den Vorteilen für die AG eine nicht ganz unerhebliche Rolle spielen.[211] Im Ergebnis sind bei der Beantwortung der Frage nach dem „Ob" und dem „Wie" einer Regelung somit die widerstreitenden Interessen der Minderheitsaktionäre auf der einen und die des Hauptaktionärs (freilich partiell kohärent mit den Interessen des Emittenten) auf der anderen Seite gegeneinander abzuwägen.[212]

207 Hierzu u.: Kapitel 2 A.II.4.

208 *Arnold/Rothenburg*, DStR 2014, 150, 154 („*fast immer der Fall*"); *Morell*, ZBB 2016, 67, 70.

209 Zu diesem Ergebnis kommt die Studie von *Doumet/Limbach/Theissen* (abrufbar unter http://ssrn.com/abstract=2660074, zuletzt abgerufen am 20.8.2017), S. 18 und 35, wobei sogar bei 16 Gesellschaften ein Hauptaktionär mit über 75% der Aktien vertreten war. Vgl. hierzu auch *Morell*, ZBB 2016, 67, 70; allgemein auch *Pasch/Schmeling/Starke*, CF 2015, 295, 302. Diese Tendenz scheint sich fortzuführen, gilt dies beispielsweise auch für den Fall der BDI AG, die am 17.10.2016 – also unter Geltung des neuen § 39 BörsG – ihr Angebot veröffentlicht und ein Delisting angekündigt hat. Bieter war hier der Hauptaktionär mit 72,46%, vgl. die Angebotsunterlage der BDI AG (abrufbar auf der Internetseite der BaFin (https://www.bafin.de/SharedDocs/Veroeffentlichungen/DE/Liste/WPUeG/li_angebotsunterlagen_wpueg_14.html), zuletzt abgerufen am 20.8.2017), S. 6. S. zu den übrigen Delistings seit der Neuregelung *Schulz/Wieneke*, NZG 2017, 449, 450 (Fn. 2).

210 Vgl. hierzu grundsätzlich *Spindler* in MünchKommAktG, § 76, Rn. 22.

211 In diese Richtung *Morell*, ZBB 2016, 67, 70.

212 Pauschal in diese Richtung auch *Casper*, FS Köndgen, 117, 133.

# 2 Entwicklung, Erfordernis und Ausgestaltungsgrundlagen der Regulierung des Delisting

## A. Regulierung des regulären Delisting vor der gesetzlichen Normierung im BörsG

Bevor der Gesetzgeber mit § 39 BörsG die Vorgaben für das reguläre Delisting in eine gesetzliche Form goss, war dies bereits Gegenstand langjähriger Entwicklung.

### I. Zeitraum der fehlenden einheitlichen Regulierung – Die börsenrechtlichen Vorgaben vor § 39 Abs. 2 bis 6 BörsG n. F.

Erst im Jahre 1998 wurde durch das dritte FMFG[213] in § 43 Abs. 4 BörsG a. F. die Möglichkeit für den Emittenten geschaffen, sich durch Stellung eines Antrags von der Börse zurückzuziehen. Nach S. 1 dieser Vorschrift war der Widerruf der Notierung durch die Zulassungsstelle möglich, wobei der Widerruf gem. S. 2 nicht dem Schutz der Anleger widersprechen durfte.[214] Diese Regelung wurde wortgleich in § 38 Abs. 4 BörsG a. F. bzw. später in § 39 Abs. 2 BörsG a. F. übernommen.[215] Nach § 38 Abs. 4 S. 5 BörsG a. F.[216] bzw. dem diesen ersetzenden – insofern wortgleichen – § 39 Abs. 2 S. 5 BörsG a. F.[217] war die genauere Ausgestaltung der Voraussetzungen eines Widerrufs durch die BörsO der jeweiligen Wertpapierbörsen zu konkretisieren.[218] Die insoweit einzige Begrenzung ergab sich dabei wiederum aus dem Gesetz selbst: Der Widerruf durfte gem. § 38 Abs. 4 S. 2 BörsG a. F.[219] – bzw. dem auch hier übereinstimmenden § 39 Abs. 2

213 BGBl. I 1998, S. 529.

214 S. hierzu insgesamt *Bayer*, ZIP 2015, 853. Zur Gesetzgebungsgeschichte *ders.*, ZfPW 2015, 163, 168 f.

215 *Bayer*, ZfPW 2015, 163, 168 f. (mit Fn. 44).

216 In der Fassung vor dem Inkrafttreten des FRUG am 31.10.2007, BT-Drucks. 16/4028, S. 102 f.; vgl. hierzu *Heidelbach* in Schwark/Zimmer, KPMK, § 39 BörsG, Rn. 1.

217 In dem Zeitraum nach dem 31.10.2007; vgl. hierzu *Heidelbach* in Schwark/Zimmer, KPMK, § 39 BörsG, Rn. 1.

218 *Eßers/Weisner/Schlienkamp*, DStR 2003, 985 weisen auf die einzelnen BörsO hin.

219 In der Fassung vor dem 31.10.2007.

S. 2 BörsG a. F.[220] – nicht dem Schutz der Anleger widersprechen.[221] Vor dem neu eingeführten Regelungskomplex in den Abs. 2 bis 6 des § 39 BörsG in seiner derzeitigen Fassung richtete sich ein Delisting aus börsenrechtlicher Perspektive also lediglich nach den Regelungen in den einzelnen BörsO.[222] So machte beispielsweise die FWB in § 54a Abs. 1 S. 1 Nr. 2 BörsO FWB a. F.[223] eine weiterhin bestehende Zulassung der Wertpapiere an einer inländischen (oder einer dieser vergleichbaren ausländischen Börse) oder ein Barabfindungsangebot an die betroffenen Aktionären, dessen Höhe sich nach dem höchsten Börsenpreis innerhalb der letzten sechs Monate vor Antragstellung richten musste, zur Voraussetzung für ein Delisting.[224] Nach den ähnlichen Regelungen der meisten anderen Börsen war den Anlegern ein Erwerbsangebot nach den Regelungen des WpÜG zu unterbreiten.[225] Einzig die Börse Düsseldorf schrieb zu diesem Zeitpunkt den bei ihr gelisteten Emittenten beim Rückzug einen entsprechenden Hauptversammlungsbeschluss vor, § 74 Abs. 4 BörsO Düsseldorf a. F.[226]

Die Änderung des § 54a Abs. 1 S. 1 Nr. 2 BörsO FWB a. F. im Jahre 2002 durch einen Beschluss des Börsenrats der FWB dahin gehend, dass den Aktionären nunmehr lediglich ausreichend Zeit zur Veräußerung der Aktien gegeben werden musste, bevor einem Delisting-Antrag stattgegeben werden konnte, während weitere Einschränkungen nicht mehr vorgesehen waren (sog. Fristenlösung),[227] sollte u. a. Auslöser für die jahrelang währende Diskussion über den richtigen Umgang mit dem Delisting werden.

## II. Faktische Regulierung des Delisting durch die Rechtsprechung

Diese Fristenlösung wurde vermehrt im Hinblick auf mangelnden Anlegerschutz als unbefriedigend wahrgenommen und führte schließlich zu einer Reihe viel beachteter Gerichtsentscheidungen. Eine Arbeit zum Thema Delisting kann

---

220 In dem Zeitraum nach dem 31.10.2007; vgl. hierzu ebenfalls *Heidelbach* in Schwark/Zimmer, KPMK, § 39 BörsG, Rn. 1.

221 S. zur Altregelung im Allgemeinen *Heidelbach* in Schwark/Zimmer, KPMK, § 39 BörsG, Rn. 12 ff.

222 Vgl. hierzu krit. *Streit*, ZIP 2002, 1279 ff.

223 In der Fassung vor dem 26.3.2002, vgl. BGH, NJW 2003, 1032, 1035; *Streit*, ZIP 2002, 1279, 1283.

224 *Bungert*, BB 2000, 53 f. auch mit Hinweisen auf die Regelungen in anderen BörsO; *Streit*, ZIP 2002, 1279, 1281 ff.

225 *Marsch-Barner*, LMK 2003, 108, 109.

226 Vgl. hierzu *Wilsing/Kruse*, WM 2003, 1110.

227 *Streit*, ZIP 2002, 1279, 1283 ff.; vgl. auch BGH, NJW 2003, 1032, 1035.

insofern nicht umhin, die Entwicklung der Rechtsprechung von *Macrotron*[228] zu *Frosta*[229] darzustellen. Hierbei soll sich jedoch auf die Aspekte, die für das Verständnis der Neuregelung erforderlich sind, beschränkt werden, da das Für und Wider dieser Entscheidungen bereits Gegenstand zahlreicher Abhandlungen war.[230]

## *1. Diskussion vor* Macrotron

In der gesellschaftsrechtlichen Literatur wurde vor der *Macrotron*-Entscheidung des BGH lange Zeit diskutiert, welche zusätzlichen Kriterien an ein Delisting gestellt werden sollten.[231] Kernfrage der Diskussion war hierbei, ob insoweit eine ungeschriebene Hauptversammlungskompetenz bestehe und somit ein Hauptversammlungsbeschluss für ein Delisting erforderlich sei.[232] Die Befürworter einer solchen Pflicht stützten ihre Auffassung maßgeblich auf eine entsprechende Heranziehung der *Holzmüller*-Grundsätze.[233] Nach diesen besteht dann eine (nach h. M. ungeschriebene[234]) Hauptversammlungskompetenz, wenn Vorhaben *„so tief in die Mitgliedsrechte der Aktionäre und deren im Anteilseigentum verkörpertes Vermögensinteresse eingreifen"*, dass der Vorstand nicht davon ausgehen darf, alleine zuständig zu sein.[235] Aufgrund der mit dem Wegfall börsenrechtlicher Pflichten des Emittenten und dem Verlust der Veräußerbarkeit der Aktien an öffentlichen Märkten einhergehenden tiefgreifenden Änderungen der Gesellschaft plädierte ein Teil der Literatur für das Unterfallen des Delisting

---

228 BGH, NJW 2003, 1032 ff.

229 BGH, Beschl. v. 8.10.2013 – Az.: II ZB 26/12 = NJW 2014, 146 ff.

230 Eine ausführliche Darstellung der Geschichte der Rechtsprechung in monographischer Form liefert beispielsweise *Kastl*, Rückzug von der Börse, S. 149 ff. mit zahlreichen weiteren Nachweisen. Vgl. auch die Literatur bei *Koch* in Hüffer, AktG, § 119, vor Rn. 30.

231 Vgl. hierzu generell *Eßers/Weisner/Schlienkamp*, DStR 2003, 985; *Wilsing/Kruse*, WM 2003, 1110.

232 *Kubis* in MünchKommAktG, § 119, Rn. 88; *K. Schmidt*, NZG 2003, 601, 602, jew. mwN.

233 Vgl. *K. Schmidt*, NZG 2003, 601, 602.

234 Krit. zu dieser Konzeption *Altmeppen*, ZIP 2004, 999, 1001, der zu Recht eine Analogie zu geschriebenen Hauptversammlungskompetenzen bemüht.

235 BGH, Urt. v. 25.2.1982 – Az.: II ZR 174/80 = NJW 1982, 1703. Instruktiv hierzu *Altmeppen*, ZIP 2004, 999 ff. Vgl. zu den *Holzmüller*-Grundsätzen im Allgemeinen *Hoffmann* in Spindler/Stilz, AktG, § 119, Rn. 22 ff.; *Kubis* in MünchKommAktG, § 119, Rn. 32 f, jew. mit ausführlichen weiteren Nachweisen.

unter diese Grundsätze.[236] Andere lehnten dies ab und verwiesen auf die den Schutz der Minderheitsaktionäre ausreichend gewährleistende Regelung des § 43 Abs. 4 BörsG a. F. iVm. den entsprechenden BörsO.[237]

Ging man indes von dem Bestehen einer Hauptversammlungszuständigkeit aus, war ferner umstritten, welchen Mehrheitserfordernissen ein entsprechender Beschluss unterläge. Die Vorschläge reichten insofern von einer einfachen Mehrheit über 75%[238] oder 90%[239] bis hin zu einer inhaltlichen Kontrolle des Beschlusses.[240] Als begleitende Maßnahme wurde bereits zu diesem Zeitpunkt § 207 UmwG analog herangezogen, um eine im Spruchverfahren überprüfbare Abfindungspflicht zum Schutze der Aktionäre zu statuieren.[241]

### 2. *Das anfängliche Regelungsregime der Rechtsprechung – Das* Macrotron-*Urteil des BGH*[242]

Im Jahre 2002 bezog der BGH zum ersten Mal Stellung[243] und urteilte, dass ein Delisting nur unter drei Voraussetzungen durchgeführt werden dürfe: Es musste ein Hauptversammlungsbeschluss mit einfacher Mehrheit vorliegen (hierzu sogleich a.) und ein Abfindungsangebot an die betroffenen Aktionäre gemacht werden (b.), dessen Angemessenheit im Spruchverfahren überprüft werden konnte (c.).[244] Das erstinstanzlich mit dem Sachverhalt befasste LG München hatte zuvor noch eine grundsätzliche Hauptversammlungskompetenz angenommen und eine Inhaltskontrolle des Beschlusses abgelehnt, dem klägerischen Begehren, ein Spruchverfahren im Rahmen der freiwilligen Gerichtsbarkeit

236 *Pluskat*, WM 2002, 833, 834 f. mwN.; vgl. auch (i. Erg. ablehnend) *Bungert*, BB 2000, 53, 55.

237 *Wirth/Arnold*, ZIP 2000, 111, 113 ff. mwN.

238 *Hellwig*, ZGR 1999, 781, 799 mwN.

239 Vgl. hierzu ausführlich *Wirth/Arnold*, ZIP 2000, 111, 113 mwN. zu den jeweiligen Meinungen.

240 Vgl. hierzu (i. Erg. ablehnend) *Bungert*, BB 2000, 53, 57.

241 Überblicksartig *Bungert*, BB 2000, 53, 57 f. mwN.

242 BGH, NJW 2003, 1032 f. In der folgenden Darstellung der Urteile soll sich auf die für die im Rahmen dieser Arbeit relevanten Aspekte beschränkt werden, da eine ausführlichere Darstellung aufgrund der bereits reichlich vorhandenen Literatur (vgl. hierzu das aufgelistete Schrifttum zum Delisting bei *Kubis* in MünchKommAktG zu § 119) zu allen Urteilen nicht zielführend erscheint, vgl. ausführlich auch *Bayer*, ZfPW 2015, 163, 178 ff.

243 *Drinnhausen* in Hölters, AktG, § 119, Rn. 29.

244 Vgl. *Hoffmann* in Spindler/Stilz, AktG, § 119, Rn. 40 f.

bezüglich der Höhe des gemachten Abfindungsangebots durchzuführen, jedoch eine Absage erteilt.[245] Dem hatte sich in zweiter Instanz das OLG München als Berufungsgericht angeschlossen.[246]

Die Diskussion über die Richtigkeit und die Tragweite dieser Entscheidung sollte die nachfolgenden Jahre die Auseinandersetzung der Literatur und der Praxis mit dem Thema des Delisting entscheidend prägen.[247]

### a. *Erforderlichkeit eines Hauptversammlungsbeschlusses mit einfacher Kapitalmehrheit*

Der BGH erkannte das grundsätzliche Erfordernis eines Hauptversammlungsbeschlusses an, wobei er ein einfaches Stimmenmehrheitserfordernis als ausreichend erachtete.[248] Er begründete dies jedoch nicht mit einer drohenden Mediatisierung der Mitgliedschaftsrechte durch den Rückzug von der Börse, sondern erteilte der Anwendung der *Holzmüller*-Grundsätze eine eindeutige Absage, da mit dem Rückzug von der Börse nicht in das Mitgliedsrecht an sich eingegriffen und auch die Innenstruktur der AG nicht tangiert werde.[249] Eine Hauptversammlungskompetenz sollte sich indes, in Anlehnung an die Rechtsprechung des BVerfG,[250] aus der Tatsache ergeben, dass die Fungibilität der

245 LG München, Urt. v. 4.11.1999 – Az.: 5 HKO 10580/99 = NZG 2000, 273 ff.; dieses Urteil bespricht *Bungert*, BB 2000, 53 ff.

246 OLG München, Urt. v. 14.2.2001 – Az.: 7 U 6019/99 = NZG 2001, 519 ff.; dieses Urteil bespricht *Schaub*, DStR 2001, 950 ff.

247 Vgl. nur beispielhaft *Bürgers*, NJW 2003, 1642, 1644 mit Schlussfolgerungen für die Praxis; *Ekkenga*, ZGR 2003, 878 ff.; unter besonderer Darstellung der unterschiedlichen Auffassungen zur Heranziehung der *Holzmüller*-Grundsätze *K. Schmidt*, NZG 2003, 601, 602 f.

248 BGH, NJW 2003, 1032, 1034.

249 BGH, NJW 2003, 1032, 1034. Vgl. hierzu auch *K. Schmidt*, NZG 2003, 601, 602.

250 Der BGH stellte hier auf die Rechtsprechung des BVerfG in Sachen *DAT/Altana* ab (BVerfG, Beschl. v. 27.4.1999 – Az.: 1 BvR 1613/94 = NJW 1999, 3769 ff.), in welchem dieses entschieden hatte, dass sich der Mindestwert eines Abfindungsanspruches ausgeschiedener Aktionäre iSd. §§ 304, 305, 320b AktG an dem Börsenwert innerhalb eines angemessenen Zeitraums zuvor zu orientieren habe; s. hierzu krit. *Behnke*, NZG 1999, 931, 934. Außerdem zog er insofern die Rechtsprechung in Sachen *Moto Meter* (BVerfG, Beschl. v. 23.8.2000 – Az.: 1 BvR 68/95 und 147/97 = NJW 2001, 279 ff.) heran, in welchem das BVerfG für eine auflösende Übertragung einer AG aufgrund der Verdrängung der Minderheitsaktionäre aus ihren durch die Aktien vermittelten Mitgliedsrechten dem Großaktionär aufgegeben hatte, den Minderheitsaktionären im Hinblick auf Art. 14 Abs. 1 GG ein Abfindungsangebot entsprechend dem Wert

Aktien, mithin also die Möglichkeit, diese am Markt veräußern zu können, vom Eigentumsschutz des Art. 14 Abs. 1 GG erfasst sei und somit den Kleinaktionären durch die Möglichkeit der Partizipation an dem Beschluss eine erste Schutzmöglichkeit eingeräumt werden müsse.[251] Eine inhaltliche Überprüfung des Beschlusses sollte hingegen nicht erfolgen.[252]

### *b. Pflichtangebot des Hauptaktionärs an die Minderheitsaktionäre*

Darüber hinausgehend konstatierte der BGH, ein Hauptversammlungsbeschlusserfordernis alleine genüge nicht, um das erforderliche Schutzniveau für die Minderheitsaktionäre zu gewährleisten. Auch die Regelungen in den verschiedenen BörsO sah er insofern als unzureichend an, insbesondere die Fristenlösung in der BörsO FWB.[253] Zur Begründung bezog er sich hierfür, neben der jederzeit möglichen Änderung einer solchen Regelung zum Nachteil der Minderheitsaktionäre, auf die nicht repräsentative Abbildung des Aktienwerts vor dem Hintergrund vermeintlicher Kurseinbrüche nach einer Delisting-Ankündigung.[254] Er stellte somit das Erfordernis auf, den Aktionären bei Beschlussfassung ein Pflichtangebot vom Emittenten oder dem Hauptaktionär zu machen, das dem Wert der Aktien zu entsprechen habe.[255]

### *c. Überprüfbarkeit des Angebots im Spruchverfahren*

In Anlehnung an die Rechtsprechung des BVerfG[256] entschied der BGH weiter, die Angemessenheit eines solchen Angebots müsse im Rahmen eines Spruchverfahrens überprüfbar sein, da nur dies – im Gegensatz zur Anfechtung des Beschlusses – zu einem sachgerechten Ergebnis führe, wobei er sich auf eine Analogie zu den §§ 15, 34, 196, 212 UmwG bzw. §§ 304 Abs. 3 S. 2, 305 Abs. 5 S. 2 AktG stützte.[257]

---

der Aktien zu unterbreiten, vgl. hierzu auch die Anmerkungen von *Fleischer*, DNotZ 2000, 876 ff.

251 BGH, NJW 2003, 1032, 1034.

252 BGH, NJW 2003, 1032, 1035.

253 BGH, NJW 2003, 1032, 1034.

254 BGH, NJW 2003, 1032, 1034 f. S. hierzu ausführlich u.: Kapitel 2 B.V.

255 BGH, NJW 2003, 1032, 1034 f.; *Bayer*, ZfPW 2015, 163, 181 f.

256 BVerfG, NJW 2001, 279 ff.

257 BGH, NJW 2003, 1032, 1035.

### *d. Folgefragen*

Diese Entscheidung wurde dem Ergebnis nach mehrheitlich positiv aufgenommen, jedoch in ihrer Herleitung – vornehmlich aufgrund der Annahme des Art. 14 GG als Begründungsbasis und teilweise wegen der Heranziehung des Unternehmenswerts statt des Börsenwerts zur Bestimmung der Angebotshöhe – kritisiert.[258]

Nach einer Meinung waren zudem in Fällen des kalten Delisting, in denen die spezialgesetzlichen Regelungen zur jeweiligen Strukturmaßnahme nicht den in der *Macrotron*-Entscheidung als erforderlich statuierten Schutz für die Minderheitsaktionäre gewährleisteten,[259] die *Macrotron*-Grundsätze entsprechend heranzuziehen und den Minderheitsaktionären ein Abfindungsangebot in bar zu machen.[260]

Der BGH hatte indes die *Macrotron*-Grundsätze auch auf Downlistings für anwendbar erklärt, mutmaßlich wegen des unterschiedlichen Schutzniveaus von reguliertem Markt und Freiverkehr.[261]

In der Folge äußerst umstritten war, ob dies auch auf Fälle des Downlisting in den (mittlerweile eingeführten) qualifizierten Freiverkehr gelten solle: Hier stand die vornehmlich auf die Gewährleistung der Verkehrsfähigkeit im Freiverkehr hinweisende ablehnende Meinung[262] derjenigen gegenüber, die auch in diesen Fällen einen erheblichen Nachteil für den Verkehrswert der Aktien sah.[263] Teilweise sollten auch in Unterfällen eines gestuften Delisting die *Macrotron*-Grundsätze angewandt werden, namentlich in Fällen des Downgrading innerhalb des Freiverkehrs, wenn diesem ein Downlisting vorausgegangen war.[264]

---

258 Vgl. hierzu *Bayer*, ZfPW 2015, 163, 183 f. mwN.

259 Dies war insbesondere bei der Eingliederung einer nicht konzernabhängigen Gesellschaft der Fall, vgl. *Kubis* in MünchKommAktG (3. Aufl.), § 1 SpruchG, Rn. 22; *Grunewald*, ZIP 2004, 542, 544. S. zu den Fällen des kalten Delisting ausführlich u.: Kapitel 3 B.III.

260 In diese Richtung auch *Pluskat*, BKR 2007, 54, 60 unter Hinweis auf Entwicklungen in der Rspr. mwN. I. Erg. ebenso *Grunewald*, ZIP 2004, 542, 544.

261 BGH, NJW 2003, 1032, 1034. Hierzu auch *Bayer*, ZfPW 2015, 163, 186 f.

262 Aus der Rspr. OLG München, NZG 2008, 755, 756. Vgl. auch *Bayer*, ZfPW 2015, 163, 187.

263 LG Köln, Beschl. v. 24.7.2009 – Az.: 82 O 10/08 = BeckRS 2009, 69439. S. zu dem Ganzen *Bayer*, NZG 2015, 1169, 1170 mwN. zu beiden Meinungen; s. auch *Schnaittacher/Westerheide/Stindt*, WM 2012, 2225, 2226.

264 *Bayer*, ZfPW 2015, 163, 187 mwN.

### 3. *Richtigstellung der eigentumsrechtlichen Implikationen – Das Urteil des BVerfG zum Delisting*[265]

Bereits einige Jahre später musste sich das BVerfG mit zwei ähnlich gelagerten Fällen auseinandersetzen: Die Beschwerdeführer des ersten Verfahrens gingen gegen die Nichtdurchführung eines Spruchverfahrens nach einem Downlisting vor, das der Emittent und die Vorinstanzen – die Diskussion über die Anwendbarkeit der *Macrotron*-Grundsätze auf Downlistings aufgreifend – verweigert hatten.[266] Dem anderen Verfahren lag ein Delisting zugrunde, bei dem der Emittent gegen die Durchführung unter Berufung auf die Verfassungswidrigkeit der *Macrotron*-Grundsätze Verfassungsbeschwerde einlegte.[267] Das BVerfG hielt beide Verfassungsbeschwerden im Ergebnis für unbegründet und machte weitere Ausführungen zur Begründung der Vorinstanzen, die sich auf die *Macrotron*-Rechtsprechung des BGH gestützt bzw. diese im Ergebnis für nicht anwendbar erklärt hatten.[268] Im Ergebnis erteilte das BVerfG der vom BGH vorgenommenen Verankerung des Abfindungsangebots im Eigentumsschutz des Art. 14 Abs. 1 GG eine Absage, sah die Annahme dieses Erfordernisses und dessen Herleitung jedoch als vom Grundsatz der richterlichen Rechtsfortbildung gedeckt an.[269]

#### a. *Ablehnung der eigentumsrechtlichen Gebotenheit*

In seiner Begründung konstatierte das BVerfG, es sei lediglich das durch die Aktien verbriefte Anteilseigentum im Hinblick auf das hieraus resultierende Mitgliedschaftsrecht und die Verfügungsbefugnis hierüber vom Schutzbereich des Art. 14 Abs. 1 GG umfasst.[270] Durch den Rückzug von der Börse werde jedoch die mitgliedschaftliche Struktur der Gesellschaft nicht verändert und somit die Mitgliedschaft des Aktionärs nicht tangiert.[271] Nicht berufen könne sich ein Aktionär ferner darauf, dass ihm dem Vermögen und nicht dem Eigentum zuzurechnende, wertbildende Faktoren aufgrund *„marktregulierender und*

---

265 BVerfG, NJW 2012, 3081 ff.

266 OLG München, NZG 2008, 755, 756; zu den Begründungen der Vorinstanzen im Besonderen *Schmid*, GWR 2012, 320. Von der weiteren Darstellung des Sachverhalts wird abgesehen.

267 KG, Beschl. v. 31.10.2007 – Az.: 2 W 14/06 = BeckRS 2007, 19506.

268 BVerfG, NJW 2012, 3081, 3082 ff.

269 BVerfG, NJW 2012, 3081, 3082 (Tz. 49).

270 BVerfG, NJW 2012, 3081, 3082 (Tz. 52).

271 BVerfG, NJW 2012, 3081, 3083 (Tz. 55).

*unternehmensbezogener Vorschriften des Aktien- und des Börsenrechts, die nach der Zielsetzung des Gesetzgebers* [...] *dem Wohl der Allgemeinheit dienen sollen*", zugutekommen sollten.[272] Auch nicht unter Art. 14 Abs. 1 GG sei die vermeintlich gesteigerte Fungibilität der Aktien am regulierten Markt zu fassen, da durch ein Delisting die rechtliche Verkehrsfähigkeit nicht beschränkt werde, schließlich bliebe eine formfreie (außerbörsliche) Veräußerung jederzeit möglich; die lediglich faktisch gesteigerte Verkehrsfähigkeit genüge insofern nicht, sondern stelle lediglich eine „*schlichte Ertrags- und Handelschance*" dar.[273] Ausdrücklich offen ließ das BVerfG die Frage, ob eine eigentumsrechtlich geschützte Position betroffen sein könne, wenn standardmäßig bei einem Delisting erhebliche Kurseinbrüche zu verzeichnen seien, da es von der Nichtbelegbarkeit eines solchen Effekts in dem betreffenden Zeitraum ausging.[274]

Im Ergebnis sah das BVerfG damit in der Börsenzulassung lediglich einen wertbildenden Faktor, deren antragsgemäßer Widerruf vor dem Hintergrund des durch den Aktienerwerb miterworbenen Risikos eines potentiellen Delisting vom Aktionär als geschäftspolitische Maßnahme hinzunehmen sei, was sich u. a. aus der spiegelbildlichen Überlegung des nicht bestehenden Anspruchs der Aktionäre auf Listung ergebe.[275] Aus den gleichen Gründen nahm das BVerfG für den Fall des Downlisting dieselbe Bewertung vor.[276]

### *b. Zulässige Rechtsfortbildung durch Richterrecht*

Obwohl es die Herleitung und Begründung des BGH in Bezug auf Art. 14 Abs. 1 GG zurückwies, argumentierte das BVerfG weiter, die Annahme einer Analogie zu den Regelungen des AktG und des UmwG zur Herleitung eines Pflichtangebots durch die Fachgerichte bewege sich noch in den Grenzen richterlicher Rechtsfortbildung.[277] Konsequenterweise nahm das BVerfG dies auch für die Annahme der Analogievoraussetzungen in Bezug auf die Möglichkeit der Anwendbarkeit des SpruchG, mithin für die Durchführung eines Spruchverfahrens an.[278] Es verwies ferner auf die laut der Gesetzesbegründung nicht

---

272 BVerfG, NJW 2012, 3081, 3082 f. (Tz. 53).

273 BVerfG, NJW 2012, 3081, 3083 (Tz. 57 und 59).

274 BVerfG, NJW 2012, 3081, 3084 (Tz. 68). Vgl. auch *Harnos*, ZHR 2015, 750, 759.

275 BVerfG, NJW 2012, 3081, 3083 (Tz. 61). Vgl. hierzu auch *Roßkopf*, ZGR 2014, 487, 501.

276 BVerfG, NJW 2012, 3081, 3084 (Tz. 69). Das BVerfG meint in diesem Zusammenhang mit Downgrading den in der vorliegenden Arbeit unter Downlisting verstandenen Sachverhalt.

277 BVerfG, NJW 2012, 3081, 3084 f. (Tz. 72).

278 BVerfG, NJW 2012, 3081, 3086 (Tz. 85).

abschließend zu verstehende Aufzählung in § 1 SpruchG und die fehlende Reaktion des Gesetzgebers auf die *Macrotron*-Entscheidung.[279] Das BVerfG überließ es dabei *expressis verbis* den Fachgerichten, nun zu klären, ob die bisherige Rechtsprechung, insbesondere in Fällen des Downlisting, Bestand haben solle.[280]

Insgesamt ergibt sich aus diesem Urteil des BVerfG also, dass eine gesetzliche Regelung zum Schutze der Anlegerschaft von Verfassungs wegen nicht zwingend geboten ist.

### 4. *Aufgabe der judikativ-faktischen Regulierung – der* Frosta-*Beschluss des BGH*

Diesem Grundsatz folgte der BGH in seiner als *Frosta*-Beschluss bekannt gewordenen Entscheidung,[281] in der er seine *Macrotron*-Entscheidung aufgab und die Anordnung der Pflicht, im Falle eines Delisting ein gerichtlich überprüfbares Angebot an die Aktionäre zu machen sowie das Erfordernis einen Hauptversammlungsbeschluss herbeizuführen, verwarf.[282] Diese Entscheidung wurde u. a. als *„eine der umstrittensten Entscheidungen des Bundesgerichtshofs der vergangenen Jahre"* bezeichnet.[283]

#### *a. Ablehnung der einfach-rechtlichen Analogievoraussetzungen*

Der BGH erteilte der von den Fachgerichten und teilweise in der Literatur angenommenen Möglichkeit einer analogen Anwendung der Normen aus dem UmwG und dem AktG nunmehr eine Absage; insbesondere die analoge Anwendung des § 207 UmwG lehnte er zum einen mit dem fehlenden Automatismus des Entstehens eines Abfindungsangebots gem. § 250 UmwG bei einer Umwandlung einer AG in eine KGaA und zum anderen mit dem Fehlen einer vergleichbaren Regelung in den §§ 190 ff. UmwG ab, während er die Anwendbarkeit des § 243 Abs. 2 S. 2 AktG mit dem Hinweis auf die nicht bestehende

---

279 BVerfG, NJW 2012, 3081, 3086 (Tz. 86) unter Verweis auf BT-Drucks. 15/838, S. 16, rechte Spalte.

280 BVerfG, NJW 2012, 3081, 3086 (Tz. 91). Auf die weitere Darstellung der Entscheidungsgründe muss hier verzichtet werden.

281 *Weidemann/Weiß*, BKR 2014, 168, 169.

282 Vgl. *Rothley*, GWR 2013, 493.

283 *Cabras*, Focus Money v. 1.10.2014. S. ausführlich zu dem Urteil *Arnold/Rothenburg*, DStR 2014, 150, 152 ff.; *Kocher/Widder*, NJW 2014, 127 ff.; *Wieneke*, NZG 2014, 22 ff.; s. weiter auch die ausführlichen Literaturnachweise zum Delisting bei *Kubis* in MünchKommAktG zu § 119.

aktienrechtliche Hauptversammlungskompetenz verneinte.[284] Der Regelung des § 29 Abs. 1 S. 1 Hs. 1, 2. Fall UmwG sprach er indes die allgemeine Geltung auf andere Fälle des Delisting ab, da – wie z. B. im Fall des § 320b Abs. 1 S. 2 AktG – nicht alle Fälle des kalten Delisting zwangsweise zu einer Barabfindung führten.[285] Er lehnte auch die Annahme einer Gesamtanalogie ab, da ein reguläres Delisting eben keine Strukturmaßnahme darstelle, die Anknüpfungspunkte an die Börsennotierung im Aktienrecht keine Strukturänderung zur Folge hätten und ferner die kapitalmarktrechtlichen Pflichten[286] für die Annahme einer vergleichbaren Situation nicht genügten.[287]

### *b. Fehlende Schutzbedürftigkeit*

Zur weiteren Begründung verwies er – neben der vermeintlichen Tatsache der nicht vorhandenen Auswirkung der Delisting-Ankündigung auf den Kurs der Aktie[288] – auf die anlegerschützende Vorschrift des § 39 Abs. 2 S. 2 BörsG a. F., dem in manchen BörsO durch die Forderung eines entsprechenden Angebots Genüge getan sein sollte.[289] Auch in den Fällen, in denen ein solches Angebot nicht vorgesehen war, bestand laut BGH jedoch kein Schutzbedürfnis, da der Kurswert einer Aktie im Falle eines Downlisting nicht merklich fiele.[290] Zuletzt wies der BGH auf den Aktionären auch außerhalb des eigentumsrechtlich gewährten Schutzes zustehenden verwaltungsrechtlichen Rechtsschutzes auf Grundlage des § 39 Abs. 2 S. 2 BörsG a. F. hin, der zusätzlichen zivilrechtlichen Schutz entbehrlich mache.[291]

### *c. Folgen*

Der *Frosta*-Beschluss des BGH wurde allgemein als vollständige Abkehr von jedweder gesellschaftsrechtlichen Einschränkung in Bezug auf eine

---

284 BGH, NJW 2014, 146, 147 (Tz. 5 ff.).

285 BGH, NJW 2014, 146, 148 (Tz. 9) unter Verweis auf die Gesetzgebungshistorie. S. zu den Fällen des kalten Delisting ausführlich u.: Kapitel 3 B.III.

286 S. zu diesen unterschiedlichen Pflichtenprogrammen bereits o.: Kapitel 1 B.III.1.c.aa.

287 BGH, NJW 2014, 146, 147 (Tz. 10 ff.).

288 S. zu dieser Frage ausführlich u.: Kapitel 2 B.V.

289 BGH, NJW 2014, 146, 148 f. (Tz. 14). S. beispielhaft zu der früheren Regelung der FWB o.: Kapitel 2 A.I.

290 BGH, NJW 2014, 146, 148 (Tz. 15), unter Verweis auf *Heldt/Royé*, AG 2012, 660, 667 f.

291 BGH, NJW 2014, 146, 148 (Tz. 16). Dies ausdrücklich unterstützend *Thomale*, DStR 2013, 2526, 2529.

Delisting-Entscheidung angesehen.[292] Es bedurfte hiernach keines Hauptversammlungsbeschlusses mehr, womit die Durchführung eines Delisting nun vollständig in der Kompetenz des Vorstands lag.[293] Da es sich demnach um eine unternehmerische Entscheidung handelte, unterlag deren Durchführung den Grenzen der *Business Judgement Rule* gem. § 93 Abs. 1 S. 2 AktG, sodass der Vorstand bei seiner Entscheidung die oben angeführten Vor- und Nachteile gegeneinander abwägen und eine entsprechende Entscheidung treffen musste, die im Unternehmensinteresse lag.[294] Auch die Abgabe eines Pflichtangebots zur Durchführung eines Delisting war nunmehr obsolet.[295] Es waren vielmehr nur noch die börsenrechtlichen Voraussetzungen gem. § 39 Abs. 2 BörsG a. F. zu beachten.[296]

In einer entsprechenden Folgeentscheidung[297] verneinte das BVerfG auch einen Vertrauensschutz für Spruchverfahren, die vor *Frosta* begonnen hatten, da es sich bei einer Rechtsprechungsänderung nicht um einen mit einer Gesetzesänderung vergleichbaren Sachverhalt handle, sodass im Hinblick auf eine vermeintliche Rückwirkung keine Vertrauensschutzgesichtspunkte verletzt seien[298] und durch ein Spruchverfahren ein Sachverhalt für die Zukunft geregelt würde.[299] Das OLG Düsseldorf lehnte zudem die Übertragbarkeit des *Frosta*-Beschlusses auf Fälle des kalten Delisting mit zutreffender Begründung ab, da es

292 OLG Karlsruhe, Beschl. v. 12.3.2015 – Az.: 12a W 3/15 = NZG 2015, 516 (Tz. 9); OLG Jena, Beschl. v. 20.03.2015 – Az.: 2 W 353/14 = BeckRS 2015, 07248, Rn. 58 f.; *Hoffmann* in Spindler/Stilz, AktG, § 119, Rn. 45; *Koch* in Hüffer, AktG, § 119, Rn. 33; *Roßkopf*, ZGR 2014, 487, 497.

293 *Weidemann/Weiß*, BKR 2014, 168, 170; *Glienke/Röder*, BB 2014, 899, 903; differenzierend *Schockenhoff*, ZIP 2013, 2429, 2434 f. mwN., der noch einen theoretischen Fall der Hauptversammlungskompetenz bei „*satzungsnahen*" Maßnahmen annahm.

294 *Kocher/Widder*, NJW 2014, 127, 129.

295 *Weidemann/Weiß*, BKR 2014, 168, 170; implizit auch *K. Schmidt*, JuS 2014, 174, 176.

296 Vgl. *Buckel/Glindemann/Vogel*, AG 2015, 373, 374.

297 BVerfG, Beschl. v. 5.11.2015 – Az.: 1 BvR 1667/15 = NZG 2016, 61 ff. S. hierzu auch die Anmerkung von *Nies*, GWR 2016, 33.

298 BVerfG, NZG 2016, 61 ff. (Tz. 11 f.); a. A. wohl *Heidel/Lochner* in Heidel, AktR, Vor. § 327a ff AktG, Rn. 19a, die von einer Schutzwürdigkeit in dem Zeitraum nach Veröffentlichung der *Macrotron*-Entscheidung und vor der Entscheidung des BVerfG zum Delisting ausgehen. Dies war zuvor in der Rspr. unterschiedlich beurteilt worden, vgl. zum Meinungsstand und der Instanzenrechtsprechung im Allgemeinen *Müller/Schorn*, AG 2015, 420 ff.

299 BVerfG, NZG 2016, 61, 63 (Tz. 18 ff.); a. A. *Lochner/Schmitz*, AG 2014, 489, 490, die von einer echten Rückwirkung ausgehen.

sich bei Ersterem um einen erheblichen Eingriff in die Mitgliedschaftsrechte des Aktionärs handle, während beim regulären Delisting lediglich die Fungibilität der Aktien eingeschränkt werde.[300]

## B. Erforderlichkeit regulatorischen Einschreitens

Der bereits oben angesprochene Disput über die Attraktivität des deutschen Kapitalmarkts mündete als Resultat der Rechtsprechungsentwicklung letztlich in der Frage nach der Notwendigkeit eines regulatorischen Eingriffs und folglich dessen konkreter Ausgestaltung. Bei alledem gerieten in der juristischen Diskussion die faktischen Auswirkungen für Aktionäre und Emittenten immer mehr in den Hintergrund, während die Prägung der Argumentationen durch eine vorgebildete (politische) Agenda transparenter wurde, wohingegen empirische Ansätze lediglich eine untergeordnete Rolle spielten.[301] Im Folgenden soll anhand empiriegestützter Überlegungen die Beantwortung der Frage nach dem Für und Wider gesetzgeberischen Einschreitens versucht werden.[302]

### I. Das Meinungsspektrum der Reaktionen auf den *Frosta*-Beschluss

Unmittelbar nach *Frosta* war das Bestreben vornehmlich der Börse Düsseldorf das Erfordernis eines Hauptversammlungsbeschlusses in der BörsO einzuführen und somit den Anlegerschutz (wieder) zu stärken,[303] bereits zu beobachten.

#### *1. Reaktionen der Wissenschaft*

Die Reaktionen auf die Rechtsprechungsänderung fielen innerhalb der Literatur indes unterschiedlich aus.[304] Ein Teil des Schrifttums – insbesondere Autoren aus der Praxis – begrüßte die neue Rechtsprechung zunächst im Hinblick auf die

300 OLG Düsseldorf, Beschl. v. 19.11.2015 – Az.: I-26 W 4/15 [AktE] = NZG 2016, 509 f.; zustimmend *Stöber*, BB 2016, 976. S. zu den Fällen des kalten Delisting ausführlich u.: Kapitel 3 B.III.

301 Sehr krit. auch *Thomale/Walter*, ZGR 2016, 679, 692.

302 Hierbei soll der Ansatz, dass (entgegen *Frosta*) durch die analoge Anwendung von § 29 UmwG ausreichend Schutz hätte gewährleistet werden können, aufgrund der rechtstatsächlichen momentanen Gegebenheiten außen vor gelassen werden, s. hierzu aber *Kastl*, Rückzug von der Börse, S. 282 ff.

303 Pressemitteilung der Börse Düsseldorf v. 7.4.2014 (abrufbar unter https://www.boerse-duesseldorf.de/presse/pressemitteilungen?id=899, zuletzt abgerufen am 20.8.2017); vgl. auch *Gajo*, AG 2014, R130.

304 S. hierzu *Buckel/Glindemann/Vogel*, AG 2015, 373, 374 mwN.

nun bestehende Rechts- und die damit einhergehende Investitionssicherheit.[305] Andere gingen noch weiter und hielten die Entscheidung auch im Ergebnis für zustimmungswürdig, da die Kleinaktionäre bei einem Delisting nicht schutzwürdig seien.[306] Begründet wurde dies mit der zumeist bestehenden Federführung des Großaktionärs bei Delisting-Vorhaben und der damit untergeordneten Rolle des Stimmrechts des Kleinaktionärs, dessen Interessen letztlich ausschließlich aus vermögensrechtlicher Sicht betroffen und sonst von einem Delisting nicht negativ tangiert seien.[307] Andere enthielten sich einer rechtspolitischen Wertung, stimmten dem BGH indes in seiner konsequenten Weiterführung des BVerfG-Urteils zu.[308] Es wurde vereinzelt mit Blick auf die Synchronisierung mit dem umwandlungsrechtlichen Delisting sogar eine weitere Deregulierung in Form der Abschaffung des bis dahin erforderlichen Abfindungsangebots im Falle des § 29 Abs. 1 S. 1 Fall 2 UmwG gefordert.[309] Ähnlich wurde auch mit dem ausreichenden Schutz der Anleger durch die entsprechenden Regelungen in den BörsO argumentiert, da jene sich aufgrund ihrer Entscheidung zu einem Investment an einem bestimmten Börsenplatz auch an dessen Regelungen festhalten lassen müssten.[310] Von der überwältigenden Mehrheit der Stimmen in der Literatur wurde jedoch ein Einschreiten des Gesetzgebers gefordert,[311] ein

305 Vgl. insgesamt zu den Reaktionen *Bayer*, ZfPW 2015, 163, 193 insbesondere Fn. 291 und 292 mwN. Im Weiteren *Weidemann/Weiß*, BKR 2014, 168, 170; *Wasmann/Glock*, DB 2014, 105, 109; *Mense/Klie*, GWR 2013, 505, 508; die *Frosta*-Entscheidung auch dogmatisch befürwortend *Glienke/Röder*, BB 2014, 899, 906.

306 *Arnold/Rothenburg*, DStR 2014, 150, 154.

307 So zumindest *Arnold/Rothenburg*, DStR 2014, 150, 154 mwN. I. Erg. auch *Schnaittacher/Westerheide/Stindt*, WM 2012, 2225, 2227, explizit auch für den Wechsel in den einfachen Freiverkehr.

308 In diesem Sinne *Weichel/Lampert*, WM 2014, 1024, 1025. Eine entsprechende Aufgabe der *Macrotron*-Rechtsprechung vor dem Hintergrund der sich aus § 31 Abs. 1 BVerfGG ergebenden Bindungswirkung forderte bereits vor dem *Frosta*-Beschluss *Thomale*, ZGR 2013, 686, 702.

309 So *Glienke/Röder*, BB 2014, 899, 907. *Habersack*, JZ 2014, 147, 148 zog indes hieraus genau den umgekehrten Schluss und forderte, ein Pflichtangebot auch für Fälle des regulären Delisting zu statuieren.

310 *Thomale*, ZGR 2013, 686, 721 f.; *Auer*, JZ 2015, 71, 76. *Brellochs*, AG 2014, 633, 645 wies ferner auf die Möglichkeit hin, auch in den BörsO einen Hauptversammlungsbeschluss als zusätzliches Erfordernis einzuführen.

311 Vgl. *Koch/Harnos*, NZG 2015, 729 mwN.; *Habersack*, JZ 2014, 147, 148, der den *Frosta*-Beschluss insgesamt als „*Unglück*" bezeichnet; *Bayer*, ZIP 2015, 853, 856 mit Verweisen auf die Wirtschaftsfachpresse; *ders./Hofmann*, AG 2015, R55, R59; im Hinblick auf den drohenden Wertverlust wohl auch *Buckel/Glindemann/Vogel*, AG 2015, 373,

kompensationsloses Delisting sogar als *„faktische Enteignung“* bezeichnet[312] und davor gewarnt, dass nun *„Minderheitsaktionäre weitgehend der Willkür des Großaktionärs ausgeliefert“* seien.[313] Insbesondere wurden die börsenrechtlichen Schutzmechanismen in Form der Fristenlösung für den Minderheitenschutz aufgrund des Wertverlusts nach Ankündigung des Delisting als nicht ausreichend angesehen.[314] Ähnliche Überlegungen wurden auch vom Bundesrat angestellt, der als Reaktion auf den *Frosta*-Beschluss die Rechte von Minderheitsaktionären durch eine zivilrechtliche Regelung sichergestellt wissen wollte.[315]

### *2. Problem des Delisting als Vorbereitung einer Strukturmaßnahme*

Es wurde darüber hinaus kritisiert, dass nun ein Delisting nicht mehr nur aus den genannten lauteren Motiven, sondern auch in Vorbereitung einer Strukturmaßnahme durchgeführt werden würde, um den Börsenkurs als Mindestwert zu „umgehen“:[316] Es bestand die Befürchtung, ein Emittent, dessen Großaktionär z. B. ein Squeeze out plant, könne bei Vorliegen eines (im Vergleich zum Unternehmenswert) hohen Börsenkurses zunächst ein vorgeschaltetes (reguläres) Delisting durchführen, um dann – statt des durchschnittlichen Börsenkurses der letzten drei Monate vor Durchführung des Squeeze out – den entsprechend geringeren anteiligen Ertragswert eines Gesellschaftsanteils zur Berechnung des erforderlichen Pflichtangebots heranzuziehen.[317] Insoweit richtete sich nämlich die Bewertung der Abfindung der Aktionäre einzig nach dem

375; *Stöber*, WM 2014, 1757, 1763 mit der Forderung, einen verpflichtenden Hauptversammlungsbeschluss analog § 119 Abs. 1 AktG zu konstituieren, wobei er sich durch eine Pressemitteilung der Börse Düsseldorf bestätigt sah, in welcher angekündigt wurde, dass neben einer solchen auch ein Pflichtangebot in der BörsO verankert werden sollte. Ähnlich *Weichel/Lampert*, WM 2014, 1024, 1030, die unter Berufung auf *Stern*, DÖV 2010, 241, 247 die Schutzaufgabe auch aus dogmatischen Gründen tendenziell beim Gesetzgeber verortet sahen.

312 *Reimann/Bergermann/Schwerdtfeger*, WiWo 27/2014.

313 So zumindest DSW-Hauptgeschäftsführer *Tüngler* in Focus Money Nr. 10/2014.

314 So explizit *Habersack*, JZ 2014, 147, 148; *ders.*, ZHR 2012, 463, 464; generell auf die Fristenlösungen in BörsO bezogen *Wicke*, DNotZ 2015, 488, 492.

315 Stellungnahme des Bundesrats vom 6.3.2015, BT-Drucks. 18/4349, S. 42 f.

316 *Bayer*, ZfPW 2015, 163, 197 mwN.

317 Vgl. hierzu *Mense/Klie*, GWR 2013, 505, 508. Dies halten auch *Arnold/Rothenburg*, DStR 2014, 150, 155 für möglich; beide beziehen sich auf die Rspr. des BVerfG in Sachen *DAT/Altana* (BVerfG, NJW 1999, 3769 ff.).

Unternehmenswert, wodurch der Börsenwert als Mindestpreis als regulatives Element entfiele.[318]

Es wurden jedoch bereits vor Tätigwerden des Gesetzgebers auch generelle Bedenken gegen eine gesetzliche Regulierung geäußert.[319]

### 3. *Zwingende Erforderlichkeit des gesetzgeberischen Einschreitens im Hinblick auf den Gleichbehandlungsgrundsatz des § 53a AktG?*

Vereinzelt wurde eine Pflicht zum gesetzgeberischen Einschreiten mit der Begründung hergleitet, der Gleichbehandlungsgrundsatz des § 53a AktG sei durch die faktische Einflussnahme des Großaktionärs auf den Emittenten und dessen daraus resultierende, faktische, Bevorzugung gegenüber den Minderheitsaktionären tangiert, komme ihm schließlich das Delisting zugute, während die Minderheitsaktionäre (nur) Nachteile davon hätten.[320]

## II. Verfassungsrechtliche Implikationen

Eine gesetzliche Regelung ist aus verfassungsrechtlicher Sicht indes keinesfalls zwingend. So führte bereits das BVerfG zum freiwilligen Delisting aus Sicht des Aktionärs schlicht aus: „*Er hat dies als eine geschäftspolitische Maßnahme des Unternehmens und seiner Organe hinzunehmen*".[321] Dies ist zweifelsohne zutreffend, steht einer gesetzlichen Regelung jedoch freilich nicht entgegen. Entsprechend zurückhaltend ist jedoch der zu schaffende Schutzmechanismus nach den tatsächlichen Gegebenheiten auszurichten. So muss dieser Grundgedanke insbesondere bei Bestimmung von Regelungsintensität und -umfang – vornehmlich im Hinblick auf Downlistings – berücksichtigt werden.[322]

Auch wenn der Anlegerschutz weder gesetzlich oder gar von Verfassungs wegen geboten ist, wird man jedoch nicht bestreiten können, dass neben zu beobachtenden gesetzgeberischen Tendenzen auch Gründe der Billigkeit für einen solchen sprechen, wenn man Zweifel bezüglich des „Ob" des regulatorischen

---

318 Vgl. hierzu insgesamt *Spindler* in K. Schmidt/Lutter, AktG, § 119, Rn. 61.

319 Insbesondere *Seibt*, Stellungnahme in Thesenform im Deutscher Bundestag-Finanzausschuss am 7. September 2015 (abrufbar unter https://www.bundestag.de/blob/386948/33e87f20591 1ce0a8fa5e30e79baa357/10---prof--seibt-data.pdf, zuletzt abgerufen am 20.8.2017), S. 7.

320 So insbesondere *Kastl*, Rückzug von der Börse, S. 221 ff.

321 BVerfG, NJW 2012, 3081, 3083 (Tz. 61).

322 Vgl. hierzu u.: Kapitel 5 D.

Einschreitens hegen sollte.[323] Ein weiteres Argument hierfür sind sicherlich die faktisch bestehenden divergierenden Effekte auf Minderheitsaktionäre auf der einen und den Großaktionär auf der anderen Seite, unabhängig davon, ob man diese in § 53a AktG normativ verorten und entsprechend für zwingend geboten halten will.[324]

## III. Europarechtliche Maßgaben

Es sind bislang keinerlei Tendenzen zu erkennen, den Börsenrückzug auf europäischer Ebene zu regulieren,[325] auch wenn dies im Hinblick auf die ansonsten immer weiter vorangetriebene Homogenisierung des europäischen Kapitalmarktrechts durchaus verwundert.[326] Die Interessenlage bei Rückzugskonstellationen aus dem öffentlich regulierten Markt stellt sich aus europarechtlicher Perspektive grundsätzlich ähnlich dar wie aus national-rechtlicher Perspektive: Auf der einen Seite sind die Aktionäre im Rahmen ihrer Kapitalverkehrsfreiheit gem. Art. 63 AEUV vor – auch mittelbaren – Maßnahmen zu schützen, die es ihnen zumindest erschweren, *cross-border*-Transaktionen (und damit auch Desinvestitionen) ohne signifikante Restriktionen tätigen zu können.[327] Selbiges, jedoch aus genau spiegelbildlicher Warte, gilt für den Emittenten mit Blick auf die Möglichkeit des Rückzugs von der Börse[328] und für den Großaktionär für ein Investment in Papiere des Emittenten.[329] In jedem Fall ist jedoch die in einer Erschwernis des Börsenrückzugs liegende Einschränkung der Kapitalverkehrsfreiheit *per se* durch die Erhöhung des Anlegerschutzes als anerkannter Grund des Allgemeinwohls gerechtfertigt.[330] Eine (mangelnde) Regelung darf jedoch nicht zur faktischen Hinderung der Rechtsausübung einer Seite führen, insbesondere aus Sicht des Emittenten und der Großaktionäre also einen

---

323 In diese Richtung auch *Kastl*, Rückzug von der Börse, S. 202, die plakativ von „*in dubio pro Anleger*" spricht.

324 Vgl. hierzu insgesamt *Kastl*, Rückzug von der Börse, S. 224 ff.

325 *Kalss*, EuZW 2016, 321 f. Friktionen und Berührungspunkte ergeben sich jedoch im Hinblick auf die Übernahmerichtlinie, s. hierzu u.: Kapitel 4 A.VI.2.b.

326 Vgl. hierzu auch *Kastl*, Rückzug von der Börse, S. 298 ff.

327 *Kalss/Klampfl* in Dauses, Hdb. EU-WirtschaftsR, E III, Rn. 65; *Ego* in MünchKommAktG, Europäisches AktR, Abschnitt B, Rn. 706 jew. mit Nachweisen zur Rspr. des EuGH.

328 *Sedlaczek/Züger* in Streinz, EUV/AEUV, Art. 63 AEUV, Rn. 16.

329 S. hierzu insgesamt *Kastl*, Rückzug von der Börse, S. 238 f. auch zum Gleichlauf von Kapitalverkehrs- und Niederlassungsfreiheit in Bezug auf den Großaktionär.

330 *Koch/Harnos*, NZG 2015, 729, 731.

Börsenrückzug normativ oder faktisch unmöglich machen.[331] Unter Geltung der aktuellen Regelung ist ein Rückzug möglich, es ist lediglich ein Abfindungsangebot zu machen. Nach Abwägung dieses Eingriffs mit dem Anlegerschutz ist eine solche Regelung damit keinen durchgreifenden Bedenken ausgesetzt, sie ist europarechtlich jedoch nicht zwingend.[332]

## IV. Quantitative Steigerung der Delistings

Durch den Wegfall des Pflichtangebots nach *Frosta* war auch eine der Hauptüberlegungen des Vorstands, die bei Vorliegen der übrigen Kriterien gegen ein Delisting sprachen, obsolet geworden,[333] mit der Folge, dass es im Zeitraum nach Erlass des *Frosta*-Beschlusses verglichen zu den Jahren zuvor (in denen ein Angebot an die Minderheitsaktionäre zu machen war) zu einem signifikanten Anstieg von Delisting- und Downlisting-[334] Anträgen kam.[335] Auf diese vermeintliche Entwicklung reagierte z. B. die Börse Düsseldorf mit der Einführung eines Hauptversammlungsbeschlusserfordernisses sowie einer Abfindungspflicht in ihre BörsO.[336] Darüber hinaus besannen sich die Befürworter einer gesetzlichen Regelung wieder auf einen der Eckpfeiler der Argumentation zu Zeiten von *Macrotron*, indem sie mit erheblichen Kursverlusten zulasten der Minderheitsaktionäre argumentierten.[337]

331 In diese Richtung auch *Kastl*, Rückzug von der Börse, S. 239 ff.

332 A. A. *Kastl*, Rückzug von der Börse, S. 241 f.

333 Vgl. speziell zu den anfallenden Kosten *Eisele/Walter*, ZfbF 2006, 337, 342.

334 S. speziell hierzu *Pasch/Schmeling/Starke*, CF 2015, 259.

335 Hiervon ging zumindest die Beschlussempfehlung aus, vgl. BT-Drucks. 18/6220, S. 83. S. zu den konkreten Zahlen *Bayer/Hofmann*, AG 2015, R55 f.; allgemein zum erhöhten Aufkommen an Delisting-Anträgen *Weber*, NJW 2015, 212, 214. Vgl. auch *Wefers*, Börsen-Zeitung v. 7.5.2015 unter Verweis auf eine Kalkulation der DSW; s. auch *Bungert/Leyendecker-Langner*, DB 2015, 2251. Die Studie von *Doumet/Limbach/Theissen*, aaO., S. 2 f. (insbesondere Fn. 3) nimmt insofern während der Geltung der *Macrotron*-Grundsätze lediglich ein Aufkommen von 101 Delisting-Anträgen innerhalb von neun Jahren an der FWB an, im Jahr 2012 sogar nur elf, während nach Erlass des *Frosta*-Beschlusses von ca. 40 pro Jahr auszugehen ist, vgl. hierzu auch *Morell*, ZBB 2016, 68, 78 (insbesondere Fn. 106).

336 *Hasselbach/Pröhl*, NZG 2015, 209, 211; *Bayer*, ZfPW 2015, 163, 193 f.

337 Statt vieler *Koch/Harnos*, NZG 2015, 729 mwN.

## V. Gefahr des Wertverlusts für Minderheitsaktionäre?

Die wohl prominenteste Frage im Zusammenhang mit dem Delisting und eines der Hauptargumente für die Regulierung ist die nach dem Eintritt von Wertverlusten aufgrund des Delisting bzw. dessen Ankündigung.

Ein in hoher Quantität auftretendes Phänomen vermag indes lediglich dann ein Regelungsbedürfnis auszulösen, wenn im Zuge dessen systemische und verallgemeinerbare Kursverluste als Resultat einer Geschäftsführungsmaßnahme festgestellt werden können. Da zumindest *prima vista* nicht das Mitgliedsrecht der Aktionäre, sondern lediglich die Vermögenskomponente der Aktieninhaberschaft betroffen ist, muss – mit Blick auf die vermeintlichen Wertverluste der Aktionäre als eine tragende Säule mancher Argumentation[338] – genauer untersucht werden, ob diese von einem Delisting überhaupt negativ betroffen ist.

### *1. Die Ausführungen des BGH*

Der BGH selbst war in seiner *Macrotron*-Entscheidung noch wie selbstverständlich davon ausgegangen, dass *„nach dem Bekanntwerden des Delisting erfahrungsgemäß ein Kursverfall der Aktien eintritt, der es dem Anleger unmöglich macht, die von ihm investierten Vermögenswerte zu realisieren"*.[339]

In seinem *Frosta*-Beschluss legte der BGH jedoch zur Begründung eines geringeren Schutzbedürfnisses der Minderheitsaktionäre im Falle eines Delisting nunmehr das Verständnis zugrunde, alleine die Ankündigung eines Delisting führe nicht zu einem erheblichen Kursverlust der betroffenen Aktien, wobei er indirekt eine im Jahre 2006 veröffentlichte Studie[340] heranzog, aus der sich entsprechende Feststellungen nicht entnehmen können lassen sollten.[341] Diese

338 So beispielsweise DSW-Hauptgeschäftsführer *Tüngler* in der Sitzung des Finanzausschusses (Protokoll der öffentlichen Anhörung des Finanzausschusses vom 7.9.2015, S. 23); krit. hierzu *Thomale/Walter*, ZGR 2016, 679, 682.

339 BGH, NJW 2003, 1032, 1035. Hiervon gehen auch *Schüppen/Tretter*, Die Bank 2003, 400 aus.

340 *Eisele/Walter*, ZfbF 2006, 337 ff.

341 BGH, NJW 2014, 146, 149; die Bezugnahme auf diese Studie ergibt sich aus dem Hinweis auf *Heldt/Royé*, AG 2012, 660 ff., die ein Positionspapier des DAI beschreiben (Stellungnahme des Deutschen Aktieninstituts zu Delisting und Spruchverfahren – Anfrage des Bundesverfassungsgerichtes – 1 BvR 3142/07, abrufbar unter https://www.dai.de/files/dai_usercontent/dokumente/positionspapiere/2010-10-08%20Stellungnahme%20VB%203142-07.pdf, zuletzt abgerufen am 20.8.2017). Sowohl der Aufsatz als auch das Positionspapier berufen sich auf die oben genannte Studie von *Eisele/Walter*; vgl. *Buckel/Glindemann/Vogel*, AG 2015, 373, 374. Auch das BVerfG,

Studie kam vielmehr zu dem Ergebnis, dass nach Ankündigung eines Delisting – zumindest kurzfristig –sogar stark positive Renditeentwicklungen festzustellen waren.[342]

### 2. *Wissenschaftliche Auseinandersetzung mit der Frage des Wertverlusts in Literatur und Forschung*

Dies wurde vereinzelt in der Literatur auch ohne weitere kritische Auseinandersetzung übernommen.[343] Die Studie betrachtete jedoch ausdrücklich nur *Going Private* Vorgänge im Zeitraum von 1995 bis 2002, wobei die Autoren selbst ausdrücklich auf die Erforderlichkeit eines im Spruchverfahren überprüfbaren Pflichtangebots an die Minderheitsaktionäre in diesem Zeitraum hinwiesen.[344] Da die stichprobenartig untersuchten Unternehmen ein Delisting stets im Zusammenhang mit einem nachfolgenden Übernahmeangebot nach dem WpÜG anstrebten, ist insofern eine kausale Beziehung des Eintritts der resultierenden Kurseffekte und der geplanten nachfolgenden Übernahme wahrscheinlich (aber in jedem Fall nicht auszuschließen) und nicht eine solche mit dem Delisting selbst.[345] Es wurde also bei der Grundannahme einer zumindest nicht negativen Auswirkung der Ankündigung des Delisting auf die Kursentwicklung das bisher bei einem Rückzug von der Börse den Aktien stets gegenüberstehende sichere und damit den Kurs stützende Angebot als wahrscheinlicher Grund für die beschriebenen Effekte verkannt.[346] Aus diesen Gründen vermag die genannte Studie für Fälle, in denen eine solche Pflicht nicht besteht, keine zwangsläufig verlässliche Aussage zu treffen.[347] Auch eine weitere, vom DAI selbst durchgeführte überblicksartige Studie[348] zu der Frage, ob die Kurse nach einem erfolgten

---

NJW 2012, 3081, 3084 ging davon aus, dass sich ein Kursverlust nach Ankündigung faktisch nicht hinreichend stützen lasse.

342 *Eisele/Walter*, ZfbF 2006, 337, 360.

343 S. z. B. *Thomale*, ZGR 2013, 686, 710; *Wieneke*, NZG 2014, 22, 23 f.

344 *Eisele/Walter*, ZfbF 2006, 337, 342.

345 Hierauf weisen *Bayer/Hofmann*, AG 2013, R371, R372 zu Recht hin. Instruktiv gehen sie davon aus, dass die festgestellten Kursschwankungen nicht „*auch*", sondern „*in erster Linie*" aus dem folgenden Übernahmeangebot resultieren.

346 *Weidemann/Weiß*, BKR 2014, 168, 170. In diese Richtung geht auch der Bundesrat in seiner Stellungnahme zum Aktionärsschutz infolge des *Frosta*-Beschlusses vom 6.3.2015, BT-Drucks. 18/4349, S. 43.

347 Krit. in diese Richtung auch *Habersack*, JZ 2014, 147, 148; *Weidemann/Weiß*, BKR 2014, 168, 170; *Paschoß/Klaaßen*, AG 2014, 33, 36.

348 Stellungnahme des DAI, aaO., S. 20 ff. Eine Zusammenfassung der relevanten Maßgaben und Resultate der Studie findet sich bei *Heldt/Royé*, AG 2012, 660, 668 f. Die

Widerruf der Börsenzulassung negativ betroffen seien, rechtfertigte insofern nicht die Annahme, es lägen negative Effekte vor, da in den meisten Fällen – neben der nicht vorgenommenen Bereinigung der Kursdaten um die allgemeine Marktentwicklung – das Delisting vor dem Hintergrund eines überprüfbaren Angebots als Folge des Widerrufs durchgeführt wurde; so galten doch nahezu während des gesamten betrachteten Zeitraums die *Macrotron*-Grundsätze.[349] Vor diesem Hintergrund sind die in Betrachtung gezogenen Untersuchungen wegen der Nichterforderlichkeit eines Angebots nicht mit der Situation nach dem *Frosta*-Beschluss vergleichbar.[350]

### 3. *Die Empirie zur Frage des Wertverlusts*

Diese Überlegungen haben mehrere empirische Studien inspiriert, die der Frage nachgingen, ob die Ankündigung eines Delisting oder Downlisting einen statistisch signifikanten (negativen) Einfluss auf die Entwicklung des Börsenkurses der betroffenen Papiere hat.[351]

---

Studie beruht auf der Auswertung der Aktienkurse von insgesamt neun Unternehmen 250 Tage vor Widerruf der Notierung und sechs bzw. drei Monate (eine solche Frist zur weiterbestehenden Notierung war in der BörsO FWB vorgegeben) nach erfolgtem Widerruf zwischen 2001 und 2009. Es konnte im Ergebnis kein allgemeines Muster im Hinblick auf die Kursentwicklung festgestellt werden.

349 *Bayer/Hofmann*, AG 2013, R371, R372 f; so in aller Deutlichkeit auch *Schlote/Schmitt*, HV-Magazin 1/2015, 26, die sogar davon sprechen, dass diese Annahme „*von der Realität ad absurdum geführt*“ werde.

350 *Schlote/Schmitt*, HV-Magazin 1/2015, 26, 27; *Bayer/Hofmann*, AG 2013, R371, R372 f.; tendenziell wohl auch *Buckel/Glindemann/Vogel*, AG 2015, 373, 374. Aus diesem Grund soll die Studie von *Rutz*, Delisting und Downgrading, S. 79 ff. hier auch nicht näher untersucht werden. Die Studie sucht (mangels anderweitig vorliegender Daten zum Zeitpunkt der Veröffentlichung) aufgrund zurückliegender Delistings eine Prognose anzustellen, ob auch nach dem *Frosta*-Beschluss eine Delisting-Ankündigung Auswirkungen auf den Börsenkurs haben wird. Da mittlerweile jedoch die entsprechenden Daten für diesen Zeitraum vorliegen, soll sich im Folgenden auf die Studien beschränkt werden, denen diese auch zugrunde liegen.

351 Einen ausführlichen Überblick liefern *Karami/Schuster*, CF 2016, 106, 108 ff. Hierbei soll sich auf die Beschreibung der Studien und deren Bewertung im Hinblick auf die zugrunde liegenden Daten und Zeiträume beschränkt werden, während die konkreten Berechnungen der Kursabweichungen lediglich im Ergebnis dargestellt werden sollen, da deren (mathematische) Herleitung den Rahmen dieser Arbeit zu sehr ausdehnen würde. Eine Übersicht bietet auch *Casper*, FS Köndgen, 117, 124 ff.

### a. *Empirische Methodik*

Die Studien haben – soweit einsehbar – gemein, dass sie den Weg einer Ereignisstudie wählen.[352] Eine solche zeichnet sich durch die Zugrundelegung eines bestimmten Ereigniszeitraums aus, der als Grundlage der Bestimmung der zu erforschenden Werte dient und für die Untersuchung von Börsenrückzügen um den Tag der Ankündigung eines solchen herum konstruiert wird.[353] Dies geht auf die Überlegung zurück, dass aufgrund (ungewollt) publik gewordener Informationen zuvor und der Ankündigung unmittelbar danach von einer Reaktion des Markts ausgegangen werden kann und der Preis der Wertpapiere sich entsprechend entwickelt.[354] Hierbei wird die Prämisse zugrunde gelegt, dass das Ereignis nicht unmittelbar in den Preis einfließt, sondern ein gewisser Zeitraum erforderlich ist, in dem der Markt die neu erhaltenen Informationen verarbeiten können muss.[355] Hat man dieses Ereignisfenster bestimmt, sind die Kursentwicklungen der untersuchten Wertpapiere anhand ihrer jeweiligen Renditen an den Tagen des Ereignisfensters zu bestimmen. Hierbei kann jedoch nicht einfach deren Entwicklung isoliert betrachtet werden, da bei einem solchen Vorgehen die übrigen Kursentwicklungen unberücksichtigt blieben. Vielmehr sind die sog. *abnormal returns*, also die abnormalen Renditen zu berechnen. Diese setzen sich zusammen aus der Differenz des Werts der tatsächlichen Renditeentwicklung eines Wertpapiers im Gegensatz zu dem vorherigen Tag und der Veränderung der erwarteten Rendite im gleichen Zeitraum.[356] Die Werte der *abnormal returns* sind schließlich für jeden Tag des Ereignisfensters zu berechnen und dann zu addieren, wobei als Ergebnis die CAR dargestellt werden kann.[357] Anhand derer

---

352 Vgl. hierzu *Morell*, ZBB 2016, 67, 78.

353 *Karami/Schuster*, CF 2016, 106, 109; *Thomale/Walter*, ZGR 2016, 679, 703 ff.

354 *Thomale/Walter*, ZGR 2016, 679, 705.

355 Unter Verweis auf die wirtschaftswissenschaftliche Diskussion *Thomale/Walter*, ZGR 2016, 679, 705.

356 S. insgesamt hierzu *Thomale/Walter*, ZGR 2016, 679, 705 f.; verkürzend *Morell*, ZBB 2016, 67, 78. Von der genauen Beschreibung der Berechnung der erwarteten Rendite wird abgesehen. Im Grundsatz berechnet sich diese nach dem herrschenden Marktmodell (s. ausführlich hierzu in der Studie von *Karami/Schuster*, aaO., S. 22 f.; zu dieser sogleich). Hiernach wird die Entwicklung des Referenzmarkts (sinnvollerweise der, an dem das untersuchte Wertpapier gehandelt wird) zugrunde gelegt und mit näher zu bestimmenden Faktoren multipliziert und so die Korrelation des untersuchten Wertpapiers zu dem Referenzmarkt abgebildet, vgl. *Thomale/Walter*, ZGR 2016, 679, 705 ff.

357 *Pilsl/Knoll*, DB 2016, 181, 183.

kann nachfolgend aufgezeigt werden, ob und welche Auswirkungen die Delisting-Ankündigung auf den Börsenkurs hatte.[358] Um jedoch auszuschließen, dass es sich bei den zu beobachtenden Kursreaktionen lediglich um zufällige Marktreaktionen handelt, sind diese Werte weiterhin auf ihre statistische Signifikanz zu prüfen.[359]

### *b. Erste Studien unmittelbar nach Frosta*

Zu dem Ergebnis von Kursverlusten beim Delisting kommen sowohl die Studien von *Pilsl/Knoll*[360], die im Ereignisfenster von jeweils drei Tagen von einer negativen CAR von 12,69% ausgehen, und *Wessels/Röder*[361], die für ein viertägiges Ereignisfenster zu einer solchen in Höhe von 12,53% kommen. Auch die Studie von *Doumet/Limbach/Theissen*[362] lässt bei einem Zeitfenster von jeweils einem Tag vor und nach Ankündigung eines Delisting eine negative CAR von 5,77% erkennen. Letztere lässt jedoch augenscheinlich *Penny-Stocks* mit in das Ergebnis einfließen, was ihre Aussagekraft – zumindest in gewissem Maße – relativiert.[363] *Aders/Muxfeld/Lill*[364] können im Ergebnis auf negative Kursverläufe rekurrieren, nehmen jedoch undifferenziert Delistings und Rückzüge aus dem Freiverkehr in ihre Beobachtung auf.[365]

Auch *Schlote/Schmitt*[366] belegen unter Zugrundelegung einer Studie der solventis Wertpapierhandelsbank GmbH Kursabschläge von 25% bis 80% in Fällen eines regulären Delisting.[367] An dieser Studie wurde jedoch im Hinblick auf

---

358 *Thomale/Walter*, ZGR 2016, 679, 707 f.

359 *Thomale/Walter*, ZGR 2016, 679, 708 f. mit Verweis auch auf die von ihnen angewandten Testverfahren. Dies geschieht meist anhand verschiedener Ausformungen des *t-Tests*, bei welchem ein bestimmter Wert festgelegt wird, der die Wahrscheinlichkeit des Verwerfens des gefundenen Ergebnisses abbildet, obwohl die zugrunde liegende Hypothese eigentlich richtig ist, sowie anderer Testverfahren. Nur wenn der errechnete *t-Wert* über diesem Wert liegt, kann von statistischer Signifikanz ausgegangen werden, vgl. *Pilsl/Knoll*, DB 2016, 181, 183. Zur konkreten Berechnung *Thomale/Walter*, ZGR 2016, 679, 708.

360 *Pilsl/Knoll*, DB 2016, 181, 183. Genauer zum Vorgehen nach einer Ereignisstudie sogleich.

361 *Wessels/Röder*, CF 2016, 357, 362.

362 Studie von *Doumet/Limbach/Theissen*, aaO., S. 24.

363 Vgl. *Thomale/Walter*, ZGR 2016, 679, 702 f.

364 *Aders/Muxfeld/Lill*, CF 2015, 389, 399.

365 Vgl. *Karami/Schuster*, CF 2016, 106, 110.

366 *Schlote/Schmitt*, HV-Magazin 1/2015, 26 f.

367 Zu den konkret in Bezug genommen Zahlen s. *Schlote/Schmitt*, Börsen-Zeitung v. 16.5.2015.

die fehlende Differenzierung zwischen Gesellschaften, die sich lediglich aus dem qualifizierten Freiverkehr und solchen, die sich aus dem regulierten Markt zurückzogen, zu Recht Kritik geäußert.[368] Auch wurden keine Kursbereinigungen vorgenommen, wie etwa der Ausschluss von Gesellschaften aus der Betrachtung, die aufgrund anderweitiger Maßnahmen von sinkenden Kursen betroffen waren, sodass diese Ergebnisse – zumindest der Höhe nach – nicht als repräsentativ angesehen werden können.[369] Selbst wenn man dem jedoch folgte und nur die Gesellschaften, die sich vom regulierten Markt zurückgezogen haben, betrachten will, käme man zu dem Ergebnis, dass auch in diesem Fall – wenn auch geringere – Kursverluste zu verzeichnen sind.[370]

Zwei Studien konnten jedoch mit einem umfassenderen Datensatz arbeiten und sind demnach in ihrem Umfang und ihrer Tiefe von gesondertem Interesse für den Fortgang dieser Arbeit.

### c. *Die Studie von Karami/Schuster*

In dieser Studie[371] wurden die Delistingvorgänge nach dem *Frosta*-Beschluss bis zum 30.9.2015 analysiert. Aus der Beobachtung bezüglich der Kursverluste ausgeschlossen waren solche Gesellschaften, die aufgrund anderweitiger Strukturmaßnahmen oder freiwillig ihren Aktionären ein Abfindungsangebot gemacht hatten, sowie solche, deren Papiere im Vorfeld bereits in Anlehnung an § 5 Abs. 4 WpÜG-AngebotVo illiquide waren. Diese bereinigten Delisting-Ankündigungen wurden ferner – für den hier relevanten Zusammenhang vereinfacht – in Fälle des Delisting, des Downlisting und des Downgrading aufgeteilt und die entsprechenden Kursreaktionen in einem Ereignisfenster von je fünf Tagen vor und nach der Rückzugsankündigung dargestellt.[372]

Dies zugrunde legend kommt die Studie zu dem Ergebnis, dass die Ankündigung eines Delisting signifikante Kursreaktionen von einer kumulierten

368 *Bayer/Hofmann*, AG 2015, R55 ff.

369 Mit dieser Studie setzt sich *Casper*, FS Köndgen, 117, 126 ff. ausführlich auseinander und kommt dabei bei den Delistings auf weitaus geringere, aber dennoch feststellbare negative Kursentwicklungen.

370 *Bayer/Hofmann*, AG 2015, R55, R59.

371 *Karami/Schuster*, Eine empirische Analyse des Kurs- und Liquiditätseffekts auf die Ankündigung eines Börsenrückzugs am deutschen Kapitalmarkt im Lichte der „FRoSTA"-Entscheidung des BGH, Bewertung im Recht –Working-Paper-Serie, 2015 (abrufbar unter hbfm.link/300, zuletzt abgerufen am 20.8.2017).

372 S. zu diesem Absatz die Studie von *Karami/Schuster*, aaO., S. 21 und 26 ff.

durchschnittlichen abnormalen negativen Rendite von 7,29% innerhalb von zwei Tagen vor und nach dem Ankündigungstag auslöst.[373]

Für eine Downlisting-Ankündigung hingegen konnten negative Kursreaktionen nicht in statistisch signifikanter Weise nachgewiesen werden, unabhängig davon, ob ein Downlisting in ein Qualitätssegment oder den einfachen Freiverkehr durchgeführt wurde. Hierbei fiel allein bei einem Wechsel in den einfachen Freiverkehr die CAR in geringem Maße negativer aus.[374]

Mit Blick auf die Liquidität konnte die Studie indes keine zwingenden Schlüsse bezüglich des Vergleichs von reguliertem Markt und Freiverkehr ziehen. Sie stellt hingegen fest, dass die Liquidität der Papiere der Delisting-Kandidaten grundsätzlich bereits vergleichsweise gering ist, diese jedoch trotz sehr geringer Handelsvolumina deswegen nicht unter den § 5 Abs. 4 WpÜG-AngebotVo fallen (würden), weil sie in den meisten Fällen an mehr als einem Drittel der Handelstage (wenn auch jeweils in geringem Umfang) gehandelt wurden.[375] Eine allgemeingültige Aussage zu den Auswirkungen des Delisting konnte die Studie jedoch auch nicht treffen.[376]

### d. Die Studie von *Thomale/Walter*

*Thomale/Walter* wählten in ihrer Studie[377] als Betrachtungszeitraum den zwischen Erlass des *Frosta*-Beschlusses und Verabschiedung des § 39 Abs. 2 bis 6 BörsG n. F.[378] Sie beschränkten sich hierbei auf deutsche Emittenten, die nicht aus insolvenzrechtlichen Gründen von der Börse genommen wurden, und bereinigten die Daten, indem sie Gesellschaften nicht berücksichtigten, bei denen jeweils 20 Tage vor und nach dem Ankündigungszeitpunkt (Ereignisfenster) des Delisting andere Faktoren – wie etwa der Abschluss von Beherrschungs- und Gewinnabführungsverträgen oder Vorstandswechsel – entscheidenden Einfluss auf die Kursentwicklung gehabt haben könnten. Ferner wurden (im Hinblick auf eine wahrscheinlich bevorstehende Insolvenz dieser Unternehmen) Penny-Stocks, also Werte unter einem Euro pro Aktie, sowie im Beobachtungszeitraum nicht ausreichend gehandelte Papiere nicht berücksichtigt.[379] Die Kursreaktion

373 Dies gilt, obwohl im Rahmen der Studie eine weitere Bereinigung um einen „Ausreißer" nach unten erfolgte, vgl. Studie von *Karami/Schuster*, aaO., S. 35.

374 S. hierzu insgesamt die Studie von *Karami/Schuster*, aaO., S. 38.

375 Studie von *Karami/Schuster*, aaO., S. 47 f.

376 Diesen Schluss zieht auch *Kastl*, Rückzug von der Börse, S. 195.

377 *Thomale/Walter*, ZGR 2016, 679, 700 ff.

378 *Thomale/Walter*, ZGR 2016, 679, 700.

379 Insgesamt zum analysierten Datensatz *Thomale/Walter*, ZGR 2016, 679, 701 f.

der Papiere der nach diesem Muster in Bezug genommenen Gesellschaften wurde weiterhin danach aufgegliedert, ob es sich bei der Maßnahme um ein Delisting, ein Downlisting oder den Rückzug aus dem Freiverkehr handelte.[380]

Unter Berücksichtigung der sich jeweils ergebenden CAR zeichnet diese Studie das folgende Bild:[381] Die Ankündigung eines vollständigen Delisting führte bei pauschaler Betrachtung des entsprechenden Durchschnittswerts zu einer kumulierten durchschnittlichen abnormalen negativen Rendite von 5,72% im Zeitraum von zwei Tagen vor und nach der Ankündigung.[382] Hierbei ist interessanterweise hervorzuheben, dass bei ca. 83% Kursrückgänge, jedoch nur bei ca. 33% solche von über 5% festgestellt werden konnten, wobei bei ca. 15% sogar positive Kursentwicklungen zu verzeichnen waren, legte man einen Beobachtungszeitraum von einem Tag vor und nach der Delisting-Ankündigung zugrunde.[383] Aufgrund der lediglich geringen Zahl an belastbaren Fällen ist jedoch die Kausalität als solche nicht zwingend positiv festzustellen, sondern vielmehr ein korrelierendes Verhältnis zwischen Ankündigung und Kursentwicklung nicht auszuschließen, da sich lediglich bereits in dem Wert des Papiers angelegte Entwicklungen nun niedergeschlagen haben könnten.[384]

Die gleichen Kursentwicklungen waren indes auch für Fälle des Rückzugs aus dem Freiverkehr zu beobachten:[385] Auch hier konnten in etwa gleichem Ausmaß Kursrückgänge festgestellt werden. Bei Downlistings hingegen waren keine statistisch signifikanten Kursverluste zu verzeichnen.[386]

Die Autoren ziehen hieraus insgesamt den Schluss, dass es für die Kursbewegungen maßgeblich darauf ankommt, ob eine Börsennotierung überhaupt weiterhin gegeben ist, und nicht darauf, ob diese am regulierten Markt oder im Freiverkehr besteht.[387]

---

380 *Thomale/Walter*, ZGR 2016, 679, 709 ff., wobei die Autoren bei Letzterem von irregulärem Delisting sprechen, S. 682.

381 S. zum Folgenden *Thomale/Walter*, ZGR 2016, 679, 709 ff.

382 Dies wird im Ergebnis, wenn auch nicht der Höhe nach, durch die Studie von *Wessels/Röder*, CF 2016, 357, 362 gestützt.

383 *Thomale/Walter*, ZGR 2016, 679, 712 f.

384 Hierauf weisen die Autoren der Studie auch selbst hin, vgl. *Thomale/Walter*, ZGR 2016, 679, 722.

385 *Thomale/Walter*, ZGR 2016, 679, 717.

386 *Thomale/Walter*, ZGR 2016, 679, 709 f.

387 *Thomale/Walter*, ZGR 2016, 679, 717.

### 4. *Analyse der empirischen Befunde*

Alle genannten Studien gelangen im Grundsatz zu demselben Ergebnis. Die beiden letzteren Studien gehen auch von richtigen Prämissen aus, indem sie solche Gesellschaften von ihren Beobachtungen ausschließen, die das Ergebnis verfälschen würden. Auch sonst erscheint das Heranziehen der CAR als zu bestimmende relevante Größe plausibel, um außergewöhnliche Kursentwicklungen abzubilden. Zuzugestehen ist den Kritikern, dass eine Ereignisstudie es nicht vermag, mit letzter Sicherheit jegliche Eventualität auszuschließen.[388] Insbesondere besteht durchaus die Möglichkeit einer vorherigen Einpreisung des Ereignisses zum Ereigniszeitpunkt aufgrund von Marktbeobachtungen durch die Aktionäre.[389] Dies ändert jedoch nichts an den festgestellten Kursrückgängen. Zudem deckt sich die Erkenntnis systemischer Wertverluste mit der ökonomischen Erklärung aus Anlegersicht: Als Begründungsansatz hierfür erscheint es plausibel, dass Investoren (insbesondere, wenn die Beteiligung im Rahmen eines Fonds geschieht) bereit sind, teils erhebliche Kurseinbußen in Kauf zu nehmen, um zu vermeiden, nicht gelistete Aktien im Portfolio zu führen.[390] Insofern scheint auch eine weitere Differenzierung danach, ob die Kursentwicklungen ausschließlich auf die Delisting-Ankündigung selbst oder auch darauf zurückzuführen sind, dass eine solche einen weiteren (u. U. negativen) Indikator bezüglich des Unternehmens am Markt suggeriert,[391] für die praktische Handhabung nicht entscheidend. Auch der Einwand, es könnten sich während der Geltung der *Macrotron*-Grundsätze malade Delistings aufgestaut haben und schließlich nach *Frosta* in quantitativ erhöhtem Maße durchgeführt worden sein,[392] mutet plausibel an, kann jedoch aufgrund des spekulativen Charakters dieser Hypothese die gefundenen Ergebnisse nicht gänzlich in Abrede stellen.[393] Betrachtet man ferner diese faktischen Effekte für die Aktionäre, erscheint ein Abwarten bis zu dem Zeitpunkt, in dem alle Zweifel bezüglich der empirischen Akkuratesse der Auswirkungen eines Delisting ausgeräumt sind,[394] nicht angebracht, sodass auf den festgestellten Thesen aufgebaut werden sollte. Nach alledem steht

388 Insgesamt krit. *Morell*, ZBB 2016, 67, 80.

389 So *Morell*, ZBB 2016, 67, 80, der jedoch i. Erg. trotzdem einen Regulierungsbedarf aus den Ergebnissen der Studien ableitet.

390 *Schlote/Schmitt*, HV-Magazin 1/2015, 26, 27.

391 Entsprechende Kritik an mehreren Studien äußert *Morell*, ZBB 2016, 67, 80.

392 *Morell*, ZBB 2016, 67, 78.

393 Vgl. hierzu auch *Thomale/Walter*, ZGR 2016, 679, 721 (Fn. 109).

394 In diese Richtung wohl *Thomale/Walter*, ZGR 2016, 679, 722.

mit ausreichender Wahrscheinlichkeit eine negative Entwicklung des Werts der Aktie nach Ankündigung eines kompensationslos erfolgten Delisting fest.[395]

Dieser Befund kann hingegen nicht uneingeschränkt auf Fälle des Downlisting übertragen werden. Vielmehr sprechen die Studien hier für das Nichtbestehen einer Korrelation zwischen Downlisting-Ankündigung und Kursverfall. Diese fehlende Einwirkung wird durch die Einführung der MAR noch verstärkt. Reagierte der Markt nämlich auf einen Rückzug in den Freiverkehr – wie offensichtlich vom Gesetzgeber angenommen und in seiner pauschalen Erstreckung der Angebotspflicht auf das Downlisting zum Ausdruck gebracht[396] – nicht negativ, muss daraus geschlossen werden, dass die Veräußerungsmöglichkeit im Freiverkehr von Investoren bereits damals als ausreichend angesehen wurde. Die Irrelevanz dieses Vorgangs für die Wertentwicklung wird aufgrund des erhöhten Pflichtenprogramms der MAR im Freiverkehr nun umso mehr gelten.[397]

Dem stehen jedoch die Kursentwicklungen bei einem Rückzug aus dem Freiverkehr konträr gegenüber. Es drängt sich hier die Annahme auf, dass lediglich die gänzliche Entziehung der Möglichkeit eines öffentlichen Handels (einhergehend mit dem Wegfall der erweiterten Einbeziehungsfolgepflichten) bedeutend negative Auswirkungen auf den Kurs einer Aktie hat und nicht die Tatsache, in welchem Handelssegment diese letztlich gehandelt wird.[398]

Selbst wenn man die lediglich geringen Kursbewegungen bei Downlistings, die *Karami/Schuster* festgestellt haben, nicht in Betracht ziehen wollte, kann es im Hinblick auf die nicht signifikanten Kursverluste nach *Thomale/Walter* und nach der Angleichung des Freiverkehrs an den regulierten Markt durch die MAR auch keinen Zweifel mehr geben, dass ein Downlisting – zumindest aus empirischer Sicht – letztlich keinen ein Schutzbedürfnis zwingend auslösenden Vorgang darstellt.[399]

Es mangelt letztlich lediglich an einer abschließend belastbaren und differenzierenden Aussage bezüglich der unterschiedlichen Auswirkungen im Hinblick auf die Freiverkehrssegmente. Im Ergebnis sind die sich ergebenden Zahlen

---

395 Dies vermuteten bereits früh auch *Bayer/Hofmann*, AG 2013, R371, R374 unter Verweis auf Ergebnisse amerikanischer Studien, aus denen hervorgeht, dass in beschränkt vergleichbaren Fällen des Delisting, des sog. „*going dark*", in der kurzfristigen Folge mit erheblichen Werteinbußen für die Inhaber der betroffenen Unternehmenspapiere zu rechnen ist; *dies.*, AG 2015, R55, R59.

396 S. hierzu u.: Kapitel 5 C.

397 S. hierzu ausführlich o.: Kapitel 1 B.III.1.c.bb(2).

398 So auch *Thomale/Walter*, ZGR 2016, 679, 717.

399 Ausführlich hierzu u.: Kapitel 5 D.

indes belastbar und können, respektive sollten, als Grundlage für weitere Auseinandersetzungen dienen. Unglücklicherweise wurde jedoch hiervon losgelöst in Literatur und den Regierungsausschüssen eine Diskussion darüber geführt, ob und wie die sich nun für Anleger ergebenden Schutzlücken zu schließen seien.[400]

## VI. Stellungnahme zum grundsätzlichen Bestehen eines Regulierungserfordernisses

Im Ergebnis ist ein Bedarf, die Aktionäre zu schützen, zu erkennen. Die Studien und die entsprechende Betrachtung der faktischen und theoretischen Gegebenheiten und Interessenlagen suggerieren (zumindest beim endgültigen Rückzug vom öffentlichen Handel) das Vorliegen eines systematischen Wertverlusts.

### *1. Wertverluste (nur) als gewichtiges Indiz*

Die Entstehung von Kursverlusten alleine vermag die Erforderlichkeit eines gesetzlichen Einschreitens jedoch noch nicht zu begründen, obwohl sie freilich bereits ein starkes Indiz darstellt.

Dagegen kann schließlich noch die Charakterisierung der Entscheidung für ein Delisting als eine Geschäftsführungsmaßnahme eingewandt werden, mit deren potenziell negativen Auswirkungen ein Anleger stets konfrontiert ist, unabhängig davon, um welche es sich letztlich handelt. Man denke insoweit nur an Fehlinvestitionen des Managements, die den Kurs erheblich negativer tangieren können, oder auch das unstreitig abfindungsfreie Ausscheiden aus einem Index.[401] Bestätigt sich indes der Befund des systematischen Wertverlusts, in Abgrenzung zu einer einmaligen Maßnahme der Geschäftsführung, liegt ein Regelungsbedürfnis durchaus näher.

### *2. Faktische Nachteile der Minderheitsaktionäre*

Jedoch sind auch die weiteren Gründe für einen Schutzmechanismus nicht unbedeutend:

Zunächst stellt sich – unabhängig von der Frage nach den Wertverlusten, die durch ein Delisting entstehen – die Situation der Minderheitsaktionäre im

---

400 *Buckel/Glindemann/Vogel*, AG 2015, 373, 374 f.; *Bayer*, NZG 2015, 1169, 1171 in Bezug auf die Diskussion im Rechtsausschuss der Regierungskoalition.

401 Vgl. insgesamt *Thomale/Walter*, ZGR 2016, 679, 721; speziell auf das Ausscheiden aus einem Index weist *Brellochs*, Börsen-Zeitung v. 9.6.2015 hin. Insgesamt auch sehr krit. *Goetz*, BB 2015, 2691, 2693 f.

Hinblick auf den erschwerten Zugang zu den Emittenten betreffenden Informationen – in Ermangelung der auf die Gesellschaft nicht mehr anwendbaren Publizitätspflichten – partiell verändert dar. Die Aktionäre müssen aufgrund der nunmehr bedeutend geringeren Informationspflichten des Emittenten und der damit einhergehenden Abnahme der Attraktivität der Papiere auf dem Kapitalmarkt („*getting dark*") die mögliche Schwächung ihrer Position als Inhaber der Papiere befürchten.[402]

Diese sind bezüglich des Ausmaßes jedoch abhängig davon, ob ein Komplettrückzug (aus reguliertem Markt oder Freiverkehr) oder lediglich ein Downlisting in den (qualifizierten) Freiverkehr durchgeführt wird. Bei Ersterem bedeutet dies tatsächlich einen signifikanten Nachteil für die Aktionäre, bei Letzterem wird ein solcher mittlerweile durch die in der MAR geregelten Pflichten weitgehend relativiert.[403]

Für den gänzlichen Rückzug ist zudem der Verlust der Fungibilität der Aktien, also der Wegfall der Möglichkeit, mithilfe von Zwischenhändlern eine Transaktion zu tätigen, die augenscheinliche Folge, sodass die Aktionäre auf einen außerbörslichen Verkauf angewiesen sind.[404] So können die Aktionäre aufgrund der erschwerten Veräußerbarkeit der von ihnen gehaltenen Aktien nicht mehr in dem zuvor bestehenden Ausmaß an den Markteffekten partizipieren, die der Börse zu eigen sind, sodass die Liquidität der gehaltenen Aktien (zumindest theoretisch) alleine aufgrund dessen im Ergebnis stark sinkt.[405]

Zumindest zweifelhaft erscheint es zudem, einem gesetzlichen Delisting-Regime gänzlich die Berechtigung mit der Begründung abzusprechen, es käme bei einer Regulierung zu einem Rückgang von Listings.[406] Die Entscheidung, sich im Wege eines IPO Kapital zu verschaffen, fußt entweder auf der Erwartung der Expansion, sodass zu diesem Zeitpunkt vermeintliche Erschwernisse beim Börsenrückzug nur in geringem Maße gegen ein Listing sprechen, oder es dient dem („vergoldeten") Exit von professionellen Investoren, die naturgemäß danach nur

---

402 S. hierzu beispielhaft *Casper*, FS Köndgen, 117, 134 f. Die spiegelbildlichen Vorteile eines Listing hebt die SdK, Stellungnahme der SdK zur BT-Drucks. 18/5010 (abrufbar unter http://www.sdk.org/assets/Uploads/2015-09-04-Stellungnahme-SdK-Anderungsantrag-18-5010-31.08.2015pdf.pdf, zuletzt abgerufen am 20.8.2017), S. 7 hervor.

403 S. hierzu noch ausführlich u.: Kapitel 5 D.

404 *Bayer*, ZfPW 2015, 163, 200 f. Vgl. hierzu auch *Kastl*, Rückzug von der Börse, S. 81 f.

405 *Morell*, ZBB 2016, 67, 72.

406 In diese Richtung *Seibt*, Stellungnahme, aaO., S. 7; *Brellochs*, AG 2014, 633, 644.

noch bedingt Interesse am (erfolgreichen) Fortgang der Gesellschaft zeigen werden.[407]

Durch die erschwerte Kontrolle der (durch den Hauptaktionär geprägten) Entscheidungen der Gesellschaft durch die Minderheitsaktionäre wird zudem die Wahrscheinlichkeit vermehrt zugunsten des Hauptaktionärs ausfallender finanzieller Maßnahmen – im Rahmen des aktienrechtlich Erlaubten – erhöht.[408]

Als Resultat kann im Hinblick auf die Vorenthaltung ausschüttungsfähiger Gewinne die Attraktivität für Kleinaktionäre, die Papiere zu liquidieren, um überhaupt noch einen Gewinn erzielen zu können, (ungewollt) gesteigert oder eine solche Maßnahme wirtschaftlich sogar alternativlos werden.[409]

Nicht außen vor gelassen werden sollte in diesem Zusammenhang indes ein vermeintlich positiver Aspekt für die Aktionäre. Durch den Wegfall der erhöhten Bilanzpflichten entfällt auch die Erforderlichkeit des *window dressings* für den Emittenten, der keine vergleichbare intrinsische Motivation mehr hat, durch kurzfristige Maßnahmen das Unternehmen attraktiv für Investoren zu machen, sondern seine Entscheidungen an einer nachhaltigen Unternehmensentwicklung ausrichten kann.[410] Es entfällt jedoch auch das zusätzlich faktisch bestehende Korrektiv der Öffentlichkeit und dessen finanzielle Ausformung der öffentlichen Preisbestimmung als Richtwert für die Bewertung der Management-Performance.[411]

Betrachtet man jedoch die mit dem oben beschriebenen Effekt einhergehende sinkende Attraktivität der Aktien für ansonsten u. U. kaufwillige Investoren, die eine Übervorteilung im Vergleich zu besser informierten Anlegern befürchten müssen,[412] können im Ergebnis für die Minderheitsaktionäre aus einem Delisting resultierende negative Auswirkungen bereits deswegen nicht geleugnet werden.

---

407 So i. Erg. auch die BRAK, Stellungnahme Nr. 37/2015 (abrufbar unter http://www.brak.de/zur-rechtspolitik/stellungnahmen-pdf/stellungnahmen-deutschland/2015/oktober/stellungnahme-der-brak-2015-37.pdf, zuletzt abgerufen am 20.8.2017), S. 8.

408 *Morell*, ZBB 2016, 67, 71 f., der anschaulich das Beispiel der Altana AG nennt. Diese hatte den Erlös eines Spartenverkaufs als Sonderdividende an die Aktionäre ausgezahlt, obwohl dies aus steuerrechtlichen Gründen lediglich der Hauptaktionärin zugutekam, während für die Minderheitsaktionäre eine Kapitalherabsetzung nach vorangegangenem Aktienrückkauf vorteilhafter gewesen wäre.

409 In diese Richtung maßgeblich *Vollmer/Grupp*, ZGR 1995, 459, 474; dies aufgreifend auch *Bayer*, ZfPW 2015, 163, 167.

410 In diese Richtung auch *Kastl*, Rückzug von der Börse, S. 78 f.

411 *Kleindiek*, FS Bezzenberger, 653, 656.

412 *Morell*, ZBB 2016, 67, 71.

### 3. *Kollektiv-rechtliche Komponente*

Zudem ist ein ausgewogenes System für die Funktionsfähigkeit eines soliden Kapitalmarkts unabdingbar.[413] Nicht außer Acht gelassen werden darf entsprechend der kollektiv-rechtliche Aspekt der Regulierung. Es ist auch die Aufgabe des Kapitalmarktrechts, das Vertrauen der Anlegerschaft in den Markt zu schützen. Dies schließt auch das Vertrauen auf Verbleib an diesem ein, was allerdings nur in beschränktem Umfang gelten kann, wenn der Aktionär aufgrund der für seine Papiere negativen Marktgegebenheiten weniger schutzwürdig erscheint.[414]

Abschließend bleibt jedoch festzuhalten, dass der vom Gesetzgeber angenommene Regelungsbedarf nach einer vorzunehmenden Gesamtschau der abzuwägenden Interessen dem Grunde nach besteht.

Rein pragmatisch erscheint zudem aus realpolitischer Perspektive eine gänzliche Deregulierung derzeit und in absehbarer Zukunft nicht denkbar. Zwar wurde eine entsprechende Überprüfung des § 39 BörsG angeordnet; die Wahrscheinlichkeit, dass das „Ob“ wieder infrage gestellt werden wird, erscheint – betrachtet man die Reaktionen auf die getroffenen Änderungen – indes sehr gering. Dies lässt jedoch freilich noch keinen zwingenden Schluss zu, ob sowohl die Grundidee der gesetzlichen Konzeption, als auch deren Umsetzung sinnvoll bzw. gelungen ist.

## C. Grundsätze der gesetzlichen Ausgestaltung

Bestehenden Regulierungsbedarf – in Einklang mit dem Gesetzgeber – vorausgesetzt, bieten sich grundsätzlich zwei mögliche Wege an, um diesem gerecht zu werden.

### I. *Property rule* oder *liability rule* als Regulierungsinstrument

In Betracht kommen die Installation eines Regulierungsinstruments für die Aktionäre zur Verhinderung der Maßnahme (*property rule*) – zuvorderst eines Hauptversammlungsbeschlusses – oder die Schaffung eines monetären Ausgleichs zugunsten der von der Maßnahme Betroffenen (*liability rule*).[415] Letztere teilt sich wiederum in zwei gangbare Varianten, zum einen ein Abfindungsangebot an die Aktionäre mit dem Transfer der Aktien als Gegenleistung, zum

---

413 DAI, Stellungnahme, aaO., S. 1.

414 Vgl. insgesamt hierzu *Casper*, FS Köndgen, 117, 135 mwN., der als Beispiel eine niedrige Marktkapitalisierung nennt.

415 S. zu diesem Komplex und den Begrifflichkeiten insgesamt *Morell*, ZBB 2016, 67, 81 ff.

anderen eine Entschädigung für den Wertverlust der Aktien aufgrund des Delisting.[416]

## *1. Mangelnde Effektivität eines Hauptversammlungsbeschlusserfordernisses*

Die Möglichkeit eines verpflichtenden Hauptversammlungsbeschlusses als alleiniges Instrumentarium zur aktionärsschützenden Regulierung vermag im Ergebnis nicht den protektiven Intentionen des Anlegerschutzes genügen, da sich bei Gesellschaften, die ein Delisting durchführen, die vorherrschende Aktionärsstruktur durch das Vorhandensein eines Ankeraktionärs auszeichnet, der das bestimmende Interesse an der Durchführung des Delisting hat.[417] Wollte man also durch das Erfordernis eines Hauptversammlungsbeschlusses den Aktionären die Möglichkeit geben, das Delisting zu verhindern, müsste eine in der Praxis auch relevante Annahmegrenze bedeutend über dem Quorum von 50% liegen.[418] Selbst das Erfordernis einer qualifizierten Mehrheit von mind. 75% würde aufgrund der Aktionärsstruktur in manchen Fällen letztlich zur Makulatur verkommen.[419] Zudem wären die Minderheitsaktionäre - zumindest bei „sinnvollen" Delistings - aufgrund ihrer Treuepflicht u. U. dazu verpflichtet, das Delisting zu dulden.[420] Andere Möglichkeiten, einen Hauptversammlungsbeschluss dahin gehend zu modifizieren, einen kollektiv schützenden Charakter zu entwickeln, insbesondere indem man ihn einer inhaltlichen Überprüfung - vorgeschlagen wurde insoweit die Überprüfung des Beschlusses im Wege einer Interessenabwägung oder im Hinblick auf den Verstoß gegen Treuepflichten - unterstellt,[421] können aus zweierlei Gründen nicht verfangen: Zunächst wäre keine inhaltliche gerichtliche Überprüfung des Beschlusses möglich, da die Stellung des Antrags als unternehmerische Entscheidung des Vorstands nicht überprüfbar wäre.[422] Außerdem erscheint ein Anknüpfen an das Gesellschaftsinteresse schwer justiziabel und insofern obsolet, da der Vorstand hiervon unabhängig nicht diesem entgegenlaufend entscheiden darf, ohne sich schadensersatzpflichtig zu

---

416 *Morell*, ZBB 2016, 67, 81.

417 S. o.: Kapitel 1 B.III.2.

418 *Morell*, ZBB 2016, 67, 83.

419 In diese Richtung auch *Thomale*, ZGR 2013, 686, 714.

420 In diese Richtung auch *Kastl*, Rückzug von der Börse, S. 212 f. Zur Treuepflicht insgesamt *Koch* in Hüffer, AktG, § 53a, Rn. 13 ff.

421 S. o.: Kapitel 2 A.II.1.

422 *Buckel/Glindemann/Vogel*, AG 2015, 373, 379.

machen.[423] Hinzu kommt, dass in vielen Fällen ein De- oder Downlisting tatsächlich im Gesellschaftsinteresse liegen kann, wenn die Zulassungsfolgepflichten nicht mehr durch die Vorteile der Zulassung gerechtfertigt werden.[424]

### *2. Abwägung der Möglichkeiten des monetären Ausgleichs*

Weitere gangbare Wege sind Möglichkeiten eines monetären Ausgleichs für die Aktionäre. Hierbei unterscheiden sich die Entschädigungszahlung und das Abfindungsangebot – für das sich der Gesetzgeber im Grundsatz entschieden hat – aus der Perspektive des Emittenten bzw. des Bieters finanziell dadurch, dass für ein Abfindungsangebot höhere finanzielle Mittel aufgebracht werden müssen, da der gesamte Preis der Aktie zu zahlen ist, während im Falle einer Entschädigung lediglich die Differenz zwischen dem Wert einer Aktie vor und nach dem Delisting aufgebracht werden müsste.[425] Eine Entschädigungszahlung hat indes die Wertbestimmung der Aktien zu zwei verschiedenen Zeitpunkten zur Folge; zunächst den Wert der Aktie bei fortbestehender Börsennotierung und schließlich den nach Widerruf der Zulassung.[426] Dies führt zum einen zu dem rein praktischen Problem des fehlenden Referenzkurses nach einem durchgeführten Delisting,[427] zum anderen ließe sich ein Abstellen auf den nach dem Delisting eintretenden Kursverlust gesetzgeberisch nur schwerlich (sinnvoll) als zu erstattender Betrag in Form einer konkreten Rechengröße umsetzen.[428] Auf der anderen Seite ist der Wert einer Aktie im Falle eines Abfindungsangebots (zum Stichtag oder als Durchschnitt eines betrachteten Zeitraums) leicht festzustellen.[429] Entscheidet man sich indes für eine Abfindungszahlung, ist von signifikanter Bedeutung, ob man deren Höhe vom Börsenwert der Aktien oder dem Unternehmenswert abhängig macht.[430]

Dem Grunde nach ist bei Delistings jedoch die *liability rule* in Form eines Abfindungsangebots der vorzugswürdige Weg.[431]

---

423 Hierauf weisen auch *Buckel/Glindemann/Vogel*, AG 2015, 373, 377 im Hinblick auf mögliche Ausnahmetatbestände hin.

424 S. hierzu o.: Kapitel 1 B.III.

425 *Morell*, ZBB 2016, 67, 81 ff.

426 Vgl. *Morell*, ZBB 2016, 67, 82.

427 Hierauf weisen zu Recht *Buckel/Glindemann/Vogel*, AG 2015, 373, 379 hin. Vgl. auch *Koch/Harnos*, NZG 2015, 729, 732 f.

428 Vgl. hierzu *Koch/Harnos*, NZG 2015, 729, 732 f.

429 *Morell*, ZBB 2016, 67, 81 ff.

430 S. hierzu ausführlich u. Kapitel 3 B.IV.

431 S. zur konkreten Bestimmung der Abfindungshöhe ausführlich u: Kapitel 3 B.

## II. Regulierungsebene

Stimmt man der Regulierungsbedürftigkeit dem Grunde nach zu, stellt sich als Resultat dessen die Folgefrage, auf welcher Regulierungsebene diese umgesetzt werden soll; mit anderen Worten: Bedarf es einer allgemeinen gesetzlichen Normierung oder genügt die Überprüfung eines Delisting jeweils im Einzelfall durch die Börsengeschäftsführung, kontrolliert durch die Börsenaufsicht und letztlich überprüft durch die Verwaltungsgerichte?[432] Dem Grunde nach streitet für Letzteres die Möglichkeit einer Ermessensentscheidung im Einzelfall. Die vermeintliche Überlegenheit dieser Lösung ist die, dass bei Delistings, die objektiv konform mit dem Interesse der Gesellschaft und dem der Aktionäre sind (z. B. in dem unwahrscheinlichen Fall der positiven Kursbeeinflussung durch das Delisting), keine Abfindung zu leisten wäre, während bei lediglich im Eigeninteresse des Hauptaktionärs liegenden Delistings das Abfindungsregime Platz greifen könnte.[433] Insbesondere in den Fällen der positiven Kursentwicklung wäre eine solche Entscheidung aus Anlegersicht indes schon nicht erforderlich, fehlte es schließlich an der Negativität der Auswirkung. Auch wird der Investor aus den beschriebenen Gründen keine signifikanten Ausgaben zu verzeichnen haben. Wählte er hingegen bewusst einen für die Minderheitsaktionäre ungünstigen Zeitpunkt, wäre er – unabhängig von der Verortung der Regelung – nicht schutzwürdig.

Im allseitigen Interesse ist jedoch eine einfachgesetzliche Regelung im Hinblick auf die erhöhte Rechtssicherheit vorzugswürdig. Legte man die Entscheidung über die Einordnung des Delisting als vor- oder nachteilhaft in die Hände der Börse, könnten sich weder der Emittent bei seiner Entscheidung zur Durchführung des Delisting noch die Minderheitsaktionäre im Vorfeld sicher sein, welche Folge die Durchführung eines Delisting hätte. Im Gegensatz zu einer andernfalls entstehenden fragmentarischen und jeweils divergierenden Handhabung der grundsätzlichen Abfindungspflicht kann durch eine gesetzliche Regelung ein einheitliches System gewährleistet werden.[434] Zudem ist die konkrete Kategorisierung eines Delisting nicht problemlos möglich. *Thomale/Walter*[435] schlagen z. B. vor, der Börse müsse eine Kosten-Nutzen-Rechnung

---

432 Vgl. hierzu (Letzteres bejahend) *Thomale/Walter*, ZGR 2016, 679, 723.

433 Hierzu insgesamt maßgeblich *Thomale/Walter*, ZGR 2016, 679, 723 f. Sie sprechen dabei anschaulich von Fällen der *„malignen faktischen Enteignungsstrategie von Vorstand und Großaktionär"*.

434 In diese Richtung auch *Groß*, AG 2015, 812, 813.

435 *Thomale/Walter*, ZGR 2016, 679, 722 (Fn. 112).

vorgelegt werden, die die Vorteile des Delisting begründet.[436] Eine solche vermag es jedoch nicht, die komplexen Überlegungen, die vor einem Delisting anzustellen sind,[437] ausreichend abzubilden. Zudem wären die Hauptbedenken, etwa die Möglichkeit der „klugen" Auswahl des Zeitpunkts durch den Hauptaktionär, durch eine solche Möglichkeit nicht ausgeräumt.

## III. Überblick über die Forderungen bezüglich der gesetzlichen Ausgestaltung

Diese Überlegungen letztlich aufgreifend war im Vorfeld der gesetzlichen Neuregelung die konkrete Ausgestaltung des gesetzlichen Delisting-Schutzes von großer Uneinigkeit geprägt. Insbesondere umstritten waren die Fragen, ob das Delisting als kapitalmarktrechtlicher Vorgang einzustufen sei oder vielmehr ein gesellschaftsrechtliches Gepräge habe, und damit einhergehend, in welchem Gesetz ein Schutzmechanismus zu installieren sei.[438] Als Folgeproblematik stellte sich dann die Frage nach der Höhe der Abfindung (Börsen- oder Unternehmenswert) sowie nach dem Rechtsschutz (SpruchG oder „normaler" Zivilrechtsweg).[439]

Die divergierende Einordnung der Rechtsnatur eines Delisting im Hinblick auf die Aktionärsrechte setzte sich somit in der Ausgestaltung des Regulierungsregimes fort: Ordnete man den Verlust der Börsennotierung als kapitalmarktrechtlichen Vorgang ein, lag es nahe, eine kapitalmarktrechtliche, am Börsenwert orientierte Abfindungsregelung zu propagieren, während man bei dessen Einordnung als ein einer gesellschaftsrechtlichen Strukturmaßnahme ähnlicher Vorgang für ein im Spruchverfahren überprüfbares Pflichtangebot nach Unternehmenswert streiten musste.[440] Um eine wirkungsvolle Umsetzung der Angebotspflicht – unabhängig davon, wo und wie diese im Ergebnis genau normiert werden sollte – sicherzustellen, war über alle Lager hinweg die Ausgestaltung im Wege einer „Bedingungslösung" als Voraussetzung für die Durchführung eines Delisting anerkannt.[441] Des Weiteren war die Reichweite einer

436 Krit. auch *Drygala*, Gesellschaftsrecht in der Diskussion 2015, 75, 77.

437 Vgl. hierzu o.: Kapitel 1 B.III.

438 Vgl. allgemein hierzu *Buckel/Glindemann/Vogel*, AG 2015, 373, 375.

439 S. zusammenfassend zur gesamten Diskussion *Gegler*, BKR 2016, 273.

440 Anschaulich hierzu *Koch*, Stellungnahme zur Aktienrechtsnovelle 2014 und Änderungsanträgen (abrufbar unter http://www.bundestag.de/blob/373420/7f7973bb06ba786c2060c6795ce4b7d7/koch-data.pdf, zuletzt abgerufen am 20.8.2017), S. 5

441 *Bayer*, ZfPW 2015, 163, 222.

möglichen Neuregelung umstritten: Die Neuregelung sollte sich nach einer Meinung auf Fälle des Delisting beschränken, nicht jedoch auch Fälle des Downlisting (zumindest in Qualitätssegmente des Freiverkehrs) erfassen, da hierbei keine Wertverluste zu befürchten und die Transparenz- und Publizitätsregime der beiden Marktsegmente angeglichen seien.[442] Die Erstreckung auch auf Fälle des Downlisting wurde indes von der überwiegenden Meinung mit der Begründung der Schutzwürdigkeit der Aktionäre befürwortet, da Letztere ab diesem Zeitpunkt nicht mehr durch für den Emittenten zwingende Regelungen des AktG geschützt seien.[443] Gegen ein abfindungsfreies Downlisting wurden insbesondere im Hinblick auf Fälle des gestuften Delisting Bedenken geäußert, da hierdurch ein gänzlich abfindungsfreier Börsenrückzug ermöglicht werde.[444] Erschwert wurde die Diskussion über einen adäquaten Rechtsschutz durch das Zusammentreffen öffentlich-rechtlicher (Entzug der Zulassung als Verwaltungsakt) und zivilrechtlicher Komponenten, namentlich die Kompensation der Aktionäre durch den Bieter.[445]

### *1. Initiative des Bundesrats*

Der Bundesrat hatte im Anschluss an die zuvor dargestellten Diskussionen im Rahmen seiner Stellungnahme zur Aktienrechtsnovelle bereits angeregt, im weiteren Fortgang des Gesetzgebungsverfahrens die Schaffung zivilrechtlicher Regelungen zu eruieren, durch welche Kleinanleger im Nachgang zu der *Frosta*-Entscheidung des BGH vor drohenden Kursverlusten im Falle eines Delisting geschützt werden könnten.[446] Hierbei wurde von einem Schutzbedürfnis der Kleinanleger als Resultat des Börsenrückzugs ausgegangen, da die Regelung im BörsG insofern nicht ausreiche. Demnach wurde eine zivilrechtliche Regelung im AktG oder UmwG vorgeschlagen, da nur das Etablieren

442 *Seibt*, Stellungnahme, aaO., S. 7.

443 *Koch/Harnos*, NZG 2015, 729, 731 f. mwN.; *Bayer*, ZIP 2015, 853, 858; *ders.*, ZfPW 2015, 163, 218 f.; wohl auch *Buckel/Glindemann/Vogel*, AG 2015, 373, 376.

444 *Gegler*, BKR 2016, 273. Zur Behandlung dieser Fälle vor der *Frosta*-Entscheidung *Bayer*, ZfPW 2015, 163, 187 und 219.

445 So überzeugend *Koch/Harnos*, NZG 2015, 729 f., welche die Diskussion anschaulich als „*dissonanten Vielklang*" bezeichnen.

446 BR-Drucks. 22/15 (B), S. 7; die in der Stellungnahme des Bundesrats zum Entwurf eines Gesetzes zur Änderung des Aktiengesetzes vom 6.3.2015 geäußerte Aufforderung zur Auseinandersetzung mit diesem Thema wurde allgemein als sog. „Prüfbitte" bezeichnet, vgl. z. B. *Groß*, AG 2015, 812. Vgl. zur gesamten Gesetzgebungsgeschichte komprimiert auch *Buckel/Glindemann/Vogel*, AG 2015, 373.

einer Entschädigungszahlung oder das Erfordernis eines Hauptversammlungsbeschlusses den erforderlichen Schutz gewährleisten könne, während eine börsenrechtliche Regelung deren Überprüfung – systemwidrigerweise – den Verwaltungsgerichten unterstellen würde.[447] Die Bundesregierung sicherte daraufhin eine entsprechende Prüfung zu.[448] Zur Umsetzung dieser Ankündigung wurde im Wege der öffentlichen Anhörung der Rechtsausschuss mit der Frage der genauen Ausgestaltung einer Regelung betraut.[449] Hierbei sprach sich das Gros der befragten Experten für die Notwendigkeit einer gesetzlichen Regelung aus, die genaue Ausgestaltung blieb indes umstritten.[450]

## 2. *Kapitalmarktrechtliche Lösung*

Die Befürworter der kapitalmarktrechtlichen Lösung vertraten den Ansatz, dass es sich bei der Rücknahme der Notierung um einen reinen „*Marktvorgang*"[451] handle, der „*die Struktur der Gesellschaft und die mitgliedschaftliche Position des Aktionärs – von der faktischen Beeinträchtigung der Übertragbarkeit der Aktie abgesehen – nicht berühr*[e]".[452] Begründet wurde dies u. a. mit dem Argument, die Rücknahme der Notierung führe lediglich zum Verlust der Möglichkeit der Aktionäre, ihre Anteile über die Börse zu veräußern und so ein entsprechendes Desinvestment zu vollziehen, während ihre Mitgliedschaftsrechte von einem Delisting nicht tangiert seien.[453] Auch wurde angeführt, nur eine Anknüpfung an die Börsenzulassung selbst könne gewährleisten, dass auch ausländische Gesellschaften umfasst und somit deren Aktionäre geschützt seien, was bei einer

---

447 BR-Drucks. 22/15 (B), S. 8.

448 BT-Drucks. 18/4349, S. 45.

449 Vgl. *Bayer*, NZG 2015, 1169, 1171.

450 Protokoll der öffentlichen Anhörung des Finanzausschusses vom 7.9.2015, S. 21 ff.; *Bayer*, NZG 2015, 1169, 1171; *Koch/Harnos*, NZG 2015, 729; vgl. insgesamt hierzu auch *Buckel/Glindemann/Vogel*, AG 2015, 373.

451 So *Brellochs*, AG 2014, 633, 644 als Abgrenzung zu einer Strukturmaßnahme.

452 *Habersack*, Stellungnahme zum Entwurf eines Gesetzes zur Änderung des Aktiengesetzes (abrufbar unter http://www.bundestag.de/blob/372592/4fa5dcc6925299639e78e4ee209de2f5/habersack-data.pdf, zuletzt abgerufen am 20.8.2017), S. 6.

453 *Bürgers*, NJW 2003, 1642, 1644; *Streit*, ZIP 2003, 392, 394 jew. im Hinblick auf die *Macrotron*-Entscheidung; s. zu diesem Gedanken grundsätzlich, wenn auch i. Erg. ablehnend, *Bayer*, ZIP 2015, 853, 857.

Anknüpfung an das Gesellschaftsstatut eben nicht der Fall wäre.[454] Entsprechend wurde eine Verortung in § 39 BörsG vorgeschlagen.[455]

Inhaltlich schlugen *Habersack* und *Noack* vor, das Abfindungsangebot an dem durchschnittlichen Börsenkurs der drei Monate vor der Durchführung des Delisting zu berechnen, wobei dies nicht im Wege eines Spruchverfahrens zu überprüfen sein solle. Der weitere Schutz der Aktionäre sollte durch die Anordnung der entsprechenden Anwendbarkeit des § 327b Abs. 3 AktG sichergestellt werden.[456] *Noack*[457] wollte ein solches Abfindungsgebot hingegen durch Ausnahmetatbestände für die Fälle eingeschränkt wissen, in denen Aktionäre zuvor ein Übernahmeangebot nicht angenommen hatten oder das Delisting im Unternehmensinteresse lag. Eine Ausnahme von dem Prinzip der Börsenpreisabfindung wurde indes vereinzelt – in Anlehnung an § 31 Abs. 1 S. 2 WpÜG iVm. § 5 Abs. 4 WpÜG-AngebotVo – für den Fall gefordert, in dem die Börsenkurse in den drei Monaten zuvor an weniger als einem Drittel der Tage festgestellt worden und nacheinander mit mehr als 5% voneinander abgewichen waren. In einem solchen Fall sollte indes der Unternehmenswert für die Höhe des Angebots ausschlaggebend sein.[458]

Im Ergebnis wurde zudem ein dual verlaufender Rechtsschutz als unumgänglich angesehen, der zum einen die Möglichkeit des verwaltungsgerichtlichen Vorgehens gegen den aus dem Delisting-Antrag resultierenden Börsenrückzug und zum anderen eine zivilrechtliche Überprüfung der Höhe des Angebots bei dessen fehlerhafter Berechnung gewährleisten sollte.[459] Als Durchsetzungs- und Sanktionsvehikel wurde vereinzelt ein Bußgeldtatbestand in Anlehnung an § 60 WpÜG gefordert.[460]

---

454 *Koch*, Stellungnahme, aaO., S. 5; dem zustimmend *Buckel/Glindemann/Vogel*, AG 2015, 373, 375.

455 *Habersack*, Stellungnahme, aaO., S. 6; *Buckel/Glindemann/Vogel*, AG 2015, 373, 375. *Noack*, Stellungnahme zur Aktienrechtsnovelle 2014 und zu einer Regelung des sog. Delisting (abrufbar unter http://www.bundestag.de/blob/373542/7ca5d39034fa08336cd40001e7ced860/noack-data.pdf, zuletzt abgerufen am 20.8.2017), S. 7 hält daneben eine Verortung imWpHG für möglich.

456 Insgesamt zu diesem Konzept *Habersack*, Stellungnahme, aaO., S. 6; *Noack*, Stellungnahme, aaO., S. 8 f., der i. Erg. jedoch eine Ergänzung des § 3 AktG andenkt.

457 *Noack*, Stellungnahme, aaO., S. 8 f.

458 So insgesamt *Buckel/Glindemann/Vogel*, AG 2015, 373, 379.

459 *Buckel/Glindemann/Vogel*, AG 2015, 373, 380.

460 *Buckel/Glindemann/Vogel*, AG 2015, 373, 380.

Die DSW wollte eine solche Angebotspflicht noch weitergehend hinsichtlich der Normierung einer Mindestannahmequote von 90% modifiziert wissen, bei deren Nichterreichen ein Spruchverfahren zu erfolgen habe.[461]

### 3. *Aktienrechtliche Lösung*

Auf der anderen Seite des Meinungsspektrums wurde ein letztlich an die *Macrotron*-Grundsätze angelehntes Konzept propagiert.[462] Es sollte gesetzlich sowohl einen Hauptversammlungsbeschluss, als auch ein verpflichtendes Barabfindungsangebot normiert werden, welches sich am tatsächlichen Wert der Aktien zu orientieren habe und durch ein Spruchverfahren überprüfbar sein sollte, wobei sich eine entsprechende Regelung im Grundsatz an den Regelungen der §§ 305, 327a ff. AktG und § 29 UmwG orientieren sollte.[463] Begründet wurde dies u. a. mit dem nach einer Delisting-Ankündigung entstehenden faktischen Zwang der Minderheitsaktionäre zum Verkauf.[464]

Vor dem Hintergrund, dass der Delisting-Vorgang nicht unverhältnismäßig durch die Festlegung der Angebotshöhe verzögert werden sollte, plädierte *Bayer*[465] zudem für eine Spezialzuweisung an das LG Frankfurt a.M. bezüglich der Zulässigkeit des Delisting selbst und für eine Erweiterung des § 1 SpruchG bezüglich der Überprüfung der Angebotshöhe.

### 4. *Beschränkung der Regulierung auf eine Erweiterung des SpruchG*

Einen gänzlich anderen Weg beschritt indes *Hirte*, der den Vorschlag der Normierung einer Abfindungspflicht in einem neu zu schaffenden § 1 Nr. 4a SpruchG in die Diskussion einbrachte.[466] Er begründete dies mit einem hierdurch möglich

---

461 So zum Entwurf des § 39 BörsG vom 31.5.2015 die DSW in ihrer Stellungnahme für den Finanzausschuss des Bundestags v. 3.9.2015 (abrufbar unter http://www.dsw-info.de/fileadmin/Redaktion/Dokumente/PDF/Publikationen/DSW-Stellungnahme_Transparenzrichtlinie_und_Delisting_03092015.pdf, zuletzt abgerufen am 20.8.2017), S. 8.

462 Vgl. *Buckel/Glindemann/Vogel*, AG 2015, 373, 375. S. zu diesen Grundsätzen ausführlich o.: Kapitel 2 A.II.2.

463 *Bayer*, ZIP 2015, 853, 857, der proklamiert, „*ein Federstrich des Gesetzgebers*" könne die geäußerten Bedenken gegen die analoge Heranziehung dieser Normen beenden.

464 S. hierzu bereits o.: Kapitel 2 B.I.1.

465 *Bayer*, ZfPW 2015, 163, 222.

466 Vgl. *Hirte*, Stellungnahme Delisting (abrufbar unter http://www.heribert-hirte.de/images/Standpunkte/Delisting_Stand20150506.pdf, zuletzt abgerufen am 20.8.2017), S. 1.

werdenden „*minimalinvasive*[n] *Eingriff*", der den Anlegern den erforderlichen Schutz dennoch gewähre, indem er nicht auf den durchschnittlichen Börsenkurs abstelle, da dieser in den meisten Fällen des Delisting bereits nicht mehr repräsentativ für den tatsächlichen Unternehmenswert sei.[467] Vielmehr sei nur der tatsächliche Wertverlust auszugleichen, wobei sich das neue Gesetz einer konkreten Berechnungsmethode enthalten solle.[468]

### 5. *Normative Verortung in den einzelnen BörsO*

Mit Blick auf die eigenverantwortliche Entscheidung eines jeden Anlegers bezüglich der Wahl des Börsenorts seines Investments wurde auch vorgeschlagen, es bei der Regelung in den BörsO zu belassen.[469] Aufgrund des mannigfaltigen und breiten Regelungsspektrums seien auf diese Art und Weise die anlegerschützenden Vorgaben nach dem Vorbild von *Macrotron* (unabhängig von etwaigen Unterschieden zwischen den einzelnen BörsO) erfüllt,[470] wobei die Geringhaltung der Unterschiede aufgrund der öffentlich-rechtlich geprägten Kontrolle der Börsen (vgl. insbesondere Art. 3 Abs. 1 GG) gesichert sei.[471] Insbesondere im Hinblick auf die Vergleichbarkeit mit ausländischen Gesellschaften und die so zu vermeiden gesuchte Anknüpfung an gesellschaftsrechtliche Regelungen sei letztlich eine einheitliche Lösung möglich, da durch den Wettbewerb der Börsen im Ergebnis ein marktbestimmtes und entsprechend optimal austariertes System geschaffen werde.[472]

## IV. Stellungnahme

Als Instrument zur Sicherstellung des Schutzes bietet sich die Installation einer Abfindungspflicht an, die allgemeingültig ohne gesonderte Bestimmung im Einzelfall geregelt werden sollte. Insofern hat der Gesetzgeber dem Grunde nach die richtigen Weichen gestellt.

Die grundsätzliche „Standortentscheidung" ist dogmatisch konsequent und somit überzeugend: Die schlichte Verortung im SpruchG vermag der Rechtssicherheit nicht Genüge zu tun. Sie erkennt zwar ein grundsätzliches Erfordernis

---

467 Vgl. *Hirte*, Stellungnahme, aaO., S. 2.

468 Vgl. *Hirte*, Stellungnahme, aaO., S. 4.

469 *Thomale*, ZGR 2013, 686, 721; *Auer*, JZ 2015, 71, 76.

470 So insbesondere *Auer*, JZ 2015, 71, 76.

471 *Thomale*, ZGR 2013, 686, 721.

472 *Thomale*, ZGR 2013, 686, 721; *ders/Walter*, ZGR 2016, 679, 721 ff. als Änderungsvorschlag.

einer Abfindung an, konkretisiert dies jedoch (bewusst) nicht weiter.[473] Nach hiesiger Ansicht ist indes ein Verfahren, das es allen Beteiligten ermöglicht, sich auf die Folgen eines Delisting konkret einzurichten, bei gleichzeitig richtigem Regelungsansatz dem Vorteil der geringen Regelungsintensität vorzuziehen. Eine Verortung im SpruchG hätte lediglich weitere Auseinandersetzungen innerhalb der Rechtsprechung und eine nicht einheitliche Handhabung der Abfindungspflicht zur Folge gehabt, die im Ergebnis nicht gewollt sein kann.[474]

Der Gedanke der einheitlichen Handhabung spricht auch gegen die Überlassung der grundsätzlichen Regelungshoheit in Bezug auf die Frage des „Ob" der Regulierung an die Börsen, da hierdurch Delistings unnötig verkompliziert würden und uneinheitliche Ergebnisse das Resultat wären.[475] Zudem erscheint der Wettbewerbsgedanke zwischen den Börsen in seiner Effektivität zumindest fragil, da bei einer Investmententscheidung die Delisting-Schutzvorschriften eines Börsenplatzes eine eher untergeordnete Rolle spielen dürften.[476]

Verneint man ferner mit dem BVerfG richtigerweise die eigentumsrechtlichen Implikationen eines Delisting, ist die ausschließliche Installation einer Abfindungspflicht nur folgerichtig. Aus diesem Grund hätte auch eine aktienrechtliche Lösung letztlich das Regelungsziel nicht gleichsam effektiv erreichen können. Die Verortung der Neuregelung ist damit zustimmungswürdig. Es handelt sich beim Delisting um einen kapitalmarktrechtlichen Vorgang, dessen Behandlung auch diesem Regelungsbereich zugewiesen bleiben sollte. Eine Verortung im AktG wäre unter Berücksichtigung dieser Charakterisierung aus dogmatischer Sicht nicht konsistent gewesen.[477] Betrachtet man weiter die relevanten Fälle mit Blick auf die von einem starken Aktionär geprägte Aktionärsstruktur, wäre eine gesellschaftsrechtliche Ausgestaltung auch nicht zielführend, da die Zustimmungsgrenzen für einen effektiven Schutz so hoch anzusetzen wären, dass im Ergebnis die Minderheitsaktionäre vermehrt die Möglichkeiten gehabt hätten, ein Delisting zu verhindern. Dies dürfte in vielen Fällen nicht

473 So *Hirte*, Stellungnahme, aaO., S. 3 f.

474 In diese Richtung auch *Buckel/Glindemann/Vogel*, AG 2015, 373, 375 f.

475 So auch *Buckel/Glindemann/Vogel*, AG 2015, 373, 376.

476 *Drygala*, Gesellschaftsrecht in der Diskussion 2015, 75, 77.

477 Dies gilt selbst dann, wenn man im Ergebnis den Verkaufsdruck auf die Anleger als so hoch ansehen würde, um letztlich die Mitgliedschaftsrechte in ihrem Kern als tangiert zu begreifen (vgl. zur Vergleichbarkeit mit Strukturmaßnahmen u.: Kapitel 3 B.IV.1.c.bb), da nicht geleugnet werden kann, dass sich letztlich ein ökonomisches Motiv hinter dieser Überlegung verbirgt und nicht die Aussicht auf den Verlust der gesellschaftsrechtlichen Teilhaberechte, vgl. hierzu bereits o.: Kapitel 2 B.VI.2.

wirtschaftlich sein. Auch die Regelung im BörsG ist im Hinblick auf die verwaltungsrechtliche Überprüfung durch die Börse im Zusammenspiel mit der BaFin folgerichtig.[478] Auch wenn andere Gestaltungsmöglichkeiten dem Regelungsgedanken hätten Rechnung tragen können, ist die Verortung im BörsG insofern keinen durchgreifenden Bedenken ausgesetzt.[479]

Es wird sich im Folgenden jedoch zeigen, dass die Regulierung an vielen Stellen überobligatorisch erfolgte, während sie an anderen Stellen zu Unrecht unterblieb. Außerdem sind einzelne Tatbestandsmerkmale der Neuregelung erhöhtem Auslegungsbedarf ausgesetzt und teilweise überarbeitungsbedürftig.

478 In diese Richtung auch *Buckel/Glindemann/Vogel*, AG 2015, 373, 375.
479 Vgl. generell hierzu *Buckel/Glindemann/Vogel*, AG 2015, 373, 375.

# 3 Grundkonzeption des neuen börsengesetzlichen Regulierungsregimes

## A. Gesetzgebungsgeschichte

Die Entscheidung zum gesetzgeberischen Tätigwerden entstand durchaus im Lichte der unterschiedlichen Meinungen zur Ausgestaltung des gesetzlichen Schutzkonzepts. Rein formal wurde das Gesetzesvorhaben an die sich bereits im Gesetzgebungsverfahren befindliche Umsetzung der Transparenzrichtlinie-Änderungsrichtlinie[480] angehängt.[481]

### I. Der Änderungsentwurf vom 31.8.2015

Vor der tatsächlichen Verabschiedung der Neuregelung des § 39 BörsG in seiner heutigen Fassung wurde in einer Finanzausschusssitzung am 7.9.2015 der Änderungsantrag der großen Koalition zur Erweiterung des Umfangs der Transparenzrichtlinien-Änderungsrichtlinie um Regelungen zum Delisting und mit dieser ein vom heutigen § 39 BörsG verschiedener Gesetzesentwurf bezüglich der neuen Delisting-Regelung diskutiert.[482] Dieser Entwurf, dem eine „Formulierungshilfe" des BMF zugrunde lag, sah ein Abfindungsangebot vor, das der Höhe nach auf dem durchschnittlichen Börsenkurs der letzten drei Monate vor dem Delisting-Antrag beruhen sollte (entsprechend § 31 WpÜG). Als Ausnahmetatbestand von der Angebotspflicht war der Fall vorgesehen, in dem den Aktionären in einem Zeitraum von sechs Monaten vor dem Delisting ein Übernahme- bzw. Pflichtangebot gemacht worden war.[483] Dies wurde damit begründet, dass die Aktionäre dann nicht mehr schutzwürdig seien.[484]

Dieser Vorschlag wurde – insbesondere von Anlegerschützern – überwiegend kritisch aufgefasst.[485] Es war insoweit die Rede davon, die Regelung würde den Anlegerschutz zum Panoptikum werden lassen und ein *„Einfallstor"* für Investoren darstellen, da es ihnen aufgrund der Verbindung von (zeitlich für

---

480 BT-Drucks. 18/5010.
481 *Bayer*, NZG 2015, 1169, 1171.
482 S. hierzu *Bungert/Leyendecker-Langner*, DB 2015, 2251, 2252; *Bayer*, NZG 2015, 1169, 1171.
483 Vgl. insgesamt zu dieser Regelung *Bayer*, NZG 2015, 1169, 1171.
484 *Bayer*, NZG 2015, 1169, 1171.
485 S. zum Folgenden insgesamt *Bayer*, NZG 2015, 1169, 1171 f.

sie günstig gewähltem) Übernahmeangebot und Delisting eine preiswerte Übernahme ermögliche.[486] In der Folge war sogar von „*Erpressung*" der Anleger die Rede.[487] Es gab jedoch auch Stimmen, die weiterhin jegliches Tätigwerden des Gesetzgebers ablehnten.[488] Wieder Andere forderten sogar, den Zeitraum des Ausnahmetatbestands auf zwölf Monate zu verlängern.[489] Bemängelt wurde indes die Möglichkeit des Emittenten, durch die Wahl eines „klugen" Zeitpunkts für ein Übernahmeangebot die Anleger im Hinblick auf eine dann nicht bestehende Angebotspflicht im Rahmen des Delisting zur Annahme des Übernahmeangebots zu drängen.[490] Hierbei wurde insbesondere die Gefahr von *low-balling*-Übernahmeangeboten in den sechs Monaten zuvor mit der Intention des anschließenden Delisting kritisiert.[491]

## II. Endgültige Fassung

Schließlich wurde am 30.9.2015 die Änderung des § 39 BörsG in seiner heute geltenden Fassung vom Finanzausschuss vorgeschlagen, vom Bundestag

---

486 SdK, Stellungnahme, aaO., S. 3. Die vermeintlich daraus resultierende Drucksituation für die Anleger hebt der DAV, Stellungnahme zu dem Änderungsantrag der Fraktionen der CDU/CSU und der SPD zum Entwurf des Gesetzes zur Umsetzung der Transparenzrichtlinie-Änderungsrichtlinie, September 2015 (zum Download abrufbar auf der Seite des DAV unter https://anwaltverein.de/de/newsroom/sn-49-15-delisting, zuletzt abgerufen am 20.8.2017), S. 8 f. hervor. Dem hat sich auch der Deutsche Notarverein, Schreiben vom 28. September 2015 (abrufbar unter http://www.dnotv.de/_files/Dokumente/Stellungnahmen/STN_Umsetzung_Transparenzrichtlinie-nderungsrichtlinie.pdf, zuletzt abgerufen am 20.8.2017), S. 1 angeschlossen.

487 Vgl. *Kastl*, Rückzug von der Börse, S. 308 f.

488 Sehr deutlich, unter Hinweis auf die potentiell schädigende Wirkung der Erschwerung von *Going Private*-Vorgängen auf die Attraktivität des deutschen Kapitalmarkts *Seibt*, Stellungnahme, aaO., S. 7; in diese Richtung auch *Bungert/Leyendecker-Langner*, DB 2015, 2251, 2253.

489 *Seibt*, Stellungnahme, aaO., S. 8 f.

490 So die DSW, Stellungnahme, aaO., S. 9; SdK, Stellungnahme, aaO., S. 2; so auch *Bayer*, NZG 2015, 1169, 1171 f. mwN.

491 S. hierzu insgesamt *Bungert/Leyendecker-Langner*, DB 2015, 2251, 2255: *Low-balling*-Angebote sind Angebote von einem Investor, der bereits annähernd 30% der Papiere hält und in Zeiten steigender Kurse den im Vergleich zum aktuellen Kurs niedrigeren (zuvor herrschenden) Durchschnittskurs für sein Übernahmeangebot nutzt. Ist dies (auch nur in kleinem Maße) erfolgreich und verhilft ihm zum Überschreiten der Schwelle der 30%, entfällt im Folgenden das sonst obligatorische Pflichtangebot, § 35 Abs. 3 WpÜG.

beschlossen[492] und letztlich durch Gesetz vom 20.11.2015 mit Wirkung vom 26.11.2015[493] verabschiedet.[494] Spätere Änderungen, die u. a. aufgrund des Inkrafttreten der MAR erforderlich wurden, erfolgten schließlich im Falle der Abs. 2 S. 3 Nr. 2 und Abs. 3 S. 3 durch Gesetz vom 30.6.2016 mit Wirkung vom 2.7.2016.[495] Im Ergebnis dauerte es somit – die Änderungen ausgenommen – nicht einmal sieben Monate ab dem Zeitpunkt der oben genannten „Prüfbitte" des Bundesrats bis zur endgültigen Fassung des Gesetzes.[496]

## B. Die Ausgestaltung der börsengesetzlichen Regulierung durch § 39 BörsG

Im Folgenden sollen die Tatbestandsmerkmale der Neuregelung dem Grunde nach genauer dargestellt und jeweils im Hinblick auf ihre dogmatische Struktur sowie ihre Praxistauglichkeit bewertet werden.

### I. Grundsätzliche Konzeption

Bevor jedoch auf die Spezifika eingegangen werden kann, muss deren Einkleidung in die Systematik des § 39 BörsG genauer betrachtet werden. § 39 Abs. 2 S. 1 und 2 BörsG waren bereits in der vorherigen Fassung des § 39 BörsG an selber Stelle zu finden, stellten indes eine nicht weiter definierte Ausgestaltung des Aktionärsschutzes dar, die lediglich durch die BörsO konkretisiert wurde, § 39 Abs. 2 S. 5 BörsG a. F.[497] An der grundsätzlichen Konzeption des Antragserfordernisses des Emittenten und der Vorgabe, dass ein Delisting nicht dem Aktionärsschutz widersprechen dürfe, hat sich auch durch die Neuregelung zunächst nichts geändert. Der Schutz der Minderheitsaktionäre wurde jedoch durch die Einführung des Abs. 2 S. 3 und der Abs. 3 bis 6 konkretisiert und erweitert.[498] Da die Neuregelungen hierbei soweit über das zuvor bestehende Konzept hinausgehen, führen sie zu einer grundlegenden Veränderung des Umfangs des Schutzmechanismus.[499] Die ihren Ursprung in den unterschiedlichen Interessen der Beteiligten findenden Friktionen bestimmten dabei entscheidend das Ziel

492 BT-Drucks. 18/6220.
493 BGBl. I 2015 Nr. 46, S. 2029, 2039.
494 Vgl. allgemein auch *Groß*, AG 2015, 812 mit Hinweisen auf frühere Fassungen.
495 BT-Drucks. 18/8099, S. 71.
496 *Groß*, AG 2015, 812, der diese Geschwindigkeit süffisant für „*bemerkenswert*" hält.
497 *Groß*, KapMaR, § 39 BörsG, Rn. 17.
498 Insgesamt hierzu *Harnos*, ZHR 2015, 750, 752.
499 *Groß*, KapMaR, § 39 BörsG, Rn. 17.

der Neuregelung, dem sich auch alle vorgeschlagenen Konzepte letztlich unterzuordnen haben. Dieses musste es sein, eine Regelung zu schaffen, die einen ausreichenden Schutz der Aktionäre zu gewährleisten vermag und hierbei die Möglichkeit des Emittenten, sich vom Markt zurückzuziehen, nicht unverhältnismäßig erschwert.[500]

Ein solcher Versuch wurde in der letztlich verabschiedeten Neuregelung der Abs. 2 bis 6 des § 39 BörsG unternommen. Der Gesetzgeber hat die Möglichkeit konkretisiert, die Zulassung auf Antrag des Emittenten zu widerrufen, § 39 Abs. 2 S. 1 BörsG. Nach S. 2 ist der Widerruf weiterhin nur möglich, wenn er dem Schutz der Anleger nicht widerspricht.

Der Gesetzgeber präferierte im Ergebnis die kapitalmarktrechtlich ausgestaltete Schutzregelung, die den Schutz der Minderheitsaktionäre bei einem regulären Delisting zunächst erheblich erweitert.[501] Er sah dabei – zu Recht – vor dem Hintergrund dieser umfassenden Regelung keinen Bedarf mehr, die Minderheitsaktionäre durch die Möglichkeit gesellschaftsrechtlicher Maßnahmen zu schützen,[502] sodass er infolgedessen der aktienrechtlichen Lösung samt des Erfordernisses eines Hauptversammlungsbeschlusses eine eindeutige Absage erteilte.[503]

Das Kernstück der Regelung ist indes die Erforderlichkeit der Veröffentlichung eines Angebots entsprechend § 31 WpÜG basierend auf dem Durchschnittsbörsenkurs der letzten sechs Monate vor der Ankündigung zur Durchführung eines Delisting gem. § 39 Abs. 2 S. 3 Nr. 1, Abs. 3 S. 1 BörsG.[504]

Zur konkreten Umsetzung dessen hat der Gesetzgeber sich dafür entschieden, die neue Regelung dahin gehend zu formulieren, dass ein Delisting dann möglich sein soll, wenn die in § 39 Abs. 2 S. 3 BörsG genannten Voraussetzungen vorliegen. Indem das Angebot, welches den Aktionärsschutz sicherstellen soll, als Bedingung für die Durchführung eines Delisting ausgestaltet wurde, wählte er den als Bedingungslösung bezeichneten Weg.[505] Nach Abs. 2 S. 3 Nr. 1 ist ein Widerruf demnach dann zulässig, wenn „*bei Antragstellung unter Hinweis auf den Antrag eine Unterlage über ein Angebot zum Erwerb aller Wertpapiere, die Gegenstand des Antrags sind, nach den Vorschriften des Wertpapiererwerbs- und*

---

500 Vgl. zu diesen Zielen *Zimmer/von Imhoff*, NZG 2016, 1056, 1057.

501 *Harnos*, ZHR 2015, 750, 752; *Gegler*, BKR 2016, 273. Einen komprimierten Überblick bietet *Koch* in Hüffer, AktG, § 119, Rn. 36 ff.

502 BT-Drucks. 18/6220, S. 86.

503 So auch *Goetz*, BB 2015, 2691; *Gegler*, BKR 2016, 273, 274 f.

504 Hierzu insgesamt überblicksartig auch *Harnos*, ZHR 2015, 750, 756 f.

505 Zur entsprechenden Forderung im Vorfeld s. o.: Kapitel 2 C.III.

*Übernahmegesetzes veröffentlicht wurde*". Es muss also bei Antragstellung ein Angebot nach dem WpÜG auf alle vom Antrag in Bezug genommenen Papiere veröffentlicht worden sein. Diese grundsätzlich bestehende Angebotspflicht wird in Abs. 3 jedoch noch bedeutend konkretisiert: „*Im Fall des Absatzes 2 Satz 3 Nummer 1 darf das Angebot nicht von Bedingungen abhängig gemacht werden. Auf das Angebot ist § 31 des Wertpapiererwerbs- und Übernahmegesetzes mit der Maßgabe entsprechend anzuwenden, dass die Gegenleistung in einer Geldleistung in Euro bestehen und mindestens dem gewichteten durchschnittlichen inländischen Börsenkurs der Wertpapiere während der letzten sechs Monate vor der Veröffentlichung nach § 10 Absatz 1 Satz 1 oder § 35 Absatz 1 Satz 1 des Wertpapiererwerbs- und Übernahmegesetzes entsprechen muss*".

## II. Delisting-Angebot als eigene Angebotskategorie

Zum besseren Verständnis des neuen Konzepts lohnt es sich, sich die Einordnung der vom Gesetzgeber geschaffenen Angebotspflicht im Zusammenhang mit der übernahmerechtlichen Rechtslage vor Augen zu führen.

Das WpÜG unterscheidet grundsätzlich drei Angebotskategorien zum Erwerb von Wertpapieren:[506] In den §§ 10 bis 28 WpÜG sind die öffentlichen Angebote geregelt. Hierbei handelt es sich um einfache Angebote, bei welchen der Bieter bestimmte (insbesondere Informations- und Durchführungs-)Pflichten zu beachten hat, um den Aktionären der Zielgesellschaft eine informierte Entscheidung bezüglich der Annahme des Angebots zu ermöglichen.[507] Es wird in diesen Fällen meist bereits beherrschender Einfluss[508] durch den Großaktionär auf die Gesellschaft ausgeübt, was eine (erneute) Kontrollerlangung unmöglich macht. Dies dürfte in der Praxis einen sehr häufigen Fall darstellen[509] und wurde vom Gesetzgeber auch entsprechend durch die Erklärung der grundsätzlichen Anwendbarkeit der Normen für einfache Angebote auf die Fälle des Delisting-Angebots honoriert.[510] Der Gesetzgeber ging bei der Konzeption der

506 S. generell zu dieser Aufteilung *Pötzsch* in Assmann/Pötzsch/Schneider, WpÜG, Einl., Rn. 39 ff. Im Folgenden sollen lediglich die Grundstrukturen des WpÜG dargestellt werden. Die Besonderheiten werden jeweils an der für das Delisting relevanten Stelle besprochen.

507 Vgl. *Hirte/Heinrich* in KölnKommWpÜG, Einl., Rn. 86.

508 Das Innehaben der Kontrolle wird vom Gesetz gem. § 29 Abs. 1 WpÜG ab dem Halten von mind. 30% der Stimmrechte angenommen, § 29 Abs. 2 WpÜG, vgl. hierzu ausführlich *Assmann* in Assmann/Pötzsch/Schneider, WpÜG, § 29, Rn. 8 ff.

509 *Schulz/Wieneke*, NZG 2017, 449, 451 sprechen gar vom Regelfall.

510 BT-Drucks. 18/6220, S. 84.

Norm augenscheinlich davon aus, dass zur Ermöglichung der Durchführung des Delisting im Regelfall ein einfaches Erwerbsangebot nach den Vorschriften des WpÜG gemacht würde,[511] wobei der das Angebot machende Großaktionär zumeist bereits zeitlich bedeutend zuvor ein entsprechendes Angebotsverfahren nach dem WpÜG zur Kontrollerlangung abgeschlossen hat.[512]

Grundsätzlich nach denselben Vorschriften, jedoch mit teilweise strengeren Pflichten, sind die in §§ 29 ff. WpÜG geregelten Übernahmeangebote zu machen, die auf den Erwerb der Kontrolle (bei 30%iger Beteiligung) gerichtet sind.[513] Im Unterschied zu den beiden erstgenannten Angebotskategorien sind in den §§ 35 ff. WpÜG die Vorgaben für Pflichtangebote geregelt. Wird die Kontrolle über eine Gesellschaft nicht durch ein (freiwilliges) Übernahmeangebot erlangt, § 35 Abs. 3 WpÜG, ist der Kontrollierende dazu verpflichtet, den übrigen Aktionären (grundsätzlich den Vorschriften für Übernahmeangebote entsprechend) ein Angebot für ihre Anteile zu machen.[514]

Durch den Verweis auf die Vorschriften des WpÜG in § 39 Abs. 2 S. 3 Nr. 1 BörsG wollte der Gesetzgeber grundsätzlich die Vorschriften des WpÜG angewendet wissen, die sich auf ein einfaches Angebot beziehen; diejenigen über Übernahme- und Pflichtangebote jedoch nur, wenn dies ausdrücklich angeordnet ist,[515] was auch von den oben bereits erwähnten empirischen Befunden getragen wird, nach denen Gesellschaften, die sich delisten, zumeist einen starken Aktionär aufweisen.[516]

Konsequent weitergedacht hat der Gesetzgeber, indem er das Vorliegen eines Erwerbsangebots nach den Vorschriften des WpÜG zur Voraussetzung eines Delisting gemacht hat, für einen potentiellen Bieter die Möglichkeit geschaffen, außerhalb der Angebotskategorien des WpÜG ein Erwerbsangebot zu machen.[517] Die Eigenständigkeit dieses Angebots ergibt sich zunächst daraus, dass dem Bieter grundsätzlich keine Pflicht auferlegt wurde, den Delisting-Antrag bei der Börse auch tatsächlich zu stellen.[518] Diese Annahme wird – neben dem insofern schweigenden Wortlaut – auch mit Blick auf die Gesetzesbegründung, die

511 *Zimmer/von Imhoff*, NZG 2016, 1056, 1057.
512 *Bungert/Leyendecker-Langner*, ZIP 2016, 49, 52.
513 Vgl. *Hirte/Heinrich* in KölnKommWpÜG, Einl., Rn. 87.
514 Vgl. hierzu *Hirte/Heinrich* in KölnKommWpÜG, Einl., Rn. 88.
515 BT-Drucks. 18/6220, S. 84.
516 S. hierzu o.: Kapitel 1 B.III.2.
517 *Wackerbarth*, WM 2016, 385.
518 *Wackerbarth*, WM 2016, 385. Zustimmend *Rubner/Pospiech*, NJW-Spezial 2016, 207.

sich zu einer solchen Pflicht nicht verhält, weiter bekräftigt.[519] Die zumeist vorliegende Personenverschiedenheit des Bieters vom Emittenten[520] und die nicht vorhandene Weisungsgebundenheit des für den Delisting-Antrag zuständigen Vorstands (§ 76 Abs. 1 AktG) verwehren im Ergebnis dem Bieter zudem die Möglichkeit, ein entsprechendes Angebot zu garantieren, lassen jedoch die Möglichkeit erkennen, ein Delisting-Angebot zu machen, ohne im Anschluss ein Delisting durchzuführen.[521]

Aus alledem kristallisiert sich die Existenz einer eigenen Angebotskategorie heraus, deren Voraussetzungen sich im Grundsatz nach den Vorschriften des WpÜG zum einfachen Angebot richten.

Ein einfaches Delisting-Angebot ist aber keine zwingende Voraussetzung. In Betracht kommt vielmehr auch ein Pflicht- oder Übernahmeangebot, das lediglich mit dem Delisting kombiniert wird. Werden hier nämlich die aktionärsschützenden Voraussetzungen eingehalten, bestehen auch diesbezüglich keine Bedenken.[522] Die entsprechende gesetzgeberische Intention wird auch mit Blick auf die Anordnung in § 39 Abs. 3 S. 2 und 4 BörsG für den Beginn der Berechnung des sechsmonatigen Zeitraums deutlich: Hier kann (sogar) der für Pflichtangebote vorgesehene Zeitpunkt des § 35 WpÜG herangezogen werden.[523]

## III. § 31 WpÜG im Normgefüge der bei kalten Delistings in eine Abfindungspflicht resultierenden Normen des Gesellschafts- und Kapitalmarktrechts

Eine an § 31 WpÜG angelehnte Regelung hat sich zunächst auch mit den anderen Regelungen messen zu lassen, die im Ergebnis zu einem Delisting führen. Es handelt sich hierbei um Formen des kalten Delisting.[524] Hierfür stehen dem Emittenten grundsätzlich mehrere gangbare Möglichkeiten zur Verfügung, die

519 In diese Richtung auch *Wackerbarth*, WM 2016, 385, der ferner auf die fehlende Bindungswirkung des Angebots für den Vorstand hinweist.

520 S. hierzu u.: Kapitel 4 A.II.

521 So i. Erg. auch *Wackerbarth*, WM 2016, 385; *Kocher/Seiz*, DB 2016, 153, 156. Dieser Grundfall soll im Folgenden stets als Delisting-Angebot bezeichnet werden.

522 Hierzu insgesamt maßgeblich *Bungert/Leyendecker-Langner*, ZIP 2016, 49, 52 f. Im Folgenden soll insoweit vom kombinierten Pflicht- oder Übernahmeangebot die Rede sein.

523 So auch *Wieneke/Schulz*, AG 2016, 809, 811, unter Verweis auf die bereits erfolgte Billigung eines kombinierten Übernahmeangebots durch die BaFin im Verfahren der ISARIA Wohnbau AG.

524 Zu diesem Begriff bereits o.: Kapitel 1 B.I.

im Folgenden dargestellt werden sollen.[525] Die verschiedenen Formen des kalten Delisting haben alle gemein, dass es sich um Strukturmaßnahmen einer AG handelt, die in einen „*Wechsel aus einer fungiblen Aktionärseigenschaft in eine nicht verkehrsfähige Mitgliedschaft*“ resultieren.[526]

### 1. *Sonderfall: Delisting vAw. nach § 39 Abs. 1 BörsG*

Daneben bestehen gem. § 39 Abs. 1 BörsG grundsätzlich drei verschiedene Möglichkeiten, nach denen die Zulassung von Papieren an einer Börse beendet werden kann:[527]

Zum einen kann die Zulassung gem. § 39 Abs. 1 Var. 1 BörsG nach den Vorschriften des VwVfG widerrufen werden, wenn – bei einer ursprünglich rechtswidrig erteilten Zulassung – die Voraussetzungen des § 48 VwVfG bzw. – bei einer ursprünglich rechtmäßigen Zulassung im Hinblick auf ihre Eigenschaft als begünstigender Verwaltungsakt[528] – die einschränkenden Voraussetzungen des § 49 Abs. 2 VwVfG vorliegen.[529]

Des Weiteren kann die Börsengeschäftsführung gem. § 39 Abs. 1 Var. 2 BörsG die Zulassung von Amts wegen widerrufen, wenn ein ordnungsgemäßer Börsenhandel auf Dauer nicht mehr gewährleistet ist und die Geschäftsführung die Notierung im regulierten Markt eingestellt hat.[530] Hierunter versteht man

---

525 Eine überblicksartige Aufstellung bieten z. B. *Walz* in MAH Aktienrecht, § 50, Rn. 6 und *Grunewald*, ZIP 2004, 542 f. S. ausführlich auch zu den anderen Möglichkeiten wie der Aufspaltung gem. § 123 UmwG und den verschiedenen Arten des Squeeze out *Pluskat*, BKR 2007, 54; *Even/Vera*, DStR 2002, 1315; *Groß*, KapMaR, § 39 BörsG, Rn. 12 ff.; *Heidelbach* in Schwark/Zimmer, KPMK, § 39 BörsG, Rn. 43 f. Hierbei soll auf die Darstellung der übertragenden Auflösung verzichtet werden, da diese mittlerweile ihre praktische Relevanz mehrheitlich eingebüßt hat, vgl. *Habersack* in Emmerich/Habersack, Aktien- und GmbH Konzernrecht, § 327a AktG, Rn. 10; *Schnorbus* in K. Schmidt/Lutter, AktG, Vor § 327a, Rn. 12; *Henze*, FS Wiedemann, 935, 948. Vgl. zur umstrittenen Frage der Existenzberechtigung der übertragenden Auflösung im Hinblick auf § 327a AktG *Grzimek* in Angerer/Geibel/Süßmann, WpÜG, § 327a AktG, Rn. 11 mwN.

526 *Kubis* in MünchKommAktG, § 1 SpruchG, Rn. 28.

527 Vgl. *Groß*, KapMaR, § 39 BörsG, Rn. 5 ff.; allgemein auch *Habersack* in Habersack/Mülbert/Schlitt, Unternehmensfinanzierung am Kapitalmarkt, § 40, Rn. 24, der von „*Zwangsdelisting*“ spricht.

528 S. o.: Kapitel 1 A.III.

529 *Groß*, KapMaR, § 39 BörsG, Rn. 6.

530 Mit Letzterem ist die Einstellung der Notierung gem. § 25 Abs. 1 S. 1 Nr. 2 BörsG gemeint, vgl. *Kumpan* in Baumbach/Hopt, HGB, § 39 BörsG, Rn. 1.

die unbefristete[531] Beendigung des Börsenhandels mit dem betreffenden Papier und dessen Notierung vor dem Hintergrund der nicht mehr gegebenen Voraussetzungen für einen ordnungsgemäßen Handel des Papiers.[532] Hierbei handelt es sich um eine „*mittelfristige Maßnahme, jedoch ohne zeitliche Begrenzung*".[533] Stellen sich diese Gründe indes als dauerhaft dar, kann der Widerruf der Zulassung veranlasst werden.[534] Da dies eine den Emittenten u. U. empfindlich treffende Maßnahme darstellt, muss eine solche Entscheidung an strikten Kriterien gemessen werden, wobei Grundlage hierfür – nach in der Literatur vertretener Ansicht – die Eröffnung des Insolvenzverfahrens über das Vermögen der betroffenen Gesellschaft sein kann, wenn deren Vermögenslosigkeit als sicher anzusehen ist und folglich die Anteile am Emittenten faktisch wertlos sind.[535]

Zuletzt besteht für die Börsengeschäftsführung gem. § 39 Abs. 1 Var. 3 BörsG die Möglichkeit, die Zulassung zu widerrufen, wenn der Emittent seinen Zulassungsfolgepflichten innerhalb einer entsprechend gesetzten Frist nicht nachkommt.[536]

---

531 Im Gegensatz zur zeitlich befristeten Aussetzung gem. § 25 Abs. 1 Nr. 1 BörsG. Diese vorübergehende Beendigung des Börsenhandels kann von der Börsengeschäftsführung im Wege einer Ermessensentscheidung beschlossen werden, wenn die für den ordnungsgemäßen Handel des Papiers erforderlichen Voraussetzungen scheinbar nicht mehr vorliegen, vgl. hierzu *Groß*, KapMaR, § 25 BörsG, Rn. 3 ff.; *Beck* in Schwark/Zimmer, KPMK, § 25 BörsG, Rn. 4 ff.

532 In diesem Sinne *Beck* in Schwark/Zimmer, KPMK, § 25 BörsG, Rn. 23.

533 *Beck* in Schwark/Zimmer, KPMK, § 25 BörsG, Rn. 22.

534 *Beck* in Schwark/Zimmer, KPMK, § 25 BörsG, Rn. 23; *Groß*, KapMaR, § 39 BörsG, Rn. 7.

535 In diesem Sinne auch *Beck* in Schwark/Zimmer, KPMK, § 25 BörsG, Rn. 23 f. Dieser nennt als weiteren Grund einen „*rapide[n] Prozess der Kapitalauszehrung*". Vgl. auch *Groß*, KapMaR, § 25 BörsG, Rn. 8. S. ausführlich zu diesem Aspekt u.: Kapitel 10 A.III.1.

536 *Trapp* in Habersack/Mülbert/Schlitt, Unternehmensfinanzierung am Kapitalmarkt, § 40, Rn. 25 nennt hier vornehmlich §§ 37v ff. WpHG. *Groß*, KapMaR, § 39 BörsG, Rn. 8 weist im Übrigen auf den interessanten Aspekt hin, dass vor Einführung der Regelungen in § 39 Abs. 2 BörsG Emittenten, die ein Delisting durchführen wollten, vermehrt an die Börsengeschäftsführung herantraten, um anzukündigen, den Zulassungsfolgepflichten in Zukunft nicht mehr nachkommen zu wollen, und so versuchten, den Widerruf herbeizuführen.

### 2. *Formwechsel (§§ 191 ff. UmwG)*

Daneben besteht die Möglichkeit der Umwandlung der AG in eine andere Rechtsform, wie etwa die der GmbH oder die einer Personengesellschaft, die keine verbrieften Mitgliedschaftsrechte ausgibt.[537] Wird ein entsprechender Beschluss der Hauptversammlung der umzuwandelnden AG mit der gem. § 233 UmwG erforderlichen Zustimmung gefasst und daraufhin die Umwandlung gem. § 202 Abs. 1 Nr. 1 UmwG eingetragen, führt dies dazu, dass die Aktien der früheren AG untergehen, wodurch sich der Zulassungs-Verwaltungsakt gem. § 43 Abs. 2 VwVfG erledigt und damit die Zulassung als solche *ipso iure* entfällt.[538] Im Falle des Widerspruchs eines Aktionärs gegen den Formwechsel zu Protokoll, § 207 Abs. 1 UmwG, ist dieser gem. §§ 208, 30 Abs. 1 S. 1 UmwG mit einer angemessenen Abfindung zu bedenken. Die Höhe der Abfindung bemisst sich hierbei grundsätzlich nach dem Unternehmenswert des formwechselnden Unternehmens und ist gem. § 212 UmwG gerichtlich im Rahmen eines Spruchverfahrens voll überprüfbar.[539]

### 3. *Verschmelzung*

Wird eine AG auf eine andere, nicht börsenzulassungsfähige Gesellschaft verschmolzen – Selbiges gilt auch im Falle der Verschmelzung auf eine nicht an der Börse zugelassene AG –, erlischt die AG gem. § 20 Abs. 1 Nr. 2 S. 1 UmwG mitsamt der Aktien als Mitgliedschaftsrechte der begebenden AG mit der Folge des (nach h. M.) automatischen Wegfalls der Zulassung (sog. „*Going Private Merger*").[540] Bei entsprechendem Widerspruch der betroffenen Aktionäre ist diesen gem. § 29 Abs. 1 S. 1 UmwG ein angemessenes Abfindungsangebot nach Maßgabe des § 30 UmwG zu machen, das sich nach den tatsächlichen Verhältnissen des übertragenden Rechtsträgers zum Zeitpunkt des Beschlusses richten muss[541]

---

537 *Groß*, KapMaR, § 39 BörsG, Rn. 12. Dies gilt nicht bei einer Umwandlung in eine KGaA, vgl. *Grunewald*, ZIP 2004, 542. Hierbei handelte es sich vor Einführung der Möglichkeit des aktienrechtlichen Squeeze out durchaus um eine gangbare Alternative, insbesondere aus steuerlichen Gründen, vgl. *Decher/Hoger* in Lutter, UmwG, Vor § 190, Rn. 19.

538 *Groß*, KapMaR, § 39 BörsG, Rn. 12, der weiterhin darauf verweist, dass dies gem. § 131 Abs. 1 Nr. 2 UmwG für Fälle der Aufspaltung gilt.

539 S. hierzu im Einzelnen *Decher/Hoger* in Lutter, UmwG, § 208, Rn. 3 ff.

540 *Land/Hasselbach*, DB 2000, 557, 559. Vgl. auch *Heidelbach* in Schwark/Zimmer, KPMK, § 39 BörsG, Rn. 42; *Groß*, KapMaR, § 39 BörsG, Rn. 12; a. A. *Steck*, AG 1998, 460, 462, der wohl davon ausgeht, dass die Zulassung noch aufgehoben werden muss.

541 *Decher/Hoger* in Lutter, UmwG, § 30, Rn. 2.

und gem. § 34 UmwG im Wege eines Spruchverfahrens nachgeprüft werden kann. Im Vergleich zum regulären Delisting hat dieser Fall des kalten Delisting durchaus erhöhte Relevanz erlangt: Obwohl zwar im Regelfall eine bedeutende strukturelle Veränderung gegeben ist, können für Strukturmaßnahmen untypische Besonderheiten auftreten, wenn eine „Klon-Gesellschaft" gegründet wird, die ihrem Aufbau und ihrer Struktur nach der zu verschmelzenden exakt entspricht und lediglich nicht an der Börse notiert ist, da in diesen Fällen letztlich rein faktisch durch die Verschmelzung keinerlei strukturelle Änderungen für die Aktionäre eintreten.[542]

## 4. *Eingliederung*

Auch im Falle einer Eingliederung gem. §§ 319 f. AktG kommt es im Ergebnis zum Entfallen der Börsenzulassung der Aktien des eingegliederten Emittenten.[543] Gem. § 319 AktG kann die Hauptversammlung einer AG, deren Aktien vollständig von der Hauptgesellschaft gehalten werden, ihre Eingliederung in die Hauptgesellschaft beschließen, wenn die Hauptgesellschaft ihrerseits zustimmt.[544] Gem. § 320 AktG gilt dasselbe in dem Falle, in dem die Hauptgesellschaft mind. 95% der Aktien der einzugliedernden AG hält und aufgrund eines entsprechenden Beschlusses der Hauptversammlung der Hauptgesellschaft[545] die verbleibenden Aktien gegen Zahlung einer angemessenen – gem. § 320b Abs. 2 S. 2 AktG gerichtlich festsetzbaren[546] – Abfindung an die Minderheitsaktionäre (§ 320b AktG) auf die Hauptgesellschaft übergehen, § 320a AktG.[547] Im Ergebnis wird damit die Hauptgesellschaft Alleingesellschafterin der einzugliedernden AG.[548] Da folglich nur noch ein Aktionär besteht, ist kein Handel mehr

542 Vgl. hierzu ausführlich *Kastl*, Rückzug von der Börse, S. 282 ff. mwN.

543 Vgl. zu diesem Ergebnis *Grunewald*, ZIP 2004, 542; *Habersack* in Emmerich/Habersack, Aktien- und GmbH Konzernrecht, § 320a AktG, Rn. 3; *Singhof* in Spindler/Stilz, AktG, § 320a, Rn. 4.

544 S. zu diesem Erfordernis *Grunewald* in MünchKommAktG, § 319, Rn. 2 und 20, unter Verweis auf die gem. §§ 322 und 324 Abs. 3 AktG bestehenden Risiken der Hauptgesellschaft.

545 S. zu diesen Voraussetzungen *Singhof* in Spindler/Stilz, AktG, § 320, Rn. 4 ff.; *Wilsing* in Henssler/Strohn, GesR, § 320 AktG, Rn. 2 ff.

546 Hierzu *Habersack* in Emmerich/Habersack, Aktien- und GmbH Konzernrecht, § 320b AktG, Rn. 17.

547 Vgl. zu diesem Regelungskomplex beispielhaft *Singhof* in Spindler/Stilz, AktG, § 320, Rn. 1.

548 *Habersack* in Emmerich/Habersack, Aktien- und GmbH Konzernrecht, § 320a AktG, Rn. 3 mwN.; *Koch* in Hüffer, AktG, § 320a, Rn. 2, die beide auch darauf hinweisen, dass

gewährleitet und der Börsenhandel somit gem. § 25 Abs. 1 S. 1 Nr. 2 (u. U. iVm. § 33 Abs. 4 BörsG) einzustellen. Da damit die Voraussetzungen des § 39 Abs. 1 BörsG vorliegen, muss nach h. M. die Börsengeschäftsführung die Zulassung im Ergebnis widerrufen.[549]

### 5. *Squeeze out*

Für die Durchführung eines aktienrechtlichen Squeeze out kann die Hauptversammlung einer AG gem. § 327a Abs. 1 AktG auf Verlangen eines Hauptaktionärs, der mind. 95% des Grundkapitals der AG hält, die Übertragung der Aktien der übrigen Aktionäre gegen Zahlung einer angemessenen Abfindung auf den Hauptaktionär beschließen. Die Höhe der Abfindung ist ggf. für die ausscheidenden Aktionäre in einem Spruchverfahren nachprüfbar, § 327f S. 2, 3 AktG.[550] Die gem. § 327b Abs. 1 S. 1 Hs. 2 AktG vom Hauptaktionär festzulegende Abfindung muss die Verhältnisse der AG zum Zeitpunkt der Beschlussfassung widerspiegeln, wobei insofern die zu § 305 Abs. 3 S. 2 AktG zur Höhe der Barabfindung entwickelten Grundsätze Anwendung finden.[551] Gem. § 327e Abs. 3 S. 1 AktG gehen mit Eintragung des Übertragungsbeschlusses alle Aktien auf den Hauptaktionär über. Dies führt dazu, dass die Börsengeschäftsführung die Börsenzulassung widerrufen wird.[552] Diese Grundsätze bzgl. der Börsenzulassung gelten gleichsam für den übernahmerechtlichen Squeeze out gem. §§ 39a, b

---

nach allgemeiner Meinung von § 320a AktG der Übergang der Mitgliedschaftsrechte und nicht der des Eigentums an den Aktienurkunden gemeint ist.

549 Zu diesem gesamten Komplex *Habersack* in Emmerich/Habersack, Aktien- und GmbH Konzernrecht, § 320a AktG, Rn. 3; *Groß*, KapMaR, § 39 BörsG, Rn. 13; *Heidelbach* in Schwark/Zimmer, KPMK, § 39 BörsG, Rn. 43. Vgl. auch *Singhof* in Spindler/Stilz, AktG, § 320a, Rn. 4, der zu Recht darauf hinweist, dass ab diesem Zeitpunkt lediglich die gem. § 320b S. 2 AktG durch die Aktien der eingegliederten Gesellschaft verbrieften Abfindungsansprüche der Minderheitsaktionäre gehandelt werden können. Einen gänzlich anderen Lösungsansatz verfolgt indes *Pluskat*, BKR 2007, 54, 55; *dies.*, WM 2002, 833, die in einem Fall des § 320 AktG die Erledigung der Börsenzulassung gem. § 43 Abs. 2 VwVfG annimmt.

550 *Wilsing* in Henssler/Strohn, GesR, § 327f AktG, Rn. 3.

551 *Grunewald* in MünchKommAktG, § 327b, Rn. 10; *Koppensteiner* in KölnKommAktG, § 327b, Rn. 7. S. zum Nutzungsersatz in dem Zeitraum zwischen Übertragungsbeschluss und Eintragung desselben in das Handelsregister ausführlich *Altmeppen*, ZIP 2010, 1773 ff. S. zur konkreten Berechnung u.: Kapitel 3 B.III.7.

552 Vgl. *Groß*, KapMaR, § 39 BörsG, Rn. 13. Auch hier wird indes vertreten, dass die Zulassung wegen Erledigung gem. § 43 Abs. 2 VwVfG automatisch entfallen soll, vgl. *Pluskat*, BKR 2007, 54, 55.

WpÜG, jedoch nicht für den umwandlungsrechtlichen, da bei einem solchen im Hinblick auf § 62 Abs. 5 S. 7 UmwG die Aktien mit Eintragung der Verschmelzung untergehen und sich die Zulassung in diesem Fall tatsächlich erledigt.[553]

Beim übernahmerechtlichen Squeeze out kann der Bieter, der infolge eines Übernahme- oder Pflichtangebots mind. 95% der stimmberechtigten Anteile erworben hat, gem. § 39a Abs. 1 S. 1 WpÜG gegen Leistung einer angemessenen Abfindung (nach den Grundsätzen des § 305 AktG[554]) die Übertragung der restlichen Anteile per Gerichtsbeschluss beantragen.[555] Die Angemessenheit kann hierbei nicht im Spruchverfahren bestimmt werden, sondern ist gerichtlich überprüfbare Voraussetzung für die Stattgabe des Antrags auf Übertragung.[556] Die Besonderheit der Abfindungsregelung hierbei ist in § 39a Abs. 3 S. 3 WpÜG zu sehen. Es besteht danach eine unwiderlegliche Vermutung, dass eine dem vorangegangenen Angebotspreis entsprechende Abfindung angemessen ist, wenn mind. 90% der Anteile aufgrund des Angebots erworben wurden.[557]

### 6. *Gründung einer Holding-SE*

Kein Delisting ist hingegen nach überzeugender Ansicht im Falle der Gründung einer Holding-SE gem. Artt. 2 Abs. 2, 32 SE-VO gegeben, auch wenn bei der Gründung einer solchen eine börsennotierte deutsche Gesellschaft beteiligt ist, da deren Papiere weiterhin an der Börse gelistet bleiben.[558] Da sich die Aktionäre der gründenden AG auch frei für oder gegen einen Tausch ihrer momentan gehaltenen Aktien gegen solche der dann neu gegründeten SE entscheiden können, besteht auch keine Notwendigkeit für ein Abfindungsangebot.[559]

---

553 *Groß*, KapMaR, § 39 BörsG, Rn. 13.

554 *Grunewald* in MünchKommAktG, § 39a WpÜG, Rn. 26.

555 Diesen Unterschied zum aktienrechtlichen Squeeze out hervorhebend *Nikoleyczik*, GWR 2014, 207.

556 In diese Richtung auch *Müller-Michaels* in Hölters, AktG, § 39a WpÜG, Rn. 12. So ausdrücklich *Steinmeyer/Santelmann*, BB 2006, 674, 676 mwN. auch zur Gegenmeinung, die eine Unternehmensbewertung im Rahmen des Gerichtsverfahrens durchgeführt wissen will.

557 *Grunewald* in MünchKommAktG, § 39a WpÜG, Rn. 29 ff., mwN insbesondere zur Frage der Widerleglichkeit der Vermutung. Hierzu auch *Steinmeyer/Santelmann*, BB 2006, 674, 675.

558 *Scholz* in Habersack/Drinhausen, SE-Recht, Art. 32 SE-VO, Rn. 17.

559 *Scholz* in Habersack/Drinhausen, SE-Recht, Art. 32 SE-VO, Rn. 17.

### 7. *Die „angemessene Abfindung" im Lichte der Rechtsprechungsentwicklung*

Die Bestimmung der im Zusammenhang mit Strukturmaßnahmen zu zahlenden Abfindung hat jedoch in jüngerer Zeit durchaus beachtliche Veränderungen erfahren.[560]

#### *a. Grundlagen*

Es entspricht zunächst der allgemeinen Meinung, dass eine Unternehmensbewertung nicht anhand des Bilanzwerts durchgeführt werden kann, da die Aktionäre in diesem Fall nicht an den stillen Reserven der AG partizipieren würden.[561] Darüber hinaus obliegt es dem Ermessen des Gerichts, nach welcher (betriebswirtschaftlichen oder marktwertorientierten) Berechnungsmethode die Abfindungshöhe zu bestimmen ist.[562] Es handelt sich entsprechend nach ganz h. M. bei der Frage der Angemessenheit der Abfindung um eine rechtliche Frage, sodass deren Beantwortung grundsätzlich auch gerichtlich voll überprüfbar ist,[563] wobei die Höhe der Abfindung im Wege der Schätzung gem. § 287 ZPO erfolgen kann.[564] In Ermangelung einer konkretisierenden Regelung[565] werden zunächst in der Literatur zwei verschiedene Grundkonzepte zur Berechnung der Abfindungshöhe vorgeschlagen, namentlich die Heranziehung des Schiedspreises auf der einen und die Heranziehung des Grenzpreises auf der anderen Seite.[566] Diese Unterscheidung geht letztlich auf die Frage zurück, ob man den subjektiven wertbezogenen Vorstellungen der an der jeweiligen Strukturmaßnahme Beteiligten entsprechende Bedeutung zumisst, indem man den Schiedspreis heranzieht, der den Preis einer Transaktion (also den Preis, den ein Aktionär im Falle eines Verkaufs am Markt zu dem entsprechenden Zeitpunkt erzielen

---

560 Vgl. zur Entwicklung der Berücksichtigung des Börsenkurses *Koch* in Hüffer, AktG, § 305, Rn. 37.

561 *Emmerich* in Emmerich/Habersack, Aktien- und GmbH Konzernrecht, § 305 AktG, Rn. 38. I. Erg. auch *Koppensteiner* in KölnKommAktG, § 305, Rn. 37, der davon spricht, dass der Buchwert nicht dem maßgeblichen Zeitwert entspreche.

562 *Koch* in Hüffer, AktG, § 327b, Rn. 5, mit ausführlichen Nachweisen zur obergerichtlichen Rspr. S. zu den Berechnungsmethoden sogleich.

563 *Veil* in Spindler/Stilz, AktG, § 305, Rn. 48; *Paulsen* in MünchKommAktG, § 305, Rn. 76 jew. mwN. zu obergerichtlicher Rspr.

564 *Paulsen* in MünchKommAktG, § 305, Rn. 75, mwN.

565 *Paulsen* in MünchKommAktG, § 305, Rn. 75.

566 *Emmerich*, FS Mestmäcker, 137, 142; *ders.* in Emmerich/Habersack, Aktien- und GmbH Konzernrecht, § 305 AktG, Rn. 38; *Deilmann* in Hölters, AktG, § 305, Rn. 33.

könnte) widerspiegelt, oder ob man auf eine objektive Unternehmensbewertung im Wege des Grenzpreises rekurriert.[567] Letzterer wird gemeinhin als der Preis verstanden, den der Aktionär erhalten muss, um ohne finanzielle Einbußen aus dem Unternehmen ausscheiden zu können.[568] Es handelt sich entsprechend um den Betrag, den *„der außenstehende Aktionär benötigt, um bei einer Ersatzinvestition in öffentliche Anleihen oder anderen Aktien genauso dazustehen, als wenn er weiterhin an der als unabhängig gedachten Untergesellschaft beteiligt wäre"*.[569]

### *b. Berechnungsmethoden*

Bei Zugrundelegung des Grenzpreises wird im Einzelnen innerhalb Literatur und Rechtsprechung kontrovers diskutiert, wie eine angemessene Abfindung im Rahmen der Ertragswertmethode zu berechnen ist.[570] Die vorherrschende Berechnungsmethode zur Bestimmung des Unternehmenswerts in der (gerichtlichen) Praxis war und ist indes eine auf den Ertragswert des Unternehmens gerichtete Berechnung im Wege der Prognose der zukünftigen, diskontierten Erträge unter Federführung der Vorgaben durch das IDW.[571] Die beiden in der Praxis maßgeblichen Bewertungsmethoden sind die klassische Ertragswertmethode auf der einen und das *Discounted-Cash-Flow*-Verfahren auf der anderen Seite, da diese als die beiden zulässigen Methoden gem. Ziff. 7 des Prüfungsstandards IDW S 1[572]

---

567 *Emmerich* in Emmerich/Habersack, Aktien- und GmbH Konzernrecht, § 305 AktG, Rn. 38 f.

568 BGH, Beschl. v. 4.3.1998 – Az.: II ZB 5–97 = NJW 1998, 1866, 1867; unter Verweis hierauf zuletzt auch OLG München, Beschl. v. 26.7.2007 – 31 Wx 99/06 = BeckRS 2007, 12867; vgl. auch *Emmerich* in Emmerich/Habersack, Aktien- und GmbH Konzernrecht, § 305 AktG, Rn. 38 mwN.; *Deilmann* in Hölters, AktG, § 305, Rn. 33.

569 *Deilmann* in Hölters, AktG, § 305, Rn. 34 spezifisch für den Fall eines Beherrschungs- und Gewinnabführungsvertrags; vgl. auch *Emmerich* in Emmerich/Habersack, Aktien- und GmbH Konzernrecht, § 305 AktG, Rn. 38.

570 Vgl. hierzu *Deilmann* in Hölters, AktG, § 305, Rn. 36. S. auch die Nachweise bei *Emmerich* in Emmerich/Habersack, Aktien- und GmbH Konzernrecht, § 305 AktG, Rn. 38, zur Frage, ob der Schieds- oder der Grenzpreis (s. hierzu jew. sogleich) zugrunde zu legen ist. Vgl. ferner zu den sich bei der konkreten Berechnung unterscheidenden Gerichtsentscheidungen in Bezug auf die Berechnung des Grenzpreises *Deilmann* in Hölters, AktG, § 305, Rn. 36.

571 Krit. hierzu *Emmerich* in Emmerich/Habersack, Aktien- und GmbH Konzernrecht, § 305 AktG, Rn. 41 f.

572 Beim IDW S 1 (in der aktuell gültigen Fassung vom 2.4.2008) handelt es sich um einen Prüfungsstandard, der vom Hauptfachausschuss des IDW verabschiedet wird, vgl. *Stephan* in K. Schmidt/Lutter, AktG, § 305 Rn. 49. Nach OLG Stuttgart, Beschl. v. 5.6.2013 – Az.: 20 W 6/10 = NZG 2013, 897 handelt es sich hierbei um

genannt sind und im Falle von *„gesetzlichen Bewertungsanlässen“* einen objektivierten und nicht von Interessen der an einer Transaktion Beteiligten beeinflussten Unternehmenswert darstellen sollen.[573] Die klassische Ertragswertmethode zeichnet sich durch den Versuch aus, die zukünftigen Erträge eines Unternehmens zu schätzen, indem die geplanten Jahresergebnisse (Ziff. 7.2.1 IDW S 1) auf den Bewertungstag diskontiert werden, wobei hierbei ein bestimmter Kapitalisierungszinssatz zugrunde gelegt wird.[574] Die *Discounted-Cash-Flow*-Methode hingegen diskontiert den zukünftigen *Cash-Flow* des Unternehmens mit dem entsprechenden Kapitalisierungszins.[575] Der Kapitalisierungszinssatz errechnet sich in beiden Varianten[576] aus dem durch einen Inflationsabschlag sowie einen genauer zu bestimmenden Risikozuschlag modifizierten Basiszinssatz, der sich seinerseits aus dem durchschnittlichen Zinssatz für öffentliche Anleihen bzw. langfristige festverzinsliche Wertpapiere zusammensetzt.[577] Die Bestimmung der Höhe dieses Kapitalisierungszinssatzes birgt hohes Konfliktpotential und ist entsprechend häufig Mittelpunkt gerichtlicher Auseinandersetzungen, da seine Bestimmung bereits umstritten ist und schon eine geringe Veränderung einen großen Einfluss auf die Höhe der Bewertung haben kann.[578] Bei der Anwendung der *Discounted-Cash-Flow*-Methode kommt als zusätzliche Problematik hinzu, dass die Bestimmung, welche Posten zum Eigen- und welche zum Fremdkapital zu zählen sind, nicht immer trennscharf vorgenommen werden kann.[579]

---

eine *„anerkannte Expertenauffassung“*, die *„eine Erkenntnisquelle für das methodisch zutreffende Vorgehen bei der* [...] *Ermittlung des Unternehmenswertes“* darstellt, wobei es sich mangels normativer Wirkung indes nicht um Rechtssätze handeln soll, vgl. auch *Deilmann* in Hölters, AktG, § 305, Rn. 34.

573 Unter Verweis auf Ziff. 31 des IDW S 1 *Stephan* in K. Schmidt/Lutter, AktG, § 305 Rn. 49 f.

574 Vgl. *Emmerich* in Emmerich/Habersack, Aktien- und GmbH Konzernrecht, § 305 AktG, Rn. 54.

575 *Stephan* in K. Schmidt/Lutter, AktG, § 305, Rn. 50; *Deilmann* in Hölters, AktG, § 305, Rn. 51.

576 Vgl. hierzu *Emmerich* in Emmerich/Habersack, Aktien- und GmbH Konzernrecht, § 305 AktG, Rn. 55, der ausdrücklich darauf hinweist, dass es sich bei der *Discounted-Cash-Flow*-Methode lediglich um eine Unterform der Ertragswertmethode handelt.

577 *Grzimek* in Angerer/Geibel/Süßmann, WpÜG, § 327b AktG, Rn. 17.

578 *Deilmann* in Hölters, AktG, § 305, Rn. 50; *Emmerich* in Emmerich/Habersack, Aktien- und GmbH Konzernrecht, § 305 AktG, Rn. 54, der darauf hinweist, dass bereits die Erhöhung des Kapitalisierungszinssatzes um 2%-Punkte zu einem Anstieg des Unternehmenswerts um bis zu 25% führen kann.

579 *Emmerich* in Emmerich/Habersack, Aktien- und GmbH Konzernrecht, § 305 AktG, Rn. 55.

Neben den regulär geltenden Grundsätzen der Unternehmensbewertung sind bei KMU entsprechende Besonderheiten zu beachten.[580] Zusammenfassend[581] kann konstatiert werden, dass die Anwendung der eben beschriebenen Methoden durchaus vermehrt Kritik ausgesetzt ist.[582] Ihre Anwendung wurde jedoch vom BVerfG als verfassungsgemäß eingestuft[583] und ist somit in der Praxis nach wie vor der Maßstab, an dem sich die Gerichte orientieren.[584]

### c. *Tendenz der Rechtsprechung hin zum Börsenkurs*

Vor diesem Hintergrund hat jedoch für die Bestimmung der angemessenen Abfindung im Rahmen von Strukturmaßnahmen in den letzten Jahren der Börsenkurs als Richtmaß vermehrt an Bedeutung gewonnen,[585] nachdem zuvor dessen Berücksichtigung zumeist mit dem Argument abgelehnt wurde, dieser sei aufgrund seiner spekulationsbedingten Volatilität für institutionelle Anleger nicht von Relevanz.[586] Die Vorgabe, dass der Börsenkurs jedoch bei der Bestimmung dieses Ausgleichs zu beachten ist, geht letztlich auf die zum Abschluss

---

580 *Zwirner/Kähler*, BB 2016, 171, 173, die insbesondere auf den Praxishinweis 1/2014 des IDW verweisen. Eine genau Darstellung dessen muss an dieser Stelle unterbleiben, vgl. hierzu ausführlich *König/Möller*, BB 2014, 983 ff.

581 Eine dezidierte Besprechung der konkret im Rahmen der beiden Bewertungsmethoden durchzuführenden Schritte samt den im Einzelnen sehr umstrittenen Rechengrößen muss im Hinblick auf den in dieser Arbeit intendierten Fokus auf Fälle des (regulären) Delisting wegen des Umfangs der zu der Berechnung der Abfindungshöhe im Einzelnen bestehenden Problemkreise unterbleiben. Vgl. hierzu beispielhaft *Deilmann* in Hölters, AktG, § 305, Rn. 50, der davon spricht, alleine die Ermittlung der richtigen Höhe des Kapitalisierungszinssatzes fülle *„ganze Bücher"*. Vgl. ausführlich zur konkreten Berechnung *Emmerich* in Emmerich/Habersack, Aktien- und GmbH Konzernrecht, § 305 AktG, Rn. 56 ff.; *Deilmann* in Hölters, AktG, § 305, Rn. 53 ff.

582 S. stellvertretend *Emmerich* in Emmerich/Habersack, Aktien- und GmbH Konzernrecht, § 305 AktG, Rn. 41 ff. mwN.; *ders.*, FS Schneider, 323, 327 ff.

583 Nach BVerfG, Beschl. v. 30.5.2007 – Az.: 1 BvR 1267/06 = NJW 2007, 3266, 3268 ist die *„Ertragswertmethode verfassungsrechtlich unbedenklich, aber nicht etwa zwingend vorgegeben"*. Vgl. hierzu auch *Veil* in Spindler/Stilz, AktG, § 305, Rn. 74.

584 *Zeidler* in Semler/Stengel, UmwG, § 30, Rn. 7; *Deilmann* in Hölters, AktG, § 305, Rn. 48; *Emmerich* in Emmerich/Habersack, Aktien- und GmbH Konzernrecht, § 305 AktG, Rn. 41, Letzterer mit dem Verweis darauf, dass es sich beim IDW S 1 um einen allgemein anerkannten Prüfungsmaßstab handelt und dieser entsprechend von Wirtschaftsprüfern überwiegend genutzt wird.

585 *Ruthardt/Hachmeister*, NZG 2014, 41, 48; *Bungert/Wettich*, FS Hoffmann-Becking, 157.

586 *Emmerich* in Emmerich/Habersack, Aktien- und GmbH Konzernrecht, § 305 AktG, Rn. 38 mwN.

eines Beherrschungs- und Gewinnabführungsvertrags ergangene *DAT/Altana*-Entscheidung des BVerfG[587] zurück.[588]

In dieser Entscheidung konstatierte dieses, dass bei börsennotierten Gesellschaften für die Abfindung ausscheidender Aktionäre im Hinblick auf Art. 14 GG der (meist) mit dem Verkehrswert gleichzusetzende Börsenwert der Aktie als Mindestpreis heranzuziehen sei.[589] Die konkrete Umsetzung der Börsenkursberechnung erfolgte letztlich, indem der Referenzkurs von dem Tage der Ankündigung der Strukturmaßnahme an zurückgerechnet wurde,[590] wobei der BGH sich in der grundlegenden Entscheidung hierzu maßgeblich auf eine entsprechende Anwendung des § 5 Abs. 1 WpÜG-AngebotVo stützte.[591]

Es entspricht darüber hinaus der h. M., dass sog. „Paketzuschläge" -damit sind Aufschläge auf den eigentlichen Börsenkurs gemeint –, die außerbörslich gezahlt werden,[592] nicht zur Erhöhung dessen führen, was der abzufindende Aktionär als Abfindung – gemessen am Börsenwert – verlangen kann.[593]

Mittlerweile ist entsprechend höchstrichterlich für die geeigneten Fälle eine Bemessung der Abfindungshöhe (ausschließlich) nach Börsenwert anerkannt,

---

587 BVerfG, NJW 1999, 3769. Die Verfassungsmäßigkeit einer ausschließlich auf Börsenwerten beruhenden Abfindungsregelung beim übernahmerechtlichen Squeeze out (§ 39a Abs. 3 S. 3 WpÜG) wurde vom BVerfG, Beschl. v. 16. 5.2012 – Az.: 1 BvR 96/09, 1 BvR 117/09, 1 BvR 118/09, 1 BvR 128/09 = NZG 2012, 907, 908 f. erneut bestätigt: Zur Bestimmung einer Abfindungshöhe genüge dies grundsätzlich – ohne Heranziehung weiterer Bewertungsmethoden – den verfassungsrechtlichen Vorgaben, vgl. hierzu auch *Bungert/Wettich*, FS Hoffmann-Becking, 157, 171 f. Selbiges gilt laut BVerfG bei der Verschmelzung, BVerfG, Beschl. v. 26.4.2011 – Az.: 1 BvR 2658/10 = NJW 2011, 2497; vgl. hierzu *Veranneman*, GWR 2011, 256.

588 Vgl. hierzu *Bungert/Wettich*, FS Hoffmann-Becking, 157 ff.

589 BVerfG, NJW 1999, 3769, 3771 f. Vgl. hierzu, auch mit Verweisen auf Folgeentscheidungen zu weiteren Strukturmaßnahmen, *Bungert/Wettich*, FS Hoffmann-Becking, 157, 161.

590 Zuvor hatte der BGH, Beschl. v. 12.3.2001 – II ZB 15/00 = NJW 2001, 2080 der Berechnung des Börsenpreises den dreimonatigen Zeitraum vor Durchführung der Strukturmaßnahme zugrunde gelegt, vgl. hierzu *Bauer*, NZG 2001, 891, 892 f.

591 BGH, Beschl. v. 19.7.2010 – II ZB 18/09 = NJW 2010, 2657, 2659 (insbesondere Tz. 25).

592 *Emmerich* in Emmerich/Habersack, Aktien- und GmbH Konzernrecht, § 305 AktG, Rn. 49 f.

593 OLG Düsseldorf, Beschl. v. 31.1.2003 – Az.: 19 W 9/00 [AktE] = NZG 2003, 588, 591. Dagegen lediglich *Emmerich* in Emmerich/Habersack, Aktien- und GmbH Konzernrecht, § 305 AktG, Rn. 49 f. mit ausführlichen Nachweisen auf die h. M. (insbesondere Fn. 160).

wenn hierdurch der „wahre" Unternehmenswert verlässlich ermittelt werden kann, wenn also keine Anzeichen dafür gegeben sind, dass der Kurs nicht repräsentativ sei, wie etwa bei Manipulationen oder Marktenge.[594]

### *8. Die Besonderheit des § 31 WpÜG*

Gemeinsam mit den eben genannten Strukturmaßnahmen hat § 31 WpÜG zunächst die *ratio legis* der Garantie einer angemessenen Abfindung für diejenigen Aktionäre, die aus der betreffenden Gesellschaft ausscheiden (wollen), § 31 Abs. 1 S. 1 WpÜG.[595] Im Gegensatz zu den Strukturmaßnahmen geht § 31 WpÜG jedoch von einer vollständig anderen Prämisse aus: Die Abfindung bemisst sich nach der gesetzlichen Anordnung (§ 31 Abs. 1 S. 2 WpÜG) ausdrücklich aufgrund des Börsenwerts, legt also die Bewertung des Unternehmensanteils frei in die Hand der Marktgegebenheiten.[596] Dies erklärt sich in erster Linie damit, dass die Struktur der Gesellschaft durch ein solches Übernahmeangebot nicht geändert oder tangiert wird, die Aktionäre also die freie Wahl für oder gegen einen Exit haben.[597]

## IV. Die Höhe der Abfindung beim Delisting – die kontroverse Anordnung des Börsenkurses als Grundlage für die Berechnung der Abfindungshöhe

Gem. § 39 Abs. 3 S. 2 BörsG muss das Angebot dem durchschnittlichen Börsenkurs der letzten sechs Monate (vor Veröffentlichung der Angebotsunterlage) entsprechen. Der Gesetzgeber erhoffte sich von der Anknüpfung an den Börsenkurs *„ein transparentes und rechtssicheres Verfahren, das auch für die betroffenen Emittenten handhabbar ist und keine übermäßigen bürokratischen Hürden aufbaut"*.[598]

### *1. Berechnung nach Börsenwert – die aktuelle gesetzliche Anordnung*

Die Gegenleistung muss nach derzeit geltendem Recht in Euro lauten und berechnet sich gem. §§ 39 Abs. 3 S. 2 BörsG, 31 Abs. 7 WpÜG iVm. §§ 3 ff.

594 BVerfG, Beschl. v. 26.4.2011 – Az.: 1 BvR 2658/10 = NJW 2011, 2297, 2298 (Tz. 23 ff.); vgl. allgemein auch BGH, Beschl. v. 29.9.2015 – Az.: II ZB 23/14 = NJW-RR 2016, 231, 235 (Tz. 33) mwN.

595 Vgl. *Süßmann* in Angerer/Geibel/Süßmann, WpÜG, § 31, Rn. 1.

596 *Wackerbarth* in MünchKommAktG, § 31 WpÜG, Rn. 2.

597 S. hierzu noch u.: Kapitel 3 B.IV.1.c.bb(1).

598 BT-Drucks. 18/6220, S. 84. Vgl. auch *Bayer*, NZG 2015, 1169, 1174.

WpÜG-AngebotVo.[599] Als Gegenleistung können nach der eindeutigen Regelung in Abweichung zu den übernahmerechtlichen Vorschriften (§ 31 Abs. 2 WpÜG) somit nicht die Aktien des Bieters geboten werden.[600]

### *a. Grundlagen der Berechnung*

Bei der Berechnung der Gegenleistung sind gem. § 31 Abs. 1 S. 2 WpÜG grundsätzlich der durchschnittliche Börsenkurs der Aktien der Zielgesellschaft und Erwerbe von Aktien der Zielgesellschaft durch den Bieter, mit ihm gemeinsam handelnder Personen oder deren Tochterunternehmen zu berücksichtigen. Dies wird in § 3 S. 2 WpÜG-AngebotVo dahin gehend konkretisiert, dass der Preis der Gegenleistung die in §§ 4 bis 6 WpÜG-AngebotVo festgelegten Grenzen nicht unterschreiten darf, wobei der dort festgelegte Referenzzeitraum durch § 39 Abs. 3 S. 2 BörsG wiederum für Delistings eine zeitliche Modifikation erfahren hat, indem dieser entgegen der übernahmerechtlichen Regelung des § 5 Abs. 1 WpÜG-AngebotVo nun sechs Monate betragen muss.[601]

Die konkrete Berechnung bemisst sich schließlich nach § 5 WpÜG-AngebotVo, hier insbesondere Abs. 3. Nach diesem ist der durchschnittliche Börsenkurs nach dem Durchschnitt aller der BaFin im Zusammenhang mit dem betreffenden Papier gemeldeten Umsätze (§ 9 WpHG) zu berechnen, die dann die Mindestgrenze für die Gegenleistung darstellen.[602] Hierbei werden nach der gängigen Praxis der BaFin indes lediglich die Geschäfte berücksichtigt, die am regulierten Markt getätigt werden.[603] Im Ergebnis kann daher auch nur die BaFin den Wert konkret ermitteln, sodass der Emittent, will er diesen erfahren, bei dieser nachfragen muss.[604] Nach § 3 S. 3 WpÜG-AngebotVo ist der Preis für jede Aktiengattung gesondert zu ermitteln.[605]

---

599 Vgl. auch *Groß*, AG 2015, 812, 817; *Mense/Klie*, DStR 2015, 2782, 2784; *Bayer*, NZG 2015, 1169, 1174.

600 *Kocher/Seiz*, DB 2016, 153, 155.

601 S. hierzu insgesamt *Bayer*, NZG 2015, 1169, 1174.

602 Vgl. *Bayer*, NZG 2015, 1169, 1176. Generell hierzu *Kremer/Oesterhaus* in KölnKomm-WpÜG, § 31 Anh. § 5 AngebVO, Rn. 15. Zur konkreten Berechnung vgl. *Krause* in Assmann/Pötzsch/Schneider, WpÜG, § 5 WpÜG-AngebotVo, Rn. 17 f.

603 *Bayer*, NZG 2015, 1169, 1176; *Kremer/Oesterhaus* in KölnKommWpÜG, § 31 Anh – § 5 AngebVO, Rn. 10. S. zu der umstrittenen Frage der Richtigkeit dieses Vorgehens *Krause* in Assmann/Pötzsch/Schneider, WpÜG, § 5 WpÜG-AngebotVo, Rn. 12 ff.

604 *Bayer*, NZG 2015, 1169, 1174; *Krause* in Assmann/Pötzsch/Schneider, WpÜG, § 5 WpÜG-AngebotVo, Rn. 12.

605 S. hierzu genauer *Krause* in Assmann/Pötzsch/Schneider, WpÜG, § 3 WpÜG-AngebotVo, Rn. 9.

Aus § 31 Abs. 4 und 5 WpÜG und der WpÜG-AngebotVo ergibt sich indes, dass auch die für Übernahmeangebote entwickelten Grundsätze zur Preisbestimmung, insbesondere bei Vor-, Parallel- und Nacherwerben, zu beachten sind.[606] Damit ist bei diesen Erwerbsvorgängen die Mindestgrenze für die Gegenleistung nicht mehr der durchschnittliche Börsenkurs, sondern der sich nun aus diesen Erwerben zu errechnende Wert.[607] Relevant sind solche Vorerwerbe gem. § 4 S. 1 WpÜG-AngebotVo dann, wenn der Bieter innerhalb von sechs Monaten vor Veröffentlichung gem. §§ 14 oder 35 WpÜG Aktien zu einem höheren Preis erworben hat.[608]

Es kommt hierbei auf den dinglichen Erwerb der Aktien innerhalb der letzten sechs Monate an, wobei irrelevant ist, ob der Erwerb inner- oder außerbörslich erfolgte.[609] Der Rechtsfolge nach dem dinglichen Erwerb gleichgestellt sind gem. § 31 Abs. 6 WpÜG (für Vorerwerbe iVm. § 4 S. 2 WpÜG-AngebotVo) Vereinbarungen, aufgrund derer die Übereignung von Aktien verlangt werden kann, insbesondere etwa Optionen.[610] Wegen des Verweises auf § 31 WpÜG ist auch dann ein höherer als der durchschnittliche Börsenpreis zu zahlen, wenn der Emittent, mit ihm handelnde Personen oder Tochterunternehmen in dem Zeitraum zwischen Veröffentlichung der Angebotsunterlage und Veröffentlichung der gem. § 23 WpÜG erforderlichen Angaben (Parallelerwerb, § 31 Abs. 4 WpÜG) oder in einem Zeitraum von einem Jahr nach der Veröffentlichung der in § 23 WpÜG genannten Angaben (Nacherwerb, § 31 Abs. 5 WpÜG) Aktien erwirbt, deren Preis über dem durchschnittlichen Börsenpreis liegt.[611]

### *b. Kritik*

Die Stimmen, die von der gesetzlichen Regelung eine Abfindung nach Unternehmenswert forderten und die gesetzliche Konzeption durch eine an die

---

606 *Kocher/Seiz*, DB 2016, 153, 155; *Goetz*, BB 2015, 2691, 2692.

607 *Kremer/Oesterhaus* in KölnKommWpÜG, § 31 Anh – § 5 AngebVO, Rn. 15, die von „*Eckwert*" sprechen.

608 *Bayer*, NZG 2015, 1169, 1176. S. ausführlich hierzu *Krause* in Assmann/Pötzsch/Schneider, WpÜG, § 4 WpÜG-AngebotVo, Rn. 6 ff.; *Kremer/Oesterhaus* in KölnKommWpÜG, § 31 Anh – § 4 AngebVO, Rn. 9 ff.

609 *Bayer*, NZG 2015, 1169, 1174; *Krause* in Assmann/Pötzsch/Schneider, WpÜG, § 4 WpÜG-AngebotVo, Rn. 8; *Kremer/Oesterhaus* in KölnKommWpÜG, § 31 Anh – § 4 AngebVO, Rn. 10 mwN.

610 Vgl. hierzu *Krause* in Assmann/Pötzsch/Schneider, WpÜG, § 31, Rn. 151 f.

611 Vgl. *Goetz*, BB 2015, 2691, 2692. S. ausführlich zu diesen Erwerbsvorgängen *Kremer/Oesterhaus* in KölnKommWpÜG, § 31, Rn. 61 ff. und 81 ff. jew. mwN.

Grundsätze bei Strukturmaßnahmen angelehnte Regelung substituiert sehen wollen, sind nach wie vor nicht verstummt: Es werde nicht nur die Veräußerungsmöglichkeit der Minderheitsaktionäre per se eingeschränkt, sondern letztlich aus wirtschaftlichen Erwägungen – mit Blick auf die nur noch außerbörslich mögliche Veräußerung und die vermeintlich so signifikant fallenden Kurse – heraus eine zum Verkauf zwingende Situation generiert.[612] Moniert wird demnach vornehmlich das gesetzliche Regel-Ausnahme-Verhältnis in dem Sinne, dass grundsätzlich im Wege der Meistbegünstigung die Vornahme der Berechnung des Unternehmenswerts nach den für Strukturmaßnahmen dargelegten Grundsätzen zu erfolgen und dieser zumindest gleichwertig neben dem des Börsenwerts zu stehen habe.[613] Zumeist wird deswegen gefordert, eine den §§ 305 und 327b AktG entsprechende Regelung zu etablieren, nach der eine angemessene Abfindung geschuldet wird, die sich dann nach den oben dargestellten Grundsätzen richten solle.[614]

In diesem Zusammenhang sei auf eine Besonderheit bei institutionellen Investoren hingewiesen. Diese sind zumeist aufgrund ihrer Richtlinien dazu verpflichtet, nur Papiere in ihrem Portfolio zu halten, die an einem regulierten Markt gelistet und somit garantiert ausreichend liquide sind, sodass bei diesen Investoren – neben dem Wegfall des Unterschieds zwischen Gesamtrückzug und Downlisting – auch der Druck zunehmen kann, die Papiere veräußern zu müssen.[615]

### 2. *Stellungnahme*

Die Anknüpfung an den Börsenkurs ist im Ergebnis konsequent und damit zustimmungswürdig.

#### a. *Differenzierung anhand des Schutzguts*

Bei der Bestimmung, wie ein Abfindungsangebot gestaltet werden soll, liegt die grundlegende Weichenstellung darin, welches Schutzgut konkret als schützenswert erachtet wird: die Fungibilität der Aktie oder die Aktionärsstellung.[616] Nach

---

612 In diese Richtung *Gegler*, BKR 2016, 273. Vgl. auch *Auer*, JZ 2015, 71 f. Sehr krit. auch die SdK, Stellungnahme, aaO., S. 10, die auch auf die investitionsorientierten Regularien von institutionellen Anlegern wie die der Rentenkassen etc. hinweist.

613 Vgl. beispielhaft *Harnos*, ZHR 2015, 750, 759 f., mwN.; *Gegler*, BKR 2016, 276.

614 Beispielhaft *Koch/Harnos*, NZG 2015, 729, 733.

615 *Königshausen*, BB 2013, 3025; *Kastl*, Rückzug von der Börse, S. 374 mwN.

616 *Koch/Harnos*, NZG 2015, 729, 732.

dem zustimmungswürdigen Urteil des BVerfG[617] dürfte *prima facie* nicht mehr zur Debatte stehen, ob das Aktieneigentum durch ein Delisting als tangiert anzusehen ist. Bei einer rein rechtlichen Betrachtung ist an dieser Bewertung auch festzuhalten. Die Anleger verlieren ausschließlich die Möglichkeit, ihre Anteile an der Börse zu veräußern, und die damit einhergehende erhöhte Fungibilität.[618]

Hiergegen kann auch nicht der vom BVerfG[619] in Aussicht gestellte Paradigmenwechsel im Falle einer Aushöhlung des Eigentumsrechts aufgrund des Umfangs des Vermögensverlusts angeführt werden:[620] Die bis zum heutigen Tage vorliegende empirische Forschung kommt zu dem Schluss, dass das Delisting eben solche Auswirkungen keinesfalls hervorzurufen vermag. Ein solch systemischer Befund setzte einen so großen Vermögensverlust voraus, der *„die wirtschaftliche Substanz des Aktieneigentums"* beträfe.[621] Ein solcher Effekt müsste zudem laut BVerfG auf substantiierter Grundlage feststehen.[622] Selbst wenn man also die Aussagekraft der dargestellten Studien bezweifeln will, würde die Nichtnachweisbarkeit eines solchen signifikanten Kursrutsches nicht zu einer eigentumsrechtlichen Gebotenheit einer entsprechenden Regelung führen.

### *b. Mangelnde Vergleichbarkeit zu Strukturmaßnahmen als weiteres Indiz*

Vergleiche mit Strukturmaßnahmen[623] im Hinblick auf einen von manchen als scheinbar überwältigend empfundenen Verkaufsdruck vermögen es ebenfalls nicht, nachhaltig für eine solche Notwendigkeit zu streiten.

#### aa. Formale Betrachtung

Das Argument, Aktionäre seien – in Ermangelung der Möglichkeit der Partizipation an zukünftigen Kurssteigerungen – zum Verkauf faktisch gezwungen, wodurch eine einer Strukturmaßnahme vergleichbare Situation gegeben und damit eine Abfindung nach Unternehmenswert zwingend sei,[624] kann – bei Lichte

617 BVerfG, NJW 2012, 3081, 3082 ff.

618 *Habersack*, ZHR 2012, 463, 467; i. Erg. krit. *Koch/Harnos*, NZG 2015, 729, 732 mwN.

619 BVerfG, NJW 2012, 3081, 3082 ff. Vgl. hierzu o.: Kapitel 2 A.II.3.a.

620 So jedoch *Harnos*, ZHR 2015, 750, 759.

621 BVerfG, NJW 2012, 3081, 3084 (Tz. 68).

622 BVerfG, NJW 2012, 3081, 3084 (Tz. 68).

623 Die VzfK, Stellungnahme zum Änderungsvorschlag von CDU/CSU und SPD vom 21. September 2015 (abrufbar unter http://www.dgap.de/dgap/News/dgap_media/delisting-stellungnahme-der-verbraucherzentrale-fuer-kapitalanleger-vzfk-zum-aenderungsvorschlag-von-cdu-csu-und-spd-vom-september/?newsID=899455, zuletzt abgerufen am 20.8.2017) spricht plakativ von einem *„faktischen Squeeze out"*.

624 *Bayer*, NZG 2015, 1169, 1173.

betrachtet – nicht über die dogmatischen und auch tatsächlichen (grundlegenden) Unterschiede der Vorgänge hinwegtäuschen und geht damit an der Sache vorbei: Im Falle einer Strukturmaßnahme – insbesondere dem aktienrechtlichen Squeeze out – steht am Ende der Eigentumsverlust des Minderheitsaktionärs an seinen Anteilen. Grundlegend anders ist dies beim Delisting, bei welchem der Aktionär seine Anteile behalten kann und sein Mitgliedschaftsrecht in keiner Weise beeinträchtigt wird.[625] Jene Annahme scheint hingegen auf der Überlegung zu fußen, dass die Mitgliedschaft aufgrund der gesetzlichen Anordnung des Exit-Angebots an die Minderheitsaktionäre durch den Bieter faktisch bereits verloren sei. Dieser Ansatz lässt dabei jedoch den Fortbestand der Möglichkeit, die Aktien weiterhin zu veräußern, außer Acht. Auch wenn dies u. U. nicht mehr mit den am regulierten Markt oder im Freiverkehr assoziierten Vereinfachungen möglich ist, schlägt sich hierin lediglich die Entscheidung des Aktionärs gegen eine vorherige Desinvestition nieder.[626] Es hat sich also das vom BVerfG bereits erwähnte Risiko, das mit dem Erwerb des Aktieneigentums einhergeht, verwirklicht.[627]

Die divergierenden Effekte, die ein Delisting auf die involvierten Aktionärsgruppen hat, sowie der Umfang der eintretenden Wertverluste[628] rechtfertigen damit letztlich nur die Erforderlichkeit des „Ob" einer Regelung, vermögen es indes nicht, das Pendel der Entscheidung zur Höhe der Abfindung in Richtung Unternehmenswert ausschlagen zu lassen.

### bb. Börsenwert als Grundfall in Einklang mit der Rechtsprechung

Die an das zugunsten der Aktionäre zu erreichende Schutzniveau zu stellenden Anforderungen nehmen zudem bei weiterer Betrachtung des Marktumfelds sukzessive ab. Zumeist zeichnen sich Papiere von Delisting-Kandidaten durch niedrige(re) Liquidität aus. Die Aktionäre waren also bereits zu diesem Zeitpunkt nicht mehr zwangsläufig in der Lage oder daran interessiert, die Papiere zu veräußern,[629] womit sich hier erneut die Folge der (zu späten) Desinvestitionsentscheidung der Aktionäre manifestiert. Außerdem hätten diese in keinem Fall

---

625 So bereits *Seibt* in der Sitzung des Finanzausschusses (Protokoll der öffentlichen Anhörung des Finanzausschusses vom 7.9.2015, S. 25); ähnlich *Brellochs*, AG 2014, 636, 645. A. A. *Bayer*, ZfPW 2015, 163, 222, der diese Argumentation als zu formell zurückweist.

626 Zu diesem Komplex insgesamt ähnlich *Buckel/Glindemann/Vogel*, AG 2015, 373, 379.

627 BVerfG, NJW 2012, 3081, 3083 (Tz. 61). Vgl. auch *Roßkopf*, ZGR 2014, 487, 501.

628 Vgl. hierzu o.: Kapitel 2 B.VI.1.

629 S. hierzu insgesamt *Bungert/Leyendecker-Langner*, DB 2015, 2251, 2254. In diese Richtung auch *Arnold/Rothenburg*, DStR 2014, 150, 154.

den Ertragswert, sondern lediglich den Börsenwert als Gegenleistung bekommen.[630] Hinzu kommt, dass der Gesetzgeber mit § 39 Abs. 3 S. 3 und 4 BörsG zur Verhinderung von Manipulationen und zur „Abfederung" von Extremfällen Ausnahmeregelungen zugunsten der Aktionäre geschaffen und somit einem der Hauptkritikpunkte der Fälle des nicht mehr repräsentativen Börsenkurses den Boden entzogen hat.[631] Betrachtet man die dargestellten Grundsätze der Abfindungsberechnung bei (die Aktionärsrechte insofern sogar noch intensiver tangierenden) Strukturmaßnahmen, besteht ein erheblicher Spielraum bei der Bestimmung der Angemessenheit.[632] Insbesondere kann zur Orientierung auch auf den Börsenwert abgestellt werden. Legt man hier wiederum die Rechtsprechung des BVerfG zugrunde, mutet es logisch an, nicht die Abfindung der Neuregelung an die Abfindung bei Strukturmaßnahmen anzupassen. Vielmehr erscheint aufgrund der genannten dogmatischen und faktischen Gegebenheiten der umgekehrte Gedanke angebracht.[633] Diese Divergenzen haben im Grundsatz auch Befürworter der Berechnung nach Unternehmenswert teilweise erkannt, sehen sich hierdurch jedoch in ihrer Forderung bestätigt,[634] obwohl sie durchaus zugestehen, dass in gewöhnlichem Marktumfeld auch die angemessene Abfindung dem Börsenwert entsprechen kann.[635] Aufgrund der genannten Unterschiede zu den Strukturmaßnahmen ist die gesetzliche Anordnung in § 39 BörsG jedoch folgerichtig, da sie mit ihren entsprechenden Ausnahmen die Entwicklung der Rechtsprechung zur Unternehmensbewertung aufnimmt und diese konsequent weiterentwickelt. Das Resultat hieraus ist dann die grundsätzliche Anordnung des Börsenwerts bei gleichzeitiger, nur in Sonderfällen bestehender Pflicht zur Unternehmensbewertung.[636] Der Gesetzgeber befindet sich damit in Linie mit der neuen Rechtsprechungsentwicklung zur Berechnung einer angemessenen Abfindung (sogar im Falle von Strukturmaßnahmen), hat dies nun auf normativ gefestigte Säulen gestellt und somit ein praktikables Verfahren geschaffen. Hiergegen sei auch nicht eingewandt, dies stehe in (unüberbrückbarem) Widerspruch zur umwandlungsrechtlichen Gesetzeslage nach § 29 UmwG. Soweit hier als Argument gegen eine Abfindung nach Börsenwert die entstehende Asynchronizität dieser beiden Delisting-Vorgänge angeführt

630 *Bungert/Leyendecker-Langner*, DB 2015, 2251, 2254.
631 S. hierzu ausführlich u.: Kapitel 6.
632 S. hierzu insgesamt o.: Kapitel 3 B.III.7.
633 In Bezug auf die gerichtliche Praxis bereits früh *Habersack*, ZHR 2012, 463, 467.
634 In diese Richtung allen voran *Koch/Harnos*, NZG 2015, 729, 733.
635 *Gegler*, BKR 2016, 273, 276; *Koch/Harnos*, NZG 2015, 729, 733.
636 In diese Richtung auch *Kastl*, Rückzug von der Börse, S. 325 f.

wird,[637] lässt dies außer Acht, dass der Gesetzgeber sich dessen augenscheinlich gewahr war und in Einklang mit der neueren Rechtsprechung zum Börsenkurs als vertretbaren Abfindungswert diesen Weg beschritten und sich somit deutlich positioniert hat.[638]

### c. *Erleichterung des Delisting*

Zuletzt ist neben den dogmatischen und ökonomischen Erwägungen noch ein weiterer Punkt von entscheidender Bedeutung: Das Delisting ist bei gleichzeitiger Kompensation für den Anleger ohne erheblichen Zeit- und Kostenaufwand möglich, der durch eine Unternehmensbewertung hingegen entstehen würde.[639] Es ist zudem grundsätzlich – insbesondere bei kombinierten Pflicht- oder Übernahmeangeboten – zu erwarten, dass der Bieter in jedem Fall entsprechende Aufschläge zahlen wird, um die gewünschte Beteiligungshöhe sicher zu erreichen (u. U. bereits mit dem Hintergedanken an einen sich anschließenden Squeeze out).[640]

## V. Die Modifizierung der Berechnungsmethode

Durch die Einführung einer sechsmonatigen Referenzperiode wollte der Gesetzgeber dem *„von Übernahmesituationen regelmäßig abweichenden Börsenumfeld in Delisting-Fällen"* Rechnung tragen und diesen Umstand mit einem im Gegensatz zu dem dreimonatigen Durchschnittskurs des § 5 Abs. 1 WpÜG-AngebotVo verlängerten Zeitraum kompensieren.[641]

### 1. *Bestimmung der Berechnungsperiode*

Die sechsmonatige Periode zur Berechnung des durchschnittlichen Börsenkurses endet hierbei gem. § 39 Abs. 3 S. 2 BörsG mit der Mitteilung der Entscheidung an die Börsengeschäftsführung und die BaFin, ein Angebot auf die Papiere

---

637 In diese Richtung *Verse*, Aktionärsschutz beim Delisting, aaO., S. 23.

638 S. zu den entsprechenden Folgegedanken u.: Kapitel 5 F.

639 Hierauf weist *Bayer*, NZG 2015, 1169, 1173 sehr prägnant hin. Dies gestehen auch *Koch/Harnos*, NZG 2015, 729, 733 zu.

640 So *Wieneke/Schulz*, AG 2016, 809, 816. Speziell für den Fall der kombinierten Pflicht- oder Übernahmeangebote *Bungert/Leyendecker-Langner*, ZIP 2016, 49, 53. So beispielsweise bereits geschehen bei dem unter der neuen Gesetzeslage durchgeführten Delisting der BDI AG, die einen Squeeze out plante und entsprechend einen durchaus beträchtlichen Aufschlag zahlte, vgl. die Angebotsunterlage, aaO., S. 24 und 26.

641 BT-Drucks. 18/6220, S. 84. Krit. hierzu *Wackerbarth*, WM 2016, 385, 386.

machen zu wollen; bei einem einfachen oder einem Übernahmeangebot endet sie also gem. § 10 Abs. 1 S. 1, Abs. 3 WpÜG bzw. in den Fällen des § 35 WpÜG mit der korrespondierenden Mitteilung gem. §§ 35 Abs. 1, 10 Abs. 3 WpÜG, sodass ab diesem Zeitpunkt eine Rückrechnung von sechs Monaten zu erfolgen hat.[642]

### 2. *Stellungnahme*

Die Bemessung des Zeitraums mit sechs Monaten ist im Ergebnis zustimmungswürdig. Nicht überzeugend wäre ein Abstellen auf den Stichtag der Delisting-Ankündigung als relevanter Berechnungszeitpunkt für die Angebotshöhe. Die sich vermeintlich aus der Tatsache der aufgrund der Einpreisung aller kursrelevanten Marktdaten am Stichtag grundsätzlich präzisen Abbildung des tatsächlichen Börsenwerts des Unternehmens ergebende Überlegenheit dieser Lösung wird bei konkreter Betrachtung der möglichen Erleichterung denkbarer Missbräuche durch den Bieter schnell relativiert. Legte man nämlich diesen Zeitpunkt an, obläge es gänzlich dem Bieter, durch eine „geschickte" Wahl des Zeitpunkts der Ankündigung einen Preis zu bestimmen, der u. U. nicht repräsentativ für den tatsächlichen Wert der Aktien wäre und womöglich nicht einmal die jüngsten Kursentwicklungen widerspiegelte. Insbesondere ist vor dem Hintergrund der Auswirkung des potenziellen Bekanntwerdens von Delisting-Intentionen auf den Kurs selbst schließlich nicht auszuschließen, dass die Intention der Geschäftsführung vorzeitig nach außen dringt und somit den Börsenkurs drückt.[643] Mangels zeitlichen Regulativs in Form einer Berechnungsperiode würde dies den Anlegerschutz erheblich schmälern. Im Ergebnis bleibt damit die Vorzugswürdigkeit der gewählten Konzeption der Berechnungsperiode festzuhalten.

Auch die an deren Dauer geäußerte Kritik vermag nicht zu verfangen. Zwar spricht gegen einen sechsmonatigen Durchschnittskurs die fehlende Synchronisierung mit der Regelung beim Pflicht- oder Übernahmeangebot;[644] da aber die Ausgangspositionen – wie vom Gesetzgeber richtigerweise erkannt – verschieden sind,[645] ist dies im Hinblick auf die Verringerung der Veräußerungschance

---

642 *Wackerbarth*, WM 2016, 385, 386; missverständlich *Bayer*, NZG 2015, 1169, 1176.

643 Zu diesem ganzen Komplex *Große*, DB 2016, 1330, 1333 f., der beim Stichtagsprinzip allgemein von einem „*manipulationsanfälligen*" Konstrukt spricht und i. Erg. die Verkürzung des Berechnungszeitraums vorschlägt.

644 Entsprechend krit. *Wackerbarth*, WM 2016, 385, 386.

645 Vgl. hierzu *Bayer*, NZG 2015, 1169, 1175.

der vom Delisting betroffenen Anleger bei Nichtannahme des Angebots auch gerechtfertigt. Der Gedanke des Gesetzgebers, von dem dreimonatigen Zeitraum des Übernahmerechts abzuweichen, ist sinnvollerweise von der Überlegung getragen, dass im Falle eines Delisting – anders als bei einer Übernahme, bei der zumeist ein signifikanter Zuschlag auf den Börsenkurs gewährt wird, – die Interessenlage für den Delisting-Kandidaten (bei dem der Vorstand meist dem Hauptaktionär als Bieter gewogen sein dürfte) eine andere ist, als diejenige des Übernahmekandidaten.[646] Für Fälle eines kombinierten Pflicht- oder Übernahmeangebots muss zudem der dreimonatige Durchschnittskurs des § 5 Abs. 1 WpÜG-AngebotVo als weitere Untergrenze beachtet werden,[647] da eine Kombination von Delisting- und Pflicht- oder Übernahmeangebot folgerichtig eine dem Anlegerschutz angepasste Gegenleistung erforderlich macht.[648] Legt man dies zugrunde, wiegen auch die vereinzelten Bedenken gegen die Möglichkeit der angebotsartbedingten Preiswahl durch den Bieter nicht mehr so schwer.

Durch die Verlängerung des Zeitraums wird sich zwar von dem tatsächlichen Börsenwert entfernt,[649] was jedoch dadurch gerechtfertigt ist, dass ein längerer Zeitraum es vermag, die Kursentwicklung von Delisting-Kandidaten am besten abzubilden: Wie oben herausgearbeitet[650] ist die Liquidität der Aktien zumeist sehr niedrig, wenn sie auch über der Grenze des § 5 Abs. 4 WpÜG-AngebotVo liegt. Durch die Prolongation der Berechnungsperiode kann diesem Umstand Rechnung getragen werden, indem mehr und entsprechend eher repräsentative Werte in den Preisbildungsprozess mit einfließen. Dies spricht auch gegen die – vereinzelt gebliebene – Kritik, die Verlängerung der Periode könne auch der Grund für erhöhte Kursausschläge sein.[651]

Zudem kann dadurch auch der Gefahr des *low-balling* bei kombinierten Übernahmeangeboten entgegengewirkt werden, da der Durchschnittskurs die Kursentwicklung auf breiterer Ebene abbildet.

---

646 So ist wohl der Hinweis des Gesetzgebers (BT-Drucks. 18/6220, S. 84), es müsse dem „*abweichenden Börsenumfeld in Delisting-Fällen Rechnung getragen*" werden, zu verstehen, vgl. hierzu insgesamt auch *Bayer*, NZG 2015, 1169, 1174 f.

647 Hierauf weisen *Wieneke/Schulz*, AG 2016, 809, 811 zu Recht hin.

648 So z. B. *Wackerbarth*, WM 2016, 385, 386; *Bungert/Leyendecker-Langner*, ZIP 2016, 49, 53.

649 *Bayer*, NZG 2015, 1169, 1175.

650 S. hierzu o.: Kapitel 2 B.VI.

651 So aber *Aders/Muxfeld/Lill*, CF 2015, 389, 397; wie hier dagegen auch *Casper*, FS Köndgen, 117, 142 f.

# 4 Konkrete Ausgestaltung des Angebots

## A. Ausgestaltung des Angebots nach modifizierten übernahmerechtlichen Grundsätzen

Aufgrund der Anordnung der Geltung des § 31 WpÜG erhalten die Aktionäre einen direkten (einklagbaren) Anspruch gegen den Bieter. Der Gesetzgeber verweist diesbezüglich auf die übernahmerechtliche Rechtslage nach der Rechtsprechung des BGH zur Übernahme der Postbank durch die Deutsche Bank (sog. *Postbank*-Rechtsprechung[652]).[653]

Im Folgenden sollen damit die zu beachtenden Grundsätze zur ordnungsgemäßen Erfüllung des Angebotserfordernisses dargestellt werden.

### I. Anwendungsbereich

Klärungsbedürftig ist zunächst, welche Gesellschaften von der Neuregelung erfasst sind und wie deren zeitlicher Anwendungsbereich zu definieren ist.

#### *1. Sachlicher Anwendungsbereich*

§ 39 Abs. 2 S. 3 BörsG knüpft im Hinblick auf die Erforderlichkeit eines Angebots (*„ist ein Widerruf nur zulässig, wenn"*) daran an, dass es sich bei den Papieren der Gesellschaft, die ein Delisting anstrebt, um Wertpapiere iSd. § 2 Abs. 2 WpÜG handelt. Grundsätzlich sind damit, unabhängig davon, wo sich der jeweilige Gesellschaftssitz befindet, sowohl Papiere deutscher als auch ausländischer Gesellschaften erfasst.[654] Dieser umfassende Anwendungsbereich wurde bereits im Vorfeld als einer der Gründe angesehen, weshalb eine kapitalmarktrechtliche Lösung gegenüber einer gesellschaftsrechtlichen vorzugswürdig erscheint, und hat entsprechend Einzug in die Neuregelung des § 39 BörsG erhalten.[655] Nach § 2 Abs. 2 WpÜG sind Wertpapiere iSv. § 39 BörsG – *„auch wenn für sie*

---

652 BGH, Urt. v. 29.7.2014 – Az.: II ZR 353/12 = NZG 2014, 985. Vgl. hierzu allgemein *Falkenhausen*, NZG 2014, 1368 ff.; auf die Rechtsschutzmöglichkeiten im Rahmen des Delisting bezogen *Harnos*, ZHR 2015, 750, 777.

653 BT-Drucks. 18/6220, S. 86. Vgl. zu diesem gesamten Komplex *Bungert/Leyendecker-Langner*, ZIP 2016, 49, 53 f.; *Gegler*, BKR 2016, 273, 278.

654 *Bungert/Leyendecker-Langner*, ZIP 2016, 49, 50.

655 *Mense/Klie*, DStR 2015, 2782, 2783; so auch *Koch/Harnos*, NZG 2015, 729, 731 mit Nachweisen auf die Diskussion im Vorfeld.

*keine Urkunden ausgestellt sind"* – zum einen *„Aktien und mit diesen vergleichbare Wertpapiere und Zertifikate, die Aktien vertreten"* (Nr. 1) und zum anderen *„andere Wertpapiere, die den Erwerb von Aktien, mit diesen vergleichbaren Wertpapieren oder Zertifikaten, die Aktien vertreten, zum Gegenstand haben"* (Nr. 2). Dem Wortlaut folgend sind also zweifelsohne zunächst Aktien unabhängig davon erfasst, um welche Aktienart es sich handelt.[656] Unter die Gruppe der mit Aktien vergleichbaren Wertpapiere, also solche Papiere, die auch ein Mitgliedschaftsrecht verkörpern, werden lediglich Interimspapiere gefasst; Genussscheine und Schuldverschreibungen fallen indes nicht hierunter, da sie lediglich Vermögens- und keine Mitgliedschaftsrechte vermitteln.[657] § 2 Abs. 2 Nr. 2 WpÜG nennt schließlich noch solche Wertpapiere, die den Erwerb der drei eben genannten Gruppen ermöglichen (Derivate), worunter insbesondere Wandelschuldverschreibungen und Optionsanleihen fallen.[658] Es kommt hier jedoch entscheidend darauf an, dass eben diese Wertpapiere selbst und nicht diejenigen, zu deren Erwerb sie berechtigen, börsennotiert sind und diese auch nicht von einem Dritten, sondern vom Emittenten selbst ausgegeben wurden.[659]

Erfasst sind von § 2 Abs. 2 WpÜG jedoch nur Wertpapiere, die an einem regulierten Markt gehandelt werden, was sich bereits aus § 1 Abs. 1 WpÜG ergibt[660] und auch den Gesetzesmaterialien zu § 39 BörsG als Verständnis zugrunde gelegt wurde.[661] Noch deutlicher wird dies aufgrund der Anknüpfung des § 39 Abs. 2 S. 1 BörsG an Abs. 1: Auf Emittenten, deren Papiere lediglich im Freiverkehr gehandelt werden, findet die Angebotspflicht somit keine Anwendung.[662]

## *2. Zeitlicher Anwendungsbereich*

Mit § 52 Abs. 9 BörsG wurde zudem eine Übergangsregelung für den Zeitraum zwischen 7.9.2015 (dem Tag nach der Anhörung des Finanzausschusses) und 26.11.2015 (dem Tag des Inkrafttreten der Neuregelung) geschaffen: Für

656 Es ist also unerheblich, ob es sich um Stamm- oder (stimmrechtslose) Vorzugsaktien handelt, vgl. *Versteegen* in KölnKommWpÜG, § 2, Rn. 100 („*völlig unterschiedslos*"). Umfasst sind auch Inhaberaktien und sogar vinkulierte Namensaktien, vgl. *Assmann/Favoccia* in Assmann/Pötzsch/Schneider, WpÜG, § 2, Rn. 50.

657 *Assmann/Favoccia* in Assmann/Pötzsch/Schneider, WpÜG, § 2, Rn. 51.

658 *Wackerbarth* in MünchKommAktG, § 2 WpÜG, Rn. 44; *Angerer* in Angerer/Geibel/Süßmann, WpÜG, § 1, Rn. 42.

659 *Angerer* in Angerer/Geibel/Süßmann, WpÜG, § 1, Rn. 42.

660 Generell zum Anwendungsbereich s.: Kapitel 4 A.I.1.

661 BT-Drucks. 18/6220, S. 84.

662 *Kocher/Seiz*, DB 2016, 153; allgemein *Bayer*, NZG 2015, 1169, 1176.

Verfahren, die nach dem erstgenannten Stichtag bereits eingeleitet worden waren, über welche jedoch vor dem letztgenanntem Stichtag noch nicht bestands- oder rechtskräftig entschieden worden war, wurde ein verpflichtendes Erwerbsangebot angeordnet. Hierbei konnte – in Abweichung zur eigentlichen Regelung – dieses Angebot jedoch auch nach Stellung des Delisting-Antrags veröffentlicht werden. Begründet wurde diese Anordnung mit dem Wegfall schützenswerten Vertrauens auf ein kompensationsloses Delisting nach der Ausschusssitzung und unter Hinweis auf die „*Gewährleistung eines angemessenen Aktionärsschutzes*“[663] durch eine solche Vorverlagerung.[664] Dies ist im Ergebnis auch verfassungsrechtlich unbedenklich. Den bereits vor Inkrafttreten der Regelung gegen eine entsprechende Übergangsregelung geäußerten Bedenken ist zwar insoweit zuzugeben, dass eine zeitliche Anknüpfung an die „Prüfbitte“ des Bundesrats verfrüht gewesen wäre,[665] da hier noch keine ausreichend konkreten Anhaltspunkte für eine Änderung der Rechtslage vorlagen.[666] Betrachtet man indes die nun getroffene Regelung des § 52 Abs. 9 BörsG, stellt sich die Lage anders dar: Selbst wenn man hier nämlich von einer echten Rückwirkung ausginge,[667] ist anerkanntermaßen zur Vermeidung sog. Mitnahmeeffekte bereits die Anknüpfung an einen Zeitpunkt gerechtfertigt, zu dem eine Änderung der Gesetzeslage für den betroffenen Personenkreis absehbar ist.[668] Da aufgrund der bereits so konkret fortgeschrittenen Diskussion schon nach der Finanzausschusssitzung von Emittenten nicht mehr billigerweise auf das Fortgelten der *Frosta*-Grundsätze vertraut werden durfte, bestehen nach dem Gesagten insofern auch keine verfassungsrechtlichen Bedenken, da das Vertrauen der betroffenen Gesellschaften durch die entsprechende Ankündigung zerstört wurde.[669]

---

663 BT-Drucks. 18/6220, S. 87.

664 S. zu diesem gesamten Komplex *Groß*, KapMaR, § 52 BörsG, Rn. 8.

665 S. zu dieser bereits o.: Kapitel 2 C.III.1.

666 So *Buckel/Glindemann/Vogel*, AG 2015, 373, 378.

667 So *Harnos*, ZHR 2015, 750, 755; anders wiederum *Groß*, KapMaR, § 52 BörsG, Rn. 8, jew. ohne Begründung. Eine genauere Einordnung kann hier jedoch dahinstehen, da selbst bei der Annahme der nur unter strengeren Voraussetzungen möglichen echten Rückwirkung (vgl. hierzu generell *Grzeszick* in Maunz/Düring, GG, Art. 20, Rn. 80, 88) der Übergangsregelung keine verfassungsrechtlichen Bedenken entgegenstünden, s. hierzu sogleich.

668 *Grzeszick* in Maunz/Düring, GG, Art. 20, Rn. 82.

669 So i. Erg. auch *Harnos*, ZHR 2015, 750, 755.

## II. Adressat der Angebotspflicht

Zuletzt ist fraglich, wer Adressat der Verpflichtung zur Abgabe eines Angebots ist. Weder im Gesetz noch in den Gesetzesmaterialien findet sich hierzu eine ausdrückliche Regelung bzw. Klarstellung,[670] sodass grundsätzlich das emittierende Unternehmen, der Hauptaktionär oder ein außenstehender Dritter (schließlich handelt es sich bei dem Delisting-Angebot um eine eigene Angebotskategorie) in Betracht kommen.[671] Im Hinblick auf die zumeist vorliegende Aktionärsstruktur wird in der Praxis zumeist der Hauptaktionär auch derjenige sein, der ein entsprechendes Angebot unterbreitet.[672] Dem Grunde nach kommt jedoch auch der Emittent als Adressat der Angebotspflicht in Betracht. Hier wurde bereits im Vorfeld der gesetzlichen Regelung auf mögliche Überschreitungen des in § 71 Abs. 1 AktG normierten erlaubten Umfangs eines Erwerbs von eigenen Aktien hingewiesen[673] und entsprechend eine zusätzliche Bereichsausnahme für Fälle des Delisting in Anlehnung an §§ 29 Abs. 1 UmwG iVm. § 71 Abs. 1 Nr. 3 AktG gefordert.[674] Selbst dann wäre jedoch ein Aktienerwerb nur in den Grenzen des § 71 Abs. 2 AktG, also maximal in Höhe von 10% des Grundkapitals möglich.[675] Da eine Beschränkung jedoch nicht eingeführt worden ist, greifen die Grundsätze des § 71 Abs. 1 AktG vollumfänglich. Ein Erwerb wäre also nur möglich, wenn der Emittent die entsprechende Ermächtigung gem. § 71 Abs. 1 Nr. 8 AktG besäße,[676] die Rücklagen gem. § 71 Abs. 2 S. 2 AktG bilden könnte und sich dabei in dem von § 71 Abs. 2 S. 1 AktG vorgegebenen Rahmen hielte.[677]

---

670 Vgl. auch *Mense/Klie*, DStR 2015, 2782, 2783; *Goetz*, BB 2015, 2691, 2692.

671 *Bungert/Leyendecker-Langner*, ZIP 2016, 49, 50.

672 S. zur Aktionärsstruktur o.: Kapitel 1 B.III.2. So i. Erg. auch *Bungert/Leyendecker-Langner*, ZIP 2016, 49, 50; *Mense/Klie*, DStR 2015, 2782, 2783. Hierauf wiesen auch bereits *Buckel/Glindemann/Vogel*, AG 2015, 373, 380 früh hin.

673 S. zur Konzeption des § 71 Abs. 1 AktG als Ausnahme zum Grundsatz des Verbots des Erwerbs eigener Aktien in § 57 AktG *Oechsler* in MünchKommAktG, § 71, Rn. 66.

674 *Koch/Harnos*, NZG 2015, 729, 734.

675 *Henze*, FS Raiser, 145, 156; *Buckel/Glindemann/Vogel*, AG 2015, 373, 380.

676 S. hierzu bereits vor Inkrafttreten der Regelung *Brellochs*, Stellungnahme im Rahmen der Anhörung des Finanzausschusses des deutschen Bundestags am 7. September 2015 (abrufbar unter https://www.bundestag.de/blob/386820/5ea2c4ee849631dfe2a4f220555d778c/01---dr--brellochs-data.pdf, zuletzt abgerufen am 20.8.2017), S. 22. Allgemein hierzu *Lange* in Henssler/Strohn, GesR, § 71 AktG, Rn. 11 ff.; *Koch* in Hüffer, AktG, § 71, Rn. 19c ff.; *Oechsler* in MünchKommAktG, § 71, Rn. 190 ff. jew. mwN.

677 *Buckel/Glindemann/Vogel*, AG 2015, 373, 380. S. allgemein zu diesen Vorgaben *Oechsler* in MünchKommAktG, § 71, Rn. 308 ff.; *Laubers* in Hölters, AktG, § 71, Rn. 32 ff.

Daher dürfte im Ergebnis nur in den seltensten Fällen der Emittent als derjenige infrage kommen, der ein Angebot abgibt.[678] Die Annahme der BaFin, dass „*Emittenten* [...] *weniger von einem Großaktionär abhängig*“[679] sein werden, scheint nach dem Gesagten damit eher unwahrscheinlich.

## III. Angebot auf alle Aktien – der Grundsatz des Vollangebots

Aus dem Wortlaut des § 39 Abs. 2 S. 3 Nr. 1 BörsG ergibt sich, dass alle Wertpapiere von dem unterbreiteten Angebot umfasst sein müssen, die Gegenstand des Angebots sind. Gegenstand des Angebots sind alle Aktien, die delistet werden sollen.[680] Die Anordnung entspricht dem Wortlaut des den Umfang der Angebotsunterlage konkretisierenden § 11 Abs. 2 S. 1 Nr. 3 WpÜG mit der entscheidenden Modifikation der Inbezugnahme aller vom Antrag umfassten Wertpapiere.

### *1. Möglichkeit von Teilangeboten bei einfachen Angeboten des WpÜG*

Teilangebote sind zunächst nach dem Verständnis des WpÜG solche, in denen durch den Bieter eine – im Hinblick auf die Aktien selbst – quantitative oder eine – im Hinblick auf das bestehende Grundkapital – prozentuale Einschränkung seines Angebots erfolgt.[681] Daneben ist auch ein auf eine bestimmte Aktiengattung beschränktes Angebot[682] zulässig.[683]

Teilangebote im Rahmen von einfachen Angeboten nach dem WpÜG sind grundsätzlich zulässig, sofern durch die beschränkte Inbezugnahme die Kontrollschwelle nicht erreicht werden kann (etwa bei einer Beschränkung auf Vorzugsaktien oder prozentualer Begrenzung) bzw. die Kontrolle unabhängig von dem betreffenden Angebot im Vorhinein schon überschritten wurde („*Aufstockungsangebote*“).[684] Dies ist auch im Grundsatz konsequent. Hat der Großaktionär nämlich bereits die Kontrolle über die Gesellschaft inne, ist vorab bereits

---

678 *Bungert/Leyendecker-Langner*, ZIP 2016, 49, 50.

679 BaFin Journal 1/2016, S. 24.

680 Vgl. hierzu insgesamt *Groß*, AG 2015, 812, 817.

681 Vgl. *Favoccia* in Assmann/Pötzsch/Schneider, WpÜG, § 19, Rn. 1.

682 Im Folgenden soll – zur klarstellenden Abgrenzung – der Begriff des beschränkten Angebots für diese Fälle gebraucht werden, obwohl auch in diesem Zusammenhang von Teilangeboten gesprochen wird, vgl. *Hasselbach* in KölnKommWpÜG, § 19, Rn. 12.

683 Vgl. *Favoccia* in Assmann/Pötzsch/Schneider, WpÜG, § 19, Rn. 4.

684 *Wackerbarth* in MünchKommAktG, § 19 WpÜG, Rn. 6; *Geibel/Süßmann* in Angerer/Geibel/Süßmann, WpÜG, § 19, Rn. 4. Vgl. auch *Hasselbach* in KölnKommWpÜG, § 19, Rn. 13; *Favoccia* in Assmann/Pötzsch/Schneider, WpÜG, § 19, Rn. 4, die zu

entweder ein Übernahme- oder ein Pflichtangebot (auf alle Aktien) gemacht worden.[685]

Die Zulässigkeit von Teilangeboten und beschränkten Angeboten ergibt sich normativ aus einem Umkehrschluss zu § 32 WpÜG, der Teilangebote für Übernahmeangebote kategorisch ausschließt, sowie indirekt daraus, dass § 19 WpÜG – nach welchem der Bieter bei einfachen Angeboten u. a. nur begrenzt Wertpapiere in Bezug nehmen kann[686] – eine solche Möglichkeit unterstellt.[687]

### *2. Grundsätzliches Verbot von Teilangeboten bei Delisting-Angeboten*

Aus der Beschlussempfehlung ergibt sich hingegen die Intention des Gesetzgebers, mit der Beschränkung der Angebotspflicht des § 39 BörsG auf Aktien, „*die Gegenstand des Angebots sind*", die Abgabe von Teilangeboten verhindern zu wollen,[688] sodass keine quantitative Eingrenzung der in Bezug genommenen Papiere erfolgen darf.

Es gilt sich in diesem Zusammenhang jedoch erneut vor Augen zu führen, dass stets die Möglichkeit besteht, nur einen Teil der ausgegebenen Aktien an der Börse zuzulassen, sofern es sich bei diesem Teil um eine eigenständige Aktiengattung handelt.[689] In einem solchen Fall – und so ist wohl der Gesetzgeber zu verstehen[690] – kann das Delisting-Angebot des Bieters sich auf eine Aktiengattung beziehen, muss sich aber nach wie vor auf alle Aktien dieser Gattung erstrecken.[691]

Die Möglichkeit eines insoweit beschränkten Delisting-Angebots ist auch interessengerecht, da in einem solchen Fall keine Schutzlücken befürchtet werden müssen. Schließlich ist Sinn und Zweck der Angebotspflicht der Ausgleich des Verlusts der besseren Fungibilität der vorher gelisteten Aktien. Die von vornherein nicht an der Börse gehandelten Aktien sind folglich von einem Delisting in keiner Weise betroffen und der Vorgang somit auch nicht der Kompensation bedürftig.[692]

---

Recht darauf hinweist, dass damit ein auf (alle) Stammaktien beschränktes Angebot im Hinblick auf § 32 WpÜG nicht zulässig ist, s. hierzu sogleich.

685 Hierzu ausführlich *Wackerbarth* in MünchKommAktG, § 35 WpÜG, Rn. 68 ff. und 173.

686 In diese Richtung *Wackerbarth* in MünchKommAktG, § 19 WpÜG, Rn. 9.

687 Vgl. *Favoccia* in Assmann/Pötzsch/Schneider, WpÜG, § 19, Rn. 2.

688 BT-Drucks. 18/6220, S. 84.

689 S. zu dieser Möglichkeit ausführlich o.: Kapitel 1 A.V.

690 So auch *Groß*, AG 2015, 812, 817.

691 So i. Erg. auch *Wackerbarth*, WM 2016, 385 f.

692 So auch *Groß*, AG 2015, 812, 817; i. Erg. auch *Kocher/Seiz*, DB 2016, 153, 156.

### 3. *Möglichkeit des beschränkten Angebots bei kombinierten Pflicht- oder Übernahmeangeboten?*

Diese Beschränkung auf die angebotsgegenständlichen Papiere suggeriert jedoch weiter, dass unabhängig davon, welche Art von Angebot vorliegt und welche Aktiengattungen gelistet sind, stets ein beschränktes Angebot möglich sei.[693]

#### a. *Die Divergenz der börsengesetzlichen zur übernahmerechtlichen Anordnung als Auslegungsproblem*

Naturgemäß stellt sich dadurch ein Problem im Hinblick auf § 32 WpÜG (iVm. § 39 WpÜG) bei kombinierten Pflicht- oder Übernahmeangeboten, da nach der übernahmerechtlichen Anordnung für die hier interessierenden Fälle keine beschränkten Angebote möglich sind: Es besteht zunächst die uneingeschränkte Verpflichtung, ein Vollangebot, also ein Angebot auf alle Aktien(-gattungen), zu unterbreiten.[694] Insbesondere für den Fall der Listung aller Aktiengattungen des Emittenten wird im übernahmerechtlichen Schrifttum nicht infrage gestellt, dass dem Grundsatz des Vollangebots vollumfänglich zur Durchsetzung verholfen werden muss, auch wenn Vorzugsaktien keine Stimmrechte vermitteln und somit für die Erlangung der Kontrolle letztlich irrelevant sind.[695]

Es stellt sich damit die Frage, ob auch in Fällen des kombinierten Pflicht- oder Übernahmeangebots eine Beschränkung auf einzelne Aktiengattungen gelten soll. Insbesondere *Wackerbarth*[696] zieht vor diesem Hintergrund die vom Gesetzgeber im BörsG getroffene Einschränkung auf alle betroffenen Papiere in Zweifel. Seiner Meinung nach vermag es § 39 Abs. 2 S. 3 Nr. 1 BörsG nicht, etwas an der grundsätzlich bestehenden übernahmerechtlichen Rechtslage zu

---

693 So auch *Wackerbarth*, WM 2016, 385 f.

694 Vgl. hierzu *Favoccia* in Assmann/Pötzsch/Schneider, WpÜG, § 32, Rn. 4 ff.; krit. *Wackerbarth* in MünchKommAktG, § 32 WpÜG, Rn. 9.

695 Vgl. statt aller *Wackerbarth* in MünchKommAktG, § 32 WpÜG, Rn. 14. Dies gilt freilich auch für den Fall, dass lediglich Stammaktien gelistet sind, da auch hier die Kontrolle erlangt wird, sowie bei Pflichtangeboten in dieser Konstellation, vgl. *Wackerbarth* in MünchKommAktG, § 32 WpÜG, Rn. 16 f. Die umstrittene Frage, ob bei der ausschließlichen Listung von Vorzugsaktien ein Angebot auch auf diese zu erstrecken ist, wenn die Kontrolle durch außerbörslichen Erwerb der Stammaktien erworben wird/erworben werden soll, kann hier dahinstehen, da zur Durchführung des Delisting ja in jedem Fall ein Angebot auch auf die gelisteten Aktien zu machen ist, bei dem Teilangebote ausgeschlossen sind, vgl. zu dieser Diskussion *Thun* in Angerer/Geibel/Süßmann, WpÜG, § 32, Rn. 4.

696 *Wackerbarth*, WM 2016, 385 f.

ändern, sodass bei einem kombinierten Pflicht- oder Übernahmeangebot auch der Grundsatz des § 32 WpÜG greifen würde, der eine Beschränkung auf eine Aktiengattung kategorisch ausschließt, wenn der Bieter nicht bereits die Kontrolle iSd. § 29 WpÜG inne hat. Er begründet dies mit dem Passus in § 39 Abs. 2 S. 3 Nr. 1 BörsG, nach welchem ein Angebot nach den Vorschriften des WpÜG veröffentlicht werden muss.[697]

*Prima facie* spricht gegen diese Ansicht – neben dem eindeutigen Wortlaut – indes die in der Beschlussempfehlung deutlich gemachte Intention des Gesetzgebers, es sollten lediglich die Vorschriften über einfache Angebote Anwendung finden, wenn Abweichendes nicht ausdrücklich geregelt sei.[698]

### *b. Stellungnahme*

Durch die Einschränkung wird der eben in Bezug genommene Passus augenscheinlich klar definiert und entsprechend beschränkt, sodass grundsätzlich nicht von einem umfänglichen Verweis auf die Vorschriften des gesamten WpÜG auszugehen ist.

Bei Lichte betrachtet vermag eine solch extensive Auslegung jedoch nicht zu überzeugen. Würde man nämlich in einem Fall, in dem ein Pflicht- oder Übernahmeangebot unterbreitet wird, von diesem Grundsatz abrücken, führte dies zu unerwünschten Ergebnissen. Das Abtun dieser eindeutigen Vorgabe der jeweils erforderlichen Anordnung der Normgeltung bezüglich Pflicht- oder Übernahmeangeboten in der Beschlussempfehlung als „*Redaktionsfehler*“[699] mutet zwar zunächst etwas plakativ an, trifft jedoch im Ergebnis letztlich zu.

Bei ausschließlicher Anwendung der WpÜG-Vorschriften über einfache Angebote in Verbindung mit der gesetzlichen Anordnung des § 39 Abs. 2 S. 3 Nr. 1 BörsG wäre es grundsätzlich denkbar, das (Übernahme- oder Pflicht-) Angebot auf die gelistete Aktiengattung zu beschränken, da der Grundsatz der vollumfänglichen Angebotspflicht des § 32 WpÜG nicht zur Geltung gelangen würde. Dies führte im Falle des nicht kontrollierenden Bieters dazu, dass den Inhabern einer Aktiengattung, die nicht vom Delisting-Antrag umfasst ist, kein Angebot zu Teil werden müsste. Zuvor hätten sie jedoch auch kein Angebot aufgrund der WpÜG-Vorschriften über Übernahme- bzw. Pflichtangebote bekommen, da der Bieter die Kontrolle zu diesem Zeitpunkt noch nicht erlangt

697 *Wackerbarth*, WM 2016, 385 f.
698 BT-Drucks. 18/6220, S. 84.
699 So *Wackerbarth*, WM 2016, 385, 386.

hatte.[700] Dies führte wiederum zu einer signifikanten Schlechterstellung der von einem kombinierten Übernahmeangebot betroffenen Aktionäre im Vergleich zu den Aktionären, denen ein „normales" Übernahmeangebot nach dem WpÜG gemacht wird, da der Bieter (insbesondere bei Beschränkung des Angebots auf Stammaktien) die Kontrolle erlangen würde, ohne den Inhabern der Vorzugsaktien ein Angebot machen zu müssen.[701]

Um somit auch für diese Fälle den Anlegerschutz zu gewährleisten, ist es im Ergebnis einem nicht die Kontrolle innehabenden Bieter (und demjenigen, der ein Pflichtangebot durchführen muss) aufgrund der Anwendbarkeit des § 32 WpÜG nicht erlaubt, sein kombiniertes Pflicht- oder Übernahmeangebot auf eine Aktiengattung zu beschränken.[702]

Da diesem Problem jedoch im Wege der konsequenten Anwendung des Übernahmerechts Herr zu werden ist, ist insofern auch keine zwingende Gesetzesänderung veranlasst, insbesondere wenn man bedenkt, dass der Bieter – auch nach der Annahme des Gesetzgebers – im Regelfall bereits die Kontrolle über die Gesellschaft innehat.[703]

## IV. Zeitlicher Zusammenhang

Erörterungswürdig ist zudem die Frage nach der zeitlichen Konnexität zwischen Delisting-Antrag und Angebotsverfahren. Die gesetzliche Formulierung lässt indes bezüglich des zeitlichen Zusammenhangs zwischen Angebotsveröffentlichung und Delisting keine zwingenden Schlüsse zu. Aus dem Wortlaut („*bei Antragstellung* […] *veröffentlicht wurde*") ergibt sich lediglich, dass gem. § 14 Abs. 2 WpÜG die Angebotsunterlage bereits veröffentlicht worden sein muss.[704]

---

700 Dieser logische Schluss ergibt sich daraus, dass es nach der Konzeption des WpÜG nur möglich ist, durch ein öffentliches Angebot die Kontrolle über eine AG zu erlangen, wenn man ein Übernahmeangebot gem. § 29 WpÜG macht. Erlangt man die Kontrolle indes auf anderem Wege, muss nach Erlangung der Kontrolle zwingend ein Pflichtangebot iSd. § 35 Abs. 2 WpÜG gemacht werden, vgl. hierzu ausführlich *Wackerbarth* in MünchKommAktG, § 35 WpÜG, Rn. 68 ff. und 173. S. hierzu auch o.: Kapitel 3 B.II.

701 So im Ansatz auch *Wackerbarth*, WM 2016, 385 f.

702 So i. Erg. auch *Wackerbarth*, WM 2016, 385 f.

703 S. hierzu ausführlich o.: Kapitel 3 B.II.

704 *Bungert/Leyendecker-Langner*, ZIP 2016, 49, 52; *Zimmer/von Imhoff*, NZG 2016, 1056, 1059. Vgl. ausführlich zu den Voraussetzungen des § 14 WpÜG u.: Kapitel 4 B.VI.

### *1. Grundsatz der Aktualität des Angebots*

Ein dahin gehendes Verständnis, ein in unbestimmtem zeitlichen Zusammenhang abgeschlossenes Angebot genügen zu lassen, ist bereits mit dem Sinn der Vorschrift nicht zu vereinbaren, da so die Aktionäre keine Möglichkeit hätten, sich in informierter Weise ein Bild von der Sinnhaftigkeit der Angebotsannahme zu machen, wenn der Delisting-Zeitpunkt bei Unterbreitung des Angebots noch nicht feststünde.[705] Die Gesetzesmaterialien setzen daher zwingend das Vorliegen eines aktuellen Angebots voraus, um die Zulässigkeitsvoraussetzungen zu erfüllen.[706] Als Auslegungshilfe kommt die im Vorfeld zur Verabschiedung des Gesetzes mehrfach erhobene und schließlich nicht beachtete Forderung hinzu, ein innerhalb von sechs Monaten vor Antragstellung durchlaufenes und abgeschlossenes Angebotsverfahren nach dem WpÜG für die Zulässigkeit eines Delisting-Antrags ausreichen zu lassen.[707] Diese Konzeption lag sogar dem ursprünglichen Gesetzesvorschlag zugrunde.[708] Ein solcher Passus wurde letztlich nicht in das Gesetz aufgenommen bzw. wieder gestrichen, was nach wohl h. M. ein aktuell laufendes Verfahren als Voraussetzung für die Erfüllung des Tatbestands etabliert.[709]

Nicht geregelt ist hingegen, zu welchem Zeitpunkt des laufenden Angebotsverfahrens der Delisting-Antrag konkret zu stellen ist. Augenscheinlich geht die BaFin von einer Antragsstellung am Ende der Annahmefrist aus.[710] Dies ist jedoch nicht zwingend und erscheint vor dem Hintergrund der Anlegerschutzfunktion auch zumindest fragwürdig: Ein solch später Antrag hat zwar die Verlängerung der Handelsmöglichkeit für die Aktionäre zum Vorteil, birgt jedoch das Risiko, dem Aktionär, der erst aufgrund des tatsächlichen Delisting die Notwendigkeit zur Annahme des Angebots erkennt, die Möglichkeit zu nehmen, das Angebot noch anzunehmen,[711] wobei diesem Argument freilich die

---

705 So sehr anschaulich *Zimmer/von Imhoff*, NZG 2016, 1056, 1059.

706 BT-Drucks. 18/6220, S. 84.

707 Vgl. hierzu *Zimmer/von Imhoff*, NZG 2016, 1056, 1059 f. auch mit Nachweisen zu den krit. Stimmen.

708 Vgl. *Zimmer/von Imhoff*, NZG 2016, 1056, 1059 f. S. zu dieser Gesetzesfassung o.: Kapitel 3 A.I.

709 Hierzu insgesamt sehr anschaulich *Bungert/Leyendecker-Langner*, ZIP 2016, 49, 52. Vgl. auch *Zimmer/von Imhoff*, NZG 2016, 1056, 1059 f., die der Schlussfolgerung jedoch krit. gegenüberstehen. Eine entsprechende Begründung zieht auch *Groß*, AG 2015, 812, 817 heran.

710 *Wieneke/Schulz*, AG 2016, 809, 811; *Schulz/Wieneke*, NZG 2017, 449, 450.

711 So insgesamt *Wieneke/Schulz*, AG 2016, 809, 812.

Schutzfunktion der Angebotsunterlage – insbesondere die des § 2 Nr. 7a WpÜG-AngebotVo – entgegengehalten werden kann.[712]

## *2. Stellungnahme*

Dem Verständnis der Notwendigkeit des noch laufenden Angebotsverfahrens ist im Ergebnis auch zuzustimmen. Die gegen die Überzeugungskraft der Betrachtung der Gesetzgebungsgeschichte geäußerten Bedenken von *Zimmer/von Imhoff*, durch einen Hinweis in der Angebotsunterlage eines bereits *„in jüngster Vergangenheit"* abgeschlossenen Angebots könne dem Schutzzweck Genüge getan werden,[713] können im Ergebnis bereits aufgrund des Fehlens eines justiziablen Zeitraums, in dem ein noch ausreichender zeitlicher Bezug zum Delisting-Antrag vorliegen solle, nicht überzeugen. Auch die Tatsache, dass die Beschlussempfehlung – zugegebenermaßen ungenau – von einem *„aktuellen"* Angebot spricht,[714] lässt keine andere Auslegung zu. Sowohl die Beschlussempfehlung als auch der Wortlaut der Norm sind beide im Lichte der Gesetzgebungsgeschichte zu sehen. Hieraus ergibt sich die Erforderlichkeit eines noch fortdauernden Angebots. Auch steht diese Auslegung im Einklang mit dem Ziel des Gesetzes, den Anlegerschutz zu verbessern.[715]

Die gesetzgeberische Konzeption der Nichtaufnahme einer Ausnahme für den Fall des innerhalb von sechs Monaten zuvor gemachten Angebots nach dem Vorbild der ursprünglichen Regelung verdient Zustimmung.[716] Der vom Gesetzgeber als Fundament für die Neuregelung herangezogene Fall des bereits die

---

712 S. hierzu u.: Kapitel 4 B.VI.2.

713 *Zimmer/von Imhoff*, NZG 2016, 1056, 1059 f., die jedoch i. Erg. im Hinblick auf die Gesetzgebungsgeschichte auch vom Erfordernis eines noch laufenden Angebotsverfahrens ausgehen.

714 Hierauf weisen *Zimmer/von Imhoff*, NZG 2016, 1056, 1060 hin. Diese schließen aus der Tatsache, dass die Beschlussempfehlung bei der Begründung der Bedingungsfeindlichkeit von einem noch laufenden Verfahren spricht, im Umkehrschluss auf die nicht zwingende Vorgabe eines laufenden Verfahrens. Sie schränken dies jedoch gleich selbst wieder ein, da sie die fehlende Vorgabe eines sich aus der Beschlussempfehlung ergebenden zeitlichen Rahmens auch als Problem erachten.
Hinzu kommt, dass dieser Umkehrschluss keinesfalls zwingend ist. Vielmehr könnte man auch lediglich von einem klarstellenden Passus ausgehen, da eben nur laufende Angebote möglich sind und ein Bezug darauf aus sprachlichen Gründen geschah.

715 BT-Drucks. 18/6220, S. 84.

716 Für eine solche plädieren indes ausdrücklich *Buckel/Glindemann/Vogel*, AG 2015, 373, 377; in diese Richtung auch *Bayer*, ZIP 2015, 852, 856.

Kontrolle innehabenden Großaktionärs, der nun lediglich ein Delisting durchführen will, in Verbindung mit der Möglichkeit des kombinierten Pflicht- oder Übernahmeangebots für die übrigen Fälle lässt die Notwendigkeit einer solchen Ausnahme zudem obsolet werden. Im Übrigen gilt hier die bereits am früheren Entwurf geäußerte Kritik entsprechend, dass der Bieter andernfalls noch eine zusätzliche Möglichkeit bekäme, den Kurs „zu seinen Gunsten" zu wählen.[717]

## V. Bedingungsfeindlichkeit des Angebots

Als weiteres Instrumentarium des Anlegerschutzes ordnete der Gesetzgeber in § 39 Abs. 3 S. 1 BörsG den Grundsatz der Bedingungsfeindlichkeit an, der jedoch – trotz seines (bei oberflächlicher Betrachtung) eindeutigen Regelungsgehalts – näher untersucht werden muss.

Diese Anordnung stellt in dieser Deutlichkeit eine Abweichung von den übernahmerechtlichen Regelungen bei einfachen Angeboten (also mit der vom Gesetzgeber als Regelfall des Delisting-Angebots betrachteten Konstellation[718]) dar: Gem. § 18 WpÜG sind Bedingungen möglich, auf deren Eintritt der Bieter – vorbehaltlich eines Gesellschafterbeschlusses, vgl. § 25 WpÜG, – keinen Einfluss hat. Insbesondere kartellrechtliche Freigaben sind hiervon erfasst.[719]

Der Gesetzgeber wollte durch die Regelung der Bedingungsfeindlichkeit gewährleisten, dass ein laufendes Angebotsverfahren zu Ende geführt wird, auch wenn vor dessen Abschluss dem Delisting-Antrag bereits stattgegeben wird („*zum Zeitpunkt der Widerrufsentscheidung noch laufenden Angebotsverfahrens*"[720]). Insbesondere Mindestannahmequoten oder Gesellschafterversammlungsbeschlüsse des Bieters sollten ausgeschlossen werden.[721] Dies ist zur Vermeidung von Umgehungsversuchen des Anlegerschutzes auch folgerichtig. Sonst bestünde die Möglichkeit der Rücknahme eines gemachten Angebots (nach Widerruf der Zulassung) für den Fall, dass das Verfahren nicht den erwarteten Verlauf nehmen oder dies bereits zuvor so geplant gewesen sein sollte.

Trotz des scheinbar eindeutigen Wortlauts des § 39 Abs. 3 S. 1 BörsG hat die konkrete Auslegung des Grundsatzes der Bedingungsfeindlichkeit erhöhten

717 S. hierzu o.: Kapitel 3 A.I.

718 Vgl. hierzu o.: Kapitel 3 B.II.

719 *Hasselbach* in KölnKommWpÜG, § 18, Rn. 33.

720 BT-Drucks. 18/6220, S. 85.

721 BT-Drucks. 18/6220, S. 85. S. zum Stand der Diskussion im Übernahmerecht *Hasselbach* in KölnKommWpÜG, § 18, Rn. 26 ff.

Diskussionsbedarf innerhalb der Literatur hervorgerufen.[722] Insbesondere die Ausnahmen bei regulatorischen Freigaben werden nämlich auch für Pflichtangebote, bei denen im Grundsatz gem. § 39 WpÜG ein striktes Bedingungsverbot besteht,[723] von der h. M. entsprechend anerkannt.[724] Vor diesem Hintergrund und mit Blick auf die gesetzgeberische Intention, ein erfolgreiches Verfahren gewährleisten zu wollen, stellt sich zum einen im Hinblick auf den (positiv beschiedenen) Widerrufsantrag und zum anderen bei regulatorischen Freigaben die Frage nach einer Ausnahme von diesem Grundsatz.

### *1. Bedingung des erfolgreichen Delisting-Antrags*

Umstritten ist zunächst, ob das tatsächliche Stellen des Delisting-Antrags durch den Vorstand oder sogar dessen positive Bescheidung durch die Börse zur Bedingung gemacht werden dürfen. Auch die Virulenz dieser Frage ist insofern (zumindest in der Theorie) nicht zu unterschätzen, da sich weder aus der Norm, noch aus der Gesetzesbegründung Anhaltspunkte dahin gehend ergeben, dass die Einleitung eines Delisting-Angebotsverfahrens zwangsläufig verpflichtend zur tatsächlichen Stellung des Delisting-Antrags führen muss.[725]

#### *a. Meinungsbild*

Die Frage kann sowohl für einen außenstehenden Dritten als auch für den Hauptaktionär als Bieter von Bedeutung sein, da letztlich keine Garantie dahin gehend besteht, dass der Vorstand (mangels Weisungsabhängigkeit oder entsprechender Verpflichtung hierzu) auch tatsächlich den Antrag auf Durchführung des Delisting stellen wird.[726] Eine weitere Unsicherheit für die Beteiligten ist die (wenn auch unwahrscheinliche) Möglichkeit der negativen Bescheidung des Delisting-Antrags.[727] In der Literatur wird indes wegen des Wegfalls der

---

722 Vgl. nur *Kocher/Seiz*, DB 2016, 153, 156; *Bungert/Leyendecker-Langner*, ZIP 2016, 49, 52 f.; *Mense/Klie*, DStR 2015, 2782, 2784; *Wackerbarth*, WM 2016, 385.

723 Die entsprechende Nichtanwendbarkeitserklärung des § 18 WpÜG in § 39 WpÜG ist so zu verstehen, dass die gesamte Erlaubnis der Vereinbarung einer Bedingung in Bezug und nicht die dort normierte Ausnahme von dieser zurückgenommen wird, vgl. *Schlitt/Ries* in MünchKommAktG, § 39 WpÜG, Rn. 23.

724 Zu kartellrechtlichen Ausnahmen *Schlitt/Ries* in MünchKommAktG, § 35 WpÜG, Rn. 217 f., § 39 WpÜG, Rn. 24.

725 S. hierzu bereits o.: Kapitel 3 B.II. *Klepsch/Hippeli*, RdF 2016, 194, 197 weisen jedoch auf die vermeintliche Irrelevanz *in praxi* hin.

726 Vgl. hierzu *Wackerbarth*, WM 2016, 385.

727 Vgl. hierzu *Wieneke/Schulz*, AG 2016, 809, 812.

Schutzbedürftigkeit der Minderheitsaktionäre teilweise bei Nichtstellen eines Delisting-Antrags oder bei dessen negativer Bescheidung die Möglichkeit eines insofern bedingten Angebots angenommen.[728] Andere Stimmen lehnen diese Möglichkeit auch für solche Fälle strikt ab.[729]

### *b. Stellungnahme*

Gegen jegliche Form der Bedingung spricht zunächst der eindeutige Wortlaut der Vorschrift und die Tatsache, dass die Bedingungsfeindlichkeit für die *„erfolgreiche Abwicklung des Verfahrens“*[730] als Grundlage für die Sicherung des Aktionärsschutzes von erheblicher Bedeutung ist.

Betrachtet man den gesetzgeberischen Willen, zeichnet sich indes ein anderes Bild: Die Bedingungsfeindlichkeit war lediglich von dem Gedanken der Verhinderung des Vorbehalts gesellschaftsrechtlicher Zustimmungen oder Mindestannahmequoten getragen.[731] Er hatte also den exakt umgekehrten Fall vor Augen, konkret nämlich den der Durchführung eines Delisting ohne anschließendes Angebot an die Aktionäre.[732] Für den Fall, dass ein Angebot gemacht, jedoch kein Delisting durchgeführt wird, vermag dies keine zwingenden Rückschlüsse zuzulassen.

Kommt es dem Bieter so entscheidend darauf an, das Delisting auch tatsächlich durchzuführen – und dies ist nach der gesetzlichen Konzeption sein Risiko – kann er dies auf anderem Wege sicherstellen. In der Praxis wird dies stets durch enge Abstimmung oder eine Delisting-Vereinbarung zwischen Hauptaktionär (oder einem Dritten) als Bieter und dem Emittenten geschehen, da kein Bieter das Risiko eines erfolglosen Angebotsprozesses durchlaufen würde, ohne am Ende das Delisting auch durchführen zu können.[733] Alleine die Möglichkeit einer solchen vertraglichen Abrede ist jedoch kein zwingender Indikator dafür, dass es in einem solchen Fall aus Sicht des Bieters nicht sinnvoll sein kann, von der Bedingungsfeindlichkeit des § 39 Abs. 3 S. 1 BörsG abweichen zu dürfen, da seine Interessen so effektiver geschützt werden können. Dies wird besonders

728 *Kocher/Seiz*, DB 2016, 153, 156.

729 *Wackerbarth*, WM 2016, 385.

730 BT-Drucks. 18/6220, S. 85.

731 BT-Drucks. 18/6220, S. 85.

732 So sehr anschaulich auch *Wieneke/Schulz*, AG 2016, 809, 812.

733 *Klepsch/Hippeli*, RdF 2016, 194, 197 berichten aus der Praxis, dass kein solcher Fall bekannt ist. Vgl. zu Delisting-*Agreements* ausführlich u.: Kapitel 4 B.II.

deutlich, wenn man die positive Bescheidung durch die Börsengeschäftsführung in Bezug nimmt, über die keine vertragliche Abrede getroffen werden kann.[734]

Nimmt man sich der Frage aus der Perspektive der Anleger an, wird die Sinnhaftigkeit einer Ausnahme noch deutlicher. Der von der Bedingungsfeindlichkeit ausgehende Schutz soll die Durchführung des Delisting für den Fall gewährleisten, in dem ein Delisting erfolgreich beantragt wurde. Tritt dieses Erfordernis indes nicht ein und haben die Aktionäre im Vertrauen darauf über ihre Papiere disponiert, basierte diese Entscheidung auf einer falschen Grundlage. Es muss davon ausgegangen werden, dass sie die Entscheidung für den Exit bei fortgeführter Börsenzulassung nicht getroffen hätten.[735] Kommt das Delisting also nicht zustande (sei es, weil der Vorstand keinen Antrag stellt, oder – umso mehr – im Falle der negativen Bescheidung durch die Börsengeschäftsführung), müssen Teile der Aktionärsschaft geschützt werden: Zwar sind die Aktionäre, die ein Angebot trotz fortbestehender Börsenzulassung lediglich deswegen annehmen wollen, weil die niedrige Liquidität oder der Börsenkurs nicht ihren Vorstellungen entsprechen, insofern nicht schutzwürdig;[736] den Anderen, die lediglich im Hinblick auf die sich reduzierende Handelbarkeit an einem öffentlichen Markt Gebrauch von ihrem Exit-Recht gemacht haben, sollten ihre Aktien hingegen behalten können.[737]

Um die gesetzliche Regelung nicht mit Ausnahmen von der Bedingungsfeindlichkeit zu „überfrachten", kann und sollte dieses Ergebnis im Wege der teleologischen Reduktion des § 39 Abs. 3 S. 1 BörsG erreicht werden,[738] die auch mit dem Willen des Gesetzgebers im Hinblick auf die Schutzrichtung der Bedingungsfeindlichkeit vereinbar ist. Zusätzlich wünschenswert wäre indes eine entsprechende Klarstellung des Gesetzgebers im Rahmen der anstehenden Neuevaluation.

---

734 Zu diesem gesamten Komplex und mit ähnlichem Ergebnis *Kocher/Seiz*, DB 2016, 153, 156.

735 Hierzu insgesamt *Wieneke/Schulz*, AG 2016, 809, 812.

736 In diese Richtung implizit auch *Kocher/Seiz*, DB 2016, 153, 156 unter Verweis auf den fehlenden Schaden dieser Aktionäre beim Delisting.

737 In diese Richtung insgesamt auch *Wieneke/Schulz*, AG 2016, 809, 812.

738 So ausdrücklich *Wieneke/Schulz*, AG 2016, 809, 812. *Schulz/Wieneke*, NZG 2017, 449, 454 schlagen zudem vor, bei Beteiligung eines ausländischen Emittenten die Erfüllung der gesellschaftsrechtlichen Zustimmungserfordernisse des Herkunftsstaats als Bedingung für die Stellung des Delisting-Antrags im Delisting-*Agreement* zu konstituieren.

### 2. *Möglichkeit weiterer Bedingungen beim kombinierten Übernahmeangebot?*

Es wurde außerdem die Frage aufgeworfen, ob ein kombiniertes Übernahmeangebot im Hinblick auf § 39 Abs. 3 S. 1 BörsG weitere Bedingungen, u. U. sogar das Erreichen von bei Übernahmeangeboten relevanten Annahmeschwellen,[739] enthalten darf.[740] Betrachtet man vordergründig den Schutzgedanken der Norm, kann grundsätzlich für ein kombiniertes Angebot auch keine Ausnahme gelten. Die Aktionäre sollen davor geschützt werden, dass ein Delisting durchgeführt werden kann und es im Nachhinein nicht zum Vollzug des Angebots kommt, da etwaige Bedingungen nicht eingetreten sind.[741] Einzig fraglich erscheint, ob diesem Schutzgedanken bereits Genüge getan ist, wenn alle in dem kombinierten Angebot enthaltenen Bedingungen bereits eingetreten sind, wenn der Delisting-Antrag gestellt wird. Aus dem oben zum Vorliegen eines noch laufenden Verfahrens Gesagten[742] ergibt sich, dass es dem Gesetz nach genügt, wenn zum Zeitpunkt des Delisting-Antrags ein entsprechendes Angebot vorliegt. Dieses darf dann keine Bedingungen enthalten. Sind also bereits alle Bedingungen dieses Angebots eingetreten, liegt ein den Anforderungen des § 39 Abs. 2 S. 3 Nr. 1, Abs. 3 S. 1 BörsG entsprechendes Angebot vor, sodass das Unterbreiten eines weiteren Angebots eine reine Förmlichkeit wäre, die für die Minderheitsaktionäre keinen Vorteil birgt, da ihnen bereits ein „sicheres" Angebot unterbreitet wurde und dem Bieter unnötigerweise weitere Hürden aufgebürdet würden.[743] Die Aktionäre laufen nach dieser Konzeption auch nicht Gefahr, sich in einer Periode der Unsicherheit im Hinblick auf das Zustandekommen des Angebots wiederzufinden, da nach zutreffender Ansicht das Erreichen einer Annahmeschwelle (so wie der Eintritt oder Ausfall anderer Bedingungen) vom Bieter stets in der Form des § 14 Abs. 3 S. 1 WpÜG ad-hoc zu veröffentlichen ist.[744]

Gerade in diesem Fall kommt es einem übernehmenden Bieter entscheidend darauf an, dass der Antrag vor Ablauf der Annahmefrist, jedoch nach Eintritt

---

739 Hierzu *Krause/Favoccia* in Assmann/Pötzsch/Schneider, WpÜG, § 18, Rn. 34.

740 Diese Diskussion haben insbesondere *Bungert/Leyendecker-Langner*, ZIP 2016, 49, 53 angestoßen. Diese weisen auch zu Recht darauf hin, dass sich ob der Bedingungsfeindlichkeit beim Pflichtangebot (mit Ausnahme der kartellrechtlichen Problematik) diese Frage nur bei Übernahmeangeboten stellt.

741 *Bungert/Leyendecker-Langner*, ZIP 2016, 49, 53.

742 S. o.: Kapitel 4 A.IV.2.

743 So auch *Bungert/Leyendecker-Langner*, ZIP 2016, 49, 53. Krit. *Wackerbarth*, WM 2016, 385 (Fn. 3).

744 Statt aller *Krause/Favoccia* in Assmann/Pötzsch/Schneider, WpÜG, § 18, Rn. 112 mwN.

aller Bedingungen gestellt werden muss, sodass eine enge Zusammenarbeit mit dem Vorstand des Emittenten unerlässlich erscheint.[745] Insbesondere in diesem Fall kann ein Delisting-*Agreement* eine weitere sinnvolle Nuancierung erfahren, wenn vereinbart wird, dass der Vorstand des Emittenten den Delisting-Antrag erst nach Eintritt der entsprechenden Bedingungen stellt, da auf diese Weise für alle Beteiligten eine zufriedenstellende Lösung getroffen werden kann, die auch der gesetzlichen Risikoverteilung entspricht.[746]

### 3. *Bedingung regulatorischer Freigaben*

Im Schrifttum wird teilweise davon ausgegangen, ein Angebot könne auch im Falle eines Delisting unter den Vorbehalt der Erteilung von öffentlichen Erlaubnissen – zuvorderst im Hinblick auf die Erteilung fusionskontrollrechtlicher Freigaben – gestellt werden.[747] Andere gehen jedoch von einer vollumfänglichen, ausnahmslosen Untersagung von Bedingungen aus.[748] Gegen die Annahme der Möglichkeit von Ausnahmen in solchen Fällen ist zunächst auch hier der eindeutige Wortlaut anzuführen. Das Gebot der Einheit der Rechtsordnung streitet indes dem Grunde nach dafür, dass ein börsen- bzw. übernahmerechtlicher Vorgang nicht gegen andere materiell-rechtliche Vorgaben verstoßen darf.[749] Dieser Gedanke kann im Ergebnis für Delisting-Angebote jedoch nicht verfangen. Entscheidend dagegen spricht nämlich der Gedanke des Anlegerschutzes. Die vermeintliche Besserstellung eines mit einem Delisting-Angebot konfrontierten Aktionärs ist – neben dem Wortlaut – im Hinblick auf den Schutzzweck der Norm mit der Risikoverteilung zulasten des Bieters bei Scheitern des Angebots zu erklären:[750] Die Interessenlage zwischen originärem Angebot nach dem WpÜG und Delisting-Angebot ist diesbezüglich verschieden, sodass keine zwingende Gleichbehandlung angezeigt ist. Bei einem nicht durchgeführten Übernahmeangebot haben die Aktionäre keinen Nachteil in Bezug auf ihre Anteile bzw. deren Wert zu befürchten. Anders jedoch beim Delisting. Würde man hier eine Bedingungsmöglichkeit (außerhalb der des erfolgreichen Delisting)

---

745 Allgemein *Bungert/Leyendecker-Langner*, ZIP 2016, 49, 53, die den Abschluss eines *BCA* vorschlagen.

746 Auch *Bungert/Leyendecker-Langner*, ZIP 2016, 49, 53 weisen generell auf die Absprache bezüglich der Antragstellung hin. Ausführlich zu Delisting-*Agreements* u.: Kapitel 4 B.II.

747 So *Kocher/Seiz*, DB 2016, 153, 156; *Mense/Klie*, DStR 2015, 2782, 2784.

748 *Wackerbarth*, WM 2016, 385; wohl auch *Harnos*, ZHR 2015, 750, 756.

749 *Kocher/Seiz*, DB 2016, 153, 156; i. Erg. auch *Mense/Klie*, DStR 2015, 2782, 2785.

750 Zum Folgenden *Zimmer/von Imhoff*, NZG 2016, 1056, 1058.

erlauben, könnte das Delisting durchgeführt werden, da ein Angebot iSd. § 39 Abs. 2 S. 3 Nr. 1 BörsG gegeben wäre. Würde das Angebot indes später aufgrund der Bedingung nicht zustande kommen, wäre das Delisting bereits vollzogen und die Aktionäre schutzlos gestellt.[751] Hier liegt die Situation also genau anders als bei Nichtdurchführung des Delisting, sodass eine entsprechende Schutzwürdigkeit besteht. Vorzuwerfen ist dem Gesetzgeber lediglich, dies nicht in den Gesetzesmaterialien nochmals verdeutlicht zu haben. Ihm muss schließlich bewusst gewesen sein, wie es sich mit der Bedingungsfeindlichkeit bei regulatorischen Vorbehalten nach allgemeiner Meinung verhält. Der Wortlaut ist diesbezüglich jedoch eindeutig.

Auch hier muss jedoch eine Einschränkung für den (unwahrscheinlichen) Fall gemacht werden, dass zwar eine Bedingung im Angebot enthalten, diese jedoch vor Bescheidung des Widerrufs bereits eingetreten ist. Insofern kann auf die eben gemachten Aussagen verwiesen werden. Der Bieter hat in diesem Fall jedoch keine Möglichkeit zur Einflussnahme auf die Bedingung oder Koordination mit dem Emittenten, sodass ein Delisting in dieser Situation aus pragmatischen Gründen bereits schwer durchführbar sein wird.

Insgesamt besteht damit die Möglichkeit, das Angebot beim Delisting von dessen erfolgreicher Durchführung abhängig zu machen. Zudem können Bedingungen (insbesondere bei kombinierten Übernahmeangeboten) gestellt werden, wenn diese bereits vor Stellung des Delisting-Antrags eingetreten sind. Mit dieser Ausnahme sind hingegen Bedingungen hinsichtlich regulatorischer Freigaben aus Anlegerschutzgesichtspunkten nicht zulässig.

## VI. Die Bedeutung des § 39 Abs. 4 BörsG im Normgefüge des neuen Delisting-Schutzes

Unzweifelhaft sind Gesellschaften mit Sitz in Deutschland von der Regelung über das Abfindungsangebot erfasst. In § 39 Abs. 4 BörsG findet sich jedoch die Anordnung, dass auch Emittenten mit Sitz im Ausland die Pflicht zur Veröffentlichung eines Angebots nach den Vorgaben des § 39 Abs. 2 BörsG trifft, dessen genauere Ausgestaltung sich ebenfalls nach den Regelungen des § 39 Abs. 3 BörsG richtet.[752] Während der intendierte Regelungsbereich des Abs. 4

751 I. Erg. ebenso *Klepsch*, BaFin Journal Januar 2016, 23, 25.

752 Vgl. allgemein hierzu *Mense/Klie*, DStR 2015, 2782, 2783; *Bayer*, NZG 2015, 1169, 1170. Diese Regelung ist auch durchaus von praktischer Bedeutung, da ca. 12% der an der FWB gelisteten Unternehmen ausländischer Rechtsform sind, vgl. *Schulz/Wieneke*, NZG 2017, 449.

sich bereits aus dem Wortlaut hinreichend deutlich ergibt, ist die Frage nach seinem tatsächlichen Anwendungsbereich und der Sinnhaftigkeit dieser Regelung noch nicht abschließend geklärt.

### *1. Diskussionswürdige Anwendbarkeitserklärung der WpÜG-Vorschriften auf ausländische Gesellschaften*

Eben diese Sinnhaftigkeit wurde maßgeblich von *Harnos* infrage gestellt.[753] Das Hauptargument gegen das Erfordernis der gesetzlich gesondert normierten Erstreckung auf ausländische Gesellschaften ist hierbei die grundsätzliche Geltung des BörsG für alle Marktteilnehmer an einer deutschen Börse mit der Folge für ausländische Gesellschaften, sich auch ohne entsprechende gesetzliche Anordnung an die im BörsG normierten Regelungen halten zu müssen.[754] Der Gesetzgeber hat sich indes mit der Begründung, dass *„das WpÜG lediglich für inländische Emittenten uneingeschränkte Anwendung findet"* für eine solche Erstreckung entschieden.[755] Zuzugeben ist dem Gesetzgeber zunächst die Richtigkeit seiner Prämisse, das WpÜG sei nur auf inländische Gesellschaften uneingeschränkt anwendbar: So gilt das WpÜG für Emittenten, die außerhalb des EWR ihren Sitz haben, grundsätzlich nicht, da diese keine Zielgesellschaft iSd. § 2 Abs. 3 WpÜG darstellen.[756] Zum selben Ergebnis, nämlich dem der Nichtanwendbarkeit, kommt man bei einfachen Angeboten für alle nicht deutschen Emittenten – also auch EWR-Auslandsemittenten – mit Blick auf § 1 Abs. 3 S. 1 WpÜG (*e contrario*). Dieser schließt die Anwendbarkeit des WpÜG für nicht unter die Übernahmerichtlinie[757] fallende Angebote auf ausländische (in Deutschland gelistete) Emittenten grundsätzlich aus, indem er in Nr. 1 ein europäisches Angebot iSd. Art. 2 Abs. 1 lit. a der Übernahmerichtlinie zur zwingenden Voraussetzung für die Eröffnung des Anwendungsbereiches des WpÜG auf ausländische Gesellschaften macht. Da es sich bei einem solchen um ein *„öffentliches Pflicht- oder freiwilliges Angebot zum Erwerb eines Teils oder aller dieser Wertpapiere* [handelt], *das sich an den Erwerb der Kontrolle der Zielgesellschaft im Sinne des einzelstaatlichen Rechts anschließt oder diesen Erwerb zum Ziel hat"*,

---

753 *Harnos*, ZHR 2015, 750, 757 f.

754 *Harnos*, ZHR 2015, 750, 757 f.; so implizit auch *Habersack*, Stellungnahme, aaO., S. 7.

755 BT-Drucks. 18/6220, S. 86.

756 *Schulz/Wieneke*, NZG 2017, 449, 452; allgemein auch *Harnos*, ZHR 2015, 750, 757; *Pötzsch/Favoccia* in Assmann/Pötzsch/Schneider, WpÜG, § 1, Rn. 44 mwN.

757 Richtlinie 2004/25/EG des Europäischen Parlaments und des Rates betreffend Übernahmeangebote, ABl. L 142/12, v. 21.4.2004.

sind einfache Angebote hiervon nicht umfasst.[758] Im Falle von Übernahmeangeboten ist für EWR-Auslandsemittenten hingegen eine gem. § 1 Abs. 3 S. 2 WpÜG beschränkte Anwendbarkeit der WpÜG-Normen dahin gehend angeordnet, dass sich nur Fragen der Gegenleistung, des Inhalts der Angebotsunterlage und des Angebotsverfahrens nach dem WpÜG richten.[759]

### 2. *Stellungnahme*

Im Ergebnis ist die Regelung sinnvoll, sie muss jedoch im Fall des kombinierten Pflicht- oder Übernahmeangebots auf einen EWR-Emittenten einschränkend ausgelegt werden.

#### a. *Sinnhaftigkeit der Regelung*

Die Pflicht zur Beachtung der Vorschriften des BörsG für alle Gesellschaften, deren Papiere an einem deutschen Handelsplatz gelistet sind, kann nicht in Zweifel gezogen werden. Fällt der Emittent also nicht unter das übernahmerechtliche Regulierungsstatut, jedoch unter das börsenrechtliche, besteht damit eine Angebotspflicht. Der Anknüpfungspunkt für die Angebotspflicht beim Delisting sind schließlich an einer deutschen Börse gelistete Wertpapiere iSd. § 2 Abs. 2 WpÜG. Dieses Argument geht jedoch letztlich am entscheidenden Punkt vorbei. Der Schutz der Anleger ist nur gewährleistet, wenn auch ausländische Gesellschaften ein Abfindungsangebot zu unterbreiten haben, das den Voraussetzungen des WpÜG (vollumfänglich) entspricht. Hierzu müsste § 39 Abs. 2 S. 3 Nr. 1 BörsG diese allesamt für auf ausländische Gesellschaften anwendbar erklären. Die pauschale Aussage, das BörsG finde Anwendung, wird insofern der Anlegerschutzfunktion nicht in Gänze gerecht. Die Essenz der Auseinandersetzung ist vielmehr in der Frage nach dem Umfang des Verweises zu sehen. Soll die Anwendbarkeitserklärung unabhängig von dem im WpÜG angeordneten determinierten Anwendungsbereich gelten oder vielmehr vollumfänglich?

Der Wortlaut des § 39 Abs. 2 S. 3 Nr. 1 BörsG mutet insofern ambivalent an. Er setzt ein Angebot voraus, das *„nach den Vorschriften des Wertpapiererwerbs- und Übernahmegesetzes veröffentlicht“* werden muss. Dies könnte zunächst so verstanden werden, dass die grundsätzliche Pflicht zum Angebot im BörsG geregelt ist und die konkrete Ausgestaltung des Angebots sich – unabhängig vom

758 Vgl. zu diesem Komplex insgesamt *Schulz/Wieneke*, NZG 2017, 449, 451 f.; allgemein *Angerer* in Angerer/Geibel/Süßmann, WpÜG, § 1, Rn. 108 ff.

759 Hierzu insgesamt *Schulz/Wieneke*, NZG 2017, 449, 451 f. Allgemein hierzu *Wackerbarth* in MünchKommAktG, § 1 WpÜG, Rn. 33 ff.

Geltungsbereich des WpÜG – nach den für das Angebot geltenden Vorschriften des WpÜG richtet.[760] Die besseren Argumente sprechen jedoch für die vollumfängliche Anwendbarkeit der Vorschriften des WpÜG. Hierfür streitet mithin die fehlende Einschränkung bezüglich der Normen des WpÜG in § 39 Abs. 2 S. 3 Nr. 1 BörsG, die den Anwendungsbereich betreffen, was auch mit Blick auf die Gesetzesmaterialien durch den Gesetzgeber bestätigt wird. Es wären also auch die den Anwendungsbereich für ausländische Gesellschaften determinierenden Normen des WpÜG mit der Folge anwendbar, dass ausländische Gesellschaften im vorgenannten Fall des einfachen Angebots zwar zur Abgabe eines Angebots vor Durchführung des Delisting (aufgrund des BörsG) verpflichtet wären, sie dies jedoch ohne Einhaltung der im WpÜG konstituierten (formellen) Vorgaben das Angebot betreffend machen könnten, da das WpÜG insofern nicht für sie gilt.[761] Danach wäre der Regelfall des einfachen Angebots auf ausländische Emittenten in diesem Umfang ungeregelt. Um dies zu vermeiden, ist die entsprechende Erstreckung in § 39 Abs. 4 BörsG durchaus zustimmungswürdig. Selbst wenn man dies anders sehen wollte, ist die erfolgte Klarstellung zumindest begrüßenswert, um Auseinandersetzungen über die Reichweite des Verweises und die von ausländischen Gesellschaften zu beachtenden Vorschriften zu unterbinden.

### *b. Konkreter Anwendungsbereich*

Hat man dies festgestellt, ist ferner die Folge hieraus konkreter zu betrachten. Bei einfachen Angeboten ist die Lage nunmehr unproblematisch. Der Bieter hat die gesamten Normen des WpÜG, die das Angebot betreffen, nach Maßgabe des § 39 Abs. 3 BörsG zu beachten. Es ist lediglich der Grundsatz der sog. Normenhäufung zu beachten, wenn sich die deutschen übernahmerechtlichen Vorschriften im Rahmen des Angebots mit den gesellschaftsrechtlichen Normen aus dem Herkunftsstaat des Emittenten (insbesondere bezüglich Organzuständigkeiten bei der Beachtung gesellschaftsrechtlich geprägter Normen wie § 27 WpÜG) überschneiden. In diesen Fällen sind zunächst die WpÜG-Normen anwendbar, müssen jedoch – soweit erforderlich – im Hinblick auf Regelungen des Emittenten-Staats angepasst werden.[762] Die Begründung hierfür fällt aufgrund der Anordnung in § 39 Abs. 4 BörsG verhältnismäßig leicht, da diese lediglich eine „*entsprechende*" Anwendung vorschreibt.[763]

---

760 So wohl *Harnos*, ZHR 2015, 750, 757 f.

761 In diese Richtung auch *Schulz/Wieneke*, NZG 2017, 449, 452 („*formlos*").

762 So insgesamt *Schulz/Wieneke*, NZG 2017, 449, 452.

763 So auch *Schulz/Wieneke*, NZG 2017, 449, 452.

Von der grundsätzlich umfänglichen Geltung des § 39 Abs. 4 BörsG ist jedoch bei kombinierten Pflicht- oder Übernahmeangeboten bezüglich EWR-Auslandsemittenten eine bedeutende Ausnahme zu machen: Die zuvor beschriebene grundsätzlich geltende umfassende Angebotspflicht muss den in § 1 Abs. 3 S. 2 WpÜG dargelegten Beschränkungen entsprechen, darf also nur die Vorschriften des WpÜG in Bezug auf Fragen der Gegenleistung, des Inhalts der Angebotsunterlage und des Angebotsverfahrens zugrunde legen.[764] Dies ergibt sich aus der Pflicht zur unionskonformen Richtlinien-Auslegung: Hiernach ist aufgrund einer europäischen Richtlinie ergangenes einzelstaatliches Recht stets nach deren Wortlaut und Telos auszulegen.[765] Art. 4 Abs. 2 lit. e der Übernahmerichtlinie ordnet entsprechend an, dass „*Fragen, die die im Fall eines Angebots angebotene Gegenleistung, insbesondere den Preis, betreffen, und Fragen des Angebotsverfahrens, insbesondere die Unterrichtung über die Entscheidung des Bieters zur Unterbreitung eines Angebots, der Inhalt der Angebotsunterlage und die Bekanntmachung des Angebots*“ durch das Recht des Leistungsstaats, hingegen „*gesellschaftsrechtliche Fragen*“ durch das Recht des Sitzstaats zu regeln sind. Da § 1 Abs. 3 S. 2 WpÜG der Umsetzung der Übernahmerichtlinie dient, besteht grundsätzlich das Erfordernis, in diesen Bereichen die WpÜG-Vorschriften nicht zur Anwendung kommen zu lassen.[766] Dies muss nach dem Verweis des § 39 Abs. 4 BörsG entsprechend gelten. Die nunmehr anwendbaren Normen sind insofern in § 1 WpÜG-AnwendbkVo geregelt.[767] Diese Beschränkung ergibt sich aus dem Wortlaut des § 39 Abs. 4 BörsG indes nicht, sodass die Angebotsvorschriften bei Übernahmeangeboten für EWR-Auslandsemittenten nur in dem eben beschriebenen beschränkten Umfang – eine teleologische Reduktion bemühend – zur Geltung gelangen dürfen.[768]

## VII. Exkurs: Möglichkeit des Verzichts auf die Börsenzulassung

Eine weitere Möglichkeit der Herbeiführung des Börsenrückzugs könnte ferner der Verzicht des Emittenten auf die Börsenzulassung sein. Dessen Zulässigkeit war früher noch vermehrt umstritten, wobei für eine solche vornehmlich die

764 *Schulz/Wieneke*, NZG 2017, 449, 452.

765 Hierzu allgemein *Rüffert* in Calliess/Rüffert, EUV/AEUV, Art. 288 AEUV, Rn. 77.

766 *Pötzsch/Favoccia* in Assmann/Pötzsch/Schneider, WpÜG, § 1, Rn. 45 ff.; *Schulz/Wieneke*, NZG 2017, 449, 452.

767 Vgl. *Schulz/Wieneke*, NZG 2017, 449, 452. Hierzu auch (teilweise krit.) *Pötzsch/Favoccia* in Assmann/Pötzsch/Schneider, WpÜG, § 1, Rn. 38 ff.

768 So auch *Schulz/Wieneke*, NZG 2017, 449, 452.

Natur der Zulassung als mitwirkungspflichtiger begünstigender Verwaltungsakt und die grundsätzliche gesetzgeberische Konzeption der Dispositionsbefugnis des Emittenten ins Feld geführt wurde.[769] Dem wurden jedoch bereits früh sowohl der Anlegerschutz als auch der Schutz gesamtwirtschaftlicher Interessen entgegengehalten.[770]

Spätestens nach Einführung der Neuregelung des § 39 BörsG dürften sich jegliche Überlegungen zur Zulässigkeit eines Verzichts (endgültig) erledigt haben, da der Gesetzgeber aus Gründen des Anlegerschutzes ein geregeltes Verfahren geschaffen hat, das den Börsenrückzug regelt, sodass auch keine Möglichkeit des Emittenten mehr bestehen darf, diesen Schutzmechanismus durch einen Verzicht zu umgehen.[771]

## B. Verfahrensrechtliche Anforderungen an das Angebot

Nach der gesetzlichen Anordnung in § 39 Abs. 2 S. 3 Nr. 1 BörsG hat sich das Angebot (auch in formaler Hinsicht) nach den Vorschriften des WpÜG zu richten.

### I. Antrag des Emittenten

Wie sich aus § 39 Abs. 2 S. 1 BörsG ergibt, ist zur Durchführung eines Delisting nach der Neuregelung zunächst ein Antrag des Emittenten erforderlich. Dieser Antrag ist unter Beachtung der regulären aktienrechtlichen Kompetenzverteilung vom Vorstand zu stellen.[772] Mangels entsprechender Regelung muss der Antrag grundsätzlich keinen formellen Kriterien genügen.[773] Da ein Hauptversammlungsbeschluss nicht (mehr) erforderlich ist,[774] ist auch die Beantwortung der hiermit korrelierenden Frage nach einer Pflichtverletzung des Vorstands obsolet geworden, wenn er ohne das Vorliegen eines Beschlusses einen Delisting-Antrag stellt.[775] Im Hinblick auf die in § 111 Abs. 1 AktG normierte

769 So insbesondere *Fluck*, WM 1995, 553, 558 ff.

770 Vgl. *Klenke*, WM 1995, 1089, 1096 f. S. zum Meinungsbild insgesamt *Groß*, KapMaR, § 39 BörsG, Rn. 26.

771 So i. Erg. auch *Groß*, KapMaR, § 39 BörsG, Rn. 26.

772 *Heidelbach* in Schwark/Zimmer, KPMK, § 39 BörsG, Rn. 35.

773 *Gebhardt* in Schäfer/Hamann, KMG, § 38 BörsG, Rn. 46 noch zu der alten, jedoch insofern wortgleichen Regelung in § 38 Abs. 4 BörsG a. F.

774 S. hierzu o.: Kapitel 3 B.I.

775 S. zur früheren Rechtslage *Heidelbach* in Schwark/Zimmer, KPMK, § 39 BörsG, Rn. 35.

Überwachungsfunktion des Aufsichtsrats sollte dieser auch vor Stellung des Antrags hiervon unterrichtet werden, § 90 Abs. 1 S. 3 Hs. 1 AktG, wenn er nicht bereits die Antragstellung gem. § 111 Abs. 4 S. 2 AktG von seiner Zustimmung abhängig gemacht hat.[776]

## II. Delisting-*Agreement* zwischen Bieter und Vorstand des Emittenten

Aufgrund der Tatsache, dass der Bieter das Finanzierungsrisiko für das Angebot trägt, während der Vorstand des Emittenten den Antrag auf Delisting stellen muss, ist es im originären Interesse des Bieters, potenzielle Friktionen zu vermeiden und die erfolgreiche Durchführung des Delisting sicherzustellen.[777]

### 1. *Abwägung des Vorstands*

Da der Vorstand, auch wenn es sich bei dem Bieter um den Hauptaktionär handeln sollte, nicht weisungsgebunden ist, bietet es sich in der Praxis generell an, die Durchführung durch den Abschluss einer Vereinbarung abzusichern.[778] Freilich muss der Vorstand bereits zum Zeitpunkt des Abschlusses des Delisting-*Agreements* nach entsprechender Abwägung der bereits oben dargestellten Kriterien[779] die Entscheidung für die Stellung eines Delisting-Antrags getroffen und auch die sonstigen Grundlagen für die Abgabe seiner Stellungnahme iSd. § 27 WpÜG, insbesondere im Hinblick auf die Angemessenheit des Angebots, geschaffen haben.[780] Da der Bieter erst nach Abschluss des *Agreement* bereit sein wird, das Angebotsverfahren einzuleiten, jedoch die Tatsache konkreter Verhandlungen mit ausreichender Wahrscheinlichkeit im Hinblick auf ein Zustandekommen eines Angebots für den Emittenten eine Insiderinformationen

776 Auf diesen gesamten Komplex weisen *Wieneke/Schulz*, AG 2016, 809, 814 hin. S. zur grundsätzlichen Überwachungsfunktion des Aufsichtsrats *Habersack* in MünchKommAktG, § 111, Rn. 12 und zur Möglichkeit der Begründung von Zustimmungserfordernissen *Koch* in Hüffer, AktG, § 111, Rn. 35 ff.

777 Vgl. hierzu auch *Wieneke/Schulz*, AG 2016, 809, 812.

778 Hierzu *Wieneke/Schulz*, AG 2016, 809.

779 S. hierzu o.: Kapitel 1 B.III.1.

780 Hierauf weisen *Wieneke/Schulz*, AG 2016, 809, 813 f. gesondert hin und schlagen bzgl. der Angemessenheit der Gegenleistung die Einholung einer sog. *Fairness Opinion*, also einer Stellungnahme einer Investmentbank oder Wirtschaftsprüfungsgesellschaft, vor. S. allgemein hierzu *Fleischer*, ZIP 2011, 201 ff.

darstellen können,[781] sollte dieser für diesen Zeitraum eine Selbstbefreiung von der Veröffentlichungspflicht gem. Art. 17 Abs. 4 MAR in Anspruch nehmen.[782]

## 2. *Zulässigkeitsgrenzen*

An der grundsätzlichen Zulässigkeit von Vereinbarungen zwischen Vorstand und Bieter bezüglich des Delisting bestehen zunächst keine Zweifel, da es sich bei der Durchführung des Delisting um eine Vorstandskompetenz handelt und hierüber grundsätzlich auch im Wege der vertraglichen Vereinbarung disponiert werden kann.[783]

Die Einhaltung des Grundsatzes der Eigenverantwortlichkeit des Vorstands (§ 76 Abs. 1 AktG) zieht jedoch die Grenze der Zulässigkeit einer solchen Vereinbarung,[784] da es dem Vorstand verboten ist, sich bereits im Vorhinein (endgültig) zu einem bestimmten Verhalten zu verpflichten.[785]

Dem Bieter wird in erster Linie daran gelegen sein, den Vorstand zur Stellung des Antrags bei der Börse zu verpflichten. Weitere Absprachen, die im Interesse des Bieters aufgenommen werden sollten, sind die Verpflichtungen des Emittenten zur Befolgung seiner Ad-hoc-Mitteilungspflichten zur Vermeidung der Rechtsfolge des § 39 Abs. 3 S. 3 Nr. 1 BörsG und zur positiven Stellungnahme des Vorstands im Rahmen des § 27 WpÜG (*board-recommendation*-Klausel).[786]

Sowohl bei Letzterer, als auch bei der Verpflichtung zur Stellung des Delisting-Antrags, sind jedoch die eben beschriebenen Grenzen zu beachten: Der Vorstand darf sich im Hinblick auf § 76 Abs. 1 AktG nicht im Vorhinein zu einem Verhalten verpflichten, das sich in der Folge als nachteilig bzw. nicht gleichwertig vorteilig für die Gesellschaft erweisen kann und dennoch von ihm durchgeführt, gebilligt oder unterstützt werden müsste.[787] Eine solche Absprache ist also nur in

---

781 S. allgemein zu diesem Aspekt *Geibel/Louven* in Angerer/Geibel/Süßmann, WpÜG, § 10, Rn. 123.

782 *Kocher/Seiz*, DB 2016, 153, 154.

783 *Wieneke/Schulz*, AG 2016, 809, 813. Zu dieser Einordnung s. o.: Kapitel 2 A.II.4.c.

784 Hierzu *Spindler* in MünchKommAktG, § 76, Rn. 28. Ähnlich *Fleischer*, ZHR 2008, 538, 558 f.

785 Zu dem Verbot der Vorwegbindung ausführlich *Fleischer*, ZHR 2008, 538, 558 f.

786 Vgl. zu diesem Gesamtkomplex *Wieneke/Schulz*, AG 2016, 809, 813. Allgemein und krit. zur dogmatischen Einordnung Letzterer *Fleischer* in Spindler/Stilz, AktG, § 76, Rn. 80.

787 *Wieneke/Schulz*, AG 2016, 809, 813 sprechen diesbezüglich vom „*Verbot der Vorwegbindung zukünftigen Leistungsverhaltens*". Vgl. ursprünglich hierzu *Banerjea*, DB 2003, 1489, 1494 f. In diese Richtung auch *Krause* in Assmann/Pötzsch/Schneider, WpÜG, § 22, Rn. 72 f.; a. A. wohl *Kiem*, AG 2009, 301, 312.

Grenzen möglich: Zunächst muss die Unwirksamkeit der Zusage sowohl für den Fall des Verstoßes gegen dem Vorstand obliegende Rechtspflichten durch die Unterstützung des Angebots, als auch für den Fall vereinbart werden, dass zum Zeitpunkt der Stellungnahme/des Antrags die tatsächlichen Gegebenheiten in Bezug auf die Beweggründe für seine Unterstützung/Antragstellung nicht mehr im Wesentlichen mit denen zum Zeitpunkt des Delisting-*Agreements* übereinstimmen. Gleiches gilt, wenn die im Delisting-*Agreement* vereinbarten *essentalia* nicht der Angebotsunterlage entsprechen oder Umstände eingetreten sind, die den Angebotspreis nun als unangemessen erscheinen lassen.[788] Außerdem ist die Aufnahme einer auflösenden Bedingung bei Vorliegen eines besseren Angebots erforderlich, um den Vorgaben des § 76 Abs. 1 AktG zu genügen und das *Agreement* der Zulässigkeit zuzuführen.[789]

Die Aufnahme der dem Antrag gegenüberstehenden Pflicht des Bieters zur Abgabe eines Angebots ist zwar möglich, letztlich aber obsolet, da die gesetzliche Konzeption des § 39 Abs. 2 S. 3 Nr. 1 BörsG zum Zeitpunkt der Antragstellung das Vorliegen eines Angebots bereits voraussetzt.[790]

## III. Kostentragung

Weiterhin kann sich die Frage nach der Kostentragung für die Durchführung des Angebots stellen.[791] Diese ist zunächst vom Bieter als dem das Angebot Unterbreitenden zu tragen, sodass die Idee der Übernahme der Kosten durch den Emittenten nicht fernliegt.[792] Zwar liegt hier nicht zwangsläufig ein Verstoß gegen das Verbot der Rückgewähr von Einlagen aus § 57 Abs. 1 S. 1 AktG vor, wenn der gezahlte Betrag den auf den Fälligkeitszeitpunkt abgezinsten, durch entfallende Aufwendungen entstehenden finanziellen Vorteil des Börsenrückzugs für den Emittenten nicht übersteigt.[793] Dies wird jedoch *in praxi* schwer festzustellen sein. Eine solche Regelung scheitert – ebenso wie eine für diesen Fall versprochene Zahlung einer Vergütung an den Bieter – ansonsten an den

---

788 S. zu diesen Voraussetzungen insgesamt *Wieneke/Schulz*, AG 2016, 809, 813. Allgemein auch *Fleischer*, ZHR 2008, 538, 558 ff.

789 *Spindler* in MünchKommAktG, § 76, Rn. 28.

790 *Wieneke/Schulz*, AG 2016, 809, 813 („*in Vorleistung*" gehen).

791 Hierauf weisen *Wieneke/Schulz*, AG 2016, 809, 814 hin, die insbesondere den Fall hervorheben, dass die Initiative zum Delisting vom Emittenten ausgeht und der Investor lediglich an der Durchführung des Delisting und nicht zwingend an der Aufstockung seiner Beteiligung interessiert ist.

792 *Wieneke/Schulz*, AG 2016, 809, 814.

793 So ausdrücklich *Wieneke/Schulz*, AG 2016, 809, 814.

aktienrechtlichen Regelungen des § 71a Abs. 1 S. 1 AktG.[794] Hiernach ist ein Rechtsgeschäft, das „*die Gewährung eines Vorschusses oder eines Darlehens oder die Leistung einer Sicherheit durch die Gesellschaft an einen anderen zum Zweck des Erwerbs von Aktien dieser Gesellschaft zum Gegenstand hat*" nichtig. Da dem Bieter bei Zahlung einer Provision unmittelbar Geld zuflösse und er bei einer Kostenerstattung ebenfalls Kosten sparen würde, läge in beiden Fällen ein Verstoß vor.[795]

## IV. Verfahren bei Ankündigung der Entscheidung zur Angebotsabgabe

Vor Stellung des Delisting-Antrags ist zuvorderst gem. § 10 Abs. 2 WpÜG der Börsengeschäftsführung derjenigen Börse, an denen die Aktien (Nr. 1) bzw. die Derivate (Nr. 2) des Emittenten gehandelt werden, sowie der BaFin (Nr. 3) mitzuteilen, dass der Emittent die Entscheidung getroffen hat, ein Angebot auf die in Bezug genommenen Aktien zu unterbreiten.[796] Hiernach ist nach Maßgabe des § 10 Abs. 3 WpÜG die eben genannte Entscheidung zu veröffentlichen, § 10 Abs. 1 WpÜG.[797] Diese Mitteilung hat grundsätzlich Angaben über die Abgabe des Angebots sowie den jeweiligen Bieter zu enthalten. Des Weiteren müssen die in Bezug genommenen Wertpapiere der betroffenen Gesellschaft genau angegeben werden.[798] Die Höhe des Angebots indes muss noch nicht enthalten sein.[799] Die Mitteilung nach § 10 Abs. 1 S. 1 WpÜG hat insgesamt gem. § 10 Abs. 3

---

794 So i. Erg. auch *Wieneke/Schulz*, AG 2016, 809, 814.

795 *Wieneke/Schulz*, AG 2016, 809, 814. Allgemein zum Anwendungsbereich *Koch* in Hüffer, AktG, § 71a, Rn. 2.

796 *Bayer*, NZG 2015, 1169, 1176.

797 *Bayer*, NZG 2015, 1169, 1176 („*mit den dort geforderten Angaben*"). Diese Grundsätze gelten gem. § 35 Abs. 1 S. 1 WpÜG für den Bieter auch im Hinblick auf die Kontrollerlangung, die er innerhalb von sieben Kalendertagen zu veröffentlichen hat, vgl. hierzu *Krause/Pötzsch* in Assmann/Pötzsch/Schneider, WpÜG, § 35, Rn. 48.

798 S. zu diesem Komplex allgemein *Assmann* in Assmann/Pötzsch/Schneider, WpÜG, § 10, Rn. 45; *Hirte* in KölnKommWpÜG, § 10, Rn. 23; *Geibel/Louven* in Angerer/Geibel/Süßmann, WpÜG, § 10, Rn. 39, die jew. darauf verweisen, dass die Wertpapierkennnummer in jedem Fall anzugeben ist.

799 *Hirte* in KölnKommWpÜG, § 10, Rn. 23; *Geibel/Louven* in Angerer/Geibel/Süßmann, WpÜG, § 10, Rn. 39, wobei beide darauf hinweisen, dass dies grundsätzlich auch für die Art des Angebots gilt. Dies ist jedoch für die hier interessierenden Fälle des Delisting irrelevant, da § 39 Abs. 3 S. 2 BörsG für diese die Besonderheit, der verpflichtenden Gegenleistung in Euro vorschreibt.

S. 1 WpÜG im Internet (Nr. 1) und den in Nr. 2 genannten Informationsverbreitungssystemen in deutscher Sprache zu erfolgen.[800] Gem. § 10 Abs. 3 S. 2 WpÜG hat diese Mitteilung ferner den Hinweis darauf zu enthalten, auf welcher Internetseite das Angebot nach § 14 Abs. 3 Nr. 1 WpÜG schließlich veröffentlicht werden wird.[801] Ist all dies geschehen, ist gem. § 10 Abs. 4 S. 1 WpÜG der BaFin und der betroffenen Börsengeschäftsführung die Veröffentlichung gem. § 10 Abs. 3 S. 1 WpÜG zukommen zu lassen.[802] Außerdem ist der Vorstand des Emittenten gem. § 10 Abs. 5 S. 1 WpÜG hierüber unverzüglich schriftlich zu unterrichten.[803] Diese Veröffentlichung entbindet den Bieter zunächst gem. § 10 Abs. 6 WpÜG (iVm. § 35 Abs. 1 S. 4 WpÜG) von einer Ad-hoc-Veröffentlichung nach Art. 17 MAR,[804] sollte dieser unter den Anwendungsbereich der MAR

800 Zu diesen Systemen gehören u. a. Bloomberg, Reuters und die VWD; vgl. hierzu insgesamt *Assmann* in Assmann/Pötzsch/Schneider, WpÜG, § 10, Rn. 63 f.; *Geibel/Louven* in Angerer/Geibel/Süßmann, WpÜG, § 10, Rn. 70.

801 Vgl. hierzu *Assmann* in Assmann/Pötzsch/Schneider, WpÜG, § 10, Rn. 45, 67; *Hirte* in KölnKommWpÜG, § 10, Rn. 25, wobei Letzterer betont, der Hinweis auf die Hauptseite des Bieters genüge, wenn der Informationssuchende von dort aus letztlich zur tatsächlichen Veröffentlichung gelangen kann.

802 *Hirte* in KölnKommWpÜG, § 10, Rn. 76; *Assmann* in Assmann/Pötzsch/Schneider, WpÜG, § 10, Rn. 68. Vgl. auch *Bayer*, NZG 2015, 1169, 1176; *Kocher/Seiz*, DB 2016, 153, 154. Diese Mitteilungspflicht dient der Erleichterung der Überprüfung der Einhaltung der Veröffentlichungspflichten durch BaFin und Börse, vgl. *Geibel/Louven* in Angerer/Geibel/Süßmann, WpÜG, § 10, Rn. 75 auch zu der Ausnahmeregelung für ausländische Bieter gem. § 10 Abs. 4 S. 2 WpÜG.

803 Eine entsprechende Mitteilung ist an den Vorstand des Emittenten zu richten, welcher dann gem. S. 2 den Betriebsrat unterrichten muss. Der Begriff der Schriftlichkeit entspricht hierbei der Schriftform des § 126 Abs. 1 BGB, „*unverzüglich*“ dem Verständnis des § 121 Abs. 1 S. 1 BGB („*ohne schuldhaftes Zögern*“). Vgl. hierzu ausführlich *Hirte* in KölnKommWpÜG, § 10, Rn. 79 ff.; *Assmann* in Assmann/Pötzsch/Schneider, WpÜG, § 10, Rn. 72 ff. mwN.

804 S. hierzu *Assmann* in Assmann/Pötzsch/Schneider, WpÜG, § 10, Rn. 77 noch zu der WpHG-Vorgängerregelung. Es sind jedoch Fälle denkbar, in denen dem Bieter in der Vorbereitungsphase eine Mitteilungspflicht obläge, insbesondere wenn schon konkrete Gespräche geführt und Absichten kommuniziert wurden, jedoch noch innergesellschaftliche Beschlüsse abgewartet werden müssen und die Voraussetzungen für eine Selbstbefreiung gem. Art. 17 Abs. 4 MAR nicht vorliegen. Nach zustimmungswürdiger Ansicht ist jedoch in diesem Fall § 10 Abs. 6 WpÜG dahin gehend auszulegen, dass bis zu der Veröffentlichung konkret zu dem Angebot führende Umstände nicht der Ad-hoc-Pflicht unterfallen, da andernfalls die entsprechenden Kurswirkungen einträten und den durchschnittlichen Börsenkurs beeinflussten, weil der an die Veröffentlichung gem. § 10 Abs. 1 WpÜG geknüpfte Fristbeginn nicht ausgelöst

fallen.[805] Hat der Emittent (aufgrund einer Selbstbefreiung) bis zu diesem Zeitpunkt noch keine Ad-hoc-Mitteilung veröffentlicht, obliegt es ihm nun, dies nachzuholen.[806] Auch wenn dies nicht für Tatsachen gilt, die durch die Veröffentlichung der Entscheidung für ein Angebot durch den Bieter bereits bekannt geworden sind (und deswegen keine Insiderinformationen mehr darstellen), sondern ausschließlich für die übrigen kursrelevanten Tatsachen, erscheint in jedem Fall eine Veröffentlichung durch den Emittenten nach Art. 17 Abs. 7 MAR ratsam.[807]

## V. Fehlende Pflicht zur konkreten Deklarierung des Angebots bei Entscheidung zur Angebotsabgabe

Erstaunlicherweise fehlt in § 39 BörsG die explizite Pflicht zur Charakterisierung des Angebots als Delisting-Angebot bereits für den Zeitpunkt der Ankündigung der Entscheidung nach §§ 10 oder 35 WpÜG. Aus der Neuregelung geht nicht hervor, ob der Bieter schon bei Veröffentlichung der Entscheidung zur Angebotsabgabe dem Anlegerpublikum eröffnen muss, dass das Angebot zum Zwecke der Durchführung eines Delisting gemacht werden wird.[808] Da § 39 Abs. 2 S. 3 Nr. 1 BörsG lediglich das Vorliegen eines Angebots nach dem WpÜG voraussetzt und auch § 2 Nr. 7a WpÜG-AngebotVo die zusätzliche Aufklärungspflicht erst bei Angebotsabgabe verlangt, hat der Bieter grundsätzlich die Möglichkeit, ein Angebot anzukündigen, ohne dem Publikum bis zur tatsächlichen Abgabe desselbigen mitzuteilen, ob ein einfaches Angebot, ein Delisting- oder ein Übernahmeangebot vorliegen wird.[809] Die rein praktischen Implikationen dieser fehlenden Anordnung sind im Ergebnis jedoch wohl eher als gering anzusehen:[810] Zunächst hat dies keine Auswirkungen auf den tatsächlichen Wert des börsenpreisbasierten Abfindungsangebots, da dieser von dem Zeitpunkt der Veröffentlichung der Angebotsabsicht an zurückgerechnet wird. Außerdem wäre in einer

---

würde. Vgl. hierzu ausführlich *Geibel/Louven* in Angerer/Geibel/Süßmann, WpÜG, § 10, Rn. 119 ff. mwN. auch zur Gegenmeinung.

805 S. zu diesem Aspekt *Geibel/Louven* in Angerer/Geibel/Süßmann, WpÜG, § 10, Rn. 118.

806 *Kocher/Seiz*, DB 2016, 153, 154 („*zeitgleich mit der Veröffentlichung der Angebotsabsicht des Bieters*"); zustimmend *Wieneke/Schulz*, AG 2016, 809, 811.

807 *Wieneke/Schulz*, AG 2016, 809, 811.

808 Hierauf weist insgesamt *Wackerbarth*, WM 2016, 385, 386 hin.

809 Entsprechend krit. *Wackerbarth*, WM 2016, 385, 386.

810 So *Klepsch/Hippeli*, RdF 2016, 194, 197. Vgl. zum Folgenden *Wackerbarth*, WM 2016, 385, 386.

fehlenden genauen Bezeichnung des Angebots selbst bereits eine Marktmanipulation zu sehen, da man das Publikum im Unklaren darüber ließe, ob eine kurssteigernde (Übernahmesituation) oder eine sich negativ auf den Kurs auswirkende (Delisting) Maßnahme folgen wird, sodass aus diesem Gesichtspunkt bereits bei Veröffentlichung der Absichtserklärung mitgeteilt werden muss, ob es sich bei dem geplanten Angebot um ein Delisting-Angebot handeln wird.[811]

## VI. Veröffentlichung des Angebots

Durch den Verweis auf ein den Regelungen des WpÜG entsprechendes Angebot wurden vom Gesetzgeber ferner diejenigen Normen des WpÜG in Bezug genommen, in welchen die inhaltlichen Vorgaben bezüglich der Angebotsunterlage normiert sind, namentlich §§ 11 WpÜG iVm. 2 WpÜG-AngebotVo[812] sowie § 14 WpÜG, der das Prozedere bezüglich der Veröffentlichung des tatsächlichen Angebots betrifft.[813]

### *1. Grundsätzliches*

Es handelt sich nach allgemeiner Ansicht bei der veröffentlichten Angebotsunterlage um ein bindendes Angebot des Bieters an die Aktionäre iSd. §§ 145 ff. BGB[814] auf Abschluss eines Kauf- oder Tauschvertrags,[815] was sich bereits aus den §§ 17 und 18 WpÜG ergibt, die unverbindliche Angebote im Rahmen des Übernahmerechts als unzulässig deklarieren.[816] Unstimmigkeiten bestehen lediglich

---

811 So zutreffend *Wackerbarth*, WM 2016, 385, 386 unter Verweis auf den Grundsatz des § 3 Abs. 2 WpHG.

812 *Harnos*, ZHR 2015, 750, 756.

813 So implizit *Bayer*, NZG 2015, 1169, 1177.

814 Zur in der Literatur kontrovers diskutierten Frage, ob die AGB-Vorschriften auf Angebote nach dem WpÜG anwendbar sind, vgl. – dies verneinend – *Meyer* in Assmann/Pötzsch/Schneider, WpÜG, § 11, Rn. 27 ff. mit ausführlichen Nachweisen auch zur Gegenmeinung. Zu Anfechtung und Widerruf eines solchen Angebots *Thoma* in Baums/Thoma/Verse, WpÜG, § 11, Rn. 18 ff. mwN.

815 *Meyer* in Assmann/Pötzsch/Schneider, WpÜG, § 11, Rn. 20 f.; *Seydel* in KölnKomm-WpÜG, § 11, Rn. 20 f.; *Geibel/Süßmann* in Angerer/Geibel/Süßmann, WpÜG, § 11, Rn. 2; *Thoma* in Baums/Thoma/Verse, WpÜG, § 11, Rn. 7, welche allesamt bzgl. der bindenden Wirkung zu Recht auf das in § 17 WpÜG normierte Verbot zur Aufforderung an die Aktionäre zur Abgabe von Geboten durch den Bieter verweisen, sodass eine *invitatio ad offerendum* im Ergebnis nicht vorliegen kann. Die Annahme eines Tauschvertrags ist indes im Hinblick auf die Regelung des § 39 Abs. 3 S. 2 BörsG für die weitere Bearbeitung nicht von Relevanz.

816 So ausdrücklich *Meyer* in Assmann/Pötzsch/Schneider, WpÜG, § 11, Rn. 20.

im Hinblick auf die Frage, wann dieses Angebot zugeht oder ob überhaupt ein Zugang erforderlich ist,[817] wobei im Ergebnis alle Ansichten zum Eintritt der Bindungswirkung durch eine ordnungsgemäße Veröffentlichung der Angebotsunterlage gem. § 14 Abs. 3 WpÜG kommen.[818]

## 2. *Anforderungen an die Angebotsunterlage*

Es sollen zunächst in der gebotenen Kürze[819] die allgemeinen Anforderungen an die Angebotsunterlage dargestellt werden, bevor anschließend die einzelnen Angaben unter besonderer Berücksichtigung der für das Delisting geltenden Spezifika besprochen werden.

### a. *Allgemeine Anforderungen*

Die Angebotsunterlage ist für die Entscheidung der betroffenen Aktionäre für oder gegen das unterbreitete Angebot von signifikanter Bedeutung.[820] Ihre Ausgestaltung ist in § 11 WpÜG geregelt und wird in § 2 WpÜG-AngebotVo näher konkretisiert.[821] Nach § 11 Abs. 1 S. 2 WpÜG hat der Bieter eine

---

817 Im Einzelnen werden im Lager derer, die das Erfordernis eines Zugangs anerkennen, drei verschiedene Wege diskutiert, vgl. *Thoma* in Baums/Thoma/Verse, WpÜG, § 11, Rn. 15: Zum einen das Abstellen auf allgemeine Grundsätze (*Thoma* in Baums/Thoma/Verse, WpÜG, § 11, Rn. 14 ff.) zum anderen die Fiktion des Zugangs durch Veröffentlichung (*Noack/Holzborn* in Schwark/Zimmer, KPMK, § 11 WpÜG, Rn. 3) bzw. die Annahme eines Verzichts auf die Annahme durch die Veröffentlichung (*Seydel* in KölnKommWpÜG, § 11, Rn. 20 (mit Fn. 19)) und zuletzt eine kapitalmarktrechtseigene Art der Zustellung (*Meyer* in Assmann/Pötzsch/Schneider, WpÜG, § 11, Rn. 24 ff.).

818 Vgl. *Thoma* in Baums/Thoma/Verse, WpÜG, § 11, Rn. 15; wohl auch *Meyer* in Assmann/Pötzsch/Schneider, WpÜG, § 11, Rn. 18 (vgl. auch Fn. 3). Wie sich bereits aus der Darstellung der verschiedenen Meinungen zeigt, stellen alle i. Erg. auf die Frage ab, ob eine wirksame Veröffentlichung vorliegt oder nicht, sodass ein Streitentscheid letztlich dahinstehen kann.

819 Die umfassende Darstellung dieses Regelungskomplexes würde den Rahmen dieser Arbeit unverhältnismäßig ausdehnen. Umfassende Erläuterungen bieten beispielsweise *Meyer* in Assmann/Pötzsch/Schneider, WpÜG, § 11, Rn. 16 ff. und *Wackerbarth* in MünchKommAktG, § 11 WpÜG, Rn. 10 ff.

820 *Harnos*, ZHR 2015, 750, 756; *Koch/Harnos*, NZG 2015, 729, 735. Die Gesetzesbegründung spricht davon, dass die Betroffenen über den genauen Inhalt des Angebots informiert werden sollen, BT-Drucks. 14/7034, S. 41.

821 Überblicksartig zum Regelungskonzept der § 11 WpÜG und § 2 WpÜG-AngebotVo *Seydel* in KölnKommWpÜG, § 11, Rn. 1; *Geibel/Süßmann* in Angerer/Geibel/Süßmann, WpÜG, § 11, Rn. 1.

Angebotsunterlage zu erstellen, die „*die Angaben enthalten* [muss], *die notwendig sind, um in Kenntnis der Sachlage über das Angebot entscheiden zu können*", wobei diese Angaben gem. § 11 Abs. 1 S. 3 und 4 WpÜG richtig und vollständig in deutscher Sprache gemacht und gem. S. 5 vom Bieter unterzeichnet werden müssen. Die Angebotsunterlage hat insbesondere die in § 11 Abs. 2 S. 2 WpÜG in den Nr. 1 bis 6 erforderlichen Angaben zum Inhalt des Angebots sowie die in S. 3 Nr. 1 bis 4 normierten ergänzenden Angaben zu enthalten.[822] Wie sich aus der Generalklausel des § 11 Abs. 1 S. 2 WpÜG ergibt, ist hierbei grundsätzlich darauf zu achten, dass die Angebotsunterlage als Basis für eine ausreichend informierte Entscheidung der Aktionäre geeignet sein und den Betroffenen ein zutreffendes und ausreichendes Bild über die Wertpapiere und die Verhältnisse des Emittenten vermitteln muss.[823] Die erforderliche Vollständigkeit (§ 11 Abs. 2 S. 3 WpÜG) der Unterlage beurteilt sich hierbei insbesondere danach, ob die in § 11 Abs. 2 WpÜG genannten Angaben auch vollumfänglich gemacht wurden.[824] Einzig unklar ist bei der Beurteilung der Generalklausel im Zusammenspiel mit S. 3, ob es erforderlich sein kann, neben den in Abs. 2 (iVm. § 2 WpÜG-AngebotVo) genannten Angaben noch weitere Angaben aufzunehmen.[825] Dies ist im Grundsatz abzulehnen, da der Gesetzeswortlaut keine Indikation für die Annahme des Aufzählens lediglich von Mindestangaben gibt.[826] Außerdem würde sonst für den Bieter die Veröffentlichung einer vollständigen Angebotsunterlage erschwert, was zu einer unverhältnismäßigen Erhöhung des Haftungsrisikos führen würde.[827] Es ist jedoch anerkannt, dass in einigen Ausnahmefällen dem Schutz der Aktionäre durch erweiterte Angaben zur Durchsetzung zu verhelfen ist, wenn andernfalls ein irreführender Gesamteindruck entstünde.[828] Ein solcher ist insbesondere bei im Einzelnen zutreffenden Angaben anzunehmen, die sich im Zusammenspiel zu einem ungerechtfertigten (zu) positiven Eindruck zugunsten des Bieters summieren.[829] Dieses Konzept ist schlüssig und

---

822 S. ausführlich hierzu *Wackerbarth* in MünchKommAktG, § 11 WpÜG, Rn. 11 ff.

823 *Meyer* in Assmann/Pötzsch/Schneider, WpÜG, § 11, Rn. 40, der insofern eine Parallele zu § 5 Abs. 1 S. 1 WpPG zieht.

824 *Meyer* in Assmann/Pötzsch/Schneider, WpÜG, § 11, Rn. 42.

825 *Seydel* in KölnKomm, WpÜG, § 11, Rn. 27.

826 *Meyer* in Assmann/Pötzsch/Schneider, WpÜG, § 11, Rn. 45; *Seydel* in KölnKomm-WpÜG, § 11, Rn. 27. Vgl. auch das OLG Frankfurt a. M., Urt. v. 18.4.2007 – Az.: 21 U 72/06 = BeckRS 2007, 08978 („*abschließender Charakter*").

827 *Meyer* in Assmann/Pötzsch/Schneider, WpÜG, § 11, Rn. 45.

828 Vgl. *Wackerbarth* in MünchKommAktG, § 11 WpÜG, Rn. 14.

829 *Seydel* in KölnKommWpÜG, § 11, Rn. 27; *Wackerbarth* in MünchKommAktG, § 11 WpÜG, Rn. 14, der von „*Evidenzfällen*" spricht. *Meyer* in Assmann/Pötzsch/

interessengerecht, da es sowohl dem Anliegen des Bieters im Hinblick auf eine rechtssichere Veröffentlichung der Angebotsunterlage entspricht, als auch die Interessen der betroffenen Aktionäre in ausreichendem Maße schützt. Der Zeitpunkt, zu dem die Angaben den eben genannten Kriterien entsprechen müssen, ist zunächst der der Veröffentlichung der Angebotsunterlage. Für den Fall, in dem sich in dem Zeitraum zwischen der Übermittlung der Unterlage an die BaFin und deren Veröffentlichung relevante Veränderungen ergeben, ist jedoch eine Pflicht zur Ergänzung bzw. Berichtigung der Unterlage allgemein anerkannt.[830] Eine Veränderung ist dann als relevant anzusehen, wenn die Unterlage bei deren anfänglichen Vorliegen anders ausgesehen hätte, als es tatsächlich der Fall war.[831] Selbiges gilt nach zustimmungswürdiger h. M. für die Pflicht zur Ergänzung der Unterlage (gem. § 12 Abs. 3 Nr. 3 WpÜG in der Form einer Ad-hoc-Mitteilung gem. Art. 17 MAR[832]) bei Veränderung der den Angaben zugrunde liegenden Tatsachen zu einem Zeitpunkt nach Veröffentlichung der Angebotsunterlage jedoch vor Ablauf der Annahmefrist.[833]

---

Schneider, WpÜG, § 11, Rn. 45 nennt als Beispiel das Vorliegen sog. *break up fees* für den Bieter im Falle des Nichtzustandekommen des Vertrags.

830 Hierzu insgesamt *Meyer* in Assmann/Pötzsch/Schneider, WpÜG, § 11, Rn. 47; *Thoma* in Baums/Thoma/Verse, WpÜG, § 11, Rn. 41 jew. mwN.
Die Herleitung dieses Ergebnisses variiert jedoch teils erheblich: So geht *Wackerbarth* in MünchKommAktG, § 11 WpÜG, Rn. 17 davon aus, dass die Pflicht bereits aus einem *„funktionalen Verständnis"* des § 11 Abs. 1 S. 2 WpÜG herrühre, da die Angebotsunterlage als essentielle Informationsquelle für die Aktionäre bis zum Ablauf der Annahmefrist richtig sein müsse. Ähnlich argumentiert *Möllers* in KölnKommWpÜG, § 12, Rn. 52, der aus *„teleologischen Erwägungen"* eine stets aktualisierte Angebotsunterlage als Entscheidungsgrundlage für zwingend ansieht. Einen anderen Begründungsansatz wählen indes *Thoma* in Baums/Thoma/Verse, WpÜG, § 12, Rn. 36 und wohl auch *Meyer* in Assmann/Pötzsch/Schneider, WpÜG, § 11, Rn. 45, die davon ausgehen, dass eine planwidrige Regelungslücke bestehe, welche durch die analoge Anwendung des § 11 VerkProspG a. F bzw. § 16 WpPG zu schließen sei.

831 So ausdrücklich *Wackerbarth* in MünchKommAktG, § 11 WpÜG, Rn. 17 (insbes. Fn. 8), der bzgl. der Relevanz maßgeblich auf die in §§ 11 Abs. 2 WpÜG iVm. der WpÜG-AngebotVo genannten erforderlichen Angaben abstellt.

832 *Thoma* in Baums/Thoma/Verse, WpÜG, § 12, Rn. 39, 66 (noch zu § 15 WpHG).

833 *Wackerbarth* in MünchKommAktG, § 11 WpÜG, Rn. 17 mwN. auch zur Gegenmeinung.

### *b. Die Angaben im Einzelnen*

Sowohl die Angaben in § 11 Abs. 2 WpÜG, als auch die ergänzenden Angaben in § 2 WpÜG-AngebotVo sind ihrem Anwendungsbereich nach letztlich selbsterklärend, sodass diese hier nicht in allzu großem Umfang dargestellt, sondern sich auf die diesbezüglichen Besonderheiten konzentriert werden soll, die beim Delisting zu beachten sind.[834]

#### aa. Allgemeine Angaben

Hierbei ist zunächst § 11 Abs. 2 S. 2 Nr. 5 WpÜG zu nennen, nach welchem die Bedingungen, unter die das Angebot gestellt ist, angegeben werden müssen. Dieser ist jedoch nur in dem Umfang von Relevanz, in dem auch Bedingungen zulässig sind.[835]

Da § 31 WpÜG gem. § 39 Abs. 3 S. 2 BörsG nur mit der Maßgabe Anwendung findet, dass eine Gegenleistung in Geld zu gewähren ist, können denknotwendig auch die zunächst gem. § 2 Nr. 2 und 2a WpÜG-AngebotVo iVm. § 7 WpPG bzw. § 7 VermAnlG erforderlichen Angaben zu Wertpapieren und Vermögensanlagen als Gegenleistung keine Rolle spielen und müssen entsprechend nicht angegeben werden.[836] Des Weiteren ist auch die Angabe über die betroffenen Wertpapiere bei einem Teilangebot gem. § 2 Nr. 6 WpÜG-AngebotVo obsolet, da dem Grunde nach die hiervon in Bezug genommenen wertmäßigen oder prozentualen Beschränkungen für Teilangebote bei einem Delisting nach der Neuregelung nicht mehr möglich sind.[837] Eine etwaige Begrenzung auf eine Aktiengattung ist freilich – in den erlaubten Fällen[838] – vorzunehmen. Gem. § 2 Nr. 7 WpÜG-AngebotVo müssen etwaige Vorerwerbe angegeben sowie gem. § 2 Nr. 3 WpÜG-AngebotVo Angaben zu den verwendeten Bewertungsmethoden, die der Berechnung der Höhe der Gegenleistung zugrunde liegen, gemacht werden.[839]

---

834 Einen ausführlichen Überblick über die einzelnen Regelungen liefern beispielsweise *Geibel/Süßmann* in Angerer/Geibel/Süßmann, WpÜG, § 11, Rn. 11 ff.; *Meyer* in Assmann/Pötzsch/Schneider, WpÜG, § 11, Rn. 68 ff.; *Wackerbarth* in MünchKommAktG, § 11 WpÜG, Rn. 26 ff.

835 S. hierzu o.: Kapitel 4 A.V.

836 Vgl. ebenso *Harnos*, ZHR 2015, 750, 756.

837 *Harnos*, ZHR 2015, 750, 756. S. zum Verbot des Teilangebots ausführlich u.: Kapitel 4 A.III.

838 S. hierzu o.: Kapitel 4 A.III.

839 *Harnos*, ZHR 2015, 750, 757.

### bb. § 2 Nr. 7a WpÜG-AngebotVo

Die einzige speziell auf die Fälle des Delisting modifizierte Pflicht innerhalb der Angebotsunterlage wurde vom Gesetzgeber im Rahmen der Neuregelung des § 39 BörsG in § 2 Nr. 7a WpÜG-AngebotVo geschaffen. Der Bieter muss die Aktionäre nun auf die mögliche Beschränkung der Handelbarkeit und etwaige durch das Delisting verursachte Kursverluste hinweisen, um den Aktionären die Risiken vor Augen zu führen, die durch eine Nichtannahme des Angebots entstehen können.[840]

### cc. Kritik am umfassenden Verweis des § 39 Abs. 3 S. 2 BörsG

Im Nachgang zur gesetzlichen Neukonzeption des Delisting durch den Verweis auf das WpÜG wurde im Hinblick auf den Umfang der übrigen Angaben in der Literatur teilweise Kritik dahin gehend geübt, dass die Pflicht zur Veröffentlichung einer vollumfänglichen Angebotsunterlage nach dem WpÜG zur Zunahme des bürokratischen Aufwands führen und somit ein Delisting übermäßig erschwert werden würde.[841] Im Fokus der Kritik stand im Einzelnen die Pflicht zur Äußerung über das künftige Geschäftsgebaren des Emittenten gem. § 11 Abs. 2 S. 3 Nr. 2 WpÜG: Die hiernach erforderlichen Angaben seien speziell auf Übernahmeangebote zugeschnitten und daher auf Delisting-Angebote nicht sinnvollerweise zu übertragen.[842] Ferner wurde allgemein davor gewarnt, die Anforderungen generell zu *„überspannen"*.[843]

Diese Überlegungen mögen von dem legitimen Ziel der Vereinfachung des Delisting getragen sein, finden jedoch weder im Gesetz noch in den Gesetzesmaterialien einen Anhaltspunkt. Vielmehr wollte der Gesetzgeber einen umfassenden Schutz schaffen, der sich auch im Umfang der Angebotsunterlage niederschlägt. Hinzu kommt die durch die Schaffung des § 2 Nr. 7a WpÜG-AngebotVo normierte Erweiterung des Pflichtenumfangs für Delisting-Angebote, sodass nicht davon auszugehen ist, durch eine einschränkende Anwendung der übrigen Vorschriften solle der Informationsfluss wieder limitiert werden.

---

840 BT-Drucks. 18/6220, S. 88; vgl. auch *Harnos*, ZHR 2015, 750, 757.

841 So bereits vor Inkrafttreten der Regelung *Brellochs*, Stellungnahme, aaO., S. 20; ähnlich *Koch/Harnos*, NZG 2015, 729, 735. Krit. auch *Bungert/Leyendecker-Langner*, DB 2015, 2251, 2253. Dem grundsätzlich folgend *Harnos*, ZHR 2015, 750, 757.

842 *Kastl*, Rückzug von der Börse, S. 334 f., die sogar eine gesetzliche Ausnahme für § 11 Abs. 2 S. 3 Nr. 2 und 3 WpÜG konstituieren will. Krit. auch *Harnos*, ZHR 2015, 750, 757, der zudem § 2 Nr. 1, Nr. 3a, Nr. 5, Nr. 8, Nr. 9, Nr. 11 WpÜG-AngebotVo nicht angewendet wissen will.

843 *Bayer*, NZG 2015, 1169, 1176.

Entsprechend kann dem Gesetzgeber auch nicht vorgeworfen werden, er habe die Regelungen in § 2 WpÜG-AngebotVo übersehen. Den im Vorfeld geäußerten Bedenken[844] des hierdurch wachsenden bürokratischen Aufwands hätte der Gesetzgeber durch eine einfache beschränkende Bezugnahme Rechnung tragen können. Da dies trotz Bekanntheit nicht geschah,[845] kann auch keine beschränkende Auslegung vorgenommen werden. Im Ergebnis ist also eine vollständige Angebotsunterlage nach dem WpÜG zu veröffentlichen.

Im Lichte der Anlegerschutzfunktion ist dies auch folgerichtig und begrüßenswert. Insbesondere die teilweise vertretene Meinung, die in § 11 Abs. 2 S. 3 Nr. 2 und 3 WpÜG genannten Angaben müssten nicht in der Angebotsunterlage enthalten sein, kann nicht verfangen. Diese Angaben über die Absicht des Bieters zur Art und Weise der zukünftigen Geschäftsführung des Emittenten sind zwingender Bestandteil der Informationsgrundlage für die Aktionäre und somit auch bei Delisting-Angeboten mitzuteilen.[846] Zudem beinhalten diese Angaben auch die Intention eines zukünftigen Squeeze out.[847] Diese Information ist freilich für die Aktionäre von signifikanter Bedeutung und sollte damit zwingender Bestandteil der Angebotsunterlage sein.[848] *Wackerbarth* weist indes darauf hin, dass es genüge, lediglich unkonkrete Angaben bezüglich der Stellung des Delisting-Antrags zu machen, da dem Wortlaut insofern keine weiteren Vorgaben zu entnehmen seien und das Angebot auch nicht von der tatsächlichen Stellung des Delisting-Antrags abhänge.[849]

---

844 *Brellochs*, Stellungnahme, aaO., S. 20.

845 Insbesondere die eben erwähnte Stellungnahme von *Brellochs* war zwangsläufig auch dem Gesetzgeber bekannt.

846 So i. Erg. auch *Wieneke/Schulz*, AG 2016, 809, 811.
S. zu § 11 Abs. 2 S. 3 Nr. 2 WpÜG auch *Meyer* in Assmann/Pötzsch/Schneider, WpÜG, § 11, Rn. 109 mit dem Verweis darauf, dass für eine informierte Entscheidung nicht nur „*Art und Höhe der Gegenleistung*" relevant sein sollen. S. jedoch gegen die Übertragbarkeit dieses Gedankens auf Fälle des Delisting *Koch/Harnos*, NZG 2015, 729, 735. Dies mittlerweile jedoch auf Fälle des § 39 Abs. 3 S. 3 und 4 BörsG einschränkend *Harnos*, ZHR 2015, 750, 757.
Das Ziel des § 11 Abs. 2 S. 3 Nr. 3 WpÜG ist zudem das Aufdecken von Interessenkonflikten, vgl. *Geibel/Süßmann* in Angerer/Geibel/Süßmann, WpÜG, § 11, Rn. 41 ff., die explizit darauf hinweisen, dass dieser auch für einfache Angebote zu gelten habe.

847 *Seydel* in KölnKommWpÜG, § 11, Rn. 69; *Wackerbarth* in MünchKommAktG, § 11 WpÜG, Rn. 51 jew. mwN.

848 So auch bereits in der Praxis bei der Übernahme der BDI AG geschehen, vgl. die Angebotsunterlage, aaO., S. 24.

849 *Wackerbarth*, WM 2016, 385, 386.

## VII. Sicherstellung der Finanzierung

Außerdem muss der Bieter gem. § 13 Abs. 1 S. 1 WpÜG die Finanzierung des Angebots zum Fälligkeitszeitpunkt sicherstellen. Insbesondere bei Angeboten, bei denen die Gegenleistung des Bieters in Geld besteht (was beim Delisting gem. § 39 Abs. 3 S. 2 BörsG stets der Fall ist), muss ein Wertpapierdienstleistungsunternehmen schriftlich die Vornahme dieser Vorkehrungen bestätigen.[850]

Sollte der Bieter nachträglich sein Angebot ändern, muss er auch die Sicherstellung der Finanzierung auf den erhöhten Betrag erweitern.[851] Hierauf ist gem. § 11 Abs. 2 S. 3 Nr. 1 WpÜG auch in der Angebotsunterlage entsprechend hinzuweisen.[852]

## VIII. Übermittlung und Veröffentlichung der Angebotsunterlage gem. § 14 WpÜG

Schließlich ist die nach den eben beschriebenen Kriterien erstellte Angebotsunterlage nach § 14 Abs. 3 WpÜG zu veröffentlichen. Zunächst ist die Angebotsunterlage jedoch gem. § 14 Abs. 1 S. 1 WpÜG innerhalb von vier Wochen nach Veröffentlichung der Entscheidung zur Abgabe eines Angebots der BaFin zu übermitteln.[853] Hat die BaFin die Angebotsunterlage daraufhin im von § 15 WpÜG vorgegebenen Umfang geprüft[854] und im Anschluss hieran die Veröffentlichung gestattet oder nicht innerhalb von zehn Werktagen untersagt, muss der Emittent diese unverzüglich veröffentlichen, § 14 Abs. 2 WpÜG.[855] Dies muss

850 *Krause* in Assmann/Pötzsch/Schneider, WpÜG, § 13, Rn. 14 ff. Zur Finanzierungsbestätigung ausländischer Finanzinstitute *Schulz/Wieneke*, NZG 2017, 449, 454.

851 *Krause* in Assmann/Pötzsch/Schneider, WpÜG, § 13, Rn. 22 mwN.

852 *Harnos*, ZHR 2015, 750, 756.

853 Es kommt also für den Fristbeginn auf die Veröffentlichung der Angebotsunterlage gem. § 10 Abs. 3 WpÜG an. Die Fristberechnung erfolgt gem. §§ 187 Abs. 1, 188 Abs. 2 BGB und beginnt somit einen Tag nach der Vornahme der letzten Veröffentlichungsmaßnahme gem. § 10 Abs. 3 S. 1 Nr. 1 und 2 WpÜG, vgl. hierzu allgemein *Meyer* in Assmann/Pötzsch/Schneider, WpÜG, § 11, Rn. 45 f.
Diese Frist kann auf Antrag gem. § 14 Abs. 1 S. 3 WpÜG bei grenzüberschreitenden Sachverhalten oder bei erforderlichen Kapitalmaßnahmen um bis zu vier weitere Wochen verlängert werden.

854 S. zum Prüfungsumfang der BaFin ausführlich u.: Kapitel 4 B.X.

855 *Wackerbarth* in MünchKommAktG, § 14 WpÜG, Rn. 13. Bezüglich des Begriffs „*unverzüglich*" kann auch hier auf die obigen Ausführungen verwiesen werden. Vgl. weiterhin zu diesem gesamten Komplex *Assmann* in Assmann/Pötzsch/Schneider, WpÜG, § 14, Rn. 18 und 22.

gem. § 14 Abs. 3 S. 1 Nr. 1 und 2 WpÜG im Internet und im Bundesanzeiger bzw. durch Bereithalten an einer geeigneten Stelle erfolgen.[856] Die Veröffentlichung ist im Anschluss daran wiederum unverzüglich der BaFin mitzuteilen, § 14 Abs. 3 S. 2 WpÜG.[857]

Die Frist zur Annahme kann gem. § 16 Abs. 1 WpÜG zwischen vier und zehn Wochen betragen.[858]

Handelt es sich um ein kombiniertes Übernahmeangebot, besteht für die Aktionäre ferner die Möglichkeit der Annahme des Angebots innerhalb einer weiteren zweiwöchigen Frist gem. § 16 Abs. 2 WpÜG.[859]

## IX. Pflicht zur Stellungnahme des Vorstands und des Aufsichtsrats des Emittenten

Vorstand und Aufsichtsrat müssen gem. § 27 WpÜG eine Stellungnahme zu dem Angebot auf Basis der Angebotsunterlage abgeben. In dieser müssen die in § 27 Abs. 1 S. 2 Nr. 1 bis 4 WpÜG aufgeführten Angaben enthalten sein, also solche zu Art und Höhe der angebotenen Gegenleistung (Nr. 1), den voraussichtlichen Folgen eines erfolgreichen Angebots für den Emittenten und (u. a.) seine Arbeitnehmer (Nr. 2), die Ziele des Bieters (Nr. 3) und schließlich die Absicht zur Veräußerung von Wertpapieren des Emittenten durch eben diese haltende Mitglieder des Vorstands oder Aufsichtsrats (Nr. 4).[860] Insbesondere im Hinblick

---

§ 14 Abs. 2 S. 1 WpÜG gilt gem. § 35 Abs. 2 S. 2 WpÜG auch bei Pflichtangeboten. Der Bieter hat in diesem Fall vier Wochen nach Kontrollerlangung Zeit, die Angebotsunterlage zu veröffentlichen, vgl. hierzu Krause/Pötzsch in Assmann/Pötzsch/Schneider, WpÜG, § 35, Rn. 185 ff.

856 Die geeignete Stelle muss zu Geschäftszeiten erreichbar und in der Lage sein, die Unterlage kostenfrei zu versenden (sog. *„Schalterpublizität"*). Gem. § 14 Abs. 3 S. 2 WpÜG muss die Stelle im Bundesanzeiger angegeben werden. S. hierzu insgesamt *Assmann* in Assmann/Pötzsch/Schneider, WpÜG, § 14, Rn. 37 ff.

857 S. hierzu *Assmann* in Assmann/Pötzsch/Schneider, WpÜG, § 14, Rn. 42. Gem. § 14 Abs. 4 WpÜG müssen der Vorstand des Emittenten vom Bieter und der Betriebsrat des Emittenten wiederum vom Vorstand über das Angebot informiert werden. Dies entspricht der Regelung in § 10 Abs. 5 S. 1 und 2 WpÜG, vgl. *Assmann* in Assmann/Pötzsch/Schneider, WpÜG, § 14, Rn. 46, sodass auf die Ausführungen hierzu verwiesen werden kann (s. o.: Kapitel 4 B.IV.).

858 *Wackerbarth* in MünchKommAktG, § 16 WpÜG, Rn. 1.

859 *Wieneke/Schulz*, AG 2016, 809, 811.

860 Vgl. hierzu insgesamt *Wieneke/Schulz*, AG 2016, 809, 811 und 817. Zum Inhalt der Begründung ausführlich *Krause/Pötzsch* in Assmann/Pötzsch/Schneider, WpÜG, § 27, Rn. 53 ff.

auf § 27 Abs. 1 S. 2 Nr. 1 WpÜG stellt sich die Frage, ob Vorstand und Aufsichtsrat sich überhaupt negativ über die Höhe der Gegenleistung äußern können, z. B. bei einer solchen ohne Aufschlag, wenn der Vorstand (dennoch) den Delisting-Antrag stellen wird. Dies ist letztlich uneingeschränkt zu bejahen, da der Vorstand bei seiner Delisting-Entscheidung lediglich die Gesellschaftsinteressen beachten muss, während die Höhe der Gegenleistung lediglich die Aktionäre betrifft, für deren Schutz der Vorstand nicht einzustehen hat. Zudem können die Aktionäre, sollte die Gegenleistung tatsächlich zu niedrig sein, das Angebot ablehnen.[861]

Beim Delisting sind darüber hinaus – im Hinblick auf § 2 Nr. 7a WpÜG-AngebotVo noch weitere Besonderheiten zu beachten: Da der Bieter die Aktionäre über die delistingbedingten Einschränkungen der Handelbarkeit und mögliche Kursverluste hinweisen muss, müssen sich der Vorstand und der Aufsichtsrat in ihrer Stellungnahme auch hierzu einlassen, wobei es genügt, wenn dies ohne konkretere Aussagen über die Beweggründe für den Delisting-Antrag erfolgt.[862] Sollte des Weiteren ein Delisting-*Agreement* zwischen Bieter, Vorstand und Aufsichtsrat geschlossen worden sein,[863] muss der Vorstand bei seiner Stellungnahme auch hierauf hinweisen.[864]

## X. Prüfungsumfang von BaFin und Börse

Gem. § 15 Abs. 1 Nr. 1 WpÜG überprüft die BaFin die Vollständigkeit der vorliegenden Angaben, die der Bieter nach § 11 Abs. 2 WpÜG und der WpÜG-AngebotVo zu veröffentlichen hat.[865] Gem. § 15 Abs. 1 Nr. 2 WpÜG kann die BaFin lediglich offensichtliche Unrichtigkeiten der Angaben sowie Verstöße gegen übernahmerechtliche Regeln beanstanden.[866] Von erheblicher Bedeutung ist darüber hinaus die Kontrolle der Angebotshöhe im Hinblick auf den Preisbestimmungsprozess und dessen Konformität mit den Vorschriften des § 31

861 S. hierzu insgesamt *Wieneke/Schulz*, AG 2016, 809, 817.

862 *Wieneke/Schulz*, AG 2016, 809, 817.

863 S. hierzu ausführlich o.: Kapitel 4 B.II.

864 *Wieneke/Schulz*, AG 2016, 809, 817. Allgemein hierzu *Wackerbarth* in MünchKommAktG, § 27 WpÜG, Rn. 11;

865 Hierzu *Meyer* in Assmann/Pötzsch/Schneider, WpÜG, § 15, Rn. 10.

866 Generell hierzu *Wackerbarth* in MünchKommAktG, § 15 WpÜG, Rn. 18 ff.; *Lenz/Linke*, AG 2002, 361, 363. Dieser Prüfungsumfang erstreckt sich auch auf die, im hiesigen Zusammenhang relevanten Verstöße gegen das Verbot von Teil- bzw. beschränkten Angeboten oder Bedingungen, vgl. *Meyer* in Assmann/Pötzsch/Schneider, WpÜG, § 15, Rn. 11.

WpÜG und der §§ 3 ff. WpÜG-AngebotVo.[867] Indem der BaFin die Verantwortung für die richtige Berechnung des in Ansatz zu bringenden Börsenkurses übertragen wurde, wollte der Gesetzgeber sicherstellen, dass die *„zu gewährende Gegenleistung nicht offensichtlich unangemessen ist"*.[868]

Der Prüfungsumfang der Börsengeschäftsführung ist hingegen in signifikanter Weise limitiert, da jene in Fällen des Angebots nach § 39 Abs. 2 S. 3 Nr. 1 BörsG lediglich das Vorliegen einer Angebotsunterlage prüfen darf:[869] Aus § 39 Abs. 6 BörsG, der die Rechtmäßigkeit des Widerrufs für von der Ordnungsgemäßheit eines Angebots iSd. § 39 Abs. 3 S. 3 BörsG unabhängig erklärt,[870] ergibt sich im Umkehrschluss, dass die Börsengeschäftsführung bei der Rücknahme der Zulassung die Ordnungsgemäßheit des Angebots nicht berücksichtigen darf.[871] Dies deckt sich wiederum mit der Zuweisung in der Beschlussempfehlung,[872] in der die Prüfungspflicht bezüglich der Ordnungsgemäßheit der Angebotsunterlage maßgeblich der BaFin auferlegt wird.[873]

Hierdurch soll die Börsengeschäftsführung mangels Pflicht zur inhaltlichen Überprüfung *„in einem einfachen und rechtssicheren Verfahren über den Widerruf der Zulassung"* entscheiden können.[874]

## XI. Folge bei fehlerhafter oder fehlender Angebotsunterlage

Gem. § 39 Abs. 2 S. 3 Nr. 1 BörsG kann ein Delisting nur dann durchgeführt werden, wenn die Angebotsunterlage in dem eben beschriebenen Umfang vorgelegt wurde. Gem. § 15 Abs. 3 S. 1 WpÜG ist die Veröffentlichung eines Angebots nach Untersagung durch die BaFin hingegen verboten.[875] Es stellt sich – neben der Tatsache, dass also ein Delisting im Ergebnis nicht durchgeführt werden kann, – die Frage, welche weiteren Rechtsfolgen es nach sich zieht, wenn die Unterlage nicht oder nicht vollständig vorgelegt wird.

---

867 *Wackerbarth* in MünchKommAktG, § 15 WpÜG, Rn. 21; *Lenz/Behnke*, BKR 2003, 43, 44.

868 BT-Drucks. 18/6220, S. 86. Vgl. hierzu auch *Groß*, AG 2015, 812, 816 f. Dies ergibt auch Sinn, da diese für die Börsenpreisberechnung zuständig ist, vgl. *Kocher/Seiz*, DB 2016, 153, 156. S. hierzu o.: Kapitel 3 B.IV.1.a.

869 Zum Prüfungsumfang in den Fällen des § 39 Abs. 2 S. 3 Nr. 2 BörsG s. u.: Kapitel 7 B.

870 S. hierzu ausführlich u.: Kapitel 9 B.I.2.

871 S. zu diesem ganzen Komplex *Harnos*, ZHR 2015, 750, 774 f.

872 BT-Drucks. 18/6220, S. 86.

873 Vgl. hierzu auch *Harnos*, ZHR 2015, 750, 775.

874 BT-Drucks. 18/6220, S. 86.

875 Vgl. hierzu *Meyer* in Assmann/Pötzsch/Schneider, WpÜG, § 15, Rn. 25.

Eine weitreichende Konsequenz ist das Verbot der erneuten Angebotsunterbreitung für ein Jahr gem. § 26 Abs. 1 S. 1 WpÜG.[876] Zudem hat die Schadensersatzpflicht aus § 12 Abs. 1 WpÜG auf die Durchführung des Delisting keine Auswirkungen, ist aber trotzdem auch im Falle eines solchen anwendbar.[877] Nach dieser muss derjenige, der die Angebotsunterlage erstellt oder für sie die Verantwortung übernommen hat, den Aktionären, die das Angebot angenommen haben, für den durch die Angebotsannahme entstandenen Schaden haften, wenn das Angebot auf wesentlich falschen Angaben beruhte.[878] Sollte die Finanzierung außerdem nicht durchgeführt werden können, ist der Finanzdienstleister, der die Bestätigung erteilt hat, gem. § 13 Abs. 2 WpÜG zum Ersatz des daraus entstehenden Schadens verpflichtet.[879] Darüber hinaus sind die Ordnungswidrigkeitentatbestände zu nennen, die vorsätzlich oder fahrlässig begangene Verstöße gegen die §§ 10 und 14 WpÜG zur Folge haben können: Veröffentlicht der Bieter seine Entscheidung zur Abgabe eines Angebots entgegen § 10 Abs. 1 S. 1 WpÜG, die Tatsache der Kontrollerlangung gem. § 35 Abs. 1 S. 1 WpÜG oder übermittelt der Bieter der BaFin entgegen § 14 Abs. 2 S. 1 WpÜG oder § 35 Abs. 2 S. 1 WpÜG die Angebotsunterlagen nicht, nicht richtig, nicht vollständig, nicht in der vorgegebenen Weise oder nicht rechtzeitig, kann er gem. § 60 Abs. 1 Nr. 1 lit. a, Abs. 3 WpÜG mit bis zu EUR 1 Mio. bebußt werden. Eine Bebußung iHv. bis zu EUR 500.000,00 kann auch erfolgen, wenn gegen die Mitteilungspflichten des § 10 Abs. 2 S. 1 WpÜG (iVm. § 35 Abs. 1 S. 4 WpÜG) oder § 35 Abs. 2 S. 2 WpÜG verstoßen wird, § 60 Abs. 1 Nr. 2 lit. a, Abs. 3 WpÜG. Derselbe Bußgeldrahmen gilt bei Verstößen gegen § 14 Abs. 1 S. 1 WpÜG.[880]

---

876 *Assmann* in Assmann/Pötzsch/Schneider, WpÜG, § 14, Rn. 50.

877 Vgl. ausführlich *Kastl*, Rückzug von der Börse, S. 336 f. auch zu der Frage, ob die Kausalitätsvermutung des § 12 Abs. 3 Nr. 1 WpÜG beim Delisting noch gelten kann.

878 Zur gesetzlichen Konzeption *Möllers* in KölnKommWpÜG, § 12, Rn. 1 ff.; zum Begriff der wesentlichen Angaben *Assmann* in Assmann/Pötzsch/Schneider, WpÜG, § 12, Rn. 11 ff.

879 *Krause* in Assmann/Pötzsch/Schneider, WpÜG, § 13, Rn. 109 ff.

880 Vgl. hierzu und zu den anderen möglichen Bußgeldern bei Verstößen gegen die oben dargestellten Pflichten die entsprechenden Auflistungen bei *Assmann* in Assmann/Pötzsch/Schneider, WpÜG, § 10, Rn. 81 und § 14, Rn. 51; *Hasselbach* in KölnKomm-WpÜG, § 35, Rn. 263 ff.

# 5 Die Abfindungspflicht beim Downlisting, Downgrading und dem Rückzug aus dem Freiverkehr *de lege lata* und *de lege ferenda*

## A. Kontroverse Anordnung des Gesetzgebers

Die bereits zu Zeiten von *Macrotron* geführte Diskussion zur Anwendbarkeit des Anlegerschutzes auf Fälle des Downlisting dauert bis heute an, obwohl der Gesetzgeber durch die Neuregelung diesbezüglich eindeutig Stellung bezogen hat. Hierbei kann es jedoch nicht belassen werden, da in diesem Regelungsteil wohl mitunter der dringendste und umfassendste Änderungsbedarf der Regelung des § 39 BörsG besteht. Im Rahmen der Neuevaluierung des Gesetzes wird insbesondere hierauf der Fokus gelegt werden müssen.[881]

## B. Downgrading

Da im Falle eines Downgrading innerhalb des regulierten Markts die Papiere nach wie vor an einem regulierten Markt gehandelt werden, stellt sich hier die Frage nach der Notwendigkeit eines Abfindungsangebots bereits nicht, sodass die Neuregelung auf diese Fälle auch unzweifelhaft nicht anzuwenden ist.[882]

## C. Downlisting und Rückzug aus dem Freiverkehr *de lege lata*

Die im Vorfeld sehr kontrovers diskutierte Frage nach der Anwendbarkeit eines Abfindungsangebots auf Fälle des Downlisting[883] hat der Gesetzgeber deutlich beantwortet: In seiner Beschlussempfehlung geht er explizit von der Erstreckung der Neuregelung auch auf Fälle des Downlisting aus. Begründet wird dies mit der Einschränkung der Handelbarkeit durch den Rückzug aus dem regulierten Markt in den Freiverkehr.[884] Auch der Wortlaut der Regelung spiegelt diesen Befund wider, indem insoweit generell auf den Rückzug vom regulierten Markt ohne weitere Einschränkung abgestellt und somit jede Art des Delisting umfasst

---

881 Ähnlich sieht das *Drygala*, Gesellschaftsrecht in der Diskussion 2015, 75, 79 f.
882 *Groß*, KapMaR, § 39 BörsG, Rn. 20.
883 S. zum Meinungsbild vor der Neuregelung *Harnos*, ZHR 2015, 750, 754 (insbesondere Fn. 8 und 9).
884 Hierzu insgesamt BT-Drucks. 18/6220, S. 84.

wird.[885] *De lege lata* müssen also auch Fälle des Downlisting als umfasst angesehen werden. Im Gegensatz hierzu nicht regulatorisch erfasst ist der Rückzug aus dem Freiverkehr, der nicht unter die Neuregelung fällt. Dies ergibt sich – neben der Anknüpfung an den in Abs. 1 genannten Rückzug vom regulierten Markt und an § 2 Abs. 2 WpÜG bezüglich der erfassten Wertpapiere[886] – aus dem Wortlaut sowie der fehlenden Erwähnung in der Beschlussempfehlung.[887] Es kann aus diesen Gründen und im Hinblick auf die Wichtigkeit eines rechtssicheren und im Vorhinein planbaren Umgangs mit dem Rückzug aus dem Freiverkehr auch keine analoge Anwendbarkeit des § 39 BörsG auf Fälle des Rückzugs aus dem Freiverkehr erwogen werden.[888] Zudem spricht auch die explizite Erwähnung des Rückzugs vom regulierten Markt als Kursverluste auslösendes Ereignis in der Beschlussempfehlung[889] gegen das Vorliegen einer planwidrigen Regelungslücke.

## D. Kritik

Eine Erstreckung auch auf Fälle des Downlisting erscheint zunächst nicht zwingend. Die Gesetzesmaterialien gehen auch hier (ohne weitere Begründung) von der Beeinträchtigung der Handelbarkeit aus.[890] Betrachtet man indes die empirischen Untersuchungen für den Zeitraum nach *Frosta*, in welchem ein kompensationsloses Delisting möglich war, unterstützen diese Befunde die vom Gesetzgeber als Basis für seine Begründung zugrunde gelegte Hypothese nicht. So sei erneut auf die obigen Studien verwiesen, die ein differenzierteres Bild vermitteln.[891] Die Entscheidung zur Erstreckung der Angebotspflicht auch auf das Downlisting verwundert u. a. deswegen, weil die Gerichte bereits zu Zeiten der Geltung der *Macrotron*-Grundsätze damit argumentierten, dass Fälle des Downlisting wegen der weiterhin bestehenden vergleichbaren Fungibilität nicht erfasst sein sollten.[892] Aus der Rechtsprechung des BVerfG ergibt sich weiterhin das nicht zwingende Schutzerfordernis durch eine Angebotspflicht auch bei

885 So explizit *Kocher/Seiz*, DB 2016, 153.
886 Hierzu bereits o.: Kapitel 4 A.I.1.
887 *Kocher/Seiz*, DB 2016, 153. So i. Erg. auch *Harnos*, ZHR 2015, 750, 755.
888 Sowohl *Linnerz/Freyling*, BB 2017, 1354, 1358 f.
889 BT-Drucks. 18/6220, S. 84.
890 BT-Drucks. 18/6220, S. 84.
891 S. hierzu insbesondere.: Kapitel 2 B.V.3.d.
892 So z. B. das OLG München, NZG 2008, 755 ff. S. hierzu bereits o.: Kapitel 2 A.II.2.d. Ebenso *Kocher/Seiz*, DB 2016, 153.

Delistings,[893] weshalb dies erst Recht für Downlistings gelten muss. Es steht dem Gesetzgeber zwar offen, für diese Sachverhalte Regelungen zu treffen; durch die Erstreckung auf Downlistings hat er jedoch überobligatorisch gehandelt. Es sind im Ergebnis keine schutzwürdigen Aspekte tangiert. Der Gesetzgeber hat bei der Schaffung der Neuregelung die Prämisse zugrunde gelegt, ein Downlisting vom regulierten Markt in den Freiverkehr könne *„zumindest eine Beeinträchtigung der Veräußerungschancen"* darstellen.[894] Damit impliziert er, dass selbst für Fälle ohne zwingende Wertverluste die Liquidität von Papieren im Freiverkehr im Gegensatz zum regulierten Markt gering genug sein kann, um eine Kompensation der Aktionäre zu rechtfertigen.[895] Die Aktionäre können jedoch auch im qualifizierten Freiverkehr ihre Aktien in mit dem regulierten Markt vergleichbaren Maße handeln, da dieser eine (zumindest ähnlich hohe) Liquidität aufweist: Die hohe Liquidität eines Markts zeichnet sich nämlich durch den einfachen Kauf und Verkauf der dort gehandelten Papiere bei niedrigen Transaktionskosten aus.[896] Für die vom Gesetzgeber angenommene Beeinträchtigung der Liquidität gibt es indes keine empirischen Anzeichen. Vielmehr ist durch die Annäherung der beiden Segmente und die Tatsache der Preisbestimmung nach gleichen Grundsätzen gewährleistet, dass die Veräußerungsmöglichkeiten nicht signifikant divergieren.[897] Bereits ältere Studien gingen sogar von einer besonders hohen Liquidität des qualifizierten Freiverkehrs aus.[898] Diesen Befund bestätigt auch die Studie von *Karami/Schuster*, nach der die Ankündigung eines Downlisting nur einen leichten und letztlich auch nicht mit hinreichender Sicherheit feststellbaren Effekt auf die Liquidität der Papiere des Emittenten auszuüben vermag.[899] Dies gilt umso mehr nach dem Inkrafttreten der MAR, da diese die beiden Handelssegmente noch weiter angenähert hat. Diese bevorstehende Änderung musste dem Gesetzgeber auch bewusst gewesen sein, was eine solche Entscheidung umso fragwürdiger erscheinen lässt.[900] Auch der Wegfall des aktienrechtlichen Pflichtenprogramms vermag keine andere Bewertung zu rechtfertigen, da diese keinen merklichen Einfluss auf die Fungibilität oder

---

893 S. hierzu o.: Kapitel 2 A.II.3.

894 BT-Drucks. 18/6220, S. 84.

895 In diese Richtung auch *Gegler*, BKR 2016, 273, 274.

896 *Karami/Schuster*, CF 2016, 106, 110; *Rutz*, Delisting und Downgrading, S. 212.

897 *Bungert/Leyendecker-Langner*, DB 2015, 2251, 2253; *dies.*, BB 2014, 521, 525.

898 Vgl. hierzu *Seibt/Wollenschläger*, AG 2009, 807, 811.

899 Vgl. hierzu auch *Kastl*, Rückzug von der Börse, S. 198. Ausführlich zu dieser Studie o.: Kapitel 2 B.V.3.c.

900 Vgl. auch *Kocher/Seiz*, DB 2016, 153.

das generelle Schutzniveau haben, solange die Offenlegungs- und Mitteilungspflichten der MAR gelten.[901] Diese Überregulierung führt des Weiteren nicht nur zu einer erheblichen Erschwernis bei der Durchführung eines Downlisting; auch kann hieraus eine spürbare Abnahme der Anzahl der Listings derjenigen Gesellschaften folgen, die kurzfristig über einen gewissen Zeitraum hohen Kapitalbedarf haben, welcher jedoch absehbar zu einem späteren Zeitpunkt wieder geringer sein wird. Diese Gesellschaften müssen nun fürchten, sogar bei einem Rückzug in den Freiverkehr ein Abfindungsangebot machen zu müssen. Dies wäre weiterhin auch nur möglich, wenn sich ein entsprechend solventer Bieter hierfür fände.[902] Downlistings – und die damit zum Wohle der Gesellschaft eintretenden Effekte – werden hierdurch erschwert, ohne dass dies durch ein Schutzerfordernis der Anleger gerechtfertigt wäre. Diese Besserstellung ist weiterhin deswegen nicht sinnvoll, weil nun die Möglichkeit besteht, durch einen Verkauf (im Rahmen eines Angebots) von einem u. U. hohen Börsenkurs in den sechs Monaten vor dem Delisting zu profitieren, während die Gefahr eines (bedeutenden) Wertverlusts bei Halten der Aktien minimiert wurde. Etwas Anderes kann sich auch nicht mit Blick auf institutionelle Anleger ergeben, die aufgrund ihrer Regularien zum Verkauf „gezwungen" sind. Zum einen ist es institutionellen Investoren von Gesetzes wegen nicht zwingend verboten, auch Aktien, die nur am Freiverkehr gehandelt werden, zu halten.[903] Zum anderen liegt es näher, diese Richtlinien aus den genannten Gründen auf die aktuelle Gesetzeslage anzupassen; schließlich ist nun eine Listung im (qualifizierten) Freiverkehr mit der im regulierten Markt vergleichbar geworden. Letztlich entfällt auch mangels signifikanten Wertverlusts im Falle eines Downlisting die Schutzbedürftigkeit vor einem „erzwungenen" Verkauf.

## E. Lösungsvorschlag

Nimmt man damit entsprechenden Neuregelungsbedarf an, muss der resultierende Regelungsbedarf dahin gehend umgesetzt werden, dass (nur) die regulierungsbedürftigen Fälle erfasst werden.

---

901 Die geringe Bedeutung der aktienrechtlichen Pflichten erkannte bereits früh das OLG München, NZG 2008, 755, 758. A. A. *Verse*, Aktionärsschutz beim Delisting, aaO., S. 4.

902 In diese Richtung auch *Bungert/Leyendecker-Langner*, DB 2015, 2251, 2253.

903 Vgl. *Kastl*, Rückzug von der Börse, S. 375 mit dem Hinweis auf § 193 Abs. 1 S. 1 KAGB.

## I. Konzeptionelle Änderung des Zeitpunkts für die Angebotspflicht

Dem Gesetzgeber ist grundsätzlich in seiner Bestrebung Recht zu geben, das Delisting regulieren zu wollen, um so die betroffenen Minderheitsaktionäre zu schützen.

### 1. *Grundlegend unzutreffender Ansatz der Abfindungspflicht*

Eine Erstreckung auf Downlisting-Fälle ist jedoch weder geboten noch erstrebenswert. Betrachtet man die aktuelle Konzeption des (qualifizierten) Freiverkehrs entsteht das Bild eines durchaus attraktiven Handelssegments ohne bedeutende Einschränkungen für die Aktionäre.[904] Ihnen sollte nicht die Pflicht aufgebürdet werden, einen derart finanzstarken Investor finden zu müssen, der gewillt ist, alle Minderheitsaktionäre abzufinden, oder andernfalls zwingend am regulierten Markt bleiben zu müssen. Die Tatsache, dass der Rückzug aus dem Freiverkehr gleichzeitig nicht geregelt wird, führt den Regelungskomplex letztlich *ad absurdum*. Der maßgebliche Zusammenhang besteht nämlich zwischen den negativen Kursentwicklungen und der Frage, ob nach Durchführung des Vorgangs noch öffentlicher Handel betrieben wird oder nicht, und nicht hinsichtlich der Frage, ob das jeweilige Unternehmen sich aus dem regulierten Markt oder dem Freiverkehr zurückgezogen hat.[905] Es wurde somit ein Regelungskomplex unberücksichtigt gelassen, der eigentlich der Regelung bedurft hätte, während ein anderer geregelt wurde, obwohl dieser ohne Regulation sinnvollerweise hätte fortbestehen können und sollen. Im Ergebnis besteht damit keine Erforderlichkeit einer Angebotspflicht bei Rückzug in den qualifizierten Freiverkehr bei gleichzeitigem Bestehen eines entsprechenden Schutzbedürfnisses bei Rückzug aus diesem.[906]

### 2. *Problem des gestuften Delisting*

Ein Problem besteht freilich in Fällen, in denen das Downlisting lediglich ein Vorbereitungsschritt für einen anschließenden (Gesamt-)Rückzug aus dem Freiverkehr sein soll, da in diesen Fällen die Aktionäre tatsächlich mit den genannten negativen Effekten konfrontiert sind. Den in Bezug auf ein solch gestuftes Delisting geäußerten Bedenken, dass bei einem kompensationslos möglichen

---

904 S. hierzu o.: Kapitel 1 B.III.1.c.bb(2).

905 S. zur Empirie bzgl. der Kursverluste insbesondere die überzeugende Studie von *Thomale/Walter*, o.: Kapitel 2 B.V.3.d.

906 Dies sehen *Linnerz/Freyling*, BB 2017, 1354, 1359 dem Grunde nach wohl ähnlich.

Downlisting in den Freiverkehr die Umgehung der Abfindungspflicht möglich würde,[907] kann sinnvollerweise nur durch die Erstreckung der Abfindungspflicht auf Fälle des Rückzugs aus dem Freiverkehr bei gleichzeitiger Kompensationsfreiheit in den Fällen des Downlisting begegnet werden. Folgerichtig wäre bei einer solchen Regelung dann auch der Sachverhalt erfasst, der tatsächlich negative Kursentwicklungen auslöst. Die jetzige Regelung setzt insofern falsch an und kann bereits aus diesem Grund nicht gänzlich überzeugen.[908] Es genügt vor diesem Hintergrund damit keineswegs, lediglich eine Ausnahme von der Angebotspflicht für den Rückzug in den (qualifizierten) Freiverkehr zu normieren, da so der Umgehungsgefahr nicht beizukommen ist. Vielmehr kann eine solche Ausnahme nur greifen, wenn die Möglichkeit eines Rückzugs aus diesem Segment wiederum durch eine entsprechende Abfindungszahlung oder weiter bestehende Listung bedingt ist.[909] Dies darf jedoch nicht für Fälle gelten, in denen die Papiere des Emittenten in den einfachen Freiverkehr einbezogen sind, da hier der Emittent nicht selbst der Antragsteller für die Einbeziehung in den Freiverkehr sein muss. Denn Emittenten, deren Papiere ohne Eigeninitiative in den Freiverkehr einbezogen wurden, unterfallen den kapitalmarktrechtlichen Einbeziehungsfolgepflichten nicht, womit ein dem regulierten Markt ähnliches Schutzniveau zugunsten der Aktionäre nicht garantiert werden kann.[910] Folglich sollten diese auch (weiterhin) in den Genuss einer Abfindungspflicht bereits beim Downlisting kommen.

## II. Normative Umsetzung

Für die Fälle des Downlisting ist damit eine weitere Bereichsausnahme von der Angebotspflicht zu normieren, die systematisch stimmig im Anschluss an § 39 Abs. 2 S. 3 Nr. 2 lit. a und b BörsG zu verorten ist.[911]

---

907 Vgl. hierzu *Bayer*, ZfPW 2015, 163, 219; *Kocher/Seiz*, DB 2016, 153.

908 In diese Richtung auch *Thomale/Walter*, ZGR 2016, 679, 727

909 So i. Erg. auch *Thomale/Walter*, ZGR 2016, 679, 720 f.
Die Vergleichbarkeit einer solchen Abfindungsregelung bei Rückzug aus dem Freiverkehr wäre auch im Hinblick auf die Preisbestimmung unproblematisch: Der (durchschnittliche) Börsenwert am Freiverkehr (dieser ist auch Börsenpreis, § 24 Abs. 1 S. 2 BörsG; s. hierzu bereits o.: Kapitel 1 A.I.2.b.) kann von der BaFin ermittelt werden, da ihr auch alle Umsätze des Freiverkehrs gem. § 9 WpHG mitgeteilt werden müssen, vgl. *Krause* in Assmann/Pötzsch/Schneider, WpÜG, § 5 WpÜG-AngVO, Rn. 14. S. ausführlich zur Berechnung o.: Kapitel 3 B.IV.1.a.

910 S. hierzu o.: Kapitel 1 B.III.1.c.bb(2)(b).

911 So auch *Thomale/Walter*, ZGR 2016, 679, 727.

## 1. Grundsätzliche Erwägungen

Die Bereichsausnahme sollte alle Fälle des Rückzugs aus dem regulierten Markt in den qualifizierten Freiverkehr einer Börse erfassen, in denen für den Fall des Rückzugs aus diesem eine dem § 39 Abs. 2 S. 3 BörsG entsprechende Abfindungsregelung besteht.[912] Dies würde zu der Pflicht führen, die Abfindung zu den richtigen Zeitpunkten, nämlich jeweils bei tatsächlicher Beendigung des Handels an liquiden Märkten, zu gewährleisten. Es muss eine Regelung getroffen werden, die bereits – aber auch nur dann – die Abfindungspflicht aktiviert, wenn eine Listung an einem nicht ausreichend anlegerschützenden Markt mit einer entsprechenden Regelung – nach Durchführung des Downlisting – nicht mehr gegeben wäre.[913] Um dies zu bewerkstelligen, ist weiterhin der Zusatz aufzunehmen, dass die Pflicht nur bestehen soll, wenn die Einbeziehung in einen solchen Markt auf Antrag oder mit Genehmigung des Emittenten erfolgt.[914] Durch eine solche Regelung wäre auch ein abfindungsfreier Rückzug nur auf die Fälle begrenzt, in denen die Normen der MAR auch weiterhin Anwendung finden. Da das entscheidende Kriterium für die Geltung der kapitalmarktrechtlichen Sonderpflichten nach der MAR indes der Antrag des Emittenten ist,[915] sollte an diesem Punkt auch die Differenzierung angesetzt werden.

### a. Abfindungsfreiheit beim Downlisting

Eine entsprechende Regelung in einem neu zu schaffenden § 39 Abs. 2 S. 3 Nr. 3 BörsG-E könnte also eine Abfindungsfreiheit anordnen, wenn auf Antrag oder mit Zustimmung des Emittenten weiterhin eine Zulassung an einem nicht regulierten Marktsegment besteht, solange nach der dort geltenden BörsO § 39 Abs. 2 S. 3 Nr. 1 oder 2 BörsG entsprechende Voraussetzungen bestehen.[916] Die Regulierungsaufgabe wäre hiermit zunächst den Börsen zugewiesen. Sollten einzelne Börsen jedoch keine solche Regelung treffen, wäre des Weiteren auch beim Downlisting ein Abfindungsangebot zu machen. Man gäbe den einzelnen Börsen dadurch ein weiteres Instrumentarium an die Hand, ihre Attraktivität für Emittenten zu steigern oder in die von ihnen erwünschte Richtung zu forcieren und letztlich den Freiverkehr zu stärken oder zu schwächen. Dies stünde zwar nicht per se im Gegensatz zu der hier vertretenen grundsätzlichen Ablehnung einer

912 So auch *Thomale/Walter*, ZGR 2016, 679, 727.
913 Zu diesem ganzen Komplex *Thomale/Walter*, ZGR 2016, 679, 719 f.
914 Vgl. zur aktuellen Konzeption an der FWB o.: Kapitel 1 A.I.2.b.
915 S. hierzu o.: Kapitel 1 B.III.1.c.bb(2)(b).
916 So mit gewissen Unterschieden auch *Thomale/Walter*, ZGR 2016, 679, 720.

uneinheitlichen Regulierung der Abfindungspflicht auf der Ebene der BörsO,[917] ist jedoch ebenfalls mit Blick auf die Einheitlichkeit und die vereinfachte Handhabbarkeit der Neuregelung abzulehnen. Entsprechend ist es vorzugswürdig, eine flächendeckende Abfindungspflicht für Rückzüge aus dem Freiverkehr zu statuieren. Die Regelungsebene der BörsO wäre jedoch bezüglich des Zeitpunkts des endgültigen Exits die richtige. Den Börsen sollte indes dahin gehend kein Entscheidungsspielraum eingeräumt werden.[918] Dies scheint insbesondere vor dem Hintergrund angezeigt, dass aufgrund der gestiegenen Einbeziehungsfolgepflichten im Freiverkehr mit einem akuten Anstieg von Rückzügen aus dem Freiverkehr zu rechnen ist.[919]

### *b. Abfindungspflicht bei Rückzug aus dem Freiverkehr*

Als Ansatzpunkt für die Abfindungspflicht bei einem Rückzug aus dem Freiverkehr bietet sich § 48 BörsG an, der den Freiverkehr und entsprechend auch dessen konkretere Ausgestaltung auf bundesgesetzlicher Ebene zu regeln vermag. Die Anordnung und Ausgestaltung einer Abfindungspflicht in § 48 BörsG selbst erscheint indes konzeptionell nicht zielführend, da man formell-gesetzlich in das auf privatrechtlicher Grundlage bestehende Verhältnis zwischen Emittent und Börse eingreifen würde.[920] Zudem würde das Regelungskonzept unnötig verkompliziert, indem dem in den BörsO geregelten Rückzug aus dem Freiverkehr (vgl. z. B. § 30 AGB-FV FWB für *basic board* und *scale*) eine weitere gesetzliche Komponente hinzugefügt würde, die jedoch mit Blick auf die Verfahrensvereinfachung im Zusammenhang mit den Regelungen der BörsO getroffen werden sollte.

Der Gesetzgeber sollte den Börsen stattdessen in § 48 BörsG lediglich vorschreiben, in den AGB zum Freiverkehr eine dem § 39 BörsG im Hinblick auf die Angebotspflicht entsprechende Regelung für Fälle des Rückzugs aus dem qualifizierten Freiverkehr zu treffen.[921]

Eine solch generalisierende Angebotspflicht, die für alle Teilnehmer am (qualifizierten) Freiverkehr gilt, würde auch nicht zu ungerechtfertigten Nachteilen für die Emittenten führen, die nicht im regulierten Markt, sondern nur im

917 Vgl. hierzu o.: Kapitel 2 C.II.

918 In diese Richtung wohl *Thomale/Walter*, ZGR 2016, 679, 719 ff.

919 *Rubner/Pospiech*, NJW-Spezial 2016, 207, 208 prognostizieren im Hinblick auf die MAR eine Rückzugs-„*Welle*“.

920 So wohl *Kastl*, Rückzug von der Börse, S. 400.

921 In diese Richtung *Verse*, Aktionärsschutz beim Delisting, aaO., S. 5.

Freiverkehr gelistet waren. Obwohl die grundlegende Ausrichtung des Freiverkehrs dahin gehend verbleibt, auch kleineren Gesellschaften Zugang zum Kapitalmarkt zu gewähren, ist die starke Tendenz, den Freiverkehr dem regulierten Markt immer weiter anzugleichen, zu honorieren. Die konsequente Fortsetzung dieser Entwicklung müssen Emittenten nun auch bei ihrer Entscheidung zur Antragsstellung auf Einbeziehung in Kauf nehmen. Spiegelbildlich profitieren diese ja von der Steigerung der Attraktivität des Markts durch die erhöhten Einbeziehungsfolgepflichten. Dies spiegelt auch die Marktgegebenheiten wider, die – wie eben dargelegt – tendenziell schutzbedürfnisauslösende Kursveränderungen bei endgültiger Beendigung des Börsenhandels erkennen lassen. Es müsste jedoch eine Beschränkung der Angebotspflicht auf die Qualitätssegmente des Freiverkehrs gewährleistet werden, sodass nicht die Gefahr besteht, dass ein Emittent zum Ausscheiden aus dem einfachen Freiverkehr plötzlich einer Angebotspflicht nachkommen muss.

### 2. *Konkrete Normierung*

§ 39 Abs. 2 S. 3 Nr. 3 BörsG-E wäre wie folgt zu formulieren: [ist ein Widerruf nur zulässig wenn,] „*die Wertpapiere weiterhin auf Antrag des Emittenten in den Freiverkehr einbezogen sind.*“[922]

Ein entsprechend neu einzufügender § 48 Abs. 1 S. 5 BörsG-E könnte demnach lauten: „*Die Geschäftsbedingungen haben eine dem § 39 Absatz 2 Satz 3 Nr. 1 und 2 und Absatz 3 BörsG entsprechende Regelung für die Kündigung einer auf Antrag des Emittenten erfolgten Einbeziehung zu enthalten.*“

## F. Exkurs: Änderungsbedürftigkeit des § 29 UmwG?

Ein Folgegedanke hierzu betrifft ferner § 29 UmwG. Aufgrund der entscheidenden Veränderung im Regelungsregime die Pflichten in reguliertem Markt und Freiverkehr betreffend, erscheint eine Änderung des § 29 UmwG dahin gehend angebracht, dass von diesem die Verschmelzung auf einen nicht am regulierten Markt, jedoch am (qualifizierten) Freiverkehr einer Börse gelisteten

922 Ähnlich *Kastl*, Rückzug von der Börse, S. 398, die jedoch auf ein „*Qualitätssegment des Freiverkehrs*“ rekurriert. Dies ist jedoch kein gesetzlich vorgesehener Begriff. Deswegen soll hier das Antragserfordernis genügen, da dies aus den genannten Gründen den Schutzstandard der MAR für die Aktionäre eines Freiverkehrsemittenten garantiert. Die entsprechenden Folgeänderungen, die sich im Hinblick auf das Einfügen neuer Regelungsaspekte ergeben, sollen in dem Entwurf der Neuregelung im Anhang dargestellt werden.

Rechtsträger nicht mehr umfasst sein soll.[923] Erwägenswert wäre aus den oben genannten Gründen[924] sogar, den § 29 UmwG weiter anzupassen und die dort geregelte Abfindung ebenfalls grundsätzlich am Börsenwert zu messen, wobei eine entsprechend rechtseinheitliche Auslegung nunmehr vor dem Hintergrund der Anpassung des regulären Delisting auch der Rechtsprechung im Rahmen ihrer Einschätzungsprärogative bezüglich der Bestimmung der Angemessenheit der Abfindungshöhe überlassen werden kann.

---

923 So auch *Kastl*, Rückzug von der Börse, S. 381 f. mit einem entsprechenden Formulierungsvorschlag.

924 S. hierzu o.: Kapitel 3 B.IV.1.c.bb(2).

# 6 Ausnahmen vom Börsenwert als Abfindungsgrundlage

## A. Grundsatz der Unternehmensbewertung bei nicht repräsentativem Börsenkurs

Um den Anlegerschutz noch weiter zu fassen, hat der Gesetzgeber auch Ausnahmen von der börsenkursbasierten Abfindung vorgesehen. In diesen Fällen sind die betroffenen (Minderheits-)Aktionäre nach einem zu ermittelnden Unternehmenswert abzufinden.[925] Im Folgenden soll dargestellt werden, unter welchen Umständen der Unternehmenswert (ausnahmsweise) bei einem Delisting für die Höhe der Gegenleistung maßgeblich sein soll.

## B. Kapitalmarktrechtliche Verstöße als Anordnungsgrund für eine Unternehmensbewertung – § 39 Abs. 3 S. 3 BörsG

Gem. § 39 Abs. 3 S. 3 BörsG bestehen solche Ausnahmen von der börsenkursbasierten Angebotspflicht im Hinblick auf mögliche kursbeeinflussende Maßnahmen. So ordnet das Gesetz in S. 3 Hs. 1 an, dass der Bieter während des in S. 2 beschriebenen Zeitraums, in welchem der Börsenkurs grundsätzlich die Höhe des Angebots definieren soll, *„zur Zahlung des Unterschiedsbetrags zwischen der im Angebot genannten Gegenleistung und der Gegenleistung verpflichtet"* ist, *„die dem anhand einer Bewertung des Emittenten ermittelten Wert des Unternehmens entspricht"*, wenn *„1. der Emittent entgegen Artikel 17 Absatz 1 der Verordnung (EU) Nr. 596/2014 oder einer entsprechenden Vorschrift des anwendbaren ausländischen Rechts eine Insiderinformation, die ihn unmittelbar betrifft, nicht so bald wie möglich veröffentlicht oder in einer Mitteilung nach Artikel 17 Absatz 1 dieser Verordnung oder einer entsprechenden Vorschrift des anwendbaren ausländischen Rechts eine unwahre Insiderinformation, die ihn unmittelbar betrifft, veröffentlicht, oder 2. der Emittent oder der Bieter in Bezug auf die Wertpapiere, die Gegenstand des Antrags sind, gegen das Verbot der Marktmanipulation nach Artikel 15 der Verordnung (EU) Nr. 596/2014 verstoßen"* hat.

Durch das Erste FiMaNoG[926] wurden die ursprünglich in Bezug genommenen national-rechtlichen Regelungen zur Marktmanipulation und zu den

925 Vgl. *Kocher/Seiz*, DB 2016, 153, 155.
926 Gesetz v. 30. Juli 2016, BGBl. I 2016 Nr. 31, S. 1514, 1535 ff.

Veröffentlichungspflichten durch Verweise auf die diese ersetzenden europarechtlichen Verordnungen ersetzt.[927] Die Vorschriften des WpHG in Bezug auf Veröffentlichungspflichten wurden hierdurch obsolet.[928] Es wurden jedoch keine grundlegenden Änderungen vorgenommen,[929] sondern lediglich das (teilweise bedeutend) erweiterte[930] kapitalmarktrechtliche – in der MAR normierte – Pflichtenprogramm für die Erfüllung des Tatbestands des § 39 Abs. 3 S. 3 Nr. 1 und 2 BörsG in Bezug genommen. Hiervon geht auch der Gesetzgeber aus, wenn er in der Reg-Begr. zum Ersten FiMaNoG davon spricht, dass der Verweis auf die Vorschriften des WpHG durch einen solchen auf die „*entsprechenden Regelungen*" der MAR ersetzt werden sollen.[931]

Eine solche am Unternehmenswert orientierte Bewertung sei deswegen angebracht, weil bei Vorliegen eines dieser Tatbestände nicht mehr vom Börsenwert als einer aussagekräftigen Grundlage für den tatsächlichen Unternehmenswert und somit von einer angemessenen Gegenleistung ausgegangen werden könne.[932] Für einen solchen Verstoß ist nach allgemeinen Grundsätzen der betroffene Aktionär beweisbelastet, da es sich um eine für ihn günstige Rechtsfolge handelt.[933]

## I. Nichtbeachtung einer Veröffentlichungspflicht

Der erste Tatbestand, für den der Gesetzgeber eine solche Ausnahme angeordnet hat, ist der der Nichtbeachtung einer Veröffentlichungspflicht von Insiderinformationen gem. Art. 17 MAR.[934]

---

927 Vgl. zur Umsetzung durch das FiMaNoG überblicksartig *Roth*, GWR 2016, 291.

928 *Poelzig*, NZG 2016, 761.

929 Vgl. insbesondere zu den Insiderinformationen *Graßl*, DB 2015, 2066, 2067 f.

930 S. hierzu überblicksartig *Rubner/Pospiech*, GWR 2016, 228 ff.; *Renz/Leibold*, CCZ 2016, 157 ff.

931 BT-Drucks. 18/7482, S. 74. Sowohl die bisher hierzu vertretenen Meinungen in der Literatur, als auch die Beschlussempfehlung besitzen indes prinzipiell noch Gültigkeit.

932 BT-Drucks. 18/6220, S. 85; vgl. auch *Bungert/Leyendecker-Langner*, ZIP 2016, 49, 51.

933 *Bayer*, NZG 2015, 1169, 1175.

934 S. ausführlich zu den Neuregelungen bzgl. der Veröffentlichung von Insiderinformationen und dem Verbot der Marktmanipulation *Poelzig*, NZG 2016, 528 ff.; *von der Linden*, DStR 2016, 1036 ff. Im Folgenden soll lediglich eine kurze Zusammenfassung der Neuregelungen erfolgen, da eine detaillierte Behandlung aller sich im Zusammenhang mit Veröffentlichungspflichten bei Insiderinformationen und Marktmanipulation stellenden Fragen über den Rahmen dieser Arbeit hinausginge. S. zu den Tatbeständen des WpHG a. F. jew. ausführlich *Assmann* in Assmann/Schneider, WpHG, § 15, Rn. 40 ff. (zur Veröffentlichung von Insiderinformationen); *Vogel* in Assmann/Schneider, WpHG, § 20a, Rn. 57 ff.

### *1. Grundlagen*

Nach Art. 17 Abs. 1 UAbs. 1 MAR sind Emittenten dazu verpflichtet, sie unmittelbar betreffende Insiderinformationen so bald wie möglich[935] der Öffentlichkeit bekannt zu geben.[936] Nach Art. 7 Abs. 1 MAR sind Insiderinformationen zunächst grundsätzlich *„präzise, nicht öffentliche Informationen die den Emittenten oder die von ihm emittierten Wertpapiere betreffen und bei Bekanntwerden dazu geeignet wären, den Kurs zu beeinflussen"*. Wann eine solche Information anzunehmen ist, ist in Abs. 2 bis 4 genauer kodifiziert, insbesondere bezüglich zeitlich gestreckter Vorgänge.[937] Gesondert hinzuweisen ist indes auf die ausdrückliche Feststellung des Gesetzgebers des BörsG, der Ausnahmetatbestand des Verstoßes gegen Veröffentlichungspflichten solle nicht greifen, wenn der Emittent von der Verpflichtung zur Veröffentlichung gem. § 15 Abs. 3 WpHG a. F. entbunden ist, da *„nach der gesetzlichen Wertung* [...] *ein Informationsungleichgewicht* [...] *zum Schutz der Interessen des Emittenten gerechtfertigt sei"*.[938] Selbiges muss nun auch für den Aufschiebetatbestand des Art. 17 Abs. 4 MAR gelten, der ebenso dem Emittenten die Möglichkeit eröffnet, die Veröffentlichung unter bestimmten Voraussetzungen aufzuschieben. Dies gilt umso mehr, als auch der europäische Gesetzgeber bei der Schaffung des neuen Aufschiebetatbestands von diesem zugrundliegenden Zweck ausging.[939]

Zu beachten ist weiterhin, dass der Verstoß nicht zwingend innerhalb des sechsmonatigen Zeitraums zu erfolgen hat. Der Anlegerschutz gebietet es vielmehr, auch solche Verstöße von § 39 Abs. 3 S. 3 BörsG als erfasst anzusehen, die zeitlich vor diesem Zeitraum erfolgten, jedoch weiterhin Ausstrahlungswirkung

935 Durch diese Formulierung ist inhaltlich kein Unterschied zur bisherigen Formulierung der *„Unverzüglichkeit"* geschaffen worden, vgl. *Franke/Schulenburg* in Umnuß, Corporate Compliance Checklisten, Kapitel 3, Rn. 92.

936 Vgl. auch *Poelzig*, NZG 2016, 761, 763. Vor dieser Veröffentlichung sind jedoch die Voraussetzungen des § 15 Abs. 1 WpHG n. F. zu beachten. Den Inhalt der Veröffentlichung regelt Art. 2 der Durchführungsverordnung (EU) 2016/1055 der Kommission vom 29.6.2016., vgl. jeweils hierzu *Franke/Schulenburg* in Umnuß, Corporate Compliance Checklisten, Kapitel 3, Rn. 91 und 93.

937 Vgl. *Poelzig*, NZG 2016, 761, 763. Diese genaue Behandlung solcher Vorgänge ist eine Reaktion auf die Rsspr. des EuGH in Sachen *Geltl/Daimler AG*, vgl. *Langenbucher*, NZG 2013, 1401, 1403 (noch zum Entwurf der VO).

938 BT-Drucks. 18/6220, S. 85.

939 Erwägungsgrund 49 zur MAR. Vgl. hierzu allgemein *Kumpan*, DB 2016, 2039, 2043; ausführlich *Retsch*, NZG 2016, 1201 ff.

entfalten. Dies ist immer dann der Fall, wenn der Emittent es versäumt, eine solche Veröffentlichung trotz bestehender Pflicht nachzuholen.[940]

### 2. *Konkreter Umfang der Regelung*

Es bestehen indes grundsätzliche Bedenken bezüglich des Anwendungsbereichs von § 39 Abs. 3 S. 3 Nr. 1 Var. 1 BörsG (Unterlassen der sofortigen Veröffentlichung einer Insiderinformation). Während auf den ersten Blick ersichtlich erscheint, dass eine Marktmanipulation und die Veröffentlichung einer falschen Insiderinformation, die das Unternehmen unmittelbar betrifft, einen direkten Einfluss auf den Durchschnittskurs haben werden, kann dies in diesem Umfang nicht für das Unterlassen einer Veröffentlichung gelten. Einzig in Fällen, in welchen dem Anlegerpublikum eine positive Meldung vorenthalten wird, wäre eine Korrektur aus Anlegerschutzgesichtspunkten angebracht, da der Börsenkurs dann hätte höher sein müssen. Dies wird noch deutlicher in dem Fall, in dem der Emittent eine Information nicht veröffentlicht, die den Kurs – aller Voraussicht nach – nach unten korrigiert hätte. In einem solchen Fall wäre der Kurs zugunsten der zu schützenden Aktionäre künstlich hoch und würde damit zu deren Vorteil gereichen.[941] Betrachtet man indes den eindeutigen Wortlaut des § 39 Abs. 3 S. 3 Hs. 1 BörsG („*während diesen Zeitraums*") muss man davon ausgehen, dass der Gesetzgeber auch diesen Fall zunächst erfassen wollte.[942] Dies fügt sich auch in das von dem Gesetzgeber vorgesehene Konzept ein, nach dem eine Abfindung nach Unternehmenswert immer dann erforderlich ist, wenn der Börsenkurs (unabhängig davon, zu wessen Gunsten) nicht mehr repräsentativ ist.[943]

## II. Marktmanipulation

Ein weiterer Ausnahmetatbestand ist der der Marktmanipulation gem. Art. 15 MAR. Nach diesem sind „*Marktmanipulation und der Versuch hierzu* […]

---

940 So insgesamt *Bayer*, NZG 2015, 1169, 1175 f. Zustimmend *Kocher/Seiz*, DB 2016, 153, 155 jew. noch zu den bisherigen Regelungen im WpHG.

941 S. zu diesem gesamten Komplex *Harnos*, ZHR 2015, 750, 762 f.

942 So auch *Harnos*, ZHR 2015, 750, 762 f.

943 Dies ergibt sich u.a. aus der fehlenden Differenzierung in den Gesetzesmaterialien, BT-Drucks. 18/6220, S. 85; vgl. auch *Harnos*, ZHR 2015, 750, 762 f. S. zu der dogmatischen Einordnung ausführlich u.: Kapitel 6 B.III.3.b. *Kocher/Seiz*, DB 2016, 153, 155 wollen hingegen eine teleologische Reduktion vornehmen, wenn der Börsenkurs zugunsten der Aktionäre hochgehalten wurde.

*verboten*". Nach den Erwägungsgründen zur MAR soll ein Versuch beispielsweise dann gegeben sein, wenn die zu einer Marktmanipulation führenden Handlungen begonnen werden oder ein Handelsauftrag nicht ausgeführt wird.[944] Handlungen, die unter den Begriff der Marktmanipulation zu fassen sind, werden in Art. 12 MAR genauer dargelegt.[945] Hierzu zählen insbesondere Geschäfte, die bezüglich eines Finanzinstruments ein täuschendes Signal an den Markt senden oder ein künstliches Kursniveau herbeiführen (Art. 12 Abs. 1 lit. a MAR), dessen Kurs beeinflussen (Art. 12 Abs. 1 lit. b MAR) sowie die Verbreitung irreführender Informationen bezüglich eines Finanzinstruments (Art. 12 Abs. 1 lit. c MAR).[946] Diese Grundtatbestände werden in Art. 12 Abs. 2 MAR von Regelbeispielen ergänzt und durch eine Liste von Indikatoren in Anhang I zur MAR konkretisiert.[947] Nach Art. 13 Abs. 1 MAR werden von diesen Handlungen Ausnahmen gestattet, wenn diese im Einklang mit der zulässigen Marktpraxis stehen.[948] Diese Marktpraxis ist von der zuständigen nationalen Aufsichtsbehörde festzulegen und dann entsprechend der ESMA mitzuteilen.[949] Auch hier stellt sich die Frage, ob der Ausnahmetatbestand für den Fall der Manipulation des Markts zugunsten der Aktionäre angewandt werden oder hier eine teleologische Beschränkung auf Fälle der den Aktienkurs senkenden Konstellationen erfolgen sollte.[950] Man wird indes ob des eindeutigen Wortlauts und der fehlenden Differenzierung in der Beschlussempfehlung davon auszugehen haben, dass der Gesetzgeber ausnahmslos alle Sachverhalte erfasst wissen wollte, folglich kein Raum für eine einschränkende Auslegung bleibt und die Lösung auch hier über die Anwendung der Rückausnahme des § 39 Abs. 3 S. 3 Hs. 2 BörsG zu suchen ist.[951]

---

944 Erwägungsgrund 41 zur MAR, vgl. auch *Poelzig*, NZG 2016, 528, 535.

945 Vgl. hierzu allgemein *Poelzig*, NZG 2016, 528, 535.

946 Vgl. hierzu *Poelzig*, NZG 2016, 528, 535 f. (auch zu Art. 12 Abs. 1 lit. d MAR, der die Verbote innerhalb des Interbankenhandels regelt); *von der Linden*, DStR 2016, 1036, 1040.

947 *Von der Linden*, DStR 2016, 1036, 1040.

948 *Von der Linden*, DStR 2016, 1036, 1040. S. zu der sehr restriktiven Handhabung dieser Möglichkeit durch die BaFin bei der insoweit vergleichbaren Vorgängerregelung (vgl. hierzu *Poelzig*, NZG 2016, 528, 536; *Graßl*, DB 2015, 2066, 2071) des § 20a Abs. 2 WpHG a. F. *Vogel* in Assmann/Schneider, WpHG, § 20a, Rn. 203.

949 *Poelzig*, NZG 2016, 528, 536.

950 *Harnos*, ZHR 2015, 750, 763.

951 So i. Erg. auch *Harnos*, ZHR 2015, 750, 763 (insbesondere Fn. 57).

### III. Die problematische Anordnung eines Zahlungsanspruchs bei Verstößen durch vom Bieter personenverschiedene Stellen *de lege lata*

Es stellt sich nach der gesetzlichen Konzeption die Frage, wie es sich bei Verstößen gegen die in § 39 Abs. 3 S. 3 Nr. 1 und 2 BörsG normierten Pflichten verhält, wenn diese durch eine dem Bieter nicht zurechenbare Person, sei es durch den Emittenten oder einen Dritten, begangen werden.

#### *1. Verstoß des Bieters gegen Art. 15 MAR*

Aus § 39 Abs. 3 S. 3 Nr. 2 BörsG ist zunächst ersichtlich, dass ein Verstoß gegen Art. 15 MAR u. a. dann die Rechtsfolge des § 39 Abs. 3 S. 3 BörsG nach sich ziehen soll, wenn dieser vom Bieter begangen wird.[952] Unproblematisch ist dies, wenn der Bieter selbst (oder ihm zurechenbare Personen[953]) gegen das Verbot der Marktmanipulation verstoßen und somit den Kurs beeinflussen. Es ergibt sich bereits aus dem Wortlaut der Norm und es dürfte wohl auch unstreitig bleiben, dass hier der als Rechtsfolge angeordnete Zahlungsanspruch unproblematisch gegeben und auch teleologisch nicht zu beanstanden ist.[954]

#### *2. Verstoß des Emittenten oder eines Dritten gegen Artt. 15 und 17 MAR*

Ein Verstoß gegen Art. 17 MAR durch einen Dritten kann hier nicht in Betracht kommen, da – wie bereits aus dem Wortlaut des § 39 Abs. 3 S. 3 Nr. 1 BörsG und Art. 17 MAR selbst ersichtlich – ein solcher nur tatbestandsgemäß ist, wenn er durch den Emittenten begangen wird. Eben jener Fall wird indes in der Beschlussempfehlung explizit im Zusammenhang mit der Begründung der Schaffung des Zahlungsanspruchs erwähnt: Dieser sollte in der bestehenden Form eingeführt werden, um dem Umstand Rechnung zu tragen, dass „*dem Bieter ein Verstoß des Emittenten gegen die Ad-hoc-Bestimmungen im Zeitpunkt der Veröffentlichung des Angebots nicht notwendigerweise bekannt sein muss*“.[955] Durch eine gewisse Kuriosität zeichnet sich die weitere Aussage des Gesetzgebers in der Beschlussempfehlung aus, eine „*Unternehmensbewertung* [sei] *dann nicht veranlasst, wenn Verstöße gegen das Verbot der Marktmanipulation* […] *durch einen Dritten vorliegen, die weder dem Emittenten noch dem Bieter zuzurechnen*

952 Vgl. zu diesem Komplex insgesamt auch *Harnos*, ZHR 2015, 750, 763.
953 S. hierzu sogleich u.: Kapitel 6 B.III.2.a.
954 Vgl. zu diesem Fall ebenso *Harnos*, ZHR 2015, 750, 763.
955 BT-Drucks. 18/6220, S. 85. Krit. hierzu *Wackerbarth*, WM 2016, 385, 387.

*sind*".[956] Die Konzeption des Gesetzgebers basiert bei Lichte betrachtet also auf zwei Grundgedanken:

Zum einen kann dem Bieter unabhängig von seiner Einflussnahme eine Abfindung nach Unternehmenswert drohen, wenn der Emittent gegen die Ad-hoc-Veröffentlichungspflicht verstoßen hat. Zum anderen kann die intendierte Rechtsfolge des § 39 Abs. 3 S. 3 BörsG dann nicht eintreten, wenn ein Verstoß gegen Art. 15 MAR vorliegt, der nicht durch den Emittenten, den Bieter oder eine zurechenbare Person begangen wurde. Insbesondere Ersteres hat vereinzelt scharfe Kritik hervorgerufen. *Wackerbarth* geht sogar so weit, die Norm *de lege lata* aufgrund eines Verstoßes gegen Art. 20 Abs. 3 iVm. Art. 3 Abs. 1 GG als verfassungswidrig einzustufen, da sie einen Teilnehmer am Rechtsverkehr (dem Bieter) einem Anspruch aufgrund des Verschuldens eines anderen (dem Emittenten) aussetzt.[957] Dem konträr gegenüberstehend wurde auf die Irrelevanz der Person des Verursachers einer Marktmanipulation aus Sicht der Minderheitsaktionäre verwiesen und für eine gänzliche Abschaffung der Zurechnung in Bezug auf die Marktmanipulation plädiert.[958] Bevor indes auf diese – im Ergebnis zustimmungswürdige – Überlegung eingegangen werden kann, muss sich für den Fall mit den Zurechnungskriterien auseinandergesetzt werden, dass der Gesetzgeber an seiner jetzigen Konzeption festhält.

### *a. Zurechnungskriterien bei Marktmanipulation eines Dritten de lege lata*

Weder aus dem Gesetz noch aus den Gesetzesmaterialien wird jedoch ersichtlich, nach welchen Grundsätzen die Zurechnung einer Marktmanipulation zu erfolgen hat.[959] Als erster Ansatzpunkt für eine solche Annäherung würde sich zunächst ein Blick auf die in Bezug genommene Norm des Art. 15 MAR anbieten. Im Falle des Art. 15 MAR verspricht dies indes keinen verwertbaren Vorteil, da dieser für alle Marktteilnehmer gleichsam gilt und somit hieraus kein der Einschränkung dienendes Kriterium abgeleitet werden kann.[960]

Ein weiteres denkbares Kriterium wäre die Anknüpfung an straf- und ordnungswidrigkeitenrechtliche Grundsätze, da ein Verstoß gegen das Verbot der Marktmanipulation unter den Voraussetzungen des § 39 Abs. 3d Nr. 2 WpHG

---

956 BT-Drucks. 18/6220, S. 85. Vgl. auch *Mense/Klie*, DStR 2015, 2782, 2785; *Bayer*, NZG 2015, 1169, 1176.

957 *Wackerbarth*, WM 2016, 385, 388.

958 So *Harnos*, ZHR 2015, 750, 769 f.

959 Vgl. hierzu auch *Harnos*, ZHR 2015, 750, 763.

960 So insgesamt auch *Harnos*, ZHR 2015, 750, 764.

mit einem Bußgeld bewährt und gem. § 38 Abs. 1 Nr. 2 WpHG (bei Vorsatz) zudem strafrechtlich verfolgbar ist.[961] *Harnos*[962] lehnt indes die Heranziehung dieser Grundsätze mit dem Argument ab, § 39 Abs. 3 S. 3 BörsG sei für juristische Personen, das Straf- und Ordnungswidrigkeitenrecht hingegen zur Pönalisierung natürlicher Personen konzipiert. Der ablehnenden Conclusio ist im Ergebnis zuzustimmen; der Begründungsansatz greift jedoch vor dem Hintergrund der Neuregelung der Sanktionen durch die Einführung der Vorgaben gem. Artt. 30 ff. MAR, die in den §§ 38 und 39 WpHG n. F. in deutsches Recht implementiert wurden,[963] zu kurz. In diesen Regelungen sind in erheblichem Umfang Möglichkeiten normiert worden, Unternehmen und Konzerne für Verstöße zur Rechenschaft zu ziehen.[964] Zudem zeichnet sich das Verbot der Marktmanipulation auf Rechtsfolgenseite (in Verbindung mit den flankierenden Sanktionsnormen und der zivilrechtlichen Rechtsfolge) durch eine Mannigfaltigkeit möglicher Konsequenzen aus.[965] Entsprechend kann jedoch bezüglich einer Zurechnung keine Aussage getroffen werden. Entscheidend für diese Differenzierung ist vielmehr im Ergebnis die Rechtsfolge des § 39 Abs. 3 S. 3 BörsG. Ist eine zivilrechtliche Rechtsfolge angeordnet, so wäre es systemwidrig straf- oder ordnungswidrigkeitenrechtliche Maßstäbe für die Erfüllung der dieser zugrunde liegenden Tatbestandsmerkmale anzusetzen. Da der Gesetzgeber hier einen Zahlungsanspruch der betroffenen Aktionäre gegenüber dem Bieter normiert hat, ist für die Frage der Zurechnung auch auf zivilrechtliche Regelungen zurückzugreifen, die lediglich durch Besonderheiten, die sich im Zusammenhang mit der übernahmeähnlichen Situation des Delisting-Angebots ergeben, modifiziert werden können.

Vor diesem Hintergrund sind somit zwei unterschiedliche Aspekte der Zurechnung zu untersuchen: Zum einen die Zurechnung des Verhaltens von natürlichen Personen, zum anderen jene hinsichtlich juristischer Personen im Konzernverband des Bieters.

---

961 Vgl. hierzu *Poelzig*, NZG 2016, 528, 537. Zu diesem Gedanken allgemein *Harnos*, ZHR 2015, 750, 764.

962 *Harnos*, ZHR 2015, 750, 764.

963 Vgl. hierzu *Poelzig*, NZG 2016, 528, 537; generell zu den §§ 30 ff. MAR auch *von der Linden*, DStR 2016, 1036, 1041. Ausführlich hierzu u.: Kapitel 6 B.VII.

964 Vgl. hierzu *Poelzig*, NZG 2016, 528, 536 f. Zu den Möglichkeiten der Gewinnabschöpfung auch *von der Linden*, DStR 2016, 1036, 1041.

965 S. hierzu überblicksartig *Mock* in KölnKommWpHG, § 20a, Rn. 122.

### *b. Zurechnung des Verhaltens natürlicher Personen*

Das vom Gesetzgeber durch das Zurechnungserfordernis eingeführte schadensersatzrechtliche Element macht im Hinblick auf die Zurechnung des Verhaltens natürlicher Personen den Rückgriff auf die Grundsätze des § 31 BGB und nicht auf die auf rechtsgeschäftliche Sachverhalte ausgelegten §§ 164 ff. BGB erforderlich.[966] Aus demselben Grund ist auch nicht auf die Regelung des § 278 Abs. 1 BGB[967] abzustellen. Auch ein Rückgriff auf § 831 BGB scheidet aus dogmatischen Erwägungen aus, da dieser lediglich eine Haftung für das eigene Verschulden des Geschäftsherren normiert[968] und somit bereits aus diesem Grund nicht mit dem Fall des § 39 Abs. 3 S. 3 BörsG vergleichbar und entsprechend übertragbar ist.

§ 31 BGB stellt grundsätzlich eine Zurechnungsnorm von Vertreter zur Gesellschaft dar[969] und gilt nach allgemeiner Ansicht auch für Aktiengesellschaften.[970] Eine direkte Anwendbarkeit des § 31 BGB scheitert indes daran, dass bei formeller Betrachtung des § 39 Abs. 3 S. 3 BörsG keine der Anwendung des § 31 BGB grundsätzlich vorausgehende – auf den Ersatz eines Schadens gerichtete – Haftung[971] begründet wird.[972] In jedem Fall suggeriert die jetzige gesetzliche Konzeption mit Blick auf das (normalerweise einem Schadensersatzanspruch eigenen) Zurechnungserfordernis ein manipulierendes Vorgehen als Voraussetzung und ist damit durchaus mit einem Verhalten vergleichbar, das in einem Schaden resultiert, sodass im Ergebnis eine entsprechende Anwendbarkeit geboten erscheint.[973]

Nach § 31 BGB ist dann eine Zurechnung vorzunehmen, wenn der Vorstand oder ein anderer gesetzlich bestellter Vertreter gehandelt hat. Darüber hinaus gilt dies jedoch auch für Personen, denen *„durch die allgemeine Betriebsregelung und Handhabung bedeutsame, wesensmäßige Funktionen der juristischen Person*

966 *Harnos*, ZHR 2015, 750, 765.

967 Vgl. zum Erfordernis eines bestehenden Sonderrechtsverhältnisses für dessen Anwendbarkeit *Grundmann* in MünchKommBGB, § 278, Rn. 1.

968 Vgl. hierzu *Teichmann* in Jauernig, BGB, § 831, Rn. 1.

969 *Ellenberger* in Palandt, § 31 BGB, Rn. 1.

970 Vgl. *Arnold* in MünchKommBGB, § 31, Rn. 11 mwN.

971 S. hierzu *Ellenberger* in Palandt, § 31 BGB, Rn. 2; *Arnold* in MünchKommBGB, § 31, Rn. 30.

972 So auch *Harnos*, ZHR 2015, 750, 765.

973 Vgl. auch *Harnos*, ZHR 2015, 750, 765.

*zur selbständigen, eigenverantwortlichen Erfüllung zugewiesen sind, so dass sie die juristische Person im Rechtsverkehr repräsentieren*".[974]

### c. Zurechnungskriterien im Konzern nach Vorbild der übernahmerechtlichen Kriterien zur Angebotshöhe

Von größerer Bedeutung dürfte jedoch die Frage sein, welche Anforderungen an eine Zurechnung zu stellen sind, wenn der Verstoß durch eine juristische Person begangen wird, die mit dem Emittenten oder dem Bieter im Rahmen eines Konzerns verbunden ist. Freilich ist eine Handlung einer Konzerngesellschaft nicht nach § 31 BGB zurechenbar, da sie nicht die erforderliche Repräsentantenstellung bei der Mutter- oder der anderweitig konzernierten Gesellschaft, dem Bieter oder dem Emittenten einnimmt.[975] Aus der grundsätzlichen, im Konzern herrschenden Haftungskonzeption können aus gesellschaftsrechtlicher Sicht Verstöße gegen Art. 15 MAR auch nicht der Konzerngesellschaft zugerechnet werden, da diese im Hinblick auf das bestehende Trennungsprinzip nicht für Handlungen der mit ihr konzernierten Unternehmen einzustehen hat.[976] Eine Ausnahme hiervon wäre nur zu machen, wenn eine solche Trennung treuwidrig wäre,[977] mithin wenn der Bieter oder der Emittent als Muttergesellschaft eine entsprechende Anweisung an die Tochter zur Marktmanipulation gegeben hätte.[978] Würde man indes eine entsprechende Zurechnung im Grundsatz verneinen, beeinträchtigte dies den Anlegerschutz signifikant, da es so für den Bieter oder den Emittenten ein Leichtes wäre, die zur Marktmanipulation führende Handlung durch ein konzerniertes Unternehmen ausführen zu lassen und somit eine Unternehmensbewertung und den entsprechenden Anspruch der Aktionäre auf Zahlung des Differenzbetrags zu umgehen.[979] Dies ist ein nicht hinnehmbares

---

974 BGH, Urt. v. 30. 10. 1967 – Az.: VII ZR 82/65 = NJW 1968, 391. Vgl. auch *Arnold* in MünchKommBGB, § 31, Rn. 20 ff. mit weiteren Beispielen; *Harnos*, ZHR 2015, 750, 765.

975 *Harnos*, ZHR 2015, 750, 766.

976 Grundsätzlich *Heider* in MünchKommAktG, § 1, Rn. 47; *Koch* in Hüffer, AktG, § 1, Rn. 8 f.

977 S. zu der grundsätzlich möglichen und allgemein anerkannten Einschränkung in solchen Fällen *Heider* in MünchKommAktG, § 1, Rn. 47 mwN.

978 Dieses Beispiel bringt *Harnos*, ZHR 2015, 750, 766, der auch gleichzeitig auf die vermeintliche Schwierigkeit eines entsprechenden Nachweises hinweist.

979 So auch *Harnos*, ZHR 2015, 750, 767, der davon spricht, die Marktmanipulation könne „*outgesourct*" werden.

und auch nicht in Einklang mit dem Willen des Gesetzgebers stehendes Ergebnis.

Die Lösung hierfür ist im Zusammenhang mit der Neuregelung und dem Übernahmerecht zu suchen.[980] Der Gesetzgeber hat die Neuregelung an einigen Stellen bewusst an das WpÜG angeknüpft.[981] Insbesondere im Hinblick auf die Berechnung der Höhe der vom Bieter zu leistenden Gegenleistung anhand zuvor von ihm getätigter Erwerbe lässt sich eine deutliche gesetzgeberische Tendenz dahin gehend erkennen, auch (Vor- und Nach-)Erwerbe von mit dem Bieter gemeinsam handelnder Gesellschaften oder Tochtergesellschaften bei der Preisbestimmung berücksichtigen zu wollen, § 31 Abs. 4 bis 6 WpÜG.[982] Zuzugeben ist freilich, dass die Vorschriften des WpÜG bezüglich der Zurechnung von gemeinsam handelnden Gesellschaften sich originär auf Absprachen bezüglich des Erwerbs von Wertpapieren oder der Ausübung von Stimmrechten beziehen, vgl. § 2 Abs. 5 S. 1 WpÜG.[983] Die Zugrundelegung einer solch formellen Betrachtung greift jedoch zu kurz. Insbesondere im Hinblick auf die Ähnlichkeit der erhöhten Abfindung als Rechtsfolge und die gemeinsame *ratio legis* – die Verhinderung von Umgehungen anlegerschützender Normen durch den Bieter bei Einschaltung aus seiner Sphäre stammender anderer Personen[984] –, wird die Vergleichbarkeit der Situation deutlich. Hinzu kommt die durch die Neukonzeption gesetzlich vorgegebene Nähe von Delisting und Übernahmerecht, die diesen Schluss weiter untermauert.[985] Führt man sich dies vor Augen, ist der Transfer des grundsätzlichen Gedankens, dass die von dem Angebot betroffenen Aktionäre auch dann von einem höheren Angebotspreis profitieren sollen, wenn Transaktionen unter Zuhilfenahme von konzernierten Gesellschaften abgewickelt werden, auf den Fall des Delisting vor dem Hintergrund des intendierten Anlegerschutzes leicht zu vollziehen. Im Ergebnis sind also diejenigen Handlungen eines Dritten dem Bieter oder dem Emittenten zuzurechnen, die auch im Falle eines Übernahmeangebots den Preis des Abfindungsangebots beeinflussen

980 So auch *Harnos*, ZHR 2015, 750, 766 f.

981 S. beispielsweise o.: Kapitel 3 B.I. Vgl. auch *Harnos*, ZHR 2015, 750, 766 f.

982 S. hierzu o.: Kapitel 3 B.IV.1.a. Vgl. auch *Harnos*, ZHR 2015, 750, 766 f.

983 Vgl. hierzu allgemein *Schneider/Favoccia* in Assmann/Pötzsch/Schneider, WpÜG, § 2, Rn. 97. S. zum Umfang der eigentlich erforderlichen Abstimmung *Versteegen* in KölnKommWpÜG, § 2, Rn. 167 ff.

984 *Schneider/Favoccia* in Assmann/Pötzsch/Schneider, WpÜG, § 2, Rn. 96 mit ausführlichen weiteren Nachweisen; *Versteegen* in KölnKommWpÜG, § 2, Rn. 153; *Noack/Holzborn* in Schwark/Zimmer, KPMK, § 2 WpÜG, Rn. 31.

985 So auch *Harnos*, ZHR 2015, 750, 767.

würden:[986] Umfasst sind damit Tochtergesellschaften, also gem. § 2 Abs. 6 WpÜG solche, die gem. § 290 HGB als solche gelten oder auf welche beherrschender Einfluss gem. § 17 AktG ausgeübt werden kann.[987] Liegt demnach ein beherrschender Einfluss des Bieters oder des Emittenten als Muttergesellschaft vor (vgl. auch § 290 Abs. 2 HGB), ist eine Zurechnung anzunehmen. Dies muss auch für mit dem Bieter gemeinsam handelnder Gesellschaften gelten: Betrachtet man die entsprechende Legaldefinition in § 2 Abs. 5 S. 1 WpÜG, sind dies solche, die ihr Verhalten mit dem Bieter aufgrund einer Vereinbarung oder in sonstiger Weise abstimmen. Ein solches abgestimmtes Verhalten setzt nach allgemeiner Meinung ein koordiniertes Zusammenwirken der Beteiligten voraus, wobei keine einklagbaren Abreden getroffen werden müssen.[988] Eine solche Umgehung gilt es auch beim Delisting zu verhindern, sodass die Übertragung dieser Grundsätze auf die Zurechnung in § 39 Abs. 3 S. 3 Nr. 2 BörsG angebracht erscheint.[989]

### 3. *Stellungnahme*

Die grundlegende gesetzliche Anordnung der genannten Ausnahmen von der Berechnung nach Börsenkurs ist keinen Bedenken ausgesetzt.

#### a. *Rechtspolitisch zustimmungswürdige Anordnung*

Sie ist vielmehr zu begrüßen, da die vom Gesetzgeber in Bezug genommenen Fälle durchaus die Folge haben können, die Repräsentativität des Börsenkurses zu relativieren. Um also die zustimmungswürdige Erleichterung durch die grundsätzliche Anordnung des Börsenwerts als Bemessungsgrundlage zu rechtfertigen, sind diese Ausnahmen essenziell, da hierdurch die Heranziehung des Börsenkurses in unsachgemäßen Fällen vermieden wird.[990]

#### b. *Wünschenswerte Aufhebung des Zurechnungskonzepts*

Hierbei ist jedoch die Anordnung der Orientierung des Angebots an einer Unternehmensbewertung nur bei Verstößen durch den Bieter oder zurechenbare

---

986 Vgl. zu dem gesamten Komplex zuvor *Harnos*, ZHR 2015, 750, 766 f.

987 Vgl. hierzu insgesamt ausführlich *Schneider/Favoccia* in Assmann/Pötzsch/Schneider, WpÜG, § 2, Rn. 123 ff.

988 S. hierzu beispielhaft *Schneider/Favoccia* in Assmann/Pötzsch/Schneider, WpÜG, § 2, Rn. 102 ff.

989 In diese Richtung auch *Harnos*, ZHR 2015, 750, 767; allgemein zustimmend *Wackerbarth*, WM 2016, 385, 388 (explizit in Fn. 22).

990 So sieht dies auch *Bayer*, NZG 2015, 1169, 1175.

Dritte verfehlt. Der Zahlungsanspruch im Falle einer Marktmanipulation durch einen Dritten oder einer Ad-hoc-Mitteilungspflichtverletzung durch den Emittenten ist lediglich ein Rechtsreflex eines Verhaltens, unabhängig davon, von wem dieses ausging. Es handelt sich schlicht um eine gesetzliche Anordnung einer (erhöhten) Abfindungspflicht, die auch bei gesellschaftsrechtlichen Strukturmaßnahmen – unabhängig von einem etwaigen Verschulden – angeordnet wird, da der Börsenkurs nicht mehr repräsentativ ist.[991] Es hätte dem Gesetzgeber – auch wenn dies dogmatisch fragwürdig gewesen wäre – auch offen gestanden, eine Unternehmensbewertung als grundsätzlichen Abfindungsmaßstab zu wählen. Hierin sollte keine Pönalisierung des Bieters gesehen werden.[992] Ferner würde nach der Rechtsprechung auch bei einer grundsätzlich angeordneten Unternehmensbewertung nicht mehr der Börsenkurs herangezogen werden können, da an dessen Repräsentativität der reellen Kursabbildung aufgrund des Verstoßes Zweifel anzumelden wären,[993] sodass die Anordnung des Gesetzgebers auch im Hinblick hierauf die Rechtsprechungsrealität in nicht beanstandungswürdiger Weise abgebildet hat.

Die Anordnung eines Zurechnungstatbestands kann sich zudem nicht systemgerecht in die Dogmatik der Neuregelung einfügen, da lediglich eine andere Bewertungsmethode angeordnet ist und nicht ein Schadensersatzanspruch, den man jedoch bei einer Zurechnungsanordnung vermuten würde.[994] Die sinnvolle Schlussfolgerung hieraus ist (mit Blick auf die Anlegerschutzfunktion) die Notwendigkeit der Aufhebung des Zurechnungstatbestands, da es für die Höhe der Abfindung nicht darauf ankommt, wer den Verstoß begangen hat, sondern vielmehr allein auf die Frage, ob der Börsenwert als repräsentativ angesehen werden kann.[995] Sähe man dies anders, beschränkte man die Fälle also auf solche, an den der Bieter selbst beteiligt ist,[996] wäre dem Anlegerschutzgedanken durch einen nicht repräsentativen Börsenkurs als Grundlage der Abfindung nicht Genüge getan.

Nichts anderes gilt für einen Verstoß des Emittenten gegen eine Ad-hoc-Mitteilungspflicht. Hier kommt hinzu, dass rein rechtstatsächlich der Bieter zumeist der Hauptaktionär und in dieser Funktion faktisch auch in die rechtlichen und ökonomischen Vorgänge des Emittenten involviert oder zumindest darüber

991 In diese Richtung auch *Drygala*, Gesellschaftsrecht in der Diskussion 2015, 75, 84.
992 In diese Richtung auch *Harnos*, ZHR 2015, 750, 770.
993 S. hierzu o.: Kapitel 3 B.III.7.c.
994 So auch krit. *Harnos*, ZHR 2015, 750, 770.
995 In diese Richtung auch *Harnos*, ZHR 2015, 750, 769 f.
996 So explizit *Wackerbarth*, WM 2016, 385, 388.

informiert ist, auch wenn keine Zurechnung im Rechtssinne stattfindet. Eine solch generalisierende Betrachtung liegt aufgrund der entsprechenden empirischen Befunde im Ermessen des Gesetzgebers. Zudem kann in diesen Fällen auch ein (außenstehender) Bieter im Rahmen einer *Due Diligence* des Emittenten oder durch eine Versicherung durch dessen Vorstand die Wahrscheinlichkeit eines Verstoßes im Ergebnis verringern.[997]

Zudem setzt sich der Bieter durch sein Angebot bewusst dem Risiko der nachträglich zu leistenden Differenzzahlung im Hinblick auf Art. 15 MAR (der – wie erwähnt – grundsätzlich für alle Marktteilnehmer und unabhängig von der Person des Manipulierenden gilt) aus. Damit wird der Anlegerschutz weiterhin gestärkt, da die *in praxi* schwer handhabbaren Zurechnungsfragen entfallen.[998] Aus den genannten Gründen wären dann insofern auch keine Bedenken im Hinblick auf einen verfassungsrechtlich nicht zu vertretenden Zurechnungstatbestand erkennbar.

Des Weiteren besteht die Möglichkeit der lediglich geringen Kursbeeinflussung gem. § 39 Abs. 3 S. 3 Hs. 2 BörsG, sodass auch keine unverhältnismäßige Ausdehnung des Tatbestands bei vermeintlich insignifikanten Sachverhalten zu befürchten ist. Zur Simplifizierung und zur Erhöhung der Sicherheit bei Anwendung der Norm und insbesondere zur Komplettierung des Anlegerschutzes sollte damit *de lege ferenda* von der Einschränkung in § 39 Abs. 3 S. 3 Nr. 2 BörsG abgesehen und jedwede Marktmanipulation unter diese Normen gefasst werden.[999]

Es ist demnach der in § 39 Abs. 3 S. 3 Nr. 2 BörsG normierte Kreis der für einen Verstoß in Betracht kommenden Personen zu erweitern und *„der Emittent oder der Bieter"* in *„der Emittent, der Bieter oder ein Dritter"* zu ändern.[1000]

## IV. Fragwürdige Vorstellung des Gesetzgebers: Erfordernis der rechtskräftigen Feststellung des Verstoßes?

Es stellt sich indes die Frage, wann ein solcher Verstoß gegen eine der in § 39 Abs. 3 S. 3 BörsG genannten Vorschriften vorliegt. Die Beschlussempfehlung geht diesbezüglich von der Erforderlichkeit einer rechts- oder bestandskräftigen Feststellung eines solchen Verstoßes durch die BaFin aus.[1001] Dem haben

---

997 *Bungert/Leyendecker-Langner*, ZIP 2016, 49, 53. S. zu den Möglichkeiten im Rahmen eines *Delisting-Agreement* o.: Kapitel 4 B.II.

998 So insgesamt auch *Harnos*, ZHR 2015, 750, 769 f.

999 So auch *Harnos*, ZHR 2015, 750, 770.

1000 So i. Erg. auch *Kastl*, Rückzug von der Börse, S. 399.

1001 BT-Drucks. 18/6220, S. 85.

sich mittlerweile auch Stimmen in der Literatur angeschlossen.[1002] Im Folgenden wird sich jedoch zeigen, dass diese vom Gesetzgeber intendierte Konzeption sowohl den Wortlaut als auch den Telos der Norm betreffend keinen Bestand haben kann.

Eine solche Feststellung hat zunächst keinen Niederschlag im Gesetzeswortlaut gefunden; nach diesem genügt das objektive Vorliegen eines Verstoßes gegen die genannten Normen.[1003] Ein Richter wäre somit lediglich an die normierten Voraussetzungen gebunden, nicht an das Erfordernis der bestandskräftigen Feststellung.[1004] Ein solches Erfordernis wirft zudem konzeptionelle Probleme auf und kann dem Anlegerschutzgedanken nicht gerecht werden.[1005] Es ist bereits nicht ersichtlich, warum den Minderheitsaktionären nur in diesem Fall ein erhöhter Ausgleichsanspruch zustehen soll. Die Tatsache, dass ein Verstoß gegen Marktmissbrauchsverbote zu einer Verfälschung des Kurses geführt haben kann, besteht unabhängig davon, ob ein Verstoß festgestellt wurde, sondern selbstredend auch dann, wenn er schlicht faktisch vorlag. Diese Annahme wird mit Blick auf das zu erwartende Vorgehen der BaFin in solchen Fällen gestützt:[1006] Die BaFin wird im Falle eines Verstoßes gegen Artt. 15 oder 17 MAR wohl nicht lediglich deren Vorliegen feststellen, sondern vielmehr die ihr zur Verfügung stehenden Sanktionsmöglichkeiten bemühen, insbesondere Bußgelder verhängen[1007] oder eine Einstellung des Verfahrens vornehmen.[1008] Hierdurch wird indes ein entsprechender Verstoß nicht zwingend (bestandskräftig) festgestellt. Zu beachten ist weiterhin die Geltung des Opportunitätsprinzips bei Bußgeldverfahren gem. § 47 Abs. 1 S. 1 OWiG, sodass es grundsätzlich der BaFin anheimgestellt ist, ein solches einzuleiten oder nicht. Da ein Minderheitsaktionär

---

1002 *Kocher/Seiz*, DB 2016, 153, 155; so wohl auch *Bungert/Leyendecker-Langner*, ZIP 2016, 49, 51.

1003 *Harnos*, ZHR 2015, 750, 767; *Drygala*, Gesellschaftsrecht in der Diskussion 2015, 75, 83 weist ferner darauf hin, dass der Gesetzgeber indes in anderen Normen die rechtskräftige Feststellung erwähnt, vgl. § 76 Abs. 3 S. 2 AktG.

1004 So nachdrücklich *Wackerbarth*, WM 2016, 385, 387, der von einer „*Wunschvorstellung des Gesetzgebers*" spricht.

1005 So i. Erg. auch *Harnos*, ZHR 2015, 750, 767.

1006 S. zum folgenden Komplex insgesamt *Harnos*, ZHR 2015, 750, 767 f. (noch zu den entsprechenden Regelungen des WpHG).

1007 S. zu allen Möglichkeiten der BaFin nach Inkrafttreten der MAR *Poelzig*, NZG 2016, 492, 496 ff.

1008 *Drygala*, Gesellschaftsrecht in der Diskussion 2015, 75, 83.

ein Bußgeldverfahren auch nicht erzwingen kann, wäre er in diesen Fällen schutzlos gestellt.

Der in der Beschlussempfehlung vorgesehene Fall der rechts- bzw. bestandskräftigen Feststellung eines Verstoßes ist hiernach nicht mit der gesetzlichen Konzeption in Einklang zu bringen, würde zu den Anlegerschutz konterkarierenden Ergebnissen führen und ist somit in dieser Generalität abzulehnen. Im Ergebnis ist § 39 Abs. 3 S. 3 BörsG dahin gehend zu lesen, dass es für das Auslösen seiner Rechtsfolge bereits genügen muss, wenn die Aktionäre einen Verstoß beweisen können. Auf die Feststellung eines solchen kann es im Ergebnis nicht ankommen.[1009] Da dies jedoch auch keinen Niederschlag im Gesetzeswortlaut gefunden hat, sind auch keine zwingenden Änderungen erforderlich; eine Klarstellung durch den Gesetzgeber im Rahmen der Neuevaluation wäre indes wünschenswert.

## V. Rechtsfolge bei Vorliegen der Voraussetzungen des § 39 Abs. 3 S. 3 BörsG

§ 39 Abs. 3 S. 3 BörsG ist als Anspruchsgrundlage formuliert,[1010] sodass Rechtsfolge das Bestehen eines Zahlungsanspruchs der betroffenen Aktionäre gegen den Bieter in Höhe des Differenzbetrags zwischen dem aufgrund des durchschnittlichen Börsenkurses errechneten Abfindungspreises und demjenigen Preis ist, der sich ergibt, wenn man eine Unternehmensbewertung anstellen würde.[1011] Dieser Anspruch steht indes freilich nur denjenigen Aktionären zu, die das Angebot auch angenommen haben.[1012]

Die Anordnung des Unternehmenswerts als Bezugsgröße ist auch nicht beanstandungswürdig. Die vereinzelt gebliebenen Forderungen, den Differenzzahlungsanspruch für den Fall, dass kein Verstoß dessen Wert gemindert hätte, an dem hypothetischen Börsenkurs des Papiers nach dem Vorbild der §§ 37b, c WpHG[1013] auszurichten,[1014] verfangen im Ergebnis nicht. Diese Möglichkeit

1009 So i. Erg. auch *Wackerbarth*, WM 2016, 385, 388.

1010 BT-Drucks. 18/6220, S. 86 („*ausdrückliche Anordnung der Zahlungsansprüche*").

1011 *Kocher/Seiz*, DB 2016, 153, 155.

1012 Hierauf weist die Beschlussempfehlung nochmal ausdrücklich hin, BT-Drucks. 18/6220, S. 86. Anders wohl *Drygala*, Gesellschaftsrecht in der Diskussion 2015, 75, 85.

1013 Es wird darauf hingewiesen, dass nach Inkrafttreten des 2. FiMaNoG am 3.1.2018 (BT-Drucks. 18/10936, S. 89 f.) die lediglich an die MAR angepassten, aber ansonsten insofern gleichlautenden §§ 97 und 98 WpHG n. F. die jetzigen §§ 37b und c WpHG ersetzen.

1014 So *Verse*, Aktionärsschutz beim Delisting, aaO., S. 14.

vermag die auftretenden Komplikationen bei einer Unternehmensbewertung nicht aufzuwiegen, da bei der Berechnung der Höhe des Kursdifferenzschadens im Rahmen der §§ 37b, c WpHG erhebliche Unwägbarkeiten bestehen.[1015] Zudem wird von den Vertretern dieser Ansicht verkannt, dass es sich bei den Ansprüchen gem. §§ 37b, c WpHG um Schadensersatzansprüche und somit eine gänzlich divergierende gesetzliche Anordnung handelt, nach deren jeweiligen Abs. 2 bei fehlendem Vorsatz oder fehlender Fahrlässigkeit eine Haftung ausscheidet.[1016] Dies ist indes nicht kompatibel mit der neuen gesetzlichen Regelung (die zu Recht die Kursbeeinflussung per se unabhängig von einem Verschulden als Anordnungsgrund für die Unternehmensbewertung ansieht) und der hier vertretenen Konzeption zur Aufhebung des Zurechnungstatbestands.[1017] Zudem wurde diese Regelung vom Gesetzgeber explizit geschaffen, um den Aktionären ohne einen ansonsten zu führenden Schadensersatzprozess wegen verspäteter oder falscher Veröffentlichung von Insiderinformationen gem. §§ 37b, c WpHG die Möglichkeit einzuräumen, ihren entstandenen Verlust auf einem einfacheren und schnelleren Wege geltend zu machen, wobei der Börsenwert weiterhin die Untergrenze des Abfindungsangebots darstellen sollte.[1018] Der Gesetzgeber hat durch diese Anordnung dem Aktionär zwar eine einfachere Möglichkeit andienen wollen, eine erhöhte Abfindung zu beziehen, er wollte jedoch damit nicht die Möglichkeit eines weitergehenden Anspruchs gem. §§ 37b, c WpHG gänzlich ausschließen.[1019] Können deren strengere Anspruchsvoraussetzungen dargelegt werden, ist damit auch eine andere Rechtsfolge möglich und gerechtfertigt.

## VI. Rückausnahme: keine wesentliche Kursbeeinflussung

Von der Abfindung nach dem Unternehmenswert ist allerdings gem. § 39 Abs. 3 S. 3 Hs. 2 BörsG wiederum eine Ausnahme zu machen. Hiernach gilt die Pflicht

1015 Hierauf weist *Verse*, Aktionärsschutz beim Delisting, aaO., S. 14 selbst hin. Vgl. hierzu ausführlich *Sethe* in Assmann/Schneider, WpHG, §§ 37b, c, Rn. 83 ff.

1016 S. hierzu ausführlich *Zimmer/Grotheer* in Schwark/Zimmer, KPMK, § 37c WpHG, Rn. 51 ff.

1017 S. hierzu o.: Kapitel 6 B.III.3.

1018 BT-Drucks. 18/6220, S. 85. Vgl. hierzu auch *Kocher/Seiz*, DB 2016, 153, 155. Dies unterstreicht erneut, warum die Anordnung der Höhe der Abfindung nach dem Unternehmenswert der Berechnung nach dem (u. U. höheren) hypothetischen Kurswert bei Herausrechnen des Verstoßes im Sinne eines Differenzschadens vorzuziehen ist. Hierzu tendiert hingegen wohl *Casper*, FS Köndgen, 117, 143.

1019 Dies ergibt sich aus der Formulierung „*ohne, dass der Anleger auf die Geltendmachung eines Schadensersatzanspruchs* […] *verwiesen wäre.*", BT-Drucks. 18/6220, S. 85.

zur Zahlung des Differenzbetrags des im Wege einer Unternehmensbewertung bestimmten Werts nicht, „*soweit die in den Nummern 1 und 2 bezeichneten Verstöße nur unwesentliche Auswirkungen auf den nach Satz 2 errechneten Durchschnittskurs hatten.*“

### *1. Gesetzliche Anordnung*

Nach dem Willen des Gesetzgebers hat der Bieter in Fällen lediglich geringer Auswirkungen der Maßnahmen auf den Börsenkurs die Möglichkeit zu beweisen, dass eben eine solche Geringfügigkeit vorlag und somit die grundlegende Angemessenheit der Gegenleistung doch wieder anhand des durchschnittlichen Börsenkurses bestimmt werden kann.[1020] Für das Vorliegen einer lediglich unbedeutenden Kursbeeinflussung ist der Bieter laut der Gesetzesmaterialien beweispflichtig.[1021] Es fehlt hingegen an einer weiteren Konkretisierung dieses Kriteriums sowohl nach dem Gesetzeswortlaut als auch in der Beschlussempfehlung, sodass Dispute über die genaue Auslegung dieses Tatbestandsmerkmals vorgezeichnet sind und dessen Handhabung den Rechtsanwender in der Praxis vor ein gewisses Maß an Rechtsunsicherheit stellen dürfte.[1022] In jedem Fall ist die Ausnahme dann gegeben, wenn es dem Bieter gelingt, die fehlende Kausalität zwischen Verstoß und Kursentwicklung darzulegen.[1023]

Hierbei ist zu beachten, dass bei einem Bekanntwerden eines Verstoßes erst nach der Berechnungsperiode die Anforderungen, die an einen Bieter hinsichtlich des Beweises der Unwesentlichkeit zu stellen sind, sehr hoch sind, da die Quantifizierung des tatsächlichen Einflusses nur in äußersten Ausnahmefällen möglich sein dürfte.[1024]

### *2. Anforderungen an die Unwesentlichkeit*

Zur genauen Bestimmung der Unwesentlichkeit sind mehrere Lösungsvorschläge vertreten worden. Im Einzelnen ist man mit zwei entscheidenden Fragen konfrontiert: Erstens, welche Grenze man zur Bestimmung der Unwesentlichkeit

1020 BT-Drucks. 18/6220, S. 85.

1021 BT-Drucks. 18/6220, S. 85. Vgl. auch *Kocher/Seiz*, DB 2016, 153, 155; *Bayer*, NZG 2015, 1169, 1176.

1022 In diesem Sinne auch *Harnos*, ZHR 2015, 750, 769; *Kocher/Seiz*, DB 2016, 153, 155. Letztere verbleiben insoweit auch ohne Lösungsvorschlag.

1023 *Harnos*, ZHR 2015, 750, 769.

1024 *Harnos*, ZHR 2015, 750, 769 schließt hingegen eine solche Möglichkeit wohl kategorisch aus.

zugrunde legt, und zweitens, anhand welcher Kursentwicklung (auf den gesamten Zeitraum gesehen oder nur bezogen auf den unmittelbaren Effekt) diese Grenze angelegt werden soll.

Hinsichtlich der ersten Frage geht *Harnos* aus Anlegerschutzgesichtspunkten davon aus, es seien lediglich Abweichungen im Cent-Bereich pro Aktie umfasst, wobei er eine exakte Prozentgrenze ablehnt, hingegen eine gesonderte Bestimmung im Einzelfall propagiert.[1025] *Wackerbarth* will dagegen in Anlehnung an § 39 Abs. 3 S. 4 BörsG die dort in Bezug auf eine etwaige Marktenge eingeführte Grenze von 5% als Maßstab für die Unwesentlichkeit zugrunde legen.[1026]

Die Folgefrage nach dem Bezugspunkt lässt sich mit Blick auf den Wortlaut zunächst leicht bestimmen. Hiernach muss sich der Einfluss auf den zuvor berechneten Durchschnittskurs beziehen, was verwundert, da dies dazu führen kann, dass ein einmaliger großer Ausschlag des Kurses auf den langen Referenzzeitraum gerechnet keine bedeutende Auswirkung haben kann.[1027] Dies zu kompensieren suchende Vorschläge, insbesondere der *Wackerbarths*,[1028] stellen nicht auf die Auswirkung des Verstoßes auf den Durchschnittskurs insgesamt ab, sondern nehmen die Höhe des aus dem Verstoß unmittelbar resultierenden Kursausschlags in Bezug. Dieser Vorschlag scheitert nach der aktuellen gesetzlichen Regelung an den Grenzen des Wortlauts[1029] und kann somit *de lege lata* nicht herangezogen werden. Der Wortlaut („*nur unwesentliche Auswirkungen auf den* [...] *Durchschnittskurs*") ist diesbezüglich eindeutig und lässt auch keinen Spielraum zu. Auch der Wille des Gesetzgebers kann insofern nicht herangezogen werden, da dieser in der Beschlussempfehlung wiederholt von einem nur unwesentlichen Einfluss auf den Durchschnittskurs spricht.[1030]

### 3. *Stellungnahme*

Im Ergebnis ist eine starre Grenze heranzuziehen und es sollte auf die unmittelbare Auswirkung des Verstoßes auf den Börsenkurs rekurriert werden.

---

1025 *Harnos*, ZHR 2015, 750, 769.
1026 *Wackerbarth*, WM 2016, 385, 388.
1027 *Wackerbarth*, WM 2016, 385, 388.
1028 *Wackerbarth*, WM 2016, 385, 388.
1029 Hierauf weist *Wackerbarth*, WM 2016, 385, 388 selbst hin.
1030 BT-Drucks. 18/6220, S. 85.

### *a. Bestimmung der Unwesentlichkeit*

Nähme man lediglich Abweichungen im Cent-Bereich als relevanten Maßstab an, würde bei mit niedrigem Wert gehandelten Aktien eine prozentual u. U. erhebliche Einbuße des Börsenwerts nicht zur Annahme der Ausnahme führen, während eine Aktie, die innerhalb der Referenzperiode mit einem hohen Wert gehandelt wird, faktisch den gleichen Wertverlust erleiden könnte, dieser jedoch prozentual weniger ins Gewicht fiele und trotzdem gleichbehandelt würde. Auch wenn dieser Ansatz *prima facie* das Bild einer erstrebenswerten Gleichbehandlung suggeriert, lässt er Fälle außen vor, in denen ein Aktionär, der lediglich in „billige" Aktien (aber dafür u. U. in größerem Volumen) investiert, bei seiner Investitionsentscheidung einpreist, dass sich sowohl Gewinne als auch Verluste im Hinblick auf den tatsächlichen Wert in einem geringeren Bereich bewegen. Verliert er also auch nur einige Cent pro Aktie, kann dies trotzdem prozentual zu einem erheblichen Wertverlust seiner Beteiligung führen. Das Gegenteil gilt für den Inhaber einer hoch bewerteten Aktie, für den der Verlust von Cent-Beträgen pro Aktie einen weitaus geringeren Einfluss im Hinblick auf seine Gesamtinvestition hat. Wollte man dieses Ungleichgewicht indes durch die vorgeschlagene Einzelfallabwägung auszugleichen versuchen, würden sich zwangsläufig Ungleichheiten ergeben. Man müsste es letztlich dem Richter überlassen, ob er eine Unwesentlichkeit in dem zu behandelnden Fall annimmt oder nicht. Dies führte dazu, dass der Bieter nicht mehr mit Sicherheit sagen kann, nach welchen Grundsätzen sich nun die von ihm zu leistende Abfindung zu berechnen hat und auch der Anleger dies erst im Laufe eines Verfahrens erfahren würde. Vor diesem Hintergrund erscheint eine Orientierung an einer fixen Prozentgrenze vorzugswürdig, da durch eine solche Rechtssicherheit für die Beteiligten geschaffen werden kann. Zwar verwundern die fehlenden Ausführungen des Gesetzgebers hierzu, da ihm eine Klarstellung ein Leichtes gewesen wäre; es erfolgte jedoch kein expliziter Ausschluss einer solchen Grenze und somit keine zwingende Erforderlichkeit der Beachtung von Einschränkungen. Der Heranziehung der 5%-Grenze aus § 39 Abs. 3 S. 4 BörsG ist insoweit zuzugestehen, dass der Gesetzgeber dieser Grenze offensichtlich eine besondere Bedeutung zugemessen hat, ab deren Abweichung er die Annahme einer Unternehmensbewertung in Fällen der Marktenge als gegeben ansah. Freilich beschreibt § 39 Abs. 3 S. 4 BörsG einen anderen Fall.[1031] Vergleichbar ist er jedoch insofern, als der Gesetzgeber sich (erst) bei einer solchen Abweichung zu einem Paradigmenwechsel im Hinblick auf die Berechnungsmethode veranlasst sah und dem durchschnittlichen

---

1031 Vgl. ausführlich zu § 39 Abs. 3 S. 4 BörsG u.: Kapitel 6 C.

Börsenwert die Repräsentativität zur Darstellung des Unternehmenswerts abspricht, um stattdessen eine Unternehmensbewertung anzuordnen. Spiegelbildlich kann die Nichtannahme einer solchen geänderten Bewertung auf den Fall der Unwesentlichkeit der Kursbeeinflussung übertragen werden.[1032] Im Ergebnis erscheint damit im Hinblick auf die entstehende Rechtssicherheit die Heranziehung einer starren Grenze geboten. Es ergibt weiterhin Sinn, diese bei 5% anzusetzen.[1033] Jedoch bleibt die Konkretisierung des Tatbestandsmerkmals im Rahmen der erneuten Überprüfung durch den Gesetzgeber, zumindest in Form eines entsprechenden Hinweises in den zukünftigen Gesetzesmaterialien wünschenswert, um die einheitliche Handhabung abzusichern.[1034]

### *b. Heranziehung des konkreten Börsenkurses*

Dies zugrunde legend ist außerdem den im Hinblick auf die Auswirkungen auf den Durchschnittskurs geäußerten Bedenken Recht zu geben. Gestützt auf die Erkenntnis der durchschnittlich relativ geringen Handelsvolumen der Papiere von Delisting-Kandidaten[1035] kann auch – in Kombination mit der verlängerten Berechnungsperiode[1036] – ein einmaliger erheblicher Kursausschlag zulasten der Aktionäre auf sechs Monate gerechnet lediglich zu vernachlässigende Auswirkungen auf den Durchschnittskurs haben, da die Umsätze zu diesem Zeitpunkt und in der Folge gering sein können, jedoch am Ende trotzdem ein (bedeutend) geringerer Kurs steht.[1037] Zudem wurde die Kursveränderung ja im folgenden Zeitraum eingepreist und ist somit bereits im Börsenwert berücksichtigt, sodass auch eine konkrete Berechnung des Verstoßes auf den Durchschnittskurs auf rein praktische Umsetzungsschwierigkeiten stößt.[1038] Dies ist aus Anlegerschutzgesichtspunkten jedoch nicht gerechtfertigt. Vorzugsweise wäre hier anzuordnen, dass es auf den Kurssprung selbst und darauf ankommen sollte, ob dieser in ausreichendem Maße (also nach hiesiger Ansicht mit über 5%) den Kurs beeinflusst hat. Normativ wäre letztlich nur der Passus in § 39 Abs. 3 S. 3 Hs. 2 BörsG

---

1032 In diese Richtung auch *Wackerbarth*, WM 2016, 385, 388.

1033 So wohl auch *Wackerbarth*, WM 2016, 385, 388.

1034 Im Hinblick auf die u. U. zu ändernden Grenzwerte des § 39 Abs. 3 S. 4 BörsG (s. hierzu u.: Kapitel 6 C.IV.2.) müssten diese folgerichtig auch auf die hiesigen Überlegungen übertragen werden, sodass zum jetzigen Zeitpunkt eine gesetzliche Normierung nicht zielführend erscheint.

1035 Vgl. o.: Kapitel 2 B.V.3.c.

1036 Auf diesen Aspekt weist *Groß*, AG 2015, 812, 818 hin.

1037 So auch *Wackerbarth*, WM 2016, 385, 388.

1038 So insgesamt maßgeblich *Wackerbarth*, WM 2016, 385, 388.

zum Durchschnittskurs zu streichen und mit einer Bezugnahme auf den Börsenkurs per se zu ersetzen.

## VII. Prüfungsumfang und Sanktionsmöglichkeiten der BaFin

Neben der bereits oben dargestellten Prüfungspflicht der BaFin im Hinblick auf das Vorliegen einer ordnungsgemäßen Angebotsunterlage[1039] soll die BaFin nach der gesetzgeberischen Konzeption in diesem Rahmen auch das Vorliegen der Ausnahmetatbestände des § 39 Abs. 3 S. 3 Nr. 1 und 2 BörsG prüfen,[1040] während die Börsengeschäftsführung bei der Entscheidung über den Delisting-Antrag lediglich das Vorliegen eines veröffentlichten Angebots und nicht die Einhaltung der Voraussetzungen des § 39 Abs. 3 S. 3 BörsG prüfen muss.[1041] Dies verwundert durchaus, muss die BaFin schließlich innerhalb der in § 14 Abs. 2 S. 1 WpÜG normierten Frist von zehn Tagen die Veröffentlichung untersagen.[1042] Der Prüfungsumfang der BaFin kann in diesen Fällen damit lediglich auf eine Evidenzkontrolle beschränkt sein, in welcher lediglich die formellen Anforderungen an die Angebotsunterlage geprüft werden, während eine inhaltliche Überprüfung aufgrund der kurzen Frist nur im Rahmen einer Überprüfung offensichtlicher Verstöße erfolgen kann.[1043] Dies gilt trotz der (im Ermessen der BaFin stehenden) Möglichkeit, gem. § 14 Abs. 2 S. 3 WpÜG die Frist in Fällen von komplexen Sachverhalten um fünf Tage zu verlängern.[1044] Legte man die ursprüngliche Annahme des Gesetzgebers der erforderlichen rechts- oder bestandskräftigen Feststellung eines Verstoßes zugrunde, wird noch deutlicher, dass diese Konzeption völlig der praktischen Belanglosigkeit preisgegeben wäre.[1045] Im Regelfall, in dem ein solcher Verstoß innerhalb der Prüfungsfrist der BaFin nicht festgestellt werden kann, ist nach dem Wortlaut des § 39 Abs. 3 S. 3 BörsG dann zunächst ein auf den Börsenwert lautendes Angebot zu veröffentlichen, wobei der Differenzbetrag in einem weiteren Schritt zu berechnen und zu zahlen

---

1039 S. o.: Kapitel 4 B.X.

1040 BT-Drucks. 18/6220, S. 86. Vgl. hierzu auch *Harnos*, ZHR 2015, 750, 774.

1041 S. hierzu o.: Kapitel 4 B.X.

1042 S. hierzu o.: Kapitel 4 B.VIII.

1043 *Kocher/Seiz*, DB 2016, 153, 157; *Gegler*, BKR 2016, 273, 278 unter Verweis auf die Literatur zum WpÜG.

1044 Vgl. hierzu allgemein *Assmann* in Assmann/Pötzsch/Schneider, WpÜG, § 14, Rn. 25 ff.

1045 S. bereits krit. hierzu: Kapitel 6 B.IV. Vgl. zu diesem Gedanken auch *Kocher/Seiz*, DB 2016, 153, 157.

wäre.[1046] In der seltenen Konstellation, dass ein eine Unternehmensbewertung auslösendes Ereignis bereits feststeht, muss die BaFin indes – im Rahmen ihrer Überprüfung gem. § 14 Abs. 2 WpÜG – konsequenterweise auf die Berechnung der Abfindung nach dem Unternehmenswert hinwirken.[1047] Ist dies der Fall und wurde eine Unternehmensbewertung bereits durchgeführt, wäre die BaFin dann auf die Feststellung der vorgenommenen Abfindung nach Unternehmenswert beschränkt.[1048] Eine inhaltliche Überprüfung dieser wäre indes den Gerichten vorbehalten.[1049]

Unabhängig vom Delisting sind durch die Geltung der MAR im Hinblick auf die hier in Rede stehenden Delikte auch weitere Sanktionsmöglichkeiten hinzugekommen bzw. die bestehenden Möglichkeiten modifiziert worden. Die für den § 39 Abs. 3 S. 3 BörsG relevanten Verstöße sind nunmehr als bußgeldbewährte Tatbestände in § 39 Abs. 3d Nr. 2 und 6 WpHG verortet.[1050] Auch nach der neuen europarechtlichen Konzeption bleibt die BaFin dabei Aufsichtsbehörde über im Inland stattfindende Sachverhalte, Art. 22 Abs. 1 MAR iVm. § 4 Abs. 3b WpHG.[1051]

## VIII. Kein Regulierungsbedarf zum Schutz der Aktionäre, die das Angebot nicht angenommen haben

Der Schutz durch Abfindung nach Unternehmenswert wird jedoch nur den Aktionären zu Teil, die das Angebot auch angenommen haben.[1052] Obwohl sich zwangsläufig die Frage stellt, ob und wie die übrigen Aktionäre kompensiert werden sollen oder gar müssen, wenn sich im Nachhinein herausstellt, dass die Abfindungshöhe aufgrund eines Verstoßes iSd. § 39 Abs. 3 S. 3 BörsG nach dem (höheren) Unternehmenswert hätte erfolgen müssen, ist diese Thematik in der bisherigen Diskussion – bis auf wenige Ausnahmen – unberücksichtigt gelassen worden.

---

1046 S. zu diesem zweistufigen Konzept *Kocher/Seiz*, DB 2016, 153, 157.

1047 So auch *Verse*, Aktionärsschutz beim Delisting, aaO., S. 13.

1048 *Bungert/Leyendecker-Langner*, ZIP 2016, 49, 51 f.

1049 *Bungert/Leyendecker-Langner*, ZIP 2016, 49, 51 f.

1050 Vgl. hierzu und auch ausführlich zu den Rechtsfolgen *Poelzig*, NZG 2016, 528, 537; *dies.*, NZG 2016, 492, 497.

1051 *Poelzig*, NZG 2016, 492, 493.

1052 Vgl. o.: Kapitel 6 B.V.

### *1. Meinungsbild*

Nicht überzeugen kann zunächst der Vorschlag, auch den verbleibenden Aktionären den Differenzbetrag zuzusprechen,[1053] da dies der grundsätzlich bestehenden Konzeption des Zusammenhangs zwischen dem Differenzbetrag und der zuvor gezahlten Gegenleistung für die übereigneten Aktien widerspricht[1054] und damit der zustimmungswürdigen Grundannahme eines Abfindungsangebots im Gegensatz zu einer Entschädigungszahlung zuwiderliefe.[1055]

Es wird sich zudem im Folgenden zeigen, dass eine solche Pflicht weder im Wege der Auslegung konstruiert werden kann, noch *de lege ferenda* die Notwendigkeit besteht, eine solche gesetzlich zu verankern.

Konzeptionell wurde im Übernahmerecht versucht, Aktionäre, die ein Übernahmenagebot nicht angenommen hatten, durch eine analoge Anwendung des § 39c WpÜG – der direkt nur für auf Übernahme- oder Pflichtangebote folgende Squeeze outs gilt[1056] – zu schützen, indem man jenen bei Übernahmeangeboten, bei denen erst nach Ablauf der Annahmefrist preissteigernde Vorerwerbe bekannt werden, eine erneute Möglichkeit zur Angebotsannahme gewähren wollte.[1057] Hiergegen ist bereits aus übernahmerechtlicher Perspektive (zu Recht) die eindeutige Anordnung des Gesetzgebers eingewandt worden, auch bei Nacherwerben lediglich die Aktionäre schützen zu wollen, die das Angebot angenommen haben, § 31 Abs. 5 WpÜG, weswegen ein nachträglicher Schutz aufgrund bekanntgewordener Vorerwerbe nicht in Betracht kommen könne.[1058] Diese Argumentation muss nach dem Verweis auf § 31 WpÜG in § 39 Abs. 3 S. 2 BörsG für das Delisting ebenfalls gelten.[1059]

Auch andere Vorschläge, einen solchen Schutz für das Delisting zu etablieren, gehen jedoch – wie sich im Folgenden zeigen wird – im Ergebnis fehl. Dies gilt insbesondere für die (analoge oder per Gesetzesänderung forcierte) Übertragung der verschmelzungsrechtlichen Regelungen der §§ 31 S. 2, 34 UmwG,[1060]

---

1053 So wohl *Drygala*, Gesellschaftsrecht in der Diskussion 2015, 75, 85.

1054 In diese Richtung auch *Verse*, Aktionärsschutz beim Delisting, aaO., S. 19.

1055 S. zu dieser Unterscheidung o.: Kapitel 2 C.I.2.

1056 S. hierzu allgemein *Grunewald* in MünchKommAktG, § 39c WpÜG, Rn. 6 ff.

1057 S. hierzu *Verse*, Der Konzern 2015, 1, 3. Maßgeblich insofern *Witt*, DStR 2014, 2132, 2134.

1058 S. hierzu *Verse*, Der Konzern 2015, 1, 3. I. Erg. auch *Noack* in Schwark/Zimmer, KPMK, § 31 WpÜG, Rn. 90.

1059 So auch *Verse*, Aktionärsschutz beim Delisting, aaO., S. 19. S. zu Vor-, Parallel- und Nacherwerben ausführlich o.: Kapitel 3 B.IV.1.a.

1060 S. zur Verschmelzung o.: Kapitel 3 B.III.3.

nach welchen solche Aktionäre, die das Angebot nicht angenommen hatten, im Falle einer gerichtlichen Bestimmung der Abfindungshöhe das Angebot zwei Monate nach Veröffentlichung der im Spruchverfahren gerichtlich festgesetzten Höhe im Bundesanzeiger noch annehmen können.[1061]

### 2. *Bestehen eines ausreichenden Schutzmechanismus nach kapitalmarktrechtlichen Vorschriften*

Der Übertragbarkeit dieser verschmelzungsrechtlichen Anordnung stehen im Wesentlichen zwei Überlegungen entgegen. Zunächst ist nach der gesetzlichen Anordnung – zu Recht[1062] – kein Spruchverfahren vorgesehen, womit es an einem kollektiv wirkenden, zeitlichen Anknüpfungspunkt mangelt.[1063] Außerdem bestehen neben der Tatsache, dass es sich bei der Verschmelzung in den meisten Fällen um eine die Struktur tangierende Maßnahme handeln wird,[1064] auch konzeptionelle Unterschiede: Im Falle der Umwandlung ist der Anspruch auf angemessene Abfindung nach Unternehmenswert der gesetzlich zwingend angeordnete Grundfall.[1065] Beim Delisting hingegen entsteht ein solcher Anspruch auf Abfindung nach Unternehmenswert nur (ausnahmsweise) bei Kapitalmarktverstößen. Es handelt sich damit um Ausnahmekonstellationen von der gesetzlichen Regel, die auch nach den dafür vorgesehenen Spezialgesetzen, mithin den neuen Regelungen der MAR, behandelt werden sollten. Die Regelungen der §§ 31 S. 2, 34 UmwG hingegen sind für das umwandlungsrechtliche Delisting lediglich erforderlich, um einen gleichwertigen Schutz aller Aktionäre im Hinblick auf ihre Mitgliedschaftsrechte zu gewährleisten.[1066] Folgerichtig besteht dann nicht die Notwendigkeit für eine Erweiterung auch auf diese Aktionärsgruppe, wenn hinsichtlich dieser Gruppe anderweitige Schutzregime bestehen. Dies ist – wie sich im Folgenden zeigen wird – bei den von § 39 Abs. 3 S. 3 BörsG in Bezug genommenen Verstößen mittlerweile der Fall, sodass die Aktionäre auf die regulären Schutzvorschriften für Teilnehmer am Markt zu verweisen sind: Für den Fall des Verstoßes gegen Art. 17 MAR haben die Aktionäre einen Anspruch auf Ausgleich des entstandenen Kursschadens gem. §§ 37b, c WpHG, der für eine insofern ausreichende Kompensation sorgt, wenn

---

1061 Dies schlägt hingegen *Verse*, Aktionärsschutz beim Delisting, aaO., S. 19 vor.

1062 S. hierzu ausführlich u.: Kapitel 9 B.II.4.

1063 Hierauf weist *Verse*, Aktionärsschutz beim Delisting, aaO., S. 19 auch selbst hin.

1064 S. hierzu o.: Kapitel 3 B.III.3.

1065 Vgl. allgemein hierzu *Müller* in Henssler/Strohn, GesR, § 29 UmwG, Rn. 1 f.

1066 *Kalss* in Henssler/Strohn, GesR, § 29 UmwG, Rn. 22 ff.

eine der dort genannten Konstellationen vorliegt.[1067] Auch wenn dies lediglich in seltenen Fällen zutreffen wird, entspricht es der gesetzlichen Wertung bei Verstößen gegen die Veröffentlichungspflicht von Insiderinformationen. Andernfalls verbleibt es bei dem von den Aktionären zu tragenden Risiko, das besteht, wenn die Papiere gehalten werden, um weiterhin an deren Kursentwicklung zu partizipieren.[1068]

Nach Erlass der MAR bestehen im Falle von Marktmanipulationen und Verstößen gegen die Veröffentlichungspflichten außerdem neben den bereits dargestellten verwaltungs- und strafrechtlichen Sanktionsnormen insbesondere *private enforcement*-Möglichkeiten.[1069] Für fehlerhafte oder unterlassene Ad-hoc-Mitteilungen wurden zwar bereits früh mit §§ 37b, c WpHG Spezialgesetze zur zivilrechtlichen Sanktionierung geschaffen, da u. a. mit Blick auf § 15 Abs. 6 WpHG a. F. allgemein anerkannt war, dass es sich bei § 15 WpHG a. F. nicht um ein Schutzgesetz iSd. § 823 Abs. 2 BGB handeln könne.[1070] Nach Inkrafttreten der MAR ist hier jedoch eine anderweitige Bewertung angezeigt. Die zuvor eingewandten Bedenken gegen die Annahme eines Individualschutzes können vor dem Hintergrund der Anordnung des europäischen Gesetzgebers, auch die Anleger schützen zu wollen, nicht mehr aufrechterhalten werden. In Erwägungsgrund 24 zur MAR stehen insofern Funktionsfähigkeit des Kapitalmarkts und Anlegerschutz gleichwertig nebeneinander.[1071] Vor Inkrafttreten der MAR war ferner umstritten, ob der Tatbestand der Marktmanipulation gem. § 20a WpHG a. F. zivilrechtliche Folgen zugunsten der betroffenen Aktionäre auslösen könne. Der normative Anknüpfungspunkt für diese Diskussion war auch hier die Schutzgesetzeigenschaft iSd. § 823 Abs. 2 BGB.[1072] Auch wenn für beide Seiten gute Argumente stritten, entschied der BGH sich mit dem Argument, das

---

1067 Vgl. allgemein zur Haftungsbegründung im Rahmen dieser Normen: *Sethe* in Assmann/Schneider, WpHG, § 37b, c, Rn. 33 ff. Zur Weitergeltung des zivilrechtlichen Rechtsschutzes des WpHG gem. §§ 37b, c WpHG nach Inkrafttreten der MAR *Poelzig*, NZG 2016, 761, 773.

1068 Dieser Gedanke rechtfertigt auch die Abweichung von der Ablehnung der Heranziehung der §§ 37b, c WpHG als grundsätzliches Abfindungskonzept bei Angebotsannahme, s. hierzu o.: Kapitel 6 B.V.

1069 Vgl. zu diesen allgemein *Poelzig*, ZGR 2015, 801 ff.

1070 Vgl. *Hellgardt*, AG 2012, 154, 159; *Klöhn* in KölnKommWpÜG, § 15, Rn. 464 ff.

1071 Vgl. auch *Hellgardt*, AG 2012, 154, 164 f. I. Erg. auch *Seibt/Wollenschläger*, AG 2014, 593, 607.

1072 S. zur Diskussion in der Literatur beispielhaft *Schwark* in Schwark/Zimmer, KPMK, § 20a WpHG, Rn. 7.

Verbot der Marktmanipulation diene nur der Funktionsfähigkeit des Markts und nicht – zumindest nicht in erster Linie – dem Schutz der einzelnen Aktionäre, gegen die Schutzgesetzeigenschaft und somit generell gegen einen zivilrechtlichen Anspruch.[1073] Ausgenommen war insoweit freilich der Fall der vorsätzlichen sittenwidrigen Schädigung gem. § 826 BGB.[1074] Auch dies wird jedoch im Hinblick auf Art. 1 MAR nicht mehr aufrechtzuerhalten sein. Dieser nennt den Schutz der Anleger *expressis verbis* als Regelungsgegenstand, was vom Gesetzgeber auch nochmals in Erwägungsgrund 47 zur MAR gesondert aufgeführt wird, sodass auch hier eine Neubewertung der Schutzgesetzeigenschaft vorgenommen werden muss.[1075]

Es obliegt im Falle einer Klage der Aktionäre dann den Gerichten, die Höhe des zu zahlenden Betrags zu ermitteln. Dieser wird im Wege der Schätzung gem. § 287 ZPO – ggf. mithilfe eines Sachverständigen – ermittelt werden können und auf Ersatz des Kursdifferenzschadens gerichtet sein,[1076] wobei der Wert der gehaltenen Aktie (der z. B. nach Bekanntwerden einer negativen, zurückbehaltenen Information steigen könnte) in jedem Fall zu berücksichtigen ist.

Im Ergebnis sind also die auf die Verstöße ausgerichteten Normen als spezieller für die entsprechenden Fälle anzusehen als der Delisting-Schutz der Anleger und bieten einen umfassenden zivil- und wertpapierhandelsrechtlichen Schutz, der eine weitere börsengesetzliche Regelung obsolet macht. Es kann dem Gesetzgeber auch nicht unterstellt werden, er habe eine entsprechende Regelung lediglich vergessen. Vielmehr ist das Unterlassen einer solchen Regelung den oben genannten konzeptionellen und strukturellen Differenzen geschuldet und als Teil einer beschränkten Regulierung des Delisting Ausdruck dessen, dass der Gesetzgeber die ansonsten bestehenden kapitalmarktrechtlichen Sanktionsnormen für ausreichend hält. Da somit für diese Aktionärsgruppe ausreichend Schutz besteht, bedarf es keiner weiteren Regelung beim Delisting.

---

1073 BGH, Urt. v. 13.12.2011 – Az.: XI ZR 51/10 = NZG 2012, 263, 265 (Tz. 22 ff.).

1074 BGH, NZG 2012, 263, 265 (Tz. 26 ff.). Vgl. hierzu insgesamt die Anmerkung von *Conen*, GWR 2012, 132.

1075 *Poelzig*, NZG 2016, 492, 501; *dies*, ZGR 2015, 801, 829. Vgl. hierzu auch *Krause*, CCZ 2014, 248, 260. A. A. (ohne konkrete Auseinandersetzung mit der Problematik) *Giering*, CCZ 2016, 214, 219. Ausführlich zu diesem Komplex *Schmolke*, NZG 2016, 721 ff., der i. Erg. keine Vorhersage zur Meinung des EuGH treffen will, die Annahme eines Schutzgesetzes jedoch grundsätzlich befürwortet.

1076 *Kumpan* in Baumbach/Hopt, HGB, § 37b WpHG, Rn. 6.

## C. Abfindung nach Unternehmenswert bei Marktenge – § 39 Abs. 3 S. 4 BörsG

Eine weitere Ausnahme vom Börsenwert als Grundsatz ist in § 39 Abs. 3 S. 4 BörsG normiert:

> *„Sind für die Wertpapiere des Emittenten, auf die sich das Angebot bezieht, während der letzten sechs Monate vor der Veröffentlichung nach § 10 Absatz 1 Satz 1 oder § 35 Absatz 1 Satz 1 des Wertpapiererwerbs- und Übernahmegesetzes an weniger als einem Drittel der Börsentage Börsenkurse festgestellt worden und weichen mehrere nacheinander festgestellte Börsenkurse um mehr als 5 Prozent voneinander ab, so ist der Bieter zur Zahlung einer Gegenleistung verpflichtet, die dem anhand einer Bewertung des Emittenten ermittelten Wert des Unternehmens entspricht.“*

### I. Grundsätzliches

Hierbei handelt es sich um eine an übernahmerechtliche Maßstäbe (entsprechend § 5 Abs. 4 WpÜG-AngebotVo – modifiziert im Hinblick auf den zu betrachtenden Zeitraum –) angelehnte Regelung, nach welcher der Börsenkurs – nach Ansicht des Gesetzgebers – aufgrund mangelnder Liquidität nicht mehr ausreichend aussagekräftig ist, um eine Abfindung daran zu bemessen, sodass auch hier eine Unternehmensbewertung zu erfolgen hat.[1077] Zu beachten ist hierbei lediglich die zustimmungswürdige h. M., nach welcher als Bezugspunkt für die Berechnung einer fünfprozentigen Abweichung nicht notwendigerweise der zuletzt festgestellte Aktienkurs, sondern der Referenzkurs anhand des Durchschnittskurses aller zuvor festgestellten Kurse heranzuziehen ist, was insbesondere dann relevant wird, wenn der Kurs in beide Richtungen stark ausschlägt. Dies folgt aus dem Gedanken, dass eine Unternehmensbewertung den Anleger nur vor außergewöhnlichen Kursschwankungen schützen soll.[1078] Liegen diese – einfach festzustellenden – Voraussetzungen vor, ist sogleich das Angebot der Höhe nach am Unternehmenswert zu messen; es besteht insofern kein Differenzzahlungsanspruch.[1079] Die Rechtsfolge des § 39 Abs. 3 S. 4 BörsG ist

1077 BT-Drucks. 18/6220, S. 85. Vgl. hierzu auch *Bungert/Leyendecker-Langner*, ZIP 2016, 49, 51; *Wackerbarth*, WM 2016, 385, 388; *Kocher/Seiz*, DB 2016, 153, 155; *Harnos*, ZHR 2015, 750, 771, der darauf hinweist, dass dementsprechend auch die übernahmegesetzliche Literatur herangezogen werden kann.

1078 S. hierzu insgesamt *Krause* in Assmann/Pötzsch/Schneider, WpÜG, § 5 WpÜG-AngebotVo, Rn. 27; *Kremer/Oesterhaus* in KölnKommWpÜG, § 31 Anh – § 5 AngebVO, Rn. 23, die jeweils von „*Schaukelbörse*“ sprechen. Vgl. auch *Marsch-Barner* in Baums/Thoma/Verse, WpÜG, § 31, Rn. 44 jew. mwN.

1079 Vgl. *Mense/Klie*, DStR 2015, 2782, 2785.

vielmehr ein originärer Zahlungsanspruch der Aktionäre.[1080] Die Tatsache, dass dieser indes nicht – wie bei § 39 Abs. 3 S. 3 BörsG – als Differenzzahlungsanspruch zum Börsenwert formuliert ist, begründet sich mit der unterschiedlichen Situation in beiden Fällen. Bei § 39 Abs. 3 S. 4 BörsG stehen dessen Voraussetzungen bei Unterbreitung des Angebots bereits fest; anders ist dies bei § 39 Abs. 3 S. 3 BörsG, wo dies meist erst nachträglich der Fall ist.[1081] Die BaFin prüft hierbei auch das Vorliegen einer solchen Marktenge,[1082] wobei ihr dies aufgrund der einfacheren Berechnung Letzterer auch inhaltlich in der vorgeschriebenen Frist möglich sein wird.[1083]

## II. Besonderheiten bei KMU

Besondere Relevanz wurde der Neuregelung indes in Bezug auf KMU prophezeit, da diese – betrachtet man die oben besprochenen Studien – einen nicht zu vernachlässigenden Teil der Gesellschaften ausmachen, die innerhalb der letzten Jahre ein Delisting durchgeführt haben.[1084] Bei KMU handelt es sich nach der Definition der Europäischen Kommission um (von einem anderen, größeren Unternehmen unabhängige) Unternehmen mit weniger als 250 Mitarbeitern und einer Jahresbilanzsumme von weniger als EUR 43 Mio.[1085] KMU zeichnen sich zumeist durch einen spezifischen Aktionärskreis aus, in dem entweder ein Großaktionär oder lediglich eine geringe Anzahl an Aktionären vorhanden ist, die die gesamten Papiere des Unternehmens halten.[1086] Eine solche Struktur ist dem Grunde nach prädestiniert dafür, Aktien mit geringer Liquidität und hoher Volatilität zu produzieren. Es wurde insbesondere bei diesen Unternehmen – mit Blick auf die Ausnahmeregelung bei Marktenge gem. § 39 Abs. 3 S. 4

---

1080 BT-Drucks. 18/6220, S. 86 („*ausdrückliche Anordnung der Zahlungsansprüche*").

1081 Vgl. zu Letzterem *Verse*, Aktionärsschutz beim Delisting, aaO., S. 12 f. S. hierzu auch bereits o.: Kapitel 6 B.VII.

1082 Vgl. auch *Kocher/Seiz*, DB 2016, 153, 156.

1083 *Wackerbarth*, WM 2016, 385, 388. Bei kombinierten Pflicht- oder Übernahmeangeboten ist es bei der Bestimmung der Gegenleistungshöhe (mit Blick auf die geringere Informationsfülle des Bieters, der nicht Hauptaktionär ist) ausreichend, wenn der Unternehmenswert anhand betriebswirtschaftlicher, auf öffentlichen Informationen beruhenden Methoden bestimmt wird, so explizit *Bungert/Leyendecker-Langner*, ZIP 2016, 49, 53.

1084 *Zwirner/Kähler*, BB 2016, 171, 172.

1085 Empfehlung der Kommission, ABl. L 124/36, v. 6.5.2003. Vgl. hierzu auch *Eikenberg* in Grabitz/Hilf/Nettesheim, Recht der EU, Art. 179 AEUV, Rn. 118.

1086 *Zwirner/Kähler*, BB 2016, 171, 172.

BörsG – eine quantitative Zunahme von kostenverursachenden und u. U. komplizierten Unternehmensbewertungen befürchtet.[1087]

## III. Kritik an der Existenz der Norm und deren Effektivität

Kritik an der Ausnahmeregelung wurde aus unterschiedlichen Gründen geäußert.

### *1. Grundsätzliche Sinnhaftigkeit der Regelung*

Zunächst wurde die Sinnhaftigkeit der Regelung im Hinblick auf die real-ökonomischen Hintergründe hinterfragt: Die Tatsache, dass eine Aktie wenig gehandelt wird, legt den Schluss eines erhöhten Interesses der Beteiligten am Delisting nahe, da die Vorteile der Börse als Markt nicht mehr utilisiert werden (können). Würde man in diesen Fällen nun einen (wahrscheinlich) im Vergleich zum Börsenwert erhöhten Abfindungsanspruch zugestehen, bestünde hierin ein Wertungswiderspruch zur Abfindung nach Börsenkurs bei „gut funktionierenden" Emittenten.[1088] Ein anderer Kritikpunkt war, dass eben in den Fällen der Marktenge die Aktionäre bereits vor Ankündigung des Delisting rein faktisch nur noch eine eingeschränkte Veräußerungsmöglichkeit als Folge ihres verspäteten Desinvestment hatten und somit die (erhöhte) Schutzwürdigkeit infrage zu stellen sein könnte.[1089]

### *2. Wertungswiderspruch bei höherem Kurs aufgrund außerbörslicher Erwerbe?*

Neben der grundsätzlichen Frage der normativen Daseinsberechtigung wurde auch die Reichweite der Vorschrift kritisch beurteilt. Konkret ging es um die Frage, wie (trotz des eigentlich eindeutigen Wortlautes) zu verfahren sei, wenn die Aktionäre bei Zugrundelegung des nach den Grundsätzen zum Abfindungswert aufgrund Vor- Parallel- und Nacherwerbe besser stünden als bei einer Unternehmensbewertung. Kritisiert wurde hierbei die ausnahmslose Anordnung der

1087 S. hierzu insgesamt *Zwirner/Kähler*, BB 2016, 171, 172.

1088 In diese Richtung *Bayer*, NZG 2015, 1169, 1175, der jedoch i. Erg. hieraus ein weiteres Argument für eine einheitliche Regelung iSe. generellen Abfindungspflicht – bemessen am tatsächlichen Unternehmenswert – zieht. Dieser Schluss ist indes nicht zwingend, könnte man damit auch für eine Abschaffung des § 39 Abs. 3 S. 4 BörsG plädieren.

1089 *Casper*, FS Köndgen, 117, 145.

Abfindung nach Unternehmenswert, da demjenigen Anleger, der einem Delisting ausgesetzt ist, die Vorschriften zum Mindestpreis nach Maßgabe des § 31 Abs. 4 und 5 WpÜG und § 4 WpÜG-AngebotVo, die über § 39 Abs. 3 S. 2 BörsG iVm. § 31 WpÜG sonst entsprechend anwendbar sind, nicht zugutekommen könnten.[1090]

## IV. Stellungnahme

Die Norm ist in ihrer jetzigen Ausgestaltung ein stumpfes Schwert für den Anlegerschutz; die grundsätzliche Anordnung ist indes nicht beanstandungswürdig.

### *1. „Ob" der Regelung*

Nicht bestritten werden kann zunächst, dass der Anleger wegen seiner verspäteten Desinvestitionsentscheidung in dieser Situation auch ohne Delisting faktisch Vermögenseinbußen und Einschränkungen der Handelbarkeit der Papiere verbuchen muss. Nichtsdestoweniger hat der Gesetzgeber dem Anlegerschutz in diesen Ausnahmefällen - trotz nicht zwingender Erforderlichkeit - den Vorzug vor den Interessen des Bieters eingeräumt.[1091] Entscheidend für diese Überlegung spricht, dass für die Repräsentativität des Börsenkurses für den Wert des Emittenten keine Vermutung mehr streitet.[1092] Die grundsätzliche gesetzgeberische Wertung des § 5 Abs. 4 WpÜG-AngebotVo wird darüber hinaus im übernahmerechtlichen Schrifttum zwar teilweise infrage gestellt, jedoch im Ergebnis hingenommen.[1093] Entscheidet man sich also, zu Recht, für den Börsenkurs als Grundlage für die Abfindung, ist eine solche Ausnahme auch konzeptionell folgerichtig und stimmig, um einen zielführenden Kompromiss zwischen den widerstreitenden Interessen zu fördern.

### *2. Sachgemäße Festsetzung der Grenzwerte*

Ob dies jedoch in der Praxis seinen Zweck erfüllen wird, erscheint fraglich; die praktische Relevanz des § 39 Abs. 3 S. 4 BörsG wird insofern unterschiedlich eingeschätzt: Auf der einen Seite wurde aufgrund der Illiquidität der Papiere

1090 Auf diesen Komplex insgesamt weist *Wackerbarth*, WM 2016, 385, 388 hin und zieht i. Erg. den Schluss, dass eine einschränkende - insofern wortlautwidrige - Auslegung zu erfolgen habe.

1091 Hierauf weist insofern krit. *Casper*, FS Köndgen, 117, 145 hin.

1092 Vgl. *Bayer*, NZG 2015, 1169, 1175.

1093 Vgl. *Kremer/Oesterhaus* in KölnKommWpÜG, § 31 Anh – § 5 AngebVO, Rn. 17.

und entsprechend geringer Handelsvolumina die erforderliche Feststellung der 5%-Kurssprünge als unwahrscheinlich erachtet.[1094] Die festgestellte Illiquidität wurde teilweise jedoch auch als Indikator für eine hohe Quantität an Delistings, die unter § 39 Abs. 3 S. 4 BörsG fallen würden, gesehen.[1095]

Es kann zwar im Grundsatz nicht abgestritten werden, dass die Aktien von Delisting-Kandidaten eine Tendenz zur Illiquidität aufweisen. Ein gewisses Hemmnis für den Bieter, ein Angebot durchzuführen, wenn die (leicht festzustellenden) Voraussetzungen des § 39 Abs. 3 S. 4 BörsG vorliegen und hierdurch bezüglich der Höhe der Abfindung eine mit Unsicherheiten behaftete Unternehmensbewertung droht, ist außerdem nicht von der Hand zu weisen.[1096]

Nach den bisherigen empirischen Studien liegt jedoch nur in seltenen Fällen Marktenge vor, da zumeist an zu vielen Tagen Handel betrieben wurde und auch nicht zwingend die erforderlichen Kurssprünge festgestellt werden konnten,[1097] sodass ein erneutes Austarieren der Grenzwerte angebracht erscheint, wenn man dem Anlegerschutz in diesen Fällen zur effektiven Durchsetzung verhelfen will.

Bezüglich der konkreten Höhe der Grenzwerte der Neuregelung können indes noch keine allgemeingültigen Aussagen getroffen werden, da noch nicht ausreichend belastbare Zahlen vorliegen. Der Gesetzgeber wird sich daher im Rahmen der anstehenden Evaluierung damit zu beschäftigen haben, ob die von ihm gewählten Grenzen praxisgerecht festgelegt wurden.[1098]

### *3. Ausnahme bei höherem marktbasierten Kurs*

Eine Daseinsberechtigung der Norm zugrunde legend schließt sich die Frage an, wie in den Fällen zu verfahren ist, in denen der eine nach den Regelungen des WpÜG errechnete Abfindung den Aktionären einen höheren Anspruch ermöglichen würde.

Eine vorrangige Bemessung der Abfindung anhand dieses Preises könnte sich zunächst mit Blick auf die vom Gesetzgeber durch die Anordnung einer Unternehmensbewertung intendierte Anlegerschutzfunktion ergeben. Durch den eindeutigen Wortlaut hat der Gesetzgeber sich jedoch deutlich gegen eine Ausnahme positioniert. Dies wird auch von der Beschlussempfehlung bestätigt,

---

1094 So *Kocher/Seiz*, DB 2016, 153, 155.

1095 So auch *Bungert/Leyendecker-Langner*, ZIP 2016, 49, 51.

1096 *Bungert/Leyendecker-Langner*, ZIP 2016, 49, 51 befürchten insofern einen gänzlichen Stopp an Delisting-Angeboten in diesen Fällen.

1097 Vgl. insbesondere die Studie von *Karami/Schuster*, o.: Kapitel 2 B.V.3.c.

1098 In diesem Sinne auch *Casper*, FS Köndgen, 117, 144.

die auf die Regelung des § 5 Abs. 4 WpÜG-AngebotVo und dessen Grundsätze Bezug nimmt und *expressis verbis* eine Berechnung nach Unternehmenswert anordnet.[1099] Aufgrund des Ausnahmecharakters der Regelung des § 39 Abs. 3 S. 4 BörsG zur Heranziehung des Börsenkurses als grundsätzliche Anordnung kann hier zudem nicht unterstellt werden, dass diese nun wieder zugunsten der Regel umgekehrt werden solle, da so das vom Gesetzgeber vorgesehene Regel-Ausnahmeverhältnis *ad absurdum* geführt würde. Insofern abzulehnen ist auch der Einwand, man würde die in § 39 Abs. 3 S. 2 BörsG erklärte Anwendbarkeit von § 31 Abs. 4 und 5 WpÜG außer Acht lassen,[1100] da § 39 Abs. 3 S. 4 BörsG als Ausnahmetatbestand diese eben nicht angewandt wissen will.

Eine solche Ausnahme kann momentan dogmatisch also nicht begründet werden, sodass im Ergebnis *de lege lata* auch in den genannten Fällen eine Abfindung (strikt) nach Unternehmenswert zu erfolgen hat, obwohl aus teleologischen Gründen eine entsprechende Ausnahme der Mindestpreisvorschriften bei Vor-, Parallel- und Nacherwerben angezeigt wäre. In den eben beschriebenen Fällen führt die Regelung des § 39 Abs. 3 S. 4 BörsG in dieser Deutlichkeit und ohne die Möglichkeit, auf den Börsenkurs zurückgreifen zu können, im Ergebnis zu einer Verschlechterung des Aktionärsschutzes. Um hier ein sachgerechtes Ergebnis zu erzeugen, ist der Gesetzgeber gefordert. Er sollte in Betracht ziehen, in einem neu einzufügenden § 39 Abs. 3 S. 4 Hs. 2 BörsG-E anzuordnen, dass §§ 31 Abs. 4 und 5 WpÜG sowie § 4 WPÜG-AngebotVo entsprechend anzuwenden sind.

## D. Weitere Fälle der Berechnung nach Unternehmenswert?

Nicht ganz deutlich wird aus der Neuregelung, ob die in § 39 Abs. 3 S. 3 und 4 BörsG geregelten Ausnahmen eine abschließende Aufzählung darstellen sollen.

### I. Situation im Übernahmerecht

Naheliegend wäre zunächst – aufgrund des Verweises des § 39 Abs. 2 BörsG auf § 31 WpÜG – die Annahme der Existenz weiterer, eine Unternehmensbewertung rechtfertigender Konstellationen, wenn dies auch bei übernahmerechtlichen Sachverhalten der Fall ist.[1101] Die ganz h. M. geht indes auch im Übernahmerecht vom abschließenden Charakter des § 5 Abs. 4 WpÜG-AngebotVo aus; in allen anderen Fällen sei nach dem Grundsatz des § 31 Abs. 1 S. 2 WpÜG der

1099 BT-Drucks. 18/6220, S. 85 („*in Anlehnung*").

1100 Hiervon geht *Wackerbarth*, WM 2016, 385, 388 aus.

1101 S. zu diesem Gedanken insbesondere *Harnos*, ZHR 2015, 750, 771.

Börsenkurs zugrunde zu legen.[1102] Eine Mindermeinung nimmt hingegen an, dass – basierend auf dem Wortlaut des § 31 Abs. 1 S. 2 WpÜG („*grundsätzlich*“) – die Möglichkeit weiterer Fälle einer Unternehmensbewertung als Bewertungsgrundlage besteht.[1103]

## II. Stellungnahme

Auch wenn die letztgenannte Ansicht durchaus plausibel anmutet, kann dies im Ergebnis nicht für das Delisting gelten.[1104] Das Übernahmerecht knüpft im Grundsatz an die Angemessenheit der Gegenleistung an und hat die Orientierung am Börsenkurs nur als praktische Umsetzungserleichterung geschaffen. Der Gesetzgeber hat sich bei der Schaffung des neuen § 39 Abs. 3 BörsG hingegen dafür entschieden, die konkrete Höhe der Gegenleistung in § 39 Abs. 3 S. 2 BörsG am durchschnittlichen Börsenkurs zu orientieren. Es handelt sich somit um ein anders nuanciertes Regelungsregime, das die Gewährleistung eines angemessenen Ausgleichs durch die grundsätzliche Anordnung der Berechnung nach dem Börsenkurs über sechs Monate zu erreichen sucht, während das WpÜG in § 31 Abs. 1 S. 1 WpÜG insofern weiteren Gestaltungsspielraum lassen mag („*angemessene Gegenleistung*“).[1105] Hinzu kommt der unmittelbare Zusammenhang der Abfindungsanordnung im BörsG mit den konkreten Ausnahmen in § 39 Abs. 3 S. 3 und 4 BörsG, der Rückschlüsse auf die Absicht des Gesetzgebers zulässt, eine abschließende Regelung schaffen zu wollen, was nur durch seine Intention, ein „*rechtssicheres Verfahren*“ zu etablieren, unterstrichen wird.[1106]

Im Ergebnis hat damit eine Unternehmensbewertung nur in den gesetzlich ausdrücklich vorgesehenen Fällen stattzufinden. Dies entspricht auch der erstrebenswerten gesetzlichen Lage.

---

1102 *Kremer/Oesterhaus* in KölnKommWpÜG, § 31, Rn. 20; *Krause* in Assmann/Pötzsch/Schneider, WpÜG, § 31, Rn. 34 ff. jew. mit Hinweisen auch auf die Gegenmeinung. S. zum Meinungsbild auch *Harnos*, ZHR 2015, 750, 771 (insbes. Fn. 90).

1103 *Noack* in Schwark/Zimmer, KPMK, § 31 WpÜG, Rn. 44; im Grundsatz zustimmend *Harnos*, ZHR 2015, 750, 771.

1104 So auch *Harnos*, ZHR 2015, 750, 772.

1105 S. zu diesem ganzen Komplex *Harnos*, ZHR 2015, 750, 772.

1106 BT-Drucks. 18/6220, S. 84; *Bayer*, NZG 2015, 1169, 177; vgl. auch *Harnos*, ZHR 2015, 750, 772.

## E. Verjährung der Ansprüche

Die gem. § 39 Abs. 3 S. 3 und 4 BörsG bestehenden Zahlungsansprüche sind zivilrechtlicher Natur und aufgrund der Verortung des Rechtsschutzes im allgemeinen Zivilprozess mangels Ausschlussfrist lediglich den allgemeinen zivilrechtlichen Verjährungsregelungen unterworfen.[1107] Der Anspruch der Aktionäre verjährt damit gem. § 195 BGB nach drei Jahren, wobei die Verjährungsfrist gem. § 199 Abs. 1 BGB in den Fällen des § 39 Abs. 3 S. 3 BörsG erst zu laufen beginnen kann, wenn die Verstöße gegen die kapitalmarktrechtlichen Vorschriften öffentlich gemacht wurden oder der Aktionär anderweitig hiervon Kenntnis erlangt hat, wobei in jedem Fall die Zehn-Jahres-Grenze des § 199 Abs. 4 BGB zu beachten ist.[1108]

---

1107 *Harnos*, ZHR 2015, 750, 780.

1108 *Harnos*, ZHR 2015, 750, 780.

# 7 Ausnahmen von der Angebotspflicht

## A. Fortbestehen anderweitiger Listung – § 39 Abs. 2 S. 3 Nr. 2 BörsG

Im Folgenden soll dargestellt werden, unter welchen Umständen ein Delisting auch ohne das eben dargestellte Angebot möglich ist. Dies ist gem. § 39 Abs. 2 S. 2 Nr. 2 BörsG immer dann der Fall, wenn

> *„die Wertpapiere weiterhin zugelassen sind*
> a) *an einer anderen inländischen Börse zum Handel im regulierten Markt oder*
> b) *in einem anderen Mitgliedstaat der Europäischen Union oder einem anderen Vertragsstaat des Abkommens über den Europäischen Wirtschaftsraum zum Handel an einem organisierten Markt, sofern für einen Widerruf der Zulassung zum Handel an diesem Markt Nummer 1 entsprechende Voraussetzungen gelten."*

### I. Teil-Delisting – § 39 Abs. 2 S. 3 Nr. 2 lit. a BörsG

§ 39 Abs. 2 S. 3 Nr. 2 lit. a BörsG regelt die Fälle des Teil-Delisting. Da die Aktionäre weiterhin ihre Aktien an einem anderen Börsenplatz in Deutschland handeln können, bestehen insofern gegen diese Einschränkung aus Anlegerschutzperspektive keine Bedenken.[1109]

### II. Der Versuch der Verhinderung einer Börsenrechtsarbitrage – § 39 Abs. 2 S. 3 Nr. 2 lit. b BörsG

Diskussionswürdiger ist indes der zweite Ausnahmetatbestand des § 39 Abs. 2 S. 2 Nr. 2 lit. b BörsG. Durch dessen Anordnung soll die Umgehung der anlegerschützenden Vorschrift des § 39 BörsG durch eine Listung in einem ausländischen Staat verhindert werden. Die Beschlussempfehlung erfordert insofern das Vorliegen eines gleichwertigen Markts im Raum des EWR oder der EU, um der Umgehungsgefahr der Abfindungspflicht durch ein Zweitlisting entgegenzuwirken.[1110] Diese Umgehung wäre letztlich ein *„international gestuftes Delisting"*, bei dem der Emittent weiterhin an einer ausländischen Börse gelistet wäre, um sich

---

1109 So auch *Groß*, KapMaR, § 39 BörsG, Rn. 16; *Harnos*, ZHR 2015, 750, 773.

1110 BT-Drucks. 18/6220, S. 86. Vgl. auch *Kocher/Seiz*, DB 2016, 153, 154. Es wird hier auch teilweise von *„Mehrfachnotierung"* gesprochen, so *Schulz/Wieneke*, NZG 2017, 449, 451.

(abfindungsfrei) zunächst aus dem deutschen Markt und schließlich, für den Fall einer fehlenden anderweitigen Regelung im ausländischen Staat, auch aus diesem – wiederum abfindungsfrei – zurückziehen zu können.[1111]

Die Erstreckung der Ausnahme von der Angebotspflicht auch auf Märkte in anderen Ländern der EU und des EWR ist aus europarechtlichen Gründen geboten, da im europäischen und EWR-Ausland gelistete Gesellschaften und deren Hauptaktionäre im Hinblick auf Niederlassungs- und Kapitalverkehrsfreiheiten (Artt. 49, 54 und 63 Abs. 1 AEUV bzw. Artt. 31, 34 und 40 EWR-Abkommen) nicht benachteiligt werden dürfen.[1112]

Trotz Kritik an einer solchen Regelung im Vorfeld der Verabschiedung des Gesetzes[1113] hat der Gesetzgeber an seinem Konzept festgehalten und nicht pauschaliert auf den Ort der Listung, sondern zusätzlich auf die Vergleichbarkeit der Schutzregelungen an diesem Ort abgestellt, eine örtliche Abgrenzung jedoch im Hinblick auf das europäische Ausland vorgenommen.[1114]

### 1. *Anforderungen an die Voraussetzung des vergleichbaren Standards*

Der Wortlaut der Regelung suggeriert zunächst, dass sich die Vergleichbarkeit auf das den Rückzug von der Börse in dem betreffenden Land regelnde Regulierungskonzept beziehen muss, indem auf die der Angebotspflicht nach § 39 Abs. 2 S. 3 Nr. 1 BörsG entsprechende Voraussetzungen verwiesen wird. Dieser vergleichbare Standard ist in jedem Einzelfall gesondert zu bestimmen und hat sich danach zu richten, ob in dem betreffenden Staat ein gleichwertiges Schutzniveau für den Fall eines Rückzugs von der Börse gewährleistet wird.[1115] Aufgrund des insofern eindeutigen Wortlauts und der diesen wiederholenden Ausführungen des Gesetzgebers („*für einen Widerruf der Zulassung zum Handel* […] *entsprechende Voraussetzungen gelten*“[1116]) kommt es *de lege lata* lediglich auf die Normen zum Börsenrückzug und nicht etwa auf Fragen der Vergleichbarkeit von

1111 *Thomale/Walter*, ZGR 2016, 679, 719 f., die auch maßgeblich von der Verhinderung einer „*internationalen Börsenrechtsarbitrage*“ sprechen.

1112 *Thomale/Walter*, ZGR 2016, 679, 719 f. Vgl. ausführlich zu den tangierten europäischen Freiheiten *Kastl*, Rückzug von der Börse, S. 236 ff.

1113 *Seibt*, Stellungnahme, aaO., S. 8 speziell zur Beschränkung auf das europäische Ausland.

1114 Krit. *Groß*, AG 2015, 812, 815 f.

1115 In diese Richtung auch *Harnos*, ZHR 2015, 750, 773.

1116 BT-Drucks. 18/6220, S. 86.

Offenlegungsvorschriften oder der Preisbildung an.[1117] Betrachtet man vielmehr § 33 Abs. 1 Nr. 1 lit. c BörsG, der die Anforderungen an die Einbeziehung von Papieren regelt, welche bereits in einem Drittstaat gelistet sind, kann man davon ausgehen, dass sich der Gesetzgeber, hätte er eine solch umfassende Gleichwertigkeit regeln wollen, an dessen Wortlaut orientiert hätte. Im Ergebnis soll es also wohl nicht genügen, wenn (anders konzipierte) anlegerschützende Regelungsregime Platz greifen. Es muss vielmehr nach der neuen Konzeption in den in Bezug genommenen Ländern ein Abfindungsangebot für den Fall eines Delisting obligatorisch sein, das gleichsam den Voraussetzungen des § 39 Abs. 3 BörsG entspricht, da dieser § 39 Abs. 2 S. 3 Nr. 1 BörsG (und damit die als Vergleichspunkt dienende Regelung) konkretisiert.[1118] Hierbei kann es jedoch nicht auf die exakt gleiche Ausgestaltung der Abfindung in dem anderen Staat ankommen; vielmehr muss die dort geltende Regelung systematisch und im Hinblick auf ihren Umfang dem deutschen Regelungsregime entsprechen, werden schließlich nicht die *„identischen"*, sondern die *„entsprechenden"* Voraussetzungen vom Gesetz gefordert.[1119] Es muss also Bedingung für ein Delisting sein, dass die Aktionäre die Möglichkeit auf einen zeitnahen Erhalt einer Kompensation als Gegenleistung für ihre Aktien erlangen, deren Höhe auf effektivem und ggf. auch behördlich und gerichtlich durchsetzbarem Wege kontrolliert werden kann.[1120] Damit kommt es lediglich darauf an, ob die Intensität des Schutzstandards im Hinblick auf die Abfindungsberechnung dem des § 39 Abs. 3 BörsG entspricht, nicht auf die konkrete Berechnungsmethode.[1121] Eine Feststellung nach Unternehmenswert dürfte somit in jedem Fall genügen.

Es bleibt jedoch zunächst festzuhalten, dass es *de lege lata* nicht auf die Vergleichbarkeit des gesamten Kapitalmarkts aus Sicht der Anleger ankommt, sondern lediglich auf den vergleichbaren Standard bezüglich des Rückzugs von der Börse.[1122]

Problematisch ist jedoch in jedem Fall die örtliche Beschränkung, die Drittstaaten vollständig von der Ausnahme ausklammert. Diese Konzeption erscheint zumindest fragwürdig, da sie Aktionären auch dann ein Exit-Recht gibt, wenn

---

1117 Krit. *Groß*, AG 2015, 812, 815 f.; wohl auch *Bungert/Leyendecker-Langner*, ZIP 2016, 49, 52.

1118 So auch *Harnos*, ZHR 2015, 750, 773.

1119 Hierauf weisen *Schulz/Wieneke*, NZG 2017, 449, 451 zu Recht explizit hin.

1120 *Schulz/Wieneke*, NZG 2017, 449, 451.

1121 So allgemein *Harnos*, ZHR 2015, 750, 773. Speziell zur Vergleichbarkeit der Preisbestimmung und mit weiteren Beispielen *Schulz/Wieneke*, NZG 2017, 449, 451.

1122 Krit. hierzu *Groß*, KapMaR, § 39 BörsG, Rn. 3.

ein Zweitlisting an einer anderen Börse besteht, die u. U. – man denke beispielhaft an die NYSE[1123] – nicht im Allgemeinen durch schlechte Handelsbedingungen auffällt.[1124]

## 2. *Rechtsvergleichende Darstellung der Regelungen an ausländischen Börsenplätzen*

Vor diesem Hintergrund lohnt es sich jedoch zunächst, sich einen beispielhaften Überblick über die rechtlichen Gegebenheiten in anderen Ländern zu verschaffen:[1125]

Bei den Euronext Börsen genügt grundsätzlich ein begründeter Antrag auf Durchführung eines Delisting, wobei es den einzelnen Börsen überlassen bleibt, ob diese weitere Einschränkungen vornehmen wollen.[1126] Bei der Euronext Börse in Paris ist beispielhaft zusätzlich ein entsprechendes Angebot an die betroffenen Aktionäre erforderlich.[1127] In den Niederlanden, Luxemburg und Schweden ist ein abfindungsfreier Rückzug von der Börse möglich, sodass bei einem Zweitlisting in diesen Staaten ein Angebot gemacht werden müsste, während in Österreich im Moment noch kein reguläres Delisting vorgesehen ist.[1128]

Für Österreich ist dies jedoch im Umbruch begriffen. Nach § 38 Abs. 6 des Entwurfs des neuen BörsG 2018 kann in Österreich in Zukunft ein reguläres Delisting durchgeführt werden. Dies ist gem. Abs. 7 jedoch nur nach einem entsprechenden Hauptversammlungsbeschluss möglich. Zusätzlich muss gem. Abs. 8 Nr. 1 innerhalb von sechs Monaten vor Antragstellung ein Übernahmeangebot gemacht worden sein oder eine weitere Listung in einem EWR-Staat bestehen (Nr. 2). Mit dieser Regelung wird insgesamt der vom deutschen Gesetzgeber geforderte (vergleichbare) Standard insoweit sogar übertroffen: Es kann nach dem österreichischen Übernahmerecht ein behördlich kontrollierter (§§ 28 ff. ÜbG) Preis gefordert werden, dessen Bestimmung der deutschen Regelung in den entscheidenden Punkten entspricht, vgl. § 26 Abs. 1 ÜbG. Gesäumt wird dies von gesellschaftsrechtlichen Mitbestimmungsrechten. Andererseits zeigt sich bei genauem Hinsehen, dass die Abfindungsregelung hinter der des

---

1123 So bereits während des Gesetzgebungsverfahrens *Seibt*, Stellungnahme, aaO., S. 8.

1124 Krit. auch *Groß*, AG 2015, 812, 815 f.

1125 Einen Überblick über die folgenden Regelungen in anderen Ländern geben *Thomale/Walter*, ZGR 2016, 679, 694 f.

1126 Vgl. *Thomale/Walter*, ZGR 2016, 679, 695 f.

1127 Vgl. *Schulz/Wieneke*, NZG 2017, 449, 451.

1128 *Schulz/Wieneke*, NZG 2017, 449, 451.

BörsG zurückbleibt, da sie letztlich dem verworfenen Gesetzesentwurf vom 31.8.2015 mit seinem sechsmonatigen Zeitraum ohne Bezug auf das folgende Delisting gleicht und somit auch der diesbezüglich geäußerten Kritik ausgesetzt ist.[1129] Dies wird bei Beachtung der oben genannten Kriterien zu einer Ablehnung der Vergleichbarkeit führen müssen, da es zwar (nur) auf die grundsätzlich bestehende Vergleichbarkeit im Hinblick auf die Angebotspflicht ankommt und nicht zwingend auf Möglichkeiten vermeintlicher Umgehungsversuche des Bieters. Da der Gesetzgeber jedoch genau in diesem Fall den Anlegerschutz als nicht ausreichend beachtet angesehen hat, widerspräche ein Fassen dieser Regelung unter den Tatbestand der Vergleichbarkeit der gesetzlichen Wertung und muss damit im Hinblick auf die Gesetzgebungsgeschichte abgelehnt werden.

Demgegenüber ist an der LSE ein Delisting grundsätzlich ohne ein Abfindungsangebot möglich. Vielmehr gilt zunächst lediglich eine 20-tägige Frist bis zum Wirksamwerden des Widerrufs. Die Aktionäre sind jedoch durch das Erfordernis eines mit 75% der Stimmen gefassten Hauptversammlungsbeschlusses geschützt, der sogar im Falle des Vorliegens eines kontrollierenden Aktionärs mindestens die Mehrheit der Stimmen der Minderheitsaktionäre umfassen muss.[1130] Insbesondere das Beispiel LSE zeigt die entsprechenden Hürden für den Emittenten und/oder den Bieter, die durch ein solch striktes Vergleichbarkeitserfordernis in der Praxis entstehen.

### 3. *Stellungnahme*

Nimmt man den Gedanken des Anlegerschutzes ernst, ist es auch konsequent aufgrund der neuerlichen Ausgestaltung des Abfindungsangebots in § 39 Abs. 3 S. 3 BörsG einen gleichwertigen Delisting-Schutz in anderen Ländern für die Ausnahme von der Angebotspflicht zu verlangen. Solange der europäische Gesetzgeber nicht vereinheitlichend regulatorisch tätig wird, ist die vom deutschen Gesetzgeber geschaffene Regelung zur Umgehungsverhinderung der Angebotspflicht bei europäischen Zweitlistings letztlich alternativlos und im Ansatz auch zustimmungswürdig.[1131]

---

1129 S. hierzu o.: Kapitel 3 A.I.

1130 Insgesamt hierzu *Maume*, EBOR 2015, 255, 267; *Thomale/Walter*, ZGR 2016, 679, 695.

1131 Sehr instruktiv insofern *Thomale/Walter*, ZGR 2016, 679, 694 f.

### a. *Erfordernis der beschränkten Erstreckung auf Drittstaaten*

Die Beschränkung auf EU- und EWR-Staaten ergibt auf den ersten Blick auch Sinn, hat das europäische Kapitalmarktaufsichtsrechts schließlich einen gemeinsamen Ausgangspunkt, sodass meist von einem vergleichbaren Schutzniveau im Hinblick auf die übrigen Anlegerschutzregelungen ausgegangen werden kann.[1132] Hinzu kommt die mittlerweile erlassene MAR, die eben dies auf europarechtlicher Ebene normativ absichert.

Diese Beschränkung der Möglichkeit einer vergleichbaren Regelung auf Staaten in der EU oder des EWR muss rechtspolitisch jedoch infrage gestellt werden, da Gesellschaften mit Listung in einem Drittstaat unverhältnismäßigen Einschränkungen unterworfen sind.[1133] Betrachtet man nämlich die entscheidenden Kriterien des Anlegerschutzes – wie die Möglichkeit der Aktionäre weiterhin informatorische und teilhabende Rechte ausüben zu können[1134] – zeigt sich die zu enge Grundannahme des Gesetzgebers. Gleichsam gilt es jedoch, die unterschiedlichen Zulassungsfolgepflichten an den unterschiedlichen Märkten zu beachten. Sind auch am zweiten Börsenplatz diese Rechte gesichert (was insbesondere bei weiterbestehender Listung von erhöhter Relevanz ist) und greifen für den Fall des Börsenrückzugs der deutschen Regelung entsprechende Mechanismen Platz (was als Maßnahme gegen das international gestufte Delisting von Bedeutung ist), spricht nichts gegen die Möglichkeit, sich in Deutschland abfindungsfrei delisten zu können. Rechtspolitisch scheint eine andere Annahme zunächst auch wenig sinnvoll, da die Minderheitsaktionäre auf den ersten Blick nicht schutzwürdig erscheinen, wenn weiterhin eine Listung der Wertpapiere an renommierten Börsenplätzen besteht.[1135] Da jedoch bei Drittstaaten im Hinblick auf die übrigen Zulassungsfolgepflichten nicht zwingend der innerhalb der EU herrschende vergleichbare Standard gewährleistet ist, müsste bei einer entsprechenden Erstreckung auf Drittstaaten neben der Vergleichbarkeit bezüglich der Delisting-Vorschriften im Lichte des Anlegerschutzes auch die Vergleichbarkeit der übrigen Zulassungsfolgepflichten (insbesondere Informationspflichten) gewährleistet sein. Betrachtet man vor diesem Hintergrund § 33 Abs. 1 Nr. 1 lit.

---

1132 In diese Richtung auch *Harnos*, ZHR 2015, 750, 773.

1133 Vgl. *Groß*, AG 2015, 812, 816. Entsprechend krit. *Bungert/Leyendecker-Langner*, ZIP 2016, 49, 52.

1134 S. hierzu und zum Folgenden *Groß*, AG 2015, 812, 816.; *Bungert/Leyendecker-Langner*, ZIP 2016, 49, 52.

1135 So auch *Groß*, AG 2015, 812, 816; *Bungert/Leyendecker-Langner*, ZIP 2016, 49, 52, jeweils mit dem Beispiel der NYSE.

c BörsG, der die Anforderungen an die Einbeziehung von Papieren regelt, die bereits in einem Drittstaat gelistet sind,[1136] hat der Gesetzgeber eine solche Regelung in anderem Zusammenhang sogar bereits getroffen. Eine entsprechende Übertragung dieses Gedanken erscheint hier auch angebracht.

Hiergegen sei auch nicht eine vermeintliche Erweiterung und Verkomplizierung des Prüfungsumfangs für die Börse eingewandt.[1137] Nach der gesetzlichen Konzeption besteht bereits bezüglich der Vergleichbarkeit ein Entscheidungsspielraum für die Börse,[1138] der lediglich erweitert wird. Dies ist hinnehmbar, da andernfalls Emittenten mit Listung in einem Drittstaat ohne erkennbares Erfordernis aus Anlegerschutzsicht benachteiligt würden.[1139] Zudem wird der Börse diese Bestimmung auch im Rahmen des § 33 Abs. 1 Nr. 1 lit. c BörsG auferlegt und zugetraut.[1140] Rechtsschutzlücken sind aufgrund der gerichtlichen Überprüfbarkeit dieser Frage auch nicht zu befürchten.[1141]

In der Folgeanwendung ist jedoch der bedeutend geringere Schutzstandard bei einem Delisting in den USA im Vergleich zu Deutschland zu beachten. Es besteht lediglich das Erfordernis eines Fristablaufs, während keine gesellschaftsrechtlichen Vorgaben bestehen und auch kein Pflichtangebot zu machen ist.[1142] Letztlich besteht dort also eine mit der ursprünglich durch *Macrotron* zu beheben gesuchten Fristenlösung vergleichbare Situation.[1143]

### b. Normative Umsetzung

Sinnvollerweise wäre also der Aufzählung in § 39 Abs. 2 S. 3 Nr. 2 BörsG noch ein lit. c mit der Vorgabe hinzuzufügen, dass eine solche Ausnahme auch gilt, wenn eine Listung an einem Markt in einem Drittstaat besteht, sofern an diesem Markt (neben den bereits geforderten vergleichbaren Delisting-Regelungen) Melde- und Transparenzpflichten bestehen, die mit denen im regulierten Markt vergleichbar sind. Neben dem Abstellen auf Transparenz- und Meldepflichten ist

---

1136 S. ausführlich hierzu *Groß*, KapMaR, § 33 BörsG, Rn. 1 ff.

1137 Bereits nach jetziger Konzeption schon auf Schwierigkeiten für die Börsengeschäftsführung hinweisend *Harnos*, ZHR 2015, 750, 775.

1138 S. hierzu sogleich. Zu diesem grundsätzlichen Gedanken der unbedenklichen Prüfungskompetenzerweiterung der Börse *Thomale/Walter*, ZGR 2016, 679, 720 f.

1139 In diese Richtung auch *Groß*, AG 2015, 812, 816.

1140 Hierzu auch *Heidelbach* in Schwark/Zimmer, KPMK, § 33 BörsG, Rn. 6.

1141 S. hierzu u.: Kapitel 9 B.I.2.

1142 Vgl. *Thomale/Walter*, ZGR 2016, 679, 694 f. Eine nicht vorhandene Vergleichbarkeit wäre jedoch zum Schutz der Anleger in einem solchen Fall hinzunehmen.

1143 Vgl. *Thomale/Walter*, ZGR 2016, 679, 694 f.

für den gleichwertigen Schutz in EU-Staaten nach der MAR auch die grenzübergreifende behördliche Zusammenarbeit relevant, vgl. Artt. 24 ff. MAR, sodass dieses Vergleichskriterium auch für Drittstaaten – in Anlehnung an § 33 Abs. 1 Nr. 1 lit. c BörsG, dem derselbe Anlegerschutzgedanke zugrunde liegt,[1144] – entsprechend aufgenommen werden sollte.[1145] § 39 Abs. 2 S. 3 Nr. 2 lit. c BörsG-E könnte damit lauten: [ist ein Widerruf nur zulässig wenn, [...] die Papiere weiterhin zugelassen sind] „*in einem Drittstaat, sofern an diesem Markt Melde- und Transparenzpflichten bestehen, die mit denen im regulierten Markt für zugelassene Wertpapiere vergleichbar sind, der Informationsaustausch zum Zwecke der Überwachung des Handels mit den zuständigen Stellen in dem jeweiligen Staat gewährleistet ist und für einen Widerruf der Zulassung zum Handel an diesem Markt Nummer 1 entsprechende Voraussetzungen gelten*".

## B. Prüfungsumfang der Börsengeschäftsführung

Der Gesetzgeber geht davon aus, dass Fälle, in denen andernorts eine Listung besteht, nicht maßgeblich von der BaFin zu prüfen sind, sondern letztlich von der Börsengeschäftsführung. Dies ergibt sich aus § 39 Abs. 6 BörsG, der sich lediglich auf das Vorliegen der Voraussetzungen eines Angebots nach § 39 Abs. 3 BörsG (der wiederum das Angebot iSd. Abs. 2 S. 3 Nr. 1 genauer regelt) bezieht, sodass es für die von der Börsengeschäftsführung zu prüfende Rechtmäßigkeit des Widerrufs auf das Vorliegen der Voraussetzungen des § 39 Abs. 2 S. 3 Nr. 2 BörsG eben genau ankommt.[1146] Außerdem sah der Gesetzgeber dieses Prüfungskonzept auch in der Beschlussempfehlung so vor.[1147]

Diese Konzeption verlangt von den Börsengeschäftsführungen in der Praxis durchaus einen signifikanten Aufwand, insbesondere wenn es sich um einen Fall des § 39 Abs. 2 S. 3 Nr. 2 lit. b BörsG handelt. Während eine Listung an einer anderen deutschen Börse (lit. a) verhältnismäßig einfach festgestellt werden kann, muss bezüglich der in lit. b (und lit. c-E) in Bezug genommenen Börsen durchaus eine umfassende Prüfung stattfinden, da nicht nur die Tatsache festgestellt werden muss, dass eine solche Listung besteht, sondern auch eine

---

1144 Vgl. *Ledermann* in Schäfer/Hamann, KMG, § 56 BörsG, Rn. 4.

1145 Denselben Gedanken hatten auch die Satzungsgeber der Börse Stuttgart in § 22 Abs. 2 Nr. 3 BörsO Stuttgart für nicht unter § 2 Abs. 2 WpÜG fallende Wertpapiere.

1146 *Harnos*, ZHR 2015, 750, 775.

1147 BT-Drucks. 18/6220, S. 86.

Prüfung nach den oben beschriebenen Grundsätzen bezüglich des vergleichbaren Schutzniveaus an dieser Börse durchzuführen ist.[1148]

## C. Erforderlichkeit weiterer Ausnahmetatbestände?

Die Forderungen nach weiteren Einschränkungen der Angebotspflicht waren vor der Neuregelung durchaus mannigfaltig. Wie sich im Folgenden zeigen wird, ist vor dem Hintergrund der Vereinfachung des Delisting bei gleichzeitiger Erhöhung der Rechtssicherheit jedoch die Annahme weiterer Ausnahmen (außer bei notleidenden Gesellschaften[1149]) nicht überzeugend.

### I. Ausnahme bei allseitigem Einverständnis?

Ein Vorschlag zur Modifikation kam von *Brellochs* für den Fall, dass alle Aktionäre dem Delisting zustimmen: Um das Angebotsverfahren zu vermeiden, wenn die Aktionäre in Gänze zustimmten, schlug er zunächst die Aufnahme einer Ausnahmeregelung in den Gesetzestext, andernfalls eine teleologische Reduktion des § 39 BörsG vor.[1150] Dies ergänzend wurde vereinzelt die Möglichkeit der Zustimmung etwa im Rahmen einer Hauptversammlung nach § 119 Abs. 2 AktG vorgeschlagen.[1151]

Bei der Behandlung dieser Frage gilt es zunächst, die – von *Brellochs* selbst eingeräumte[1152] – mit Blick auf die Unwahrscheinlichkeit eines so kollektiv konsensualen Auftretens der Anlegerschaft weitgehende praktische Irrelevanz dieses Falls zu beachten, sodass die Vermeidung der „Überfrachtung" der Norm durchaus ein Argument darstellt. Aber auch inhaltlich erscheint eine solche Ausnahme vor dem Hintergrund fragwürdig, dass die Veröffentlichung der Angebotsunterlage dazu dienen soll, die Anleger vollständig über das Angebot und die Absichten des Bieters zu informieren.[1153] Die daran knüpfenden Schutzmechanismen für die Anleger würden vollständig ausgehebelt, räumte man ihnen die Möglichkeit ein, dem Delisting ohne ein solches Angebot zuzustimmen.

---

1148 S. hierzu insgesamt krit. *Harnos*, ZHR 2015, 750, 775. Dies ist – wie soeben dargestellt – jedoch nicht beanstandungswürdig.

1149 S. hierzu u.: Kapitel 10

1150 *Brellochs*, Stellungnahme, aaO., S. 21 f.

1151 So *Kastl*, Rückzug von der Börse, S. 342.

1152 *Brellochs*, Stellungnahme, aaO., S. 21 f.

1153 S. hierzu o.: Kapitel 4 B.VI.2.a.

## II. Ausnahmen für bestimmte Aktionärsgruppen?

Auch weitere Einschränkungen sind sowohl aus Billigkeits- als auch aus Praktikabilitätsgründen abzulehnen. Vorgeschlagen wurde insbesondere zwei Aktionärsgruppen vom Kreis der Abfindungsberechtigten auszuklammern: Erstens diejenigen, die bereits vor der Börsennotierung Aktien des Emittenten inne hatten,[1154] und zweitens jene, die lediglich nach Ankündigung des Delisting Aktien als Spekulationsobjekte im Hinblick auf das bevorstehende Abfindungsangebot erworben haben.[1155]

Besteht die Börsenzulassung jedoch bereits eine beträchtliche Zeit lang, ist nicht mehr ersichtlich, warum die vor Börsenzulassung involvierten Aktionäre einen so bedeutend geringeren Schutz verdienen sollten als andere.[1156]

Gegen eine Ausnahme für diejenigen Aktionäre, die nach der Delisting-Ankündigung Aktien in Erwartung des Angebots erwerben, spricht zunächst der Schutz der die Aktien bis dahin haltenden Aktionäre. Würde man nämlich die Käufer von der Angebotspflicht ausnehmen, müssten die Verkäufer, die akuten Kapitalbedarf haben oder schlicht das Delisting-Angebot nicht abwarten wollen, mit erheblichen Abschlägen beim Kaufpreis rechnen.[1157] Außerdem können spekulative Investoren nach Ankündigung des Delisting den Kurs wegen des gesetzlichen Rückrechnungszeitpunkts nicht mehr beeinflussen, sodass auch der Bieter nicht mit einer künstlichen Erhöhung der Abfindung zu rechnen hat. Es besteht mithin kein Grund, hier eine Trennlinie zu ziehen, da alle Aktionäre um das folgende Angebot wissen und es ihnen entsprechend ihrer Dispositionsfreiheit überlassen sein sollte, ob sie vor dem Delisting noch ein Desinvestment betreiben. Ferner ist der spekulative Charakter eines solchen Kaufs nach hiesiger Ansicht kein Grund für eine Pönalisierung.[1158]

Gegen beide Ansätze spricht zudem die praktische Handhabbarkeit. Sind Stückaktien ausgegeben worden, wäre es für den Bieter ein unbilliger Aufwand herauszufinden, welcher Aktionär zu welchem Zeitpunkt Aktien besessen und verkauft hat. Dies ist im Hinblick auf das Ziel einer schnellen und im Vorfeld

1154 *Noack*, Stellungnahme, aaO., S. 8 f., der dies jedoch anschließend gleich selbst wieder einschränkt.

1155 Vgl. hierzu *Buckel/Glindemann/Vogel*, AG 2015, 373, 377 f. mit Nachweisen zu den Vorschlägen während des Gesetzgebungsprozesses.

1156 So zu Recht *Buckel/Glindemann/Vogel*, AG 2015, 373, 377 f.

1157 Hierauf weisen zu Recht *Buckel/Glindemann/Vogel*, AG 2015, 373, 377 f. hin.

1158 A. A. *Kastl*, Rückzug von der Börse, S. 342.

planbaren Durchführung des Delisting kontraproduktiv und damit abzulehnen.[1159]

Eben dies kann auch gegen das generelle Abstellen auf eine Ausnahme in Krisenzeiten eingewandt werden.[1160]

---

1159 So insgesamt auch *Buckel/Glindemann/Vogel*, AG 2015, 373, 378.

1160 So jedoch *Kastl*, Rückzug von der Börse, S. 330 f.

# 8 Regelungsmöglichkeiten in § 39 Abs. 5 BörsG und in der Satzung des Emittenten

## A. Weitere Regelungen in § 39 Abs. 5 BörsG

In § 39 Abs. 5 BörsG sind weitere Verfahrensschritte geregelt, die sich primär an die Börsen richten. Nach S. 1 hat die Börsengeschäftsführung den Widerruf unverzüglich im Internet zu veröffentlichen, wobei die Dauer der Nachfrist des § 39 Abs. 5 S. 2 BörsG mit anzugeben ist. Die Veröffentlichung markiert den Beginn eben dieser Frist.[1161]

### I. Nachfrist – § 39 Abs. 5 S. 2 BörsG

Die Nachfrist des § 39 Abs. 5 S. 2 BörsG zwischen dieser Veröffentlichung und dem Wirksamwerden des Widerrufs kann maximal zwei Jahre betragen.[1162] Dies wurde aus der Vorgängerregelung (§ 39 Abs. 2 S. 4 BörsG a. F.) übernommen und erscheint in dieser Länge als nicht mehr zwingend zeitgemäßes Relikt aus einer Zeit, in der die Aktionäre noch des Schutzes durch die Möglichkeit zur Veräußerung ihrer Papiere bedurften.[1163] Die FWB hat jedoch die Nachfrist in § 44 Abs. 3 BörsO-FWB bereits eindeutig geregelt. Hiernach wird der Widerruf in den Fällen des § 39 Abs. 2 S. 3 Nr. 1 und Nr. 2 lit. a BörsG nach drei Tagen wirksam, in Fällen des § 39 Abs. 2 S. 3 Nr. 2 lit. b BörsG nach drei Monaten, § 44 Abs. 3 S. 1 und 2 BörsO-FWB.

### II. Weitere Bestimmungen durch die BörsO – § 39 Abs. 5 S. 3 BörsG

Nach § 39 Abs. 5 S. 3 BörsG können die Börsen nähere Bestimmungen über den Widerruf in den BörsO regeln.

---

1161 Vgl. insgesamt zur Veröffentlichung (zur wortgleichen Vorgängerregelung des § 39 Abs. 2 S. 3 BörsG a. F.) *Heidelbach* in Schwark/Zimmer, KPMK, § 39 BörsG, Rn. 36.

1162 Vgl. hierzu auch *Schwark/Zimmer*, KPMK, § 39 BörsG, Rn. 37.

1163 So auch *Kocher/Seiz*, DB 2016, 153, 157, die jedoch darauf hinweisen, dass eine volle Ausschöpfung dieses Zeitraums zumeist ermessensfehlerhaft sein dürfte. Zu der früher herrschenden sog. Fristenlösung s. o.: Kapitel 2 A.I.

### *1. Schranken der börsenordnungsrechtlichen Rechtssetzungsbefugnis*

Hierbei sind sie jedoch inhaltlich beschränkt: § 39 Abs. 5 S. 3 BörsG ist seiner Konzeption nach nicht dazu gedacht, die gesetzgeberischen Vorgaben inhaltlich genauer auszugestalten. Vielmehr wollte der Gesetzgeber aus Gründen des Anlegerschutzes die Voraussetzungen für ein Delisting umfassend gesetzlich regeln und insbesondere nicht mehr – in Abgrenzung zu der zuvor aus kapitalmarktrechtlicher Perspektive ausschließlich durch die BörsO geregelten Vorgehensweise – den einzelnen Börsen die Möglichkeit geben, unterschiedliche Schutzstandards zu kreieren.[1164] Eben dies wurde vom BGH durch seine *Macrotron*-Entscheidung schließlich aufgehoben und sollte durch den Gesetzgeber nach deren Aufgabe im Hinblick auf den Anlegerschutz wieder eingeführt werden.[1165] Bedauerlicherweise fehlt ein entsprechender Hinweis in der Beschlussempfehlung.

Die BörsO dürfen in jedem Fall keine Regelungen treffen, die den Anlegerschutz schmälern, indem sie die gesetzlich vorgegebenen Regularien negieren oder beschränken. Ebenfalls wird man jedoch davon auszugehen haben, dass Regelungen, die ein Delisting für den Emittenten erschweren, nicht durch die BörsO eingeführt werden können.[1166] Der Gesetzgeber sah aufgrund der Neuregelung erweiterte Mitentscheidungsrechte der Aktionäre nicht mehr als erforderlich und „*geboten*" an.[1167] Dies und das Vorliegen der detaillierten Regelungen lässt in der Gesamtkonzeption des neuen Regelungsregimes – zumindest auf (quasi-)kollektivregulatorischer, also formell-gesetzlicher oder börsenordnungsrechtlicher Ebene – keinen Platz mehr für zusätzliche gesellschaftsrechtliche Anforderungen an den allein im Kapitalmarktrecht verorteten Delisting-Vorgang.[1168] Dies ergibt rechtspolitisch und ökonomisch auch durchaus Sinn, da andernfalls ein zweifacher Schutzmechanismus für die Anleger bestünde, was die Durchführung eines Delisting unverhältnismäßig erschweren würde, während zur Begründung auch der Anlegerschutz nicht mehr fruchtbar gemacht

---

1164 In diese Richtung auch *Groß*, KapMaR, § 39 BörsG, Rn. 17.

1165 Vgl. *Bayer*, ZfPW 2015, 163, 221.

1166 So auch *Groß*, AG 2015, 812, 814. A. A. *Koch* in Hüffer, AktG, § 119, Rn. 39.

1167 BT-Drucks. 18/6220, S. 86. In dieser Aussage des Gesetzgebers könnte man ferner auch einen Appell an die Rspr. vermuten, die neue gesetzliche Regelung nicht durch die Entwicklung neuen Richterrechts erneut infrage zu stellen.

1168 *Groß*, AG 2015, 812, 814. Dies ist jedoch von der Frage zu unterscheiden, ob die Gesellschaft sich selber in der Satzung solchen zusätzlichen Anforderungen unterwerfen kann, vgl. hierzu u.: Kapitel 8 B.

werden könnte. Hiergegen kann auch nicht die wörtliche Übernahme des § 39 Abs. 5 S. 2 BörsG a. F. eingewandt werden.[1169] Die Feststellung der Übernahme des Wortlauts ist zwar dem Grunde nach zutreffend, jedoch war die Möglichkeit der Regelung in den BörsO noch in einem anderen Gesamtzusammenhang zu sehen, der – mangels gesetzlich detailliert ausgestalteter Regelung – den Börsen auch mehr Gestaltungsspielraum einräumte, nun jedoch durch die Neuregelung determiniert ist.

## *2. Mögliche Regelungskomplexe und Umsetzung in der Praxis*

Freilich geregelt werden können die formellen Durchführungserfordernisse, solange diese lediglich die technische Seite der Durchführung des Widerrufs betreffen und keine inhaltlichen Beschränkungen enthalten.[1170]

In diesem Zusammenhang ist auf die Regelung des § 44 Abs. 5 BörsO-FWB hinzuweisen, der dem Emittenten die Beibringung aller für den Zulassungswiderruf erforderlichen Unterlagen auferlegt. Hierbei handelt es sich lediglich um eine formelle Konkretisierung des administrativen Teils des Delisting-Vorgangs, sodass dies unproblematisch möglich ist. Auch die Möglichkeit in § 44 Abs. 5 S. 3 BörsO-FWB, die Entscheidung zu widerrufen, wenn zunächst vorgelegte Unterlagen während der Nachfrist nicht mehr vorliegen, ist hiervon erfasst.

Von den genannten Beschränkungen außerdem nicht umfasst sind Fälle, die nicht § 39 Abs. 2 S. 3 BörsG und somit nicht dem vom Gesetzgeber vorgesehenen Regelungsregime unterfallen. Hierzu zählen insbesondere Regelungen für Wertpapiere, die nicht unter den Wertpapierbegriff des § 2 Abs. 2 WpÜG gefasst werden,[1171] da eben dieser Fall nicht von den Regulierungsvorgaben des Gesetzgebers prädeterminiert ist. Die Praxis hat hierauf freilich bereits reagiert und Regularien für diese Wertpapiere geschaffen. Beispielsweise hat sich die FWB in § 44 Abs. 2 BörsO-FWB[1172] für ein zweigleisiges Schutzsystem in diesen Fällen

---

1169 So jedoch *Koch* in Hüffer, AktG, § 119, Rn. 39.

1170 *Groß*, AG 2015, 812, 815.

1171 S. zu den erfassten Wertpapieren ausführlich o.: Kapitel 4 A.I.1.

1172 Eine sehr ähnliche Regelungskonzeption hat auch die Börse München (§ 51 BörsO für die Börse München) gewählt, ebenso die Börsen in Hamburg (§ 42 Abs. 3 BörsO der Hanseatischen Wertpapierbörse Hamburg), Hannover (§ 42 Abs. 2 BörsO der Niedersächsischen Börse zu Hannover) und Stuttgart (§ 22 BörsO der Baden-Württembergischen Wertpapierbörse). Letztere schuf insofern ein differenzierteres System, indem sie eine an § 33 Abs. 1 Nr. 1 lit. c BörsG angelehnte Regelung hinzufügte, s. zu einer solchen Regelung o.: Kapitel 7 A.II.3. Die Börsen Berlin (§ 51 BörsO der Börse Berlin) und Düsseldorf (§ 56 Abs. 3 BörsO Börse Düsseldorf) haben indes entschieden: Danach sieht die Börsengeschäftsführung den Anlegerschutz insbesondere dann als nicht tangiert an, wenn weiterhin eine Listung an einem organisierten Markt oder einem diesem vergleichbaren Markt in einem Drittstaat besteht (Nr. 1), oder gem. Nr. 2, wenn den Aktionären ausreichend Zeit eingeräumt wird, die Papiere am regulierten Markt der FWB zu veräußern, wobei dieser Zeitraum im Hinblick auf § 44 Abs. 3 S. 5 BörsO-FWB im Ergebnis sechs Monate (mit der Möglichkeit einer Verkürzung nach § 44 Abs. 4 BörsO-FWB bei Vorliegen eines Abfindungsangebots) betragen wird. Für diese Wertpapiere wurde also interessanterweise in Teilen wieder auf die Fristenlösung zurückgegriffen.[1173] Hieraus kann gefolgert werden, dass die FWB diese Regelungsintensität nach wie vor als ausreichend erachtet. Dies stützt aus Anlegersicht wiederum die Feststellung, dass sich ein Überlassen der Regelungskompetenz an die Börsen als problematisch herausstellen könnte.[1174]

## B. Möglichkeit einer Satzungsregelung

Aus den oben genannten Gründen[1175] ist die gesetzliche Verankerung einer Hauptversammlungskompetenz als Regulierungskonzept letztlich nicht zielführend; zudem liegt die Kompetenz zur Stellung des Delisting-Antrags aus aktienrechtlicher Sicht alleine beim Vorstand, sodass zunächst keine weiteren Rechte mehr bei der Hauptversammlung liegen.[1176] Um indes weiterreichenden Aktionärsschutz zu gewährleisten, wurde vor Einführung der Neuregelung vorgeschlagen, der Hauptversammlung ein solches Mitwirkungsrecht nunmehr basierend auf der Satzung einzuräumen, indem man die Börsennotierung einer AG dort festschreiben und deren Aufhebung folglich von einem – u. U. sogar über *Macrotron* hinausgehend mit qualifizierter Mehrheit gefassten – Hauptversammlungsbeschluss abhängig machen wollte.[1177] Eine solche Regelung in der Satzung wurde vom Großteil der Literatur – freilich in den meisten Fällen ohne substantiierte Auseinandersetzung mit den sich stellenden Fragen[1178] – zunächst

bis jetzt von einer detaillierteren Regelung abgesehen. Vgl. hierzu insgesamt auch *Schulz/Wieneke*, NZG 2017, 449, 451. S. zu den Regelungen an den Börsen nach *Frosta* und vor der Neuregelung *Hasselbach/Pröhl*, NZG 2015, 209, 211.

1173 S. hierzu o.: Kapitel 2 A.I.

1174 S. hierzu o.: Kapitel 2 C.II.

1175 S. o.: Kapitel 2 C.I.

1176 S. hierzu ausführlich o.: Kapitel 2 A.II.4.c.

1177 So *Schockenhoff*, ZIP 2013, 2429, 2434. Vgl. hierzu auch *von der Linden*, NZG 2015, 176, 177.

1178 Diese Kritik äußerte bereits *von der Linden*, NZG 2015, 176, 177.

als problemlos zulässig angesehen.[1179] Diese Frage kann jedoch nunmehr, nachdem der Aktionärsschutz ausschließlich im Börsenrecht verortet ist, erneut erhöhte Relevanz erreichen. Eine Satzungsregelung kann – zumindest in atypischen Fällen ohne dominierenden Ankeraktionär – einem Aktionär, der nicht die bestimmende Mehrheit innehat[1180] oder bei Festlegung eines höheren Quorums neben dem Schutzmechanismus des § 39 BörsG grundsätzlich eine aus Anlegersicht interessante Ergänzung des Aktionärsschutzes darstellen. Insbesondere in letzterem Fall könnten auch die oben erwähnten Bedenken gegen einen Hauptversammlungsbeschluss als (alleinigen) Schutzmechanismus nicht eingewandt werden.

## I. Ausschluss durch § 39 BörsG

Die erste Frage, die sich indes nach Schaffung der Neuregelung stellt, ist die danach, ob § 39 BörsG bzw. seine im Hinblick auf den Aktionärsschutz getroffene Anordnung nicht eine anderweitige Regelung sperren.

Bei genauerer Betrachtung wird jedoch deutlich, dass die Neuregelung des § 39 BörsG hier nicht sperren kann, da durch die Wahl des Wegs der kapitalmarktrechtlichen Lösung keine Aussage über die aktienrechtliche Zulässigkeit einer Satzungsregelung getroffen wurde.[1181] Die Regelungen der Satzung entfalten zwar die Wirkung objektiven Rechts, diese beschränkt sich jedoch auf das Verhältnis zu den Aktionären der jeweiligen Gesellschaft[1182] und ist somit einer – nicht gesetzlich verankerten – Beschränkung nicht zugänglich.[1183] Hiervon ausgehend ist der nächstliegende Anknüpfungspunkt für eine solche Satzungsregelung die Vorschrift des § 23 Abs. 5 S. 2 AktG,[1184] nach welchem ergänzende

---

1179 *Heidel/Lochner* in Heidel, AktR, Vor. § 327a ff. AktG, Rn. 18; *Wirth/Arnold*, ZIP 2000, 111, 115; *Arnold*, ZIP 2005, 1573, 1576; *Habersack*, AG 2005, 137, 141.

1180 Zu diesem Aspekt *Wicke*, DNotZ 2015, 488, 495 f.

1181 Zum nicht abschließenden Charakter des § 39 BörsG (nach alter Rechtslage und in Bezug auf die Angebotspflicht) allgemein BVerfG, NJW 2012, 3081, 3085; *Benecke*, WM 2004, 1122, 1126.

1182 *Heider* in MünchKommAktG, § 2, Rn. 35 f.; *Koch* in Hüffer, AktG, § 23, Rn. 7 jew. mwN.

1183 Zudem meint der Gesetzgeber kollektiv gültige Regelungskonzepte, wenn er davon spricht, dass auch kein weiterer Schutz mehr „*geboten*" sei (BT-Drucks. 18/6220, S. 86), s. hierzu ausführlich o.: Kapitel 8 A.II.1.

1184 *Schockenhoff*, ZIP 2013, 2429, 2434. Vgl. zusammenfassend auch *von der Linden*, NZG 2015, 176, 177, der jedoch i. Erg. bzgl. des Kompetenzgefüges eine Verortung in § 23 Abs. 5 S. 1 AktG vorzieht.

Bestimmungen der Satzung zulässig sind, wenn das AktG keine abschließende Regelung enthält. Dies wird allgemein dahin gehend verstanden, dass – als Ausnahme zum in § 23 Abs. 5 S. 1 AktG normierten Grundsatz der Satzungsstrenge im Aktienrecht[1185] – Ergänzungen dann zulässig sind, wenn das Gesetz eine entsprechende Regelung nicht enthält oder einen im Gesetz enthaltenen Regelungsgedanken lediglich weiterführt und diesen dem Grunde nach unberührt lässt.[1186]

## II. Fixierung der Börsennotierung in der Satzung

Basierend auf dieser Überlegung gehen die Befürworter von der Zulässigkeit der Regelung einer Börsennotierung in der Satzung aus, da das AktG selbst in vielen Normen an die Börsennotierung einer Gesellschaft iSd. § 3 Abs. 2 AktG anknüpfe und somit der Vorteil der Klarstellung bezüglich der Anwendbarkeit der aktienrechtlichen Regelungen durch eine Satzungsregelung gegeben sei.[1187] Auch von Vertretern dieser Auffassung wird jedoch anerkannt, dass eine solche Regelung nicht bei der Beschreibung des Unternehmensgegenstands verortet werden kann, da sich die Börsennotierung nicht auf die Art der Tätigkeit des Unternehmens bezieht, was *Schockenhoff* dazu bewog, eine Regelung im Abschnitt „*Allgemeine Bedingungen*" vorzuschlagen, deren Wortlaut „*Die Gesellschaft ist eine börsennotierte Aktiengesellschaft mit Sitz in…*" lauten könnte.[1188] Eine solche Regelung müsste dann stets von der Hauptversammlung aufgehoben werden, bevor der Vorstand ein Delisting beantragen könnte, da dieser sich sonst satzungs- und damit pflichtwidrig verhielte.[1189] Die Wirksamkeit einer solchen Satzungsregelung unterstellt stellt sich die Frage, ob diese gegen eine Änderung bzw. Aufhebung durch den Großaktionär gesichert werden könnte, insbesondere indem ein Abfindungsangebot des Großaktionärs zur Bedingung der Satzungsänderung gemacht wird.[1190] Bezüglich der Zulässigkeit einer solchen

1185 S. allgemein hierzu *Vetter* in Henssler/Strohn, GesR, § 23 AktG, Rn. 22; *Solveen* in Hölters, AktG, § 23, Rn. 29.

1186 *Koch* in Hüffer, AktG, § 23, Rn. 37; *Pentz* in MünchKommAktG, § 23, Rn. 165.

1187 *Schockenhoff*, ZIP 2013, 2429, 2434.

1188 *Schockenhoff*, ZIP 2013, 2429, 2434.

1189 *Scholz*, BB 2015, 2248, 2249.

1190 Einen umfassenderen Ansatz verfolgte die GK Software AG, die sowohl die Börsennotierung in der Satzung festschrieb, als auch zugleich eine Änderung dieser Regelung von einer Zustimmung der Hauptversammlung abhängig machte, vgl. *Cabras*, Focus Money vom 1.10.2014; s. dazu auch mit dem genauen Wortlaut der Regelung unter Verweis auf den Handelsregisterauszug (AG Chemnitz, HRB 19157) *Scholz*, BB 2015, 2248, 2251.

Regelung kann als Ausgangspunkt grundsätzlich § 179 Abs. 2 S. 3 AktG dienen, der es ermöglicht, für bestimmte Beschlussgegenstände weitere Erfordernisse festzulegen.[1191]

## III. Stellungnahme

Zunächst findet § 179 Abs. 2 S. 3 AktG seine Beschränkung wiederum in der Satzungsautonomie der Hauptversammlung, die es verbietet, eine Satzungsregelung von äußeren Gegebenheiten, insbesondere der Partizipation außenstehender Dritter, abhängig zu machen.[1192] Vor diesem Hintergrund scheint es auch ausgeschlossen, das Abfindungsangebot eines Aktionärs zur Bedingung für eine Satzungsänderung zu erheben.[1193]

Zudem ist auch die Fixierung einer Börsennotierung in der Satzung bereits im Hinblick auf § 23 Abs. 5 S. 1 AktG ausgeschlossen. Bei genauerer Betrachtung wird nämlich deutlich, dass § 3 Abs. 2 AktG lediglich den Begriff der aktienrechtlichen Börsennotierung legaldefiniert. Dadurch werden die Voraussetzungen für das Vorliegen einer Börsennotierung (abschließend) geregelt. Folgerichtig kann in der Satzung dann nicht – trotz Nichtvorliegen der Tatbestandsmerkmale des § 3 Abs. 2 AktG – das Vorliegen einer Börsennotierung vorgeschrieben werden, da dies bereits eine unzulässige Abweichung iSd. § 23 Abs. 5 S. 1 AktG darstellen würde.[1194] Des Weiteren lässt sich aus § 3 Abs. 2 AktG keine Intention des Gesetzgebers erkennen, den Aktionären bezüglich der Börsennotierung gestalterischen Spielraum einräumen zu wollen.[1195] Außerdem wird von den Befürwortern einer solchen Möglichkeit entscheidend verkannt, dass die Stellung des Delisting-Antrags alleine dem Vorstand obliegt,[1196] man also mit einer anderslautenden Satzungsregelung in die Kompetenzverteilung – in Form eines Verstoßes gegen § 76 Abs. 1 AktG[1197] – eingreifen und diese zulasten des Vorstands verschieben würde.[1198] Die aktienrechtliche Kompetenzverteilung ist jedoch

---

1191 *Scholz*, BB 2015, 2248, 2252.

1192 *Stein* in MünchKommAktG, § 179, Rn. 149.

1193 Zu diesem gesamten Komplex zutreffend *Scholz*, BB 2015, 2248, 2252.

1194 Hierzu insgesamt *Scholz*, BB 2015, 2248, 2250, der anschaulich darauf verweist, die Satzung könne nicht „*aus einer nichtbörsennotierten AG eine börsennotierte machen*".

1195 *Scholz*, BB 2015, 2248, 2250, der auch darauf hinweist, die Regelung des § 3 Abs. 2 AktG solle laut Reg-Begr. lediglich der sprachlichen Entlastung des AktG dienen.

1196 S. ausführlich hierzu o.: Kapitel 4 B.I.

1197 So explizit *Hoffmann* in Spindler/Stilz, AktG, § 119, Rn. 48a.

1198 *Von der Linden*, NZG 2015, 176, 177; *Scholz*, BB 2015, 2248, 2250 f.; *Bayer*, ZfPW 2015, 163, 194.

nach allgemeiner Auffassung als zwingendes Recht anzusehen und somit keiner Abweichung iSd. § 23 Abs. 5 S. 1 AktG zugänglich.[1199] Konsequent weitergedacht führt ein solcher Verstoß gegen die Kompetenzverteilung der AG zur Nichtigkeit einer entsprechenden Satzungsregelung gem. § 241 Nr. 3 Var. 1 AktG, da sie den Grundstrukturen des Wesens der AG widersprechen.[1200]

## IV. Weitere Ansätze

Eine weitere Möglichkeit, das Kompetenzgefüge als nicht tangiert anzusehen, bestünde darin, die Regelung der Börsennotierung lediglich als deklaratorische Feststellung zu erachten und somit keine Notwendigkeit für eine Satzungsänderung, respektive einen daher erforderlichen Hauptversammlungsbeschluss anzunehmen.[1201] Dies würde eine solche Regelung jedoch rein faktisch der Bedeutungslosigkeit zuführen.[1202] Auch eine Satzungsregelung, die *expressis verbis* ein Zustimmungserfordernis der Hauptversammlung statuieren würde, ohne an die Börsennotierung anzuknüpfen, scheitert jedoch an § 23 Abs. 5 S. 1 AktG, da sie der Hauptversammlung entgegen der Kompetenzverteilung in § 119 AktG eine Kompetenz zuspräche, die – wie eben dargelegt – eigentlich dem Vorstand zusteht.[1203]

Im Ergebnis ist somit festzuhalten, dass für die Aktionäre auch nicht die Möglichkeit besteht, durch eine entsprechende Satzungsregelung ein Hauptversammlungsbeschlusserfordernis für den Fall eines Delisting zu statuieren. Selbiges gilt für die Verankerung eines Abfindungsangebots in der Satzung. *Scholz*[1204] verneint dies bereits unter Rückgriff auf die bereits oben genannte Kompetenzverteilung in der AG, da der Vorstand auch durch eine Abfindungspflicht im Falle eines Delisting in seiner gem. § 76 Abs. 1 AktG garantierten Entscheidungsfreiheit beschränkt sei. Zwar würde dem Vorstand durch eine solche Regelung nicht

---

1199 *Von der Linden*, NZG 2015, 176, 177 f.; *Koch* in Hüffer, AktG, § 76, Rn. 5; *Hoffmann* in Spindler/Stilz, AktG, § 119, Rn. 48.

1200 So wohl *von der Linden*, NZG 2015, 176, 178. Zu dieser Rechtsfolge in Fällen von kompetenzfremden Beschlüssen im Allgemeinen *Würthwein* in Spindler/Stilz, AktG, § 241, Rn. 223; *Koch* in Hüffer, AktG, § 241, Rn. 17 mwN.; i. Erg. zustimmend, jedoch unter Berufung auf § 241 Nr. 3 Var. 3 AktG *Hüffer/Schäfer* in MünchKommAktG, § 241, Rn. 62 mit Nachweisen auch zu den anderen Auffassungen, welche lediglich Anfechtbarkeit oder eine andersartige Nichtbindung annehmen.

1201 Auf diese mögliche Lesart hinweisend *Scholz*, BB 2015, 2248, 2250.

1202 So letztlich auch *Hoffmann* in Spindler/Stilz, AktG, § 119, Rn. 48a.

1203 *Scholz*, BB 2015, 2248, 2249 f.

1204 *Scholz*, BB 2015, 2248, 2251 f.

die Möglichkeit genommen, ein Delisting zu beantragen, jedoch ginge hiermit eine solch erhebliche Beeinträchtigung einher, dass im Ergebnis wieder ein Eingriff in das Kompetenzgefüge vorläge. Dem ist im Ergebnis zuzustimmen.[1205]

1205 So i. Erg. auch *Groß*, AG 2015, 812, 814.

# 9 Rechtsschutz

## A. Kontroverse Diskussion über die Rechtsschutzmöglichkeiten

Eines der Hauptdiskussionsfelder vor Verabschiedung der Neuregelung und demnach auch Grund für den Gesetzgeber, deren potenzielle Neuevaluierung nochmals gesondert in den Fokus zu rücken,[1206] war die interessengerechte Ausgestaltung des Rechtsschutzes. Es wurde im Hinblick auf die Neuregelung von einem „*zweispurig*[en]"[1207] Rechtsschutzsystem gesprochen, da der Widerruf der Zulassung auf der einen Seite zwar im öffentlich-rechtlichen Rahmen erfolgt, jedoch auf der anderen Seite (neben kapitalmarktrechtlichen Facetten) aufgrund der in der Neuregelung enthaltenen Zahlungsansprüche auch Elemente zivilgerichtlichen Rechtsschutzes enthält.[1208] Bereits während des (ansonsten in Bezug auf die Regelung des Rechtsschutzes durchaus umstrittenen[1209]) Gesetzgebungsverfahrens bestand Einigkeit dahin gehend, dass die Angemessenheit der Abfindungshöhe nicht im verwaltungsgerichtlichen Verfahren bestimmt werden sollte,[1210] womit dieser zweigliedrige Rechtsschutz bereits vorgezeichnet war und schließlich auch vom Gesetzgeber (u. a. durch § 39 Abs. 6 BörsG) umgesetzt wurde.[1211] Hierdurch sollte einerseits der Abfindungsanspruch der Aktionäre garantiert werden, während andererseits zeitliche Verzögerungen des Delisting ausgeschlossen werden sollten.[1212]

---

1206 BT-Drucks. 18/6220, S. 79.

1207 *Harnos*, ZHR 2015, 750, 774.

1208 *Harnos*, ZHR 2015, 750, 774 ff; dieser Konzeption zustimmend *Gegler*, BKR 2016, 273, 278. Im Vorfeld der Regelung bereits darauf hinweisend, dass aufgrund dieser Konzeption ein solcher zweigliedriger Rechtsschutz unumgänglich sein dürfte, *Buckel/Glindemann/Vogel*, AG 2015, 373, 380. In diese Richtung auch *Koch/Harnos*, NZG 2015, 729, 735 ff.

1209 Vgl. *Groß*, AG 2015, 812, 818.

1210 S. hierzu *Bayer*, NZG 2015, 1169, 1177.

1211 S. zu dieser Regelung u.: Kapitel 9 B.I.2.

1212 BT-Drucks. 18/6220, S. 86.

## B. Rechtsschutzmöglichkeiten der Aktionäre

Der gesetzlichen Konzeption des zweigliedrigen Rechtsschutzes entsprechend werden im Folgenden die Rechtsschutzmöglichkeiten der Aktionäre dargestellt.[1213]

### I. Verwaltungsgerichtlicher Rechtsschutz

Der verwaltungsgerichtliche Rechtsschutz der Aktionäre kann sinnvollerweise nur darauf gerichtet sein, gegen den Erlass des die Zulassung zum Handel widerrufenden Verwaltungsakts der Börsengeschäftsführung vorzugehen.[1214]

#### *1. Rechtsschutzbedürfnis einer Anfechtungsklage (Drittschutz)*

Da sich dieser Verwaltungsakt an den Emittenten richtet, stellt sich die Frage des für eine erfolgreiche Klage nach § 42 Abs. 2 Var. 1 VwGO erforderlichen Drittschutzes. Ob ein solcher im Falle einer Delisting-Entscheidung der Börsengeschäftsführung gegeben ist, war unter Geltung der alten Rechtslage höchst umstritten.[1215]

Ausgangspunkt für die Bestimmung des drittschützenden Charakters einer Norm ist dabei grundsätzlich die Frage, ob die Norm, die als Ermächtigungsgrundlage für den erlassenen Verwaltungsakt dient, neben der Allgemeinheit auch Drittinteressen schützen soll[1216] und ob der in Bezug genommene Personenkreis von diesem Schutz umfasst ist.[1217]

##### *a. Diskussion vor der Neuregelung*

Gegen das Bestehen eines solchen Drittschutzes zugunsten der Aktionäre wurde vornehmlich angeführt, dass gem. § 15 Abs. 6 BörsG die Börse lediglich im öffentlichen Interesse tätig werde. Außerdem wurde im Rahmen eines *e-contrario*-Gedankens auf den nicht bestehenden Anspruch der Aktionäre auf Erteilung

---

1213 S. zu dieser Unterteilung auch *Mense/Klie*, DStR 2015, 2782, 2785; *Harnos*, ZHR 2015, 750, 776 ff.

1214 Vgl. *Groß*, KapMaR, § 39 BörsG, Rn. 30; *ders.*, AG 2015, 812, 818.

1215 *Gegler*, BKR 2016, 273, 278; *Groß*, AG 2015, 812, 818 f.; *Auer*, JZ 2015, 71, 76; insbesondere gewisse Widersprüche innerhalb der Rspr. hervorhebend *Paschoß/Klaaßen*, AG 2014, 33, 34 f.

1216 *Jarass*, NJW 1983, 2844, 2845; ausführlich hierzu *R. P. Schenke* in Kopp/Schenke, VwGO, § 42, Rn. 84 ff.

1217 Hierzu *Brellochs*, AG 2014, 633, 642.

der Zulassung verwiesen.[1218] Bemerkenswert ist hierbei die unterschiedliche Beurteilung dieser Frage auch innerhalb der Rechtsprechung:[1219] Als Ausgangspunkt kann die Äußerung des BGH im *Frosta*-Beschluss[1220] unter Bezugnahme auf das BVerfG[1221] herangezogen werden. Dort konstatierte der BGH, § 39 Abs. 2 S. 2 BörsG liefere ausreichend Anhaltspunkte für eine effektive verwaltungsgerichtliche Überprüfung des Delisting durch die Aktionäre.[1222] Unter anderem an das eingangs genannte Argument anknüpfend lehnte das VG Frankfurt a. M.[1223] unter Bezugnahme auf den Wortlaut des § 39 Abs. 2 S. 2 BörsG den Drittschutz der Aktionäre jedoch ab, da dieser im Ergebnis auf die Öffentlichkeit generell abstelle und der Schutz der einzelnen Anleger lediglich ein „Rechtsreflex" sei. Folgerichtig erteilte es schließlich unter Bezugnahme auf die Rechtsprechung des BVerfG zum Delisting der Begründung eines Drittschutzes im Hinblick auf einen vermeintlichen Verstoß gegen Art. 14 GG eine Absage.[1224] Indes entschied das VG Düsseldorf[1225] im Hinblick auf die von sonstigen Normen des BörsG („*Publikum*") verschiedene Verwendung des Begriffs „*Anleger*", dass § 39 Abs. 2 S. 2 BörsG Drittschutz vermittle und § 15 Abs. 6 BörsG lediglich die Haftung der Börsengeschäftsführung begrenzen solle. Als weiteres Argument zog das Gericht das Recht auf effektiven Rechtsschutz nach Art. 19 Abs. 4 GG heran, aufgrund dessen den Aktionären nach dem *Frosta*-Beschluss des BGH nun die Möglichkeit der gerichtlichen Überprüfung der – durch die Börse als Trägerin öffentlicher Gewalt – erlassenen Regelungen zum Delisting in den BörsO gewährt werden müsse.[1226]

---

1218 S. zu diesen Argumenten *Groß*, KapMaR, § 39 BörsG, Rn. 29.

1219 Vgl. beispielhaft *Auer*, JZ 2015, 71, 76; *Paschoß/Klaaßen*, AG 2014, 33, 34 f.

1220 BGH, NJW 2014, 146, 149 (Tz. 16). Vgl. hierzu auch die Anmerkung von *Weidemann/Weiß*, BKR 2014, 168, 170.

1221 BVerfG, NJW 2012, 3081.

1222 Vgl. hierzu insbesondere *Auer*, JZ 2015, 71, 76. In diese Richtung auch *Weichel/Lampert*, WM 2014, 1024, 1029.

1223 VG Frankfurt a. M., Beschl. v. 25.3.2013 – Az.: 2 L 1073/13.F = AG 2013, 847 f. Es gilt hierbei indes im Hinterkopf zu behalten, dass diese Entscheidung vor Erlass des *Frosta*-Beschlusses des BGH erging. Hierauf explizit hinweisend *Schilba/Fekonja*, EWiR 2015, 667, 668.

1224 VG Frankfurt a. M., AG 2013, 847, 848. Vgl. u. a. hierzu *Roßkopf*, ZGR 2014, 487, 507.

1225 VG Düsseldorf, Beschl. v. 7.8.2015 – Az.: 20 L 2589/15 = ZIP 2015, 1733. Vgl. auch *Schilba/Fekonja*, EWiR 2015, 667 f.; *Groß*, KapMaR, § 39 BörsG, Rn. 29.

1226 VG Düsseldorf, ZIP 2015, 1733, 1735. I. Erg. lehnte das VG in dem zu entscheidenden Fall eine Rechtsverletzung ab, da die Börse Düsseldorf zu diesem Zeitpunkt ihre Ermächtigung nach § 39 Abs. 2 S. 5 BörsG a. F. dahin gehend ausgeübt hatte, dass sowohl ein Hauptversammlungsbeschluss als auch ein dem § 31 WpÜG

Im Ergebnis sprachen die besseren Argumente gegen die Annahme eines drittschützenden Charakters des § 39 Abs. 2 S. 2 BörsG. Hierfür sprach insbesondere die Annahme, dass es nicht die Aufgabe der Judikative ist, den Willen des Gesetzgebers durch einen Rückgriff auf Art. 19 Abs. 4 GG zu substituieren, insbesondere vor dem Hintergrund der nach Auffassung des BVerfG vom Delisting nicht tangierten Grundrechte.[1227] Es stünde dem (einfachen) Gesetzgeber nämlich offen, über die grundrechtlich gebotenen Regelungen hinaus drittschützende Normen zu schaffen.[1228] Daneben kam es auf das Verhältnis des § 15 Abs. 6 BörsG zu § 39 Abs. 2 S. 2 BörsG an.[1229] Erstere Norm war zunächst dahin gehend zu werten, dass sie sich auf jegliches Vorgehen der Börsengeschäftsführung bezog, mithin also auch auf die Bescheidung eines Delisting-Antrags.[1230] Auch der hinter § 15 Abs. 6 BörsG stehende, vom Willen des Gesetzgebers getragene Grundgedanke, die Inanspruchnahme des Staats im Wege der Amtshaftung zu verhindern, war bei der Auslegung des § 39 Abs. 2 S. 2 BörsG zu beachten: Die Funktionsfähigkeit der Börse sollte geschützt und jegliche Handlung der Börsengeschäftsführung von einer Haftung nur mittelbar Betroffener frei gehalten werden.[1231]

### *b. Neubewertung des Drittschutzes aufgrund § 39 BörsG*

Dies kann nun nach Erlass der Neuregelung nicht mehr gelten. Vielmehr ist im Ergebnis vom Bestehen eines Drittschutzes in den gesetzlich vorgegebenen Grenzen auszugehen. Der Gesetzgeber wollte durch die detaillierte Regelung des im Falle eines Delisting durchzuführenden Prozesses den Anlegerschutz stärken und den Aktionären gerade einen verwaltungsgerichtlichen Schutz ermöglichen.[1232] Allein die Tatsache, dass der Gesetzgeber eine Angebotspflicht konstituierte, lässt den Empfänger eines etwaigen Angebots grundsätzlich auch drittschutzberechtigt im Hinblick auf das Vorliegen eines solchen erscheinen.[1233] Außerdem offenbart insbesondere § 39 Abs. 6 BörsG die Intention des

---

entsprechendes Erwerbsangebot vorliegen musste, vgl. *Schilba/Fekonja*, EWiR 2015, 667.

1227 Zu Letzterem *Roßkopf*, ZGR 2014, 487, 507; *Brellochs*, AG 2014, 633, 641.

1228 *Brellochs*, AG 2014, 633, 642.

1229 So auch *Brellochs*, AG 2014, 633, 642, der jedoch i. Erg. zu einer anderen Conclusio kommt.

1230 Grundsätzlich hierzu *Schwark* in Schwark/Zimmer, KPMK, § 15 BörsG, Rn. 11.

1231 *Groß*, KapMaR, § 15 BörsG, Rn. 14; *Brellochs*, AG 2014, 633, 642 f.

1232 *Groß*, KapMaR, § 39 BörsG, Rn. 29.

1233 *Koch/Harnos*, NZG 2015, 729, 736.

Gesetzgebers, den erforderlichen verwaltungsgerichtlichen Schutz der Aktionäre zu etablieren, da in diesem der verwaltungsgerichtliche Prüfungsumfang begrenzt,[1234] mithin also die Möglichkeit der Durchführung eines verwaltungsgerichtlichen Verfahrens vorausgesetzt wird.[1235] Hiervon geht implizit auch der Gesetzgeber in den Gesetzesmaterialien aus.[1236] Der dahin gehende gesetzgeberische Wille ist in diesem Ausmaß zunächst zu akzeptieren und im Vergleich zur früheren Rechtslage im Ergebnis begrüßenswert. Unabhängig davon, welcher Meinung man zuvor gefolgt ist, ist nun in jedem Fall Rechtssicherheit bezüglich der Frage eingekehrt, ob die Aktionäre sich im Wege des verwaltungsgerichtlichen Verfahrens gegen den Delisting-Bescheid zur Wehr setzen können.[1237] Letztlich können die Aktionäre also nach den allgemeinen verwaltungsgerichtlichen Vorgaben eine (Dritt-) Anfechtungsklage erheben; dies jedoch nur im Rahmen der Grenzen des § 39 Abs. 6 BörsG.

### 2. *Beschränkung des gerichtlichen Prüfungsumfangs durch § 39 Abs. 6 BörsG*

Von entscheidender Bedeutung für die Aktionäre ist danach der (beschränkte) Umfang der gerichtlichen Überprüfung der Delisting-Entscheidung gem. § 39 Abs. 6 BörsG. Nach diesem bleibt *„im Hinblick auf die Anforderungen des Absatzes 3* [...] *die Rechtmäßigkeit des Widerrufs unberührt“.* § 39 Abs. 6 BörsG dient der Sicherstellung des zweigliedrigen Rechtsschutzes, indem er den Prüfungsumfang der Verwaltungsgerichte auf die Voraussetzungen des § 39 Abs. 2 S. 3 BörsG begrenzt und somit die Überprüfung der Höhe des Abfindungsangebots in Bezug auf § 39 Abs. 3 BörsG den Zivilgerichten zuweist.[1238] Die Verwaltungsgerichte dürfen nach dieser Vorgabe also nur prüfen, ob ein Angebot gem. § 39 Abs. 2 S. 3 Nr. 1 BörsG vorgelegt wurde (nicht hingegen die korrekte Ermittlung

---

1234 S. hierzu ausführlich sogleich.

1235 *Harnos*, ZHR 2015, 750, 776. Einschränkend *Kocher/Seiz*, DB 2016, 153, 157, die weiterhin davon ausgehen, dass es innerhalb der Rspr. zu Abweichungen kommen könnte.

1236 BT-Drucks. 18/6220, S. 86 (*„in Absatz 6* [ist] *klargestellt, dass die* [...] *übrigen Anforderungen nach Absatz 3 nicht Gegenstand des verwaltungsrechtlichen Rechtschutzes gegen die Entscheidung über den Widerruf durch die Geschäftsführung der jeweiligen Börse sind*“). Vgl. auch Groß, AG 2015, 812, 819.

1237 So i. Erg. auch *Groß*, KapMaR, § 39 BörsG, Rn. 29; *ders.*, AG 2015, 812, 819; krit. *Gegler*, BKR 2016, 273, 277 f.

1238 Hierzu *Gegler*, BKR 2016, 273, 278; *Mense/Klie*, DStR 2015, 2782, 2785 f.; *Harnos*, ZHR 2015, 750, 776.

der Höhe des Abfindungsangebots[1239]) oder eine anderweitige Zulassung gem. § 39 Abs. 2 S. 3 Nr. 2 BörsG besteht.[1240] Nicht überprüft wird, ob die Angebotsunterlage den übernahmerechtlichen Vorschriften entspricht.[1241] Dies ist in sich auch konsequent, da diese Prüfung der BaFin zugewiesen ist und der Gesetzgeber wohl davon ausging, dass dieser verwaltungsrechtliche Schutz der Aktionäre genüge.[1242] Damit deckt sich der Prüfungsumfang des Gerichts letztlich mit dem der Börsengeschäftsführung,[1243] was in diesem Zusammenhang ebenfalls konsequent erscheint.

### 3. *Fehlende Möglichkeit des Vorgehens gegen Freigabe der Angebotsunterlage*

Die Aktionäre haben jedoch im Ergebnis nicht die Möglichkeit, die Freigabe der Angebotsunterlage durch die BaFin (vgl. §§ 14 f. WpÜG) zu verhindern, da sie nicht am Verwaltungsverfahren beteiligt sind,[1244] es an einer sie tangierenden Handlung durch die BaFin mangelt[1245] und sie somit insofern nicht widerspruchs- (§ 41 WpÜG) bzw. anfechtungsbefugt (§ 48 WpÜG) sein können.[1246] Zudem können sie auch nicht beschwert sein, da es ihnen schließlich offen steht, das Angebot einfach anzunehmen.[1247] An dieser Konzeption wurde vereinzelt Kritik geäußert, da das angerufene Gericht die Voraussetzungen der Ordnungsgemäßheit nicht prüfen kann/darf und die Aktionäre zeitgleich aus den eben genannten Gründen keine Möglichkeit haben, gegen die BaFin vorzugehen.[1248] Dies mag zwar auf den ersten Blick tatsächlich misslich erscheinen, betrachtet man hingegen, welche vermeintlich angriffswürdigen Kriterien des Angebots hiervon umfasst sind, relativiert sich diese Kritik schnell und umfassend. Das Gericht kann beispielsweise – neben der Ordnungsgemäßheit der Angebotsunterlage – nicht überprüfen, ob das Angebot einer Bedingung unterlag oder die Gegenleistung in Euro angeboten wurde. Da es sich jedoch bei der BaFin

---

1239 Vgl. hierzu BT-Drucks. 18/6220, S. 86; *Gegler*, BKR 2016, 273, 278.

1240 So insgesamt *Groß*, AG 2015, 812, 818; *Harnos*, ZHR 2015, 750, 776.

1241 *Harnos*, ZHR 2015, 750, 776 f.

1242 Vgl. BT-Drucks. 18/6220, S. 86.

1243 S. hierzu o.: Kapitel 4 B.X. und Kapitel 7 B.

1244 *Harnos*, ZHR 2015, 750, 776 (Fn. 107).

1245 Diese handelt nämlich gem. § 4 Abs. 2 WpÜG lediglich im öffentlichen Interesse, vgl. *Meyer* in Assmann/Pötzsch/Schneider, WpÜG, § 15, Rn. 30.

1246 So auch *Gegler*, BKR 2016, 273, 278.

1247 So wohl *Seydel* in KölnKommWpÜG, § 14, Rn. 85.

1248 Entsprechend krit. *Harnos*, ZHR 2015, 750, 778; *Gegler*, BKR 2016, 273, 278.

um eine Anstalt des öffentlichen Rechts handelt, § 1 Abs. 1 S. 1 FinDAG, wird man davon ausgehen müssen, dass die BaFin bei diesen Fragen im Rahmen des Gesetzes handelt und insofern keine weitere Kontrolle erforderlich[1249] und der staatlichen Überprüfung damit Genüge getan ist. Auch der Vorschlag, der BaFin gänzlich die Kontrollmöglichkeit zu entziehen und diese anderweitig zu verorten, kann vor dem Hintergrund der durch die bestehende Konzeption gewährleisteten schnellen Durchführung des Angebotsverfahrens nicht überzeugen.[1250]

## II. Zivilgerichtlicher Rechtsschutz

Zu erwarten ist jedoch, dass in der Praxis – aufgrund der beschränkten verwaltungsgerichtlichen Überprüfbarkeit und aus ökonomischen Motiven – dem zivilgerichtlichen Rechtsschutz, der auf Zahlung einer angemessenen Abfindung gerichtet ist, größere Bedeutung beizumessen sein wird.[1251] Der Gesetzgeber wollte den Aktionären ermöglichen, die „*Gegenleistung in einem zivilrechtlichen Verfahren überprüfen* [zu] *lassen*".[1252] Hiervon ist zunächst der Anspruch gem. § 39 Abs. 3 S. 2 Nr. 1 BörsG auf Abfindung nach dem Börsenwert erfasst.[1253]

### *1. Geltendmachung von Individualansprüchen bei Abfindung nach Unternehmenswert*

Aufgrund der Bezugnahme auf § 31 WpÜG und der expliziten Anwendbarkeitserklärung der *Postbank*-Rechtsprechung durch den Gesetzgeber[1254] haben die Aktionäre aus § 39 Abs. 2 S. 3 Nr. 1, Abs. 3 S. 1 BörsG einen Anspruch auf Abfindung nach Börsenwert, aufgrund der Formulierung in § 39 Abs. 3 S. 3 und 4 BörsG auf Zahlung der Differenzsumme zwischen angebotener Leistung nach durchschnittlichem Börsenkurs und dem nach einer Unternehmensbewertung errechneten Unternehmenswert oder eben direkt auf Letzteren, welchen sie jeweils im Wege einer in der ZPO vorgesehenen Leistungsklage vor den Zivilgerichten geltend machen können.[1255]

---

1249 Zu diesem ganzen Komplex *Harnos*, ZHR 2015, 750, 778 f.

1250 Vgl. hierzu insgesamt *Harnos*, ZHR 2015, 750, 778.

1251 Hiervon gehen auch *Schilba/Fekonja*, EWiR 2015, 667, 668 aus.

1252 BT-Drucks. 18/6220, S. 86.

1253 Vgl. *Gegler*, BKR 2016, 273, 278.

1254 S. hierzu o.: Kapitel 4 .

1255 Hiervon geht auch die Beschlussempfehlung aus, BT-Drucks. 18/6220, S. 86; vgl. insgesamt hierzu *Harnos*, ZHR 2015, 750, 777.

## 2. *Die Erweiterung des KapMuG als Instrument zur umfassenden Streitbeilegung*

Neben der Möglichkeit der Geltendmachung der Zahlungsansprüche durch einen Aktionär hat der Gesetzgeber den Anwendungsbereich des KapMuG in § 1 Abs. 1 Nr. 3 KapMuG dahin gehend erweitert, dass auch in Fällen des Delisting, bei denen es um die Zahlung des Ausgleichsbetrags gem. § 39 Abs. 3 S. 3 oder 4 BörsG geht, ein Musterfeststellungsverfahren durchgeführt werden kann.[1256]

Das KapMuG ist ursprünglich geschaffen worden, um gleichgeartete Interessen im Zivilprozessrecht zu bündeln und es dem Einzelnen zu vereinfachen (trotz u. U. nur geringen Schadensersatzansprüchen bei gleichzeitig hohem Kostenrisiko) einen effektiven Prozess zu führen.[1257] Eben diese Überlegungen stellte auch der Gesetzgeber bei § 39 BörsG an: Insbesondere sollen von der Erweiterung des KapMuG um Fälle des Delisting nun die Frage nach dem Vorliegen eines Falls des § 39 Abs. 3 S. 3 und/oder 4 BörsG sowie die Bestimmung der Höhe des zu zahlenden (Differenz-)Betrags als feststellungsfähige Frage im Rahmen des Musterentscheids in Betracht kommen.[1258]

Hierfür gilt es, die im KapMuG angelegten Verfahrensgrundsätze- und formalia zu beachten. Trotz der umfassenden Änderung des KapMuG im Jahre 2012[1259] blieb die Grundkonzeption der Aufteilung in drei Verfahrensschritte bestehen: Musterverfahrensantrag und Vorlageverfahren, die Durchführung des Verfahrens und zuletzt die Wirkung des Musterentscheids.[1260] Durch Stellung eines Musterverfahrensantrags gem. § 2 Abs. 1 S. 1 KapMuG kann nun ein Aktionär als Kläger im Rahmen eines erstinstanzlichen Prozesses die Feststellung des „*Vorliegens oder Nichtvorliegens anspruchsbegründender oder anspruchsausschließender Voraussetzungen oder die Klärung von Rechtsfragen*", sog. Feststellungsziele, unter Angabe dieser samt der relevanten Kapitalmarktinformationen (§ 2 Abs. 2 KapMuG) beim Prozessgericht begehren.[1261] Selbiges gilt für den Bieter als Beklagten (§ 2 Abs. 1 S. 2 KapMuG).[1262] Ist also zu erwarten,

1256 BT-Drucks. 18/6220, S. 87. Vgl. hierzu auch *Harnos*, ZHR 2015, 750, 777 f. Dies befürwortend *Brellochs*, AG 2014, 633, 645; *ders.*, Stellungnahme, aaO., S. 23; daran anknüpfend *Koch*, Stellungnahme, aaO., S. 8.

1257 *Wolf/Lange* in Vorwerk/Wolf, KapMuG, Einleitung, Rn. 1 f.

1258 BT-Drucks. 18/6220, S. 87. So sehen dies auch *Mense/Klie*, DStR 2015, 2782, 2786, die jedoch die daraus folgende Verfahrensdauer bemängeln.

1259 Vgl. hierzu *Wardenbach*, GWR 2013, 35.

1260 *Gängel/Huth/Gansel* in Heidel, AktR, Vorbemerkung KapMuG, Rn. 16.

1261 Vgl. hierzu ausführlich *Gängel/Huth/Gansel* in Heidel, AktR, § 2 KapMuG, Rn. 15 ff.

1262 Hierzu *Gängel/Huth/Gansel* in Heidel, AktR, § 2 KapMuG, Rn. 7.

dass der Bieter mit zahlreichen Verfahren konfrontiert werden wird, kann er die Klärung der Feststellungsziele selbst einleiten und so vermeiden, sich in einer Vielzahl von Prozessen gegen eine zu erhöhende Abfindung jeweils individuell zur Wehr setzen zu müssen. Die Feststellungsziele sind hierbei konkret zu benennen, wobei es sich – entsprechend dem jeweils geltend gemachten Anspruch – um Tatsachen oder (konkrete) Rechtsfragen handeln kann.[1263] Für die Fälle des Delisting sind dies nach der Konzeption des Gesetzgebers eben das Vorliegen der Voraussetzungen des § 39 Abs. 3 S. 3 und 4 BörsG sowie die konkrete Höhe der geschuldeten Abfindung.[1264] In jedem Fall muss der Antragssteller darlegen, dass den Feststellungen auch in anderen gleich gelagerten Rechtsstreiten Bedeutung zukommen kann, § 2 Abs. 3 KapMuG. Wenn der Antrag den in § 3 Abs. 1 KapMuG genannten Zulässigkeitsvoraussetzungen genügt,[1265] macht das Gericht diesen im Register gem. § 3 Abs. 2 KapMuG bekannt.[1266] Kommen sechs Monate nach der ersten Bekanntmachung neun weitere eingetragene Anträge hinzu, fasst das erste Prozessgericht einen Vorlagebeschluss an das zuständige OLG zur Entscheidung über die Feststellungsziele, § 6 KapMuG.[1267] Die weiteren Verfahren werden darauf ausgesetzt, § 8 KapMuG. Im Folgenden bestimmt das OLG einen Musterkläger; die übrigen beteiligten Kläger fungieren ab diesem Zeitpunkt als Beigeladene, § 9 Abs. 2, 3 KapMuG.[1268] Nach Durchführung des in den §§ 11 ff. KapMuG geregelten Verfahrens[1269] erlässt das OLG einen Musterentscheid, § 16 Abs. 1 KapMuG, der gem. § 22 Abs. 1 S. 1 KapMuG für alle ausgesetzten Verfahren bindend wirkt.[1270]

Hingewiesen sei noch auf die erweiterte Vergleichsmöglichkeit gem. §§ 17 ff. und 23 KapMuG.[1271] Die Beteiligten können sich mittlerweile im Vergleichswege

---

1263 Hierzu *Gängel/Huth/Gansel* in Heidel, AktR, § 2 KapMuG, Rn. 17 ff. Zu den Einschränkungen bzgl. der Rechtsfragen *Schmitz* in Habersack/Mülbert/Schlitt, Hdb. Kapitalmarktinfo, § 33, Rn. 143.

1264 BT-Drucks. 18/6220, S. 87.

1265 Vgl. zu diesen ausführlich *Gängel/Huth/Gansel* in Heidel, AktR, § 3 KapMuG, Rn. 10 ff.

1266 Vgl. *Söhner*, ZIP 2013, 7, 8.

1267 Hierzu *Söhner*, ZIP 2013, 7, 9 auch zu Zweifelsfragen in diesem Zusammenhang.

1268 Hierzu *Gängel/Huth/Gansel* in Heidel, AktR, § 9 KapMuG, Rn. 6 f.

1269 Ausführlich *Schmitz* in Habersack/Mülbert/Schlitt, Hdb. Kapitalmarktinfo, § 33, Rn. 247 ff. Krit zur Anwendbarkeitserklärung der ZPO-Vorschriften *Schneider/Heppner*, BB 2012, 2703, 2709.

1270 S. auch *Schmitz* in Habersack/Mülbert/Schlitt, Hdb. Kapitalmarktinfo, § 33, Rn. 351 ff.

1271 Vgl. hierzu *Wardenbach*, GWR 2013, 35, 37 f.

über die Feststellungsfragen einigen und damit das Musterverfahren beenden. Jeder Beigeladene kann aus diesem Vergleich jedoch austreten und seinen Einzelprozess weiterführen, § 19 KapMuG. Der Vergleich wird nur dann wirksam, wenn weniger als 30% der Beigeladenen den letztgenannten Weg wählen, § 17 Abs. 1 S. 4 KapMuG.[1272]

### 3. *Kritik*

Die Verortung des Rechtsschutzes vor den Zivilgerichten iVm. der Möglichkeit eines Verfahrens nach dem KapMuG war und ist jedoch teils erheblicher Kritik ausgesetzt, deren Überzeugungskraft im Folgenden beleuchtet werden soll. Insbesondere werden – anstatt der Verortung des Rechtsschutzes im KapMuG – Vorschläge dahin gehend gemacht, den gerichtlichen Aktionärsschutz nach den Regelungen des SpruchG auszurichten.[1273] Es wurde im Allgemeinen kritisiert, dass die mangelnde *inter omnes*-Wirkung des KapMuG-Verfahrens bei Verortung des Rechtsschutzes im SpruchG gem. § 13 S. 2 SpruchG gerade gegeben wäre, was eine Erleichterung für die Aktionäre bedeutete, die das Angebot (widerwillig) angenommen haben und nun ohne zwingende Eigeninitiative von einem erhöhten Zahlungsanspruch profitieren könnten.[1274]

#### a. *Kostenrechtliche Aspekte*

Zudem wird mit Blick auf die Durchführung des zivilgerichtlichen Verfahrens, währenddessen lediglich die oben genannten feststellungsfähigen Fragen allgemeingültig geklärt werden, bemängelt, dass der klagende Aktionär nach den allgemeinen zivilgerichtlichen Kostentragungspflichten der §§ 91 ff. ZPO die Kosten des Rechtsstreits zu tragen habe, sollte er nicht obsiegen.[1275] In jedem Fall sei er jedoch – unabhängig von dem Ausgang des Rechtsstreits – vorschusspflichtig, was die Gerichtskosten anbelangt, vgl. § 12 Abs. 1 S. 1 GKG.[1276] Dies gilt gem. § 12 Abs. 1 S. 3 GKG auch für den Beitritt nach dem KapMuG.[1277]

---

1272 Vgl. hierzu insgesamt *Wardenbach*, GWR 2013, 35, 37 f.

1273 In diese Richtung der Deutsche Notarverein, Schreiben vom 28. September 2015, S. 2; vgl. hierzu auch o.: Kapitel 2 C.III.3.

1274 *Harnos*, ZHR 2015, 750, 779; *Gegler*, BKR 2016, 273, 278.

1275 Vgl. *Harnos*, ZHR 2015, 750, 779 f. Dieser weist ferner darauf hin, dass der Gebührensatz im zivilrechtlichen Rechtsstreit mit dem Faktor 3,0 im Vergleich auch höher ist als der 2,0-fache Faktor im Spruchverfahren.

1276 Vgl. allgemein hierzu *Zimmermann* in Binz/Dorndörfer/Petzold/Zimmermann, GKG, § 12, Rn. 2; *Toussaint* in BeckOK, KostenR, § 12 GKG, Rn. 1.

1277 *Toussaint* in BeckOK, KostenR, § 12 GKG, Rn. 21 f.

Beim Spruchverfahren läge indes die grundsätzliche Kostentragungspflicht beim Emittenten, § 23 Nr. 14 GNotKG.[1278]

### *b. Rechtssicherheit und Verfahrensdauer*

Zudem wird befürchtet, die Verfahrensdauer könne sich als unbefriedigend für alle Beteiligten herausstellen: Da es bei einem Verfahren nach dem KapMuG keine entsprechende Frist zur Geltendmachung von Ansprüchen gibt (anders § 4 SpruchG: drei Monate), sei hier als Grenze lediglich die Verjährung der Ansprüche zu beachten. Dies könne für den Bieter durchaus signifikant negative Folgen haben, da er – insbesondere bei erst im Nachhinein bekanntgewordenen Verstößen gegen Artt. 15 und 17 MAR – auf Jahre noch Zahlungsansprüchen ausgesetzt sein könne.[1279] Ein weiterer Kritikpunkt war die vermeintlich lange Verfahrensdauer.[1280] Mangels belastbarer Zahlen hierzu ist zwar noch nicht abzusehen, welcher Zeitraum tatsächlich benötigt werden wird. Im Vorfeld der Regelung wurde jedoch bereits die reine Verfahrensdauer bei bis zu zehn Jahren verortet.[1281] Dies sei unter anderem darauf zurückzuführen, dass – anders als bei Strukturmaßnahmen, bei welchen ein Erstgutachten bereits für das Angebot zu erstellen und gerichtlich lediglich zu überprüfen ist – erst bei Feststehen eines Verstoßes, ein solches Gutachten zur Unternehmensbewertung zu fertigen sei.[1282]

## *4. Stellungnahme*

Festzuhalten ist zunächst, dass – entgegen vereinzelt gebliebener anderslautender Behauptungen – grundsätzlich eine Rechtsschutzmöglichkeit der Minderheitsaktionäre auf Überprüfung der Angebotshöhe besteht.[1283] Die dogmatische Konzeption des SpruchG, die dazu dienen soll, gesellschaftsrechtlich bedingte Eingriffe in Art. 14 GG vermögensrechtlich zu kompensieren,[1284] spricht jedoch

1278 Vgl. *Kubis* in MünchKommAktG, § 15 SpruchG, Rn. 16; insgesamt zu dem kostenrechtlichen Aspekt *Harnos*, ZHR 2015, 750, 779.

1279 *Harnos*, ZHR 2015, 750, 780.

1280 Beispielhaft *Kastl*, Rückzug von der Börse, S. 347.

1281 *Mense/Klie*, DStR 2015, 2782, 2786 unter Bezugnahme auf eine Äußerung von *Drygala* auf der juristischen Jahrestagung.

1282 Insgesamt hierzu *Mense/Klie*, DStR 2015, 2782, 2786. Krit. auch *Drygala*, Gesellschaftsrecht in der Diskussion 2015, 75, 86 ff.

1283 Dies sah die DSW, Stellungnahme, aaO., S. 9 zunächst anders. Vgl. hierzu auch *Harnos*, ZHR 2015, 750, 779.

1284 *Klöcker* in K. Schmidt/Lutter, AktG, SpruchG, Einl., Rn. 1.

im Ergebnis gegen eine Verortung des Rechtsschutzes im SpruchG. Zwar wird freilich auch die Durchführung einer Unternehmensbewertung mit dem SpruchG assoziiert.[1285] Dies gilt jedoch nicht für weitere Tatsachenfragen, die sich im Hinblick auf die Verstöße des § 39 Abs. 3 S. 3 BörsG stellen und die der Gesetzgeber – zu Recht – ebenso für allgemein klärungsbedürftig erachtet hat.[1286] Die Klärung derartiger Fragen ist vielmehr Materie des KapMuG.[1287]

### *a. Kostenrechtliche Aspekte – § 92 Abs. 2 Nr. 2 Var. 2 ZPO*

Den kostenrechtlichen Bedenken ist – worauf auch die Beschlussempfehlung verweist[1288] – § 92 Abs. 2 Nr. 2 Var. 2 ZPO entgegenzuhalten. Bei § 92 Abs. 2 Nr. 2 ZPO handelt es sich um eine Norm, die den Erfolgsgrundsatz des § 91 ZPO um Billigkeitserwägungen erweitert.[1289] Nach § 92 Abs. 2 Nr. 2 Var. 2 ZPO kann das Gericht die Kosten bei teilweisem Obsiegen dem Beklagten, in diesem Fall also dem Bieter, auferlegen. Die Gerichte können und werden in einem solchen Fall von ihrem Ermessen Gebrauch machen, nicht den Anlegern die Kosten aufzuerlegen, wenn diese in ihrer Klage einen Mindestbetrag plausibel darlegen.[1290] Der signifikante Großteil der zu erwartenden Kosten wird – wie von § 92 Abs. 2 Nr. 2 Var. 2 ZPO gefordert – auf die Erstellung der erforderlichen Bewertungsgutachten zum Unternehmenswert entfallen,[1291] sodass der einzuklagende Betrag von einem Sachverständigengutachten abhängig und entsprechend ersetzbar ist. Ebenso ist auch ein – in Abweichung zum Grundsatz des § 253 Abs. 2 Nr. 2 ZPO – unbestimmter Zahlungsantrag möglich, solange eine plausible Darlegung erfolgt, da der im Rahmen der Unternehmensbewertung zu berechnende Betrag im Wege der Schätzung zu ermitteln ist.[1292] Zu beachten ist zudem, dass die Kostentragung des Emittenten im Spruchverfahren im Hinblick auf § 15 Abs. 1 SpruchG auch nicht zwingend feststeht (obwohl freilich deutlich höhere Ansprüche an die Billigkeit einer Kostenauferlegung zulasten der Aktionäre zu stellen sind, als dies bei Anwendung der §§ 91 ff. ZPO der Fall ist).[1293]

---

1285 Vgl. *Kastl*, Rückzug von der Börse, S. 347.
1286 BT-Drucks. 18/6220, S. 87.
1287 Vgl. *Schmitz* in Habersack/Mülbert/Schlitt, Hdb. Kapitalmarktinfo, § 33, Rn. 98 f. mit dem Beispiel der Frage nach der Rechtzeitigkeit einer Ad-hoc-Veröffentlichung.
1288 BT-Drucks. 18/6220, S. 86.
1289 *Schulz* in MünchKommZPO, § 92, Rn. 1.
1290 Vgl. zu diesen Parametern *Schulz* in MünchKommZPO, § 92, Rn. 24.
1291 So auch der Gesetzgeber, BT-Drucks. 18/6220, S. 87.
1292 So auch *Drygala*, Gesellschaftsrecht in der Diskussion 2015, 75, 86.
1293 Vgl. hierzu *Kubis* in MünchKommAktG, § 15 SpruchG, Rn. 17.

### *b. Keine Bedenken wegen fehlender inter omnes-Wirkung*

Der Verortung im KapMuG kann auch nicht sinnvollerweise entgegengehalten werden, dass die Feststellung grundsätzlich nur unter den am Feststellungsverfahren Beteiligten wirken, daher keine Wirkung allen betroffenen Aktionären gegenüber entfalten und sich letztlich jeder einzelne Aktionär aktiv um die Anspruchsdurchsetzung bemühen müsse.[1294] Dies ist vielmehr zumutbar, da (nach dem oben Gesagten) lediglich ein geringes Kostenrisiko besteht. Die Inanspruchnahme gerichtlicher Durchsetzungsmöglichkeiten ist außerdem dem Grunde nach nicht zu beanstanden.

Zudem relativieren die faktischen Gegebenheiten diese Bedenken bereits partiell: In anderen Fallkonstellationen hat sich die Praxis spezialisierter Anwälte herausgebildet, welche die (gerichtliche) Vertretung eines erheblichen Teils der betroffenen Anlegerschaft übernehmen und somit deren Interessen, sei es auch nicht formell,[1295] zumindest faktisch verbunden werden.[1296] Es steht zu erwarten, dass dies auch in den Fällen des Delisting so geschehen wird. Ein weiterer Nebeneffekt dieses Phänomens ist die durch die Bündelung der Ansprüche im Wege einer subjektiven Klagehäufung (in Kombination mit einer entsprechend taktisch klugen Verteilung auf die Einzelprozesse) bedingte weitere Reduzierung des Kostenrisikos für den einzelnen Anleger.[1297]

### *c. Möglichkeit der umfassenden Klärung der feststellungsbedürftigen Fragen*

Das SpruchG ist weiterhin lediglich zum einen auf die Feststellung der Höhe von Kompensationszahlungen ausgerichtet und soll zum anderen der Vermeidung der Verzögerung von Strukturmaßnahmen durch Anfechtungsklagen dienen.[1298] Letzteres ist innerhalb des neuen Regulierungskonzeptes irrelevant. Die gerichtliche Klärung alleine der Kompensationshöhe würde indes für das Delisting zu kurz greifen, da die insbesondere relevanten Fälle des § 39 Abs. 3 S. 3 BörsG schließlich die Feststellung der dort genannten Kapitalmarktrechtsverstöße erfordern. Hierbei handelt es sich nach der aktuellen gesetzlichen Konzeption um eine feststellungsfähige Tatsache.[1299] Dies unterstreicht die Überlegenheit

---

1294 So jedoch *Gegler*, BKR 2016, 273, 279 f.; *Harnos*, ZHR 2015, 750, 779.

1295 Die zusammen verfolgten Fälle verbleiben formell einzelne Verfahrensanträge, vgl. *Schneider/Heppner*, BB 2012, 2703, 2706.

1296 Vgl. *Schmitz* in Habersack/Mülbert/Schlitt, Hdb. Kapitalmarktinfo, § 33, Rn. 32.

1297 Vgl. *Schmitz* in Habersack/Mülbert/Schlitt, Hdb. Kapitalmarktinfo, § 33, Rn. 34 ff.

1298 Vgl. *Emmerich* in Emmerich/Habersack, Aktien- und GmbH Konzernrecht, Vorbemerkung zu § 1 SpruchG, Rn. 4.

1299 BT-Drucks. 18/6220, S. 87.

der bestehenden Regelung weiter, da nach dem Konzept des SpruchG das den Anspruch auf angemessene Abfindung auslösende Ereignis stets – wie sich aus den in § 1 SpruchG genannten Fällen ergibt – bereits feststeht.[1300]

### *d. Zeitliche Beschränkung zur Geltendmachung*

Die sich im Hinblick auf § 4 SpruchG für die Beteiligten auf den ersten Blick bietenden Vorteile rechtfertigen auch keine andere Auslegung. Nach § 4 SpruchG sind die dort behandelten Fälle allesamt innerhalb von drei Monaten nach Bekanntmachung der jeweiligen Maßnahme geltend zu machen, um eine Abweisung des Antrags als unzulässig zu vermeiden.[1301] Bei konkreter Betrachtung wird hier jedoch insbesondere deutlich, dass eine verkürzte Verfahrensdauer nicht nur den Anlegerschutz schmälern, sondern diesen in der Durchsetzung vollständig konterkarieren könnte. Bei analoger Anwendung des § 1 SpruchG zu Zeiten von *Macrotron* wurde die Ausschlussfrist des § 4 SpruchG von dem Tag an berechnet, an dem der Widerruf durch die Börse veröffentlicht wurde, da sie den Zeitpunkt markiert, an welchem der Widerruf den Aktionären gegenüber Wirkung entfaltet.[1302]

Konsequenterweise müsste dies nun auch für das Delisting nach der Neuregelung gelten. Nur ein solcher Ansatz würde sich auch systematisch nahtlos in die Struktur des § 4 SpruchG einfügen. Das Ergebnis dessen wäre jedoch, dass die Aktionäre schutzlos gestellt wären, da Verstöße gegen Artt. 15 oder 17 MAR zumeist zu dem Zeitpunkt des Widerrufs (und wohl auch drei Monate danach) nicht feststehen müssen.[1303] Würde man hingegen einen anderen, späteren Zeitpunkt wählen, wäre der für das SpruchG streitende Aspekt der schnellen Rechtssicherheit *ad absurdum* geführt, respektive gänzlich relativiert. Die Vorschläge, die eine Verortung im SpruchG beinhalten, verhalten sich entsprechend auch nicht konkret zu einem Zeitpunkt,[1304] da nur schwer vorstellbar ist, wie dieser festgelegt werden sollte (Bekanntwerden des Verstoßes? Feststellung durch die BaFin?). Außerdem greift die regelmäßige Verjährung ab Kenntnis der Aktionäre, muss also nicht zwingend in eine überlange Phase der Unsicherheit für den Bieter resultieren.[1305] Will man hingegen den Anlegerschutz nicht gänzlich

---

1300 Dies hat implizit auch der Gesetzgeber zugrunde gelegt, BT-Drucks. 18/6220, S. 87.

1301 *Koch* in Hüffer, AktG, § 4 SpruchG, Rn. 2 mwN.; *Klöcker* in K. Schmidt/Lutter, AktG, § 4 SpruchG, Rn. 2.

1302 *Klöcker* in K. Schmidt/Lutter, AktG, § 4 SpruchG, Rn. 5 mwN. auch zur Rspr.

1303 *Mense/Klie*, DStR 2015, 2782, 2785.

1304 Beispielhaft *Harnos*, ZHR 2015, 750, 780 („*systematisch stimmig*").

1305 Krit. *Harnos*, ZHR 2015, 750, 780.

konterkarieren, müsste auch der Beginn der Frist gem. § 4 SpruchG entsprechend angepasst werden, sodass die zeitliche Ersparnis zur Makulatur würde.

Im Ergebnis ist festzuhalten, dass auch hinsichtlich des Geltungsmachungszeitraums die aktuelle gesetzliche Regelung zu überzeugen vermag.

Sollte man indes die Verjährung als zeitlich determinierenden Faktor der Geltendmachung von Ansprüchen als unzureichend erachten, bliebe freilich die Möglichkeit - ohne auf die Regelungen des SpruchG in Gänze abzustellen - eine dem § 4 SpruchG entsprechende Regelung einzuführen, der eine Geltendmachungsfrist innerhalb eines bestimmten Zeitraums nach Angebotsabgabe konstituiert. So könnte auch der Gesetzgeber verstanden werden, wenn er formuliert, der Rechtsschutz könne *„gegebenenfalls durch prozessuale Elemente aus dem Spruchverfahren weiterentwickelt werden"*.[1306]

Forderte man jedoch unabhängig davon eine Determinante, böte sich vielmehr eine gesetzliche Regelung nach dem Vorbild des § 12 Abs. 4 WpÜG an. Dieser ordnet für Fälle der fehlerhaften Angebotsunterlage die Verjährung der hieraus entstehenden Ansprüche ein Jahr nach Kenntnis der Aktionäre, spätestens jedoch drei Jahre nach Angebotsveröffentlichung an. Zwar wird § 12 Abs. 4 WpÜG von der h. M. zu Recht für nicht analog auf Zahlungsansprüche gem. § 31 WpÜG anwendbar anerkannt, da die Schutzrichtung zwischen Schadensersatz und Abfindungspflicht eine unterschiedliche sei;[1307] hingegen ist der grundsätzliche Schutzgedanke zugunsten des Bieters - trotz dogmatischer Unterschiede - auf Fälle des Delisting, in denen ein Kapitalmarktrechtsverstoß zu einer Abfindung nach Unternehmenswert führt (§ 39 Abs. 3 S. 3 BörsG), mit Blick auf die Vergleichbarkeit einer falschen Informationsgrundlage aufgrund einer falschen Angebotsunterlage und einen in dieser enthaltenen manipulationsbedingt zu geringen Preis[1308] übertragbar. Wenn sogar bei einem verschuldenserfordernden Tatbestand (vgl. § 12 Abs. 2 WpÜG[1309]) eine solche zeitliche Grenze zur Geltendmachung gezogen wird, könnte dies erst recht auch auf den

1306 BT-Drucks. 18/6220, S. 86. Hierzu insgesamt auch *Verse*, Aktionärsschutz beim Delisting, aaO., S. 23.

1307 S. zu dieser Diskussion *Verse*, Der Konzern 2015, 1, 3 f., mwN. *Wackerbarth* in MünchKommAktG, § 31 WpÜG, Rn. 2

1308 *Löhdefink/Jaspers*, ZIP 2014, 2261, 2268, gehen (in Bezug auf die Übertragbarkeit auf Fälle des § 31 WpÜG) sogar so weit zu sagen, dass eine zu niedrige Gegenleistung stets ein Unterfall einer fehlerhaften Angebotsunterlage sei.

1309 Hierzu *Wackerbarth* in MünchKommAktG, § 12 WpÜG, Rn. 26 f.

Differenzzahlungsanspruch des § 39 Abs. 3 S. 3 BörsG, der eben keine Haftungsnorm darstellt,[1310] übertragen werden.

### e. *Verfahrensdauer*

Auch das Argument der langen Verfahrensdauer kann im Ergebnis nicht überzeugen. Zunächst kann nicht garantiert werden, dass diese bei einem Spruchverfahren bedeutend kürzer wäre, da auch hier ein Sachverständigengutachten erstellt werden müsste. Ferner verfängt das Anführen der Verfahrensdauer von Spruchverfahren im Vergleich zu der des KapMuG auch faktisch nicht in Gänze:[1311] Spruchverfahren sind in den letzten Jahren zwar bedeutend schneller in ihrer Durchführung geworden, eine Beschreibung der Verfahren als grundsätzlich schnell mutet jedoch zumindest fragwürdig an.[1312] Betrachtet man all diese widerstreitenden Aspekte, muss festgestellt werden, dass der vom Gesetzgeber vorgesehene Rechtsschutz im Hinblick auf Fälle des § 39 Abs. 3 S. 3 und 4 BörsG in sich stimmig und im Ergebnis zustimmungswürdig ist.

## 5. *Exkurs: Anpassung bei Feststellung systemischer Verfahrensverzögerung in der Zukunft*

Bezüglich der Verfahrensdauer kann jedoch mangels vorliegender Empirie und Daten zu jetzigen Zeitpunkt eine gewisse Unsicherheit bezüglich der zukünftigen Entwicklung in der Praxis nicht verschwiegen werden. Sollten sich übermäßig lange Prozesse als systemische Folge der Anwendung des KapMuG in Delisting-Fällen in einem Maße herausstellen, das den Aktionärsrechtsschutz faktisch ineffektiv werden lässt („*justice delayed is justice denied*“[1313]), wird man hier eine andere Bewertung rechtfertigen können. Hierbei bleibt aus den genannten

1310 S. hierzu o.: Kapitel 6 B.III.3.

1311 In diese Richtung wohl BRAK, Stellungnahme, aaO., S. 5 f.; wohl zustimmend *Harnos*, ZHR 2015, 750, 780. Es waren jedoch bei Änderung des KapMuG durchaus bereits Bestrebungen erkennbar, die Verfahrensdauer der Musterverfahren zu verkürzen, vgl. hierzu, i. Erg. an deren Effektivität zweifelnd *von Bernuth/Kremer*, NZG 2012, 890, 893 f.

1312 *Casper*, FS Köndgen, 117, 146 führt die lange Verfahrensdauer des SpruchG sogar explizit als Argument gegen Selbiges und für das KapMuG an. Vgl. zur durchschnittlichen Dauer seit Einführung des SpruchG bis Juni 2015 *Puszkajler/Sekera-Terplan*, NZG 2015, 1055, 1056 (im Durchschnitt vier Jahre); *Kraft*, GWR 2016, 47 nennt sogar Beispiele von über 15 Jahren; *Lorenz*, AG 2012, 284, 287 f. nahm noch eine durchschnittliche Dauer von sieben Jahren an.

1313 Zu diesem Aspekt auch *Koch/Harnos*, NZG 2015, 729, 733.

Gründen zweifelhaft, ob die Anwendung des SpruchG insofern Abhilfe schaffen könnte. Dies hat aber auch der Gesetzgeber gesehen und hier ausdrücklich einen Schwerpunkt im Hinblick auf die Berichterstattung der Praxis bis Ende 2017 gesetzt.[1314]

### III. Amtshaftungsansprüche

Aktionäre, die durch die Durchführung des Delisting und somit letztlich aufgrund einer Entscheidung der Börse, vertreten durch deren Geschäftsführung, einen (vermeintlichen) Schaden erlitten haben, können im Hinblick auf § 15 Abs. 6 BörsG gegen das Land, in dem die Börse ansässig ist,[1315] keine Amtshaftungsansprüche nach § 839 BGB iVm. Art. 34 GG geltend machen.[1316] Selbst wenn die für einen solchen Anspruch erforderliche Verletzung einer drittgerichteten Amtspflicht, also die Verletzung einer Pflicht, die auch dem vermeintlich Geschädigten gegenüber besteht,[1317] anzunehmen wäre, wurde durch die Einführung des § 15 Abs. 6 BörsG einer solchen Haftung eine eindeutige Absage erteilt, sodass im Ergebnis Amtshaftungsansprüche gegen nicht unmittelbar Betroffene ausgeschlossen sind.[1318] Auch eine frühere Meinung, die von diesem Grundsatz im Wege der einschränkenden Auslegung des § 15 Abs. 6 BörsG mit der Begründung abweichen wollte, der Rückzug von der Börse nehme - vor dem Hintergrund der eigentumsrechtlichen Relevanz des Delisting - insofern eine exponierte Stellung im Normengefüge des BörsG ein,[1319] kann vor dem Hintergrund der Rechtsprechung des BVerfG nicht mehr aufrechterhalten werden.

## C. Rechtsschutz des Emittenten

Dem Rechtsschutz des Emittenten ist in der Diskussion weniger Beachtung zugekommen; er soll in der gebotenen Kürze jedoch im Folgenden dargestellt werden.

---

1314 BT-Drucks. 18/6220, S. 86. Vgl. hierzu insgesamt *Mense/Klie*, DStR 2015, 2782, 2786.

1315 S. zur Haftung des Landes *Beck* in Schwark/Zimmer, KPMK, § 15 BörsG, Rn. 11; *Groß*, KapMaR, § 15 BörsG, Rn. 13 mwN. auch zur Gegenmeinung.

1316 *Groß*, KapMaR, § 15 BörsG, Rn. 13.

1317 Hierzu *Papier* in MünchKommBGB, § 839, Rn. 227, mit ausführlichen Nachweisen.

1318 *Groß*, KapMaR, § 15 BörsG, Rn. 14.

1319 *Heidelbach* in Schwark/Zimmer, KPMK, § 32 BörsG, Rn. 78 f.

## I. Verwaltungsgerichtlicher Rechtsschutz

Dem Emittenten kann aus verwaltungsrechtlicher Sicht lediglich daran gelegen sein, einen (nicht erteilten) Widerruf der Zulassung gerichtlich herbeizuführen.

Es ist insofern umstritten, ob der Emittent einen Anspruch auf Widerruf der Zulassung hat. Die Folge eines Delisting-Antrags ist nach dem Wortlaut der Norm, dass die Börsengeschäftsführung die Zulassung widerrufen „*kann*", § 39 Abs. 2 S. 1 BörsG.

Die h. M. ordnet die Frage des Verstoßes gegen den Anlegerschutz durch den Widerruf gem. § 39 Abs. 2 S. 2 BörsG als Ermessensentscheidung ein.[1320] Es stellt sich jedoch die Frage, ob die Börse bei Vorliegen der gesetzlichen Voraussetzungen – trotz des eben dies suggerierenden Wortlauts – überhaupt noch einen Entscheidungsspielraum hat.

### 1. *Gebundene Entscheidung*

Dies ist im Ergebnis zu verneinen, da der Gesetzgeber durch die differenzierte Neuregelung Rechtssicherheit für den Emittenten schaffen wollte. Dieser Gedanke würde konterkariert, würde man über die gesetzlichen Voraussetzungen hinaus noch weitere einzelfallbedingte Erwägungen zulassen.[1321] Auf keinen Fall zulässig ist im Hinblick auf den Aktionärsschutz die Gestattung des Delisting durch die Börsengeschäftsführung, wenn zumindest eine der im Gesetz normierten Voraussetzungen nicht vorliegt. Auch zeigt sich die Richtigkeit dieses Ergebnisses durch einen Vergleich mit der (isolierten) Generalklausel der Vorgängerregelung, bei der ein solcher Ermessensspielraum einhellig bejaht wurde.[1322] Durch die Einführung des detaillierten Prüfungsprogramms kann eben dies gerade nicht mehr gelten.[1323] Hiergegen kann auch nicht die in § 39 Abs. 5 S. 3 BörsG normierte Möglichkeit, weitere Regelungen in den BörsO zu treffen, angeführt werden, da eine solche eben nicht für Fälle besteht, die vom

---

1320 *Kumpan* in Baumbach/Hopt, HGB, § 39 BörsG, Rn. 6 f. S. allgemein hierzu (insbesondere zur alten Rechtslage) *Heidelbach* in Schwark/Zimmer, KPMK, § 39 BörsG, Rn. 38. S zur anderen möglichen Lesart *Gebhardt* in Schäfer/Hamann, KMG, § 38 BörsG, Rn. 48 f.

1321 So i. Erg. auch *Harnos*, ZHR 2015, 750, 775 f. mwN.; a. A. *Wieneke/Schulz*, AG 2016, 809, 812, die jedoch einen Entscheidungsspielraum auch nur in „*extremen Ausnahmesituationen*" anerkennen wollen.

1322 Vgl. hierzu *Heidelbach* in Schwark/Zimmer, KPMK, § 39 BörsG, Rn. 38 f.

1323 So insgesamt auch *Harnos*, ZHR 2015, 750, 775 f. mwN.

Gesetzgeber in der Neuregelung ausdrücklich normiert wurden.[1324] Im Ergebnis ist also von einer gebundenen Entscheidung auszugehen.[1325]

Der Gesetzgeber hat die Voraussetzungen dafür, wann der Schutz der Anleger nicht gefährdet wird, durch die Neuregelung klar formuliert und konkretisiert. Die Gebundenheit der Entscheidung ergibt sich bereits – wie gerade aufgezeigt – aus der Norm selbst. Es wäre jedoch ein Leichtes für den Gesetzgeber, die Zweifel am im Hinblick auf das Bestehen eines Ermessensspielraums zu beseitigen und durch Ersetzen des „*kann*“ durch ein „*hat*“ den gebundenen Anspruch bereits aus dem Wortlaut deutlich zutage treten zu lassen. Aus grammatikalischen Gründen wären dann § 39 Abs. 2 S. 1 und 2 BörsG dahin gehend zu verbinden, dass die Börsengeschäftsführung die Zulassung zu widerrufen hat, wenn dies dem Anlegerschutz nicht widerspricht.[1326]

Die Börsengeschäftsführung hat nur auf Tatbestandsebene in Bezug auf die Vergleichbarkeit einer ausländischen Zulassung gem. § 39 Abs. 2 S. 3 Nr. 2 lit. b (und lit. c-E) BörsG einen Beurteilungsspielraum; liegt die Vergleichbarkeit indes vor, handelt es sich wiederum um eine gebundene Entscheidung zugunsten des Emittenten, sich ohne ein Angebot delisten zu können.

### 2. *Gerichtliche Durchsetzungsmöglichkeit*

Es ist damit bei der Ablehnung der beantragten Bescheidung gegen die Entscheidung der Börsengeschäftsführung grundsätzlich eine Verpflichtungsklage in der Unterform der Versagungsgegenklage iSd. § 42 Abs. 1 Var. 2 VwGO auf Verurteilung zum Erlass des zuvor abgelehnten Verwaltungsakts die statthafte Klageart.[1327] Da es sich nach richtiger Ansicht bei der Widerrufsentscheidung um eine gebundene Entscheidung handelt, kann eine solche Klage auf den Erlass eines

1324 S. hierzu ausführlich u.: Kapitel 8 A.II.

1325 Eine gebundene Entscheidung im Ergebnis ebenso bejahend *Harnos*, ZHR 2015, 750, 775 f.; wohl auch *Groß*, KapMaR, § 39 BörsG, Rn. 17. A. A. *Kocher/Seiz*, DB 2016, 153, 157, die dann folgerichtig auch die Möglichkeit der Börsengeschäftsführung annehmen, aufgrund von § 39 Abs. 5 S. 3 BörsG das Ermessen reduzierende Regelungen treffen zu können. *Wieneke/Schulz*, AG 2016, 809, 812 weisen aus Sicht der Praxis ferner darauf hin, dass der Bieter Angaben zu potentiell relevanten Umständen machen sollte, um der Börse die Entscheidung zu erleichtern (sollte man von einer Ermessensentscheidung ausgehen).

1326 So auch *Kastl*, Rückzug von der Börse, S. 397.

1327 So i. Erg. auch *Groß*, KapMaR, § 39 BörsG, Rn. 30.

Vornahmeurteils iSd. § 113 Abs. 5 S. 1 VwGO gerichtet werden.[1328] Der Emittent hat gegen den ablehnenden Bescheid grundsätzlich zunächst – sollte ein solches nicht im Land des betreffenden Börsenplatzes aufgrund der Ermächtigung in § 68 Abs. 1 S. 2 VwGO abgeschafft worden sein – ein Widerspruchsverfahren durchzuführen. Anschließend kann er die zuvor erwähnte Versagungsgegenklage erheben. Klagegegner hierbei ist die Börse, wobei diese durch ihren Geschäftsführer vertreten wird, § 15 Abs. 3 S. 1 BörsG.[1329] Im Rahmen eines gerichtlichen Verfahrens wären auch vermeintliche Dispute über die Vergleichbarkeit des Börsenplatzes nach § 39 Abs. 2 S. 3 Nr. 2 BörsG überprüfbar.

Für den (unwahrscheinlichen) Fall, in dem die Börsengeschäftsführung auf den Antrag hin nicht tätig werden sollte, ist dem Emittenten die Möglichkeit einer Untätigkeitsklage eröffnet, §§ 42 Abs. 1 Var. 2, 75 VwGO.[1330]

## II. Schadensersatzklage gegen den Vorstand

Zu diskutieren bleibt weiter, ob auch gesellschaftsrechtliche Möglichkeiten bestehen, einen vermeintlichen Schaden in Form von Schadensersatzansprüchen gegenüber dem Vorstand geltend zu machen. Zunächst würden diese nach der Konzeption der Vorstandshaftung grundsätzlich nur zugunsten der Gesellschaft bestehen, § 93 Abs. 2 bis 4 AktG.[1331] Die Frage, ob die Gesellschaft vom Vorstand Schadensersatzansprüche geltend machen kann, wenn das Delisting zu einem Verlust für die Gesellschaft führt, bemisst sich im Ergebnis nach den allgemeinen aktienrechtlichen Haftungsgrundsätzen: Der Vorstand muss die Gesellschaft also außerhalb der Grenzen der in § 93 Abs. 1 S. 2 AktG normierten

---

1328 S. allgemein hierzu *Decker* in BeckOK, VwGO, § 113, Rn. 77. A. A. *Gebhardt* in Schäfer/Hamann, KMG, § 38 BörsG, Rn. 61, der im Normalfall von einem Bescheidungsurteil ausgeht, sich jedoch noch auf die alte Rechtslage bezieht.

1329 Vgl. zu diesem Komplex insgesamt *Gebhardt* in Schäfer/Hamann, KMG, § 38 BörsG, Rn. 61; vgl. auch *Groß*, KapMaR, § 39 BörsG, Rn. 28 und 30.

1330 *Groß*, KapMaR, § 39 BörsG, Rn. 30. S. zur Untätigkeitsklage allgemein *Schmidt-Kötters* in BeckOK, VwGO, § 42, Rn. 43; ausführlich *Brink* in BeckOK, VwGO, § 75, Rn. 1 ff.

1331 S. zu dieser Konzeption *Hölters* in Hölters, AktG, § 93, Rn. 6; ausführlich *Spindler* in MünchKommAktG, § 93, Rn. 1 ff. Eine ausführlichere Auseinandersetzung mit diesem Thema hat an dieser Stelle zu unterbleiben, da die mannigfaltigen Literatur- und Rechtsprechungsansichten diesbezüglich über den Rahmen der vorliegenden Arbeit hinausgingen. Hinzuweisen ist hier lediglich auf die Möglichkeit der Hauptversammlung, die Verfolgung von Ansprüchen der Gesellschaft gegen den Vorstand zu beschließen, § 147 Abs. 1 AktG, vgl. hierzu *Koch* in Hüffer, AktG, § 147, Rn. 1.

*Business Judgement Rule* geschädigt haben.[1332] § 39 BörsG kann hier insofern keine andere Bewertung rechtfertigen. Zwar ist die neue Regelung als abschließendes Regelungsregime für den Vorgang des Delisting gedacht; dies gilt jedoch nur im Verhältnis der Aktionäre zum Bieter bzw. für den Emittenten im Hinblick auf die Gewährung des Widerrufs der Zulassung im Verhältnis zur Börse, jedoch nicht bei der Innenhaftung des Vorstands im Verhältnis zur Gesellschaft.

1332 S. ausführlich zur Regelung des § 93 AktG insgesamt *Hölters* in Hölters, AktG, § 93, Rn. 1 ff. Zur *Business Judgement Rule* eingehend *Spindler* in MünchKommAktG, § 93, Rn. 36 ff. mit ausführlichen weiteren Nachweisen.

# 10 Ausnahmen bei notleidenden Gesellschaften *de lege lata* und *de lege ferenda*

## A. Besonderheiten des Delisting in der Insolvenz – die fehlende Anordnung einer Bereichsausnahme für insolvente Gesellschaften

Fallgestaltungen, in denen ein börsennotiertes Unternehmen in die Insolvenz fällt und dies Auswirkungen auf die Frage eines möglichen Delisting hat, waren bereits vor der Neuregelung Gegenstand wissenschaftlicher Auseinandersetzung.[1333] Überlegungen, auch in der Neuregelung des § 39 BörsG einen Ausnahmetatbestand zu normieren, sind sowohl in den Anhörungen des Finanzausschusses[1334] als auch in der Literatur vorgetragen worden.[1335] Der Gedanke hatte sogar in der BörsO Düsseldorf Niederschlag gefunden, in welcher eine Ausnahme von der Angebotspflicht für insolvente Unternehmen in § 56 Abs. 5 BörsO Düsseldorf a. F. verankert war.[1336] Der Gesetzgeber hat eine solche jedoch – ohne weitere Auseinandersetzung mit diesem Thema – nicht aufgegriffen und zur Norm gemacht.[1337] Dies verwundert, da diese Schnittstelle durchaus das Potential hat, erörterungsbedürftige Fragestellungen hervorzurufen.[1338]

Grundsätzlich lässt die Insolvenz einer Gesellschaft deren kapitalmarktrechtliche Pflichten nicht entfallen und insbesondere die Börsennotierung unberührt.[1339] Die insolvenzspezifische Besonderheit, die sich nach Eröffnung des Insolvenzverfahrens aus ökonomischer Sicht für den Insolvenzverwalter ergibt, ist – insbesondere in Fällen, in denen die Liquidation der Gesellschaft

---

1333 S. beispielhaft *Kreymborg/Land/Undritz*, ZInsO 2011, 71 ff. mwN.; *Haas/Mock* in Gottwald, InsolvenzR-Hdb., § 93, Rn. 86 ff.

1334 So der Sachverständige *Fey* in der Anhörung des Finanzausschusses (Protokoll der öffentlichen Anhörung des Finanzausschusses vom 7.9.2015), S. 22.

1335 *Koch/Harnos*, NZG 2015, 729, 732. Vgl. hierzu und zum Vorherigen auch *Häller*, ZIP 2016, 1903, 1906 f.

1336 Hierauf weisen *Koch/Harnos*, NZG 2015, 729, 732 hin. Abgedruckt bei *Kastl*, Rückzug von der Börse, S. 405 f.

1337 *Häller*, ZIP 2016, 1903, 1907.

1338 Vgl. *Kreymborg/Land/Undritz*, ZInsO 2011, 71.

1339 *Von Buttlar*, BB 2010, 1355. Speziell zur weiter bestehenden Pflicht der Veröffentlichung von Ad-hoc-Mitteilungen *Hirte*, ZInsO 2006, 1289 ff.

angestrebt wird – das Implementieren von Strategien zur Vermeidung der mit (in Relation zur finanziellen Situation der Gesellschaft) erheblichen Kosten verbundenen Zulassungsfolgepflichten,[1340] da der Nutzen einer Börsennotierung, insbesondere die erhöhte Handelbarkeit der Papiere, in der Insolvenz entfällt.[1341] Auch der teilweise vorgeschlagene Rückzug in den Freiverkehr[1342] kann, nachdem die Einbeziehungsfolgepflichten durch die MAR entsprechend umfassend geworden sind, keine Abhilfe schaffen, auch wenn nach hier vertretener Meinung zumindest der Wechsel in den qualifizierten Freiverkehr abfindungsfrei möglich wäre.[1343]

## I. Organkompetenz

Die Eröffnung des Insolvenzverfahrens hat grundsätzlich keine Auswirkung auf die Funktionsweise oder gar die Stellung der Organe der AG.[1344] Ist jedoch ein Insolvenzverwalter für die betreffende AG bestellt,[1345] fällt die Beantragung eines Delisting im Rahmen seiner Pflicht zur Vermögensverwaltung gem. § 80 Abs. 1 InsO in dessen Kompetenz.[1346]

Ansätze, die mit dem Argument, die Aktien würden lediglich Mitgliedschaftsrechte verbriefen und somit letztlich nicht zur Insolvenzmasse gehören (auf deren Verwaltung und Verfügung sich die Rechte und Pflichten des Insolvenzverwalters jedoch beziehen), wodurch ein Delisting letztlich weiterhin in die Kompetenz der Gesellschaftsorgane fiele, können im Ergebnis nicht verfangen.[1347] Die Tatsache der mangelnden Zugehörigkeit der Mitgliedschaftsrechte

1340 S. hierzu o.: Kapitel 1 B.III.1.b.

1341 In diesem Sinne auch *Häller*, ZIP 2016, 1903. Zur Fortgeltung der kapitalmarktrechtlichen Pflichten *Grub/Streit*, BB 2004, 1397, 1398 ff.

1342 *Haas/Mock* in Gottwald, InsolvenzR-Hdb., § 93, Rn. 89. Zu dem Gedanken der Kostenersparnis durch ein Downlisting allgemein *Holzborn/Hilpert*, WM 2010, 1347 ff. (noch zur alten Rechtslage).

1343 S. hierzu o.: Kapitel 5 E.

1344 Statt vieler *Hirte* in Uhlenbruck, InsO, § 11, Rn. 118 mwN.

1345 Im Folgenden soll sich auf diesen Fall beschränkt werden. Bei Fällen der Eigenverwaltung gem. §§ 270 ff. InsO stellen sich insofern keine Zuständigkeitsfragen, da die Organe der insolventen Gesellschaft weiterhin zuständig bleiben, § 270 Abs. 1 InsO, vgl. *Häller*, ZIP 2016, 1903, 1909. Vgl. allgemein zur Selbstverwaltung nach § 270 InsO *Tetzlaff* in MünchKommInsO, § 270, Rn. 1 ff.

1346 *Häller*, ZIP 2016, 1903, 1907. Vgl. zur grundsätzlichen Verwaltungsbefugnis des Insolvenzverwalters *Ott/Vuia* in MünchKommInsO, § 80, Rn. 1 ff.

1347 Vgl. *Häller*, ZIP 2016, 1903, 1909 unter Verweis auf *Siebel*, NZI 2007, 498, 502.

zur Vermögensmasse des Emittenten ist mit der ganz h. M. zwar nicht in Abrede zu stellen,[1348] greift jedoch in den Fällen des Delisting letztlich zu kurz. Der zur Kompetenzenbestimmung im Rahmen des § 80 Abs. 1 InsO zu bemühende Massebezug[1349] besteht zugunsten des Insolvenzverwalters aufgrund des öffentlich-rechtlichen Verhältnisses zwischen Emittenten und Börse[1350] und des daraus resultierenden Anspruchs des Emittenten auf Notierung sowie seiner Pflicht zur Zahlung von Gebühren, die als Masseverbindlichkeiten anzusehen sind.[1351]

## II. Pflicht zum Angebot in der Insolvenz

Aus insolvenzrechtlicher Perspektive stellt sich jedoch primär die Frage, ob das aus der neu eingeführten Angebotspflicht beim Delisting resultierende Angebot (respektive dessen Bedienung) gegen den insolvenzrechtlichen Grundsatz der vorrangigen Verteilung des noch vorhandenen Gesellschaftsvermögens unter den (außenstehenden) Gläubigern und eben nicht unter den Aktionären verstoßen würde[1352] und, verneinendenfalls, ob ein Angebot aus anderen Gründen ausnahmsweise als obsolet zu erachten ist.

### *1. Verstoß gegen insolvenzrechtliche Grundsätze?*

Gem. § 1 S. 1 InsO dient das Insolvenzverfahren grundsätzlich dazu, die Gläubiger eines Schuldners gemeinschaftlich zu befriedigen. Es hat damit mitunter das Ziel, die optimale Befriedigung der Gläubiger zu gewährleisten.[1353] Um dies sicherzustellen, sind zunächst die Insolvenzverfahrenskosten und die sonstigen Masseverbindlichkeiten (§§ 53 bis 55 InsO) zu erstatten. Hiernach werden die Insolvenzgläubiger (§ 38 InsO) sowie die nachrangigen Insolvenzgläubiger (§ 39 InsO) befriedigt. Nur wenn dann noch Aktiva vorhanden sein sollten, werden

---

1348 So z. B. BVerwG, Urt. v. 13.4.2005 - Az.: 6 C 4/04 = BB 2005, 1585 f. S. hierzu auch die Besprechung von *Streit*, NZI 2005, 510 ff. Insgesamt hierzu mwN. *Häller*, ZIP 2016, 1903, 1909.

1349 *Kreymborg/Land/Undritz*, ZInsO 2011, 71, 72. Vgl. allgemein *Ott/Vuia* in MünchKommInsO, § 80, Rn. 43 f.

1350 S. hierzu o.: Kapitel 1 A.II.

1351 So insgesamt auch *Häller*, ZIP 2016, 1903, 1909. Zu den Gebühren als Masseverbindlichkeiten BVerwG, Urt. v. 16.12.2009 - Az.: 8 C 9/09 = NJW 2010, 2152.

1352 *Häller*, ZIP 2016, 1903, 1905.

1353 *Ganter/Lohmann* in MünchKommInsO, § 1, Rn. 20. Differenzierend *Madaus* in BeckOK, InsO, § 1, Rn. 5.

diese, in Relation zu ihrer Beteiligung,[1354] an die Aktionäre ausgeschüttet, § 199 InsO.[1355] Würde man nun zur Durchführung eines Delisting ein Abfindungsangebot an die eigentlich erst am Ende des Insolvenzverfahrens zu befriedigenden Aktionäre verlangen, könnte dies auf den ersten Blick die insolvenzrechtliche Unzulässigkeit zur Folge haben.[1356] Diese Überlegung verfängt jedoch im absoluten Regelfall unter der Neuregelung – namentlich dem des Hauptaktionärs, der das Angebot unterbreitet (Selbiges gilt bei einem Angebot eines außenstehenden Dritten) – nicht. Aufgrund der gesetzlichen Konzeption des § 39 BörsG ist ein Angebot des Emittenten selbst zwar nicht ausgeschlossen, wird jedoch der absolute Ausnahmefall bleiben.[1357] Macht indes ein Hauptaktionär das Abfindungsangebot, ist dies aus insolvenzrechtlicher Sicht unbedenklich, da die Insolvenzmasse durch eine solche Zahlung nicht geschmälert wird.[1358] Im Ergebnis verstieße ein Angebot nach § 39 BörsG vor diesem Hintergrund also nicht gegen insolvenzrechtliche Grundsätze und wäre mithin zulässig. Dies gilt jedoch nicht für den Ausnahmefall, in dem der Emittent selbst (in den Grenzen des § 71 AktG[1359]) ein Angebot macht, da es sich dann um grundsätzlich verbotene, da masseschmälernde Zahlungen handeln würde.[1360]

### 2. *Erforderlichkeit eines Angebots*

Die letztlich jedoch relevantere Frage ist, ob die Angebotspflicht auch praktikabel sein wird oder vielmehr die Durchführung eines Delisting in der Insolvenz faktisch verhindert.

#### a. *Erwägungen bei Auflösung des Emittenten*

Bei Lichte betrachtet ist die Bereitschaft eines Hauptaktionärs oder auch eines außenstehenden Dritten dazu, den durchschnittlichen Börsenkurs der letzten sechs Monate als Preis für Wertpapiere zu zahlen, die im Hinblick auf die

---

1354 *Wegener* in Uhlenbruck, InsO, § 199, Rn. 5, der jedoch auch darauf hinweist, dass vertragliche Abreden eine andere Verteilung zur Folge haben können.

1355 *Häller*, ZIP 2016, 1903, 1908. Vgl. zu dem Begriff des Überschusses iSd. § 199 S. 2 InsO auch *Wegener* in Uhlenbruck, InsO, § 199, Rn. 3. Insgesamt hierzu *Westphal* in Nerlich/Römermann, InsO, § 199, Rn. 3 ff.

1356 In diese Richtung auch *Häller*, ZIP 2016, 1903, 1908.

1357 Vgl. insgesamt hierzu o.: Kapitel 4 A.II.

1358 So i. Erg. auch *Häller*, ZIP 2016, 1903, 1908.

1359 S. hierzu o.: Kapitel 4 A.II.

1360 Allgemein hierzu *Koch* in Hüffer, AktG, § 92, Rn. 32 ff. Instruktiv zur neuen Entwicklung in der Rspr. *Altmeppen*, NZG 2016, 521 ff.

bevorstehende Auflösung der Gesellschaft faktisch keinen Wert mehr haben, nur schwer vorstellbar.[1361]

Auch eine einschränkende Auslegung des § 39 BörsG lässt insofern keine andere Bewertung zu: Der Wortlaut enthält zunächst keine Ausnahme.[1362] Auch ein systematischer Auslegungsansatz vermag kein anderes Ergebnis zu begründen, da § 39 BörsG grundsätzlich auf alle börsennotierten Gesellschaften Anwendung findet, unabhängig davon, ob diese tatsächlich noch aktiv am Markt tätig oder bereits in Liquidation begriffen sind.[1363] Dies wird durch einen Blick auf § 39 Abs. 1 BörsG bestärkt, welcher der Börsengeschäftsführung auch ohne entsprechenden Antrag die Möglichkeit eröffnet, einem Emittenten, bei dem insolvenzbedingt kein ordnungsgemäßer Börsenhandel mehr gewährleistet ist, die Zulassung zu entziehen.[1364] Dies ist auch erforderlich, da mit Stellung des Insolvenzantrags mangels entsprechender Regelung kein automatischer Wegfall der Zulassung einhergeht.[1365] Da § 39 Abs. 2 BörsG in dessen S. 1 auf Abs. 1 verweist, kann der entsprechende Schluss auf die mangelnde Unterscheidung im Hinblick auf die Liquidität der Anteile des Emittenten auch hierdurch gezogen werden.[1366] Auch teleologische Erwägungen sprechen nicht gegen diesen Schluss: Lediglich zuzugeben ist, dass im Falle der folgenden Liquidation der Gesellschaft rein faktisch die Anteile an dieser keinen geldwerten Gegenwert mehr darstellen und somit die Aktionäre auch nicht mehr schutzwürdig erscheinen, da sie letztlich das Risiko ihrer Investitionsentscheidung tragen, welches sich bei der Insolvenz des Unternehmens dahin gehend manifestiert, außerhalb

1361 *Grub/Streit*, BB 2004, 1397, 1402 (noch zur Rechtslage nach der *Macrotron*-Rspr.); *Häller*, ZIP 2016, 1903, 1905. So betrug die durchschnittliche Deckungsquote (also der „*Anteil des zur Verteilung verfügbaren Betrages an den quotenberechtigten Forderungen*") bei Insolvenzen in Deutschland in den Jahren 2011 bis 2015 lediglich 2,2%, vgl. Statistisches Bundesamt, Anzahl der beendeten Insolvenzverfahren und Deckungsquoten nach Ländern (abrufbar unter https://www.destatis.de/DE/ZahlenFakten/GesamtwirtschaftUmwelt/UnternehmenHandwerk/Insolvenzen/Tabellen/AnzahlderbeendetenInsolvenzverfahrenundDeckungsquotennachLaendern.html, zuletzt abgerufen am 20.8.2017).

1362 So auch *Häller*, ZIP 2016, 1903, 1905.

1363 *Häller*, ZIP 2016, 1903, 1905 f.

1364 *Häller*, ZIP 2016, 1903, 1904.

1365 Vgl. hierzu *Grub/Streit*, BB 2004, 1397 f.

1366 So insgesamt sehr anschaulich *Häller*, ZIP 2016, 1903, 1906.

des Anwendungsbereichs des § 199 S. 2 InsO keine Entschädigung mehr für ihr (fehlgeschlagenes) Investment erwarten zu dürfen.[1367]

### *b. Erwägungen bei Weiterführung des Unternehmens*

Dies stellt sich jedoch grundlegend anders dar, wenn das Unternehmen weitergeführt werden soll. Ein insolventes Unternehmen kann grundsätzlich – nach entsprechendem Beschluss der Gläubiger und u. U. durch einen Insolvenzplan geregelt – auch weitergeführt werden, vgl. § 157 InsO.[1368] Die Aktionäre haben also in diesem Fall noch die Möglichkeit, von ihren Anteilen zu profitieren, sodass ein Angebot dann wieder erforderlich wäre, da der vom Gesetzgeber des § 39 BörsG intendierte Schutz der Aktionäre wieder greifen würde.[1369] Mit Blick auf die Möglichkeit, noch bis zum Schlusstermin[1370] einen geänderten Plan vorzulegen, § 218 Abs. 1 S. 3 InsO, steht noch nicht einmal bei Eröffnung des Insolvenzverfahrens endgültig fest, ob die Gesellschaft liquidiert oder fortgeführt werden wird. Daher kann nicht verallgemeinernd von der Wertlosigkeit der Anteile der betroffenen Aktionäre ausgegangen werden, auch wenn dies den absoluten Regelfall darstellen dürfte.[1371]

### *c. Schlussfolgerung*

Selbst wenn feststehen sollte, dass die Aktien aufgrund der folgenden Liquidation der Gesellschaft keinen faktischen Wert mehr haben werden, kann die Angebotspflicht zumindest *de lege lata* nicht aufgrund einer teleologischen Reduktion des § 39 BörsG entfallen:[1372] Der Gesetzgeber wollte ersichtlich eine solche Bereichsausnahme nicht im Wege der Auslegung zulassen, da er trotz entsprechender Forderungen im Gesetzgebungsverfahren und entsprechender Beispiele in den BörsO – und damit „sehenden Auges“[1373] – keine solche Regelung getroffen und auch nicht in den Gesetzesmaterialien eine entsprechende

---

1367 In diesem Sinne auch *Kreymborg/Land/Undritz*, ZInsO 2011, 71, 76 (noch zur alten Rechtslage); *Häller*, ZIP 2016, 1903, 1907.

1368 Vgl. ausführlich hierzu *Haffa/Leichtle* in Braun, InsO, § 157, Rn. 1 ff. S. zum Insolvenzplan in diesen Fällen *Jungmann* in K. Schmidt, InsO, § 157, Rn. 19 ff.

1369 *Häller*, ZIP 2016, 1903, 1907.

1370 Es handelt sich hierbei um den Schlusstermin iSd. § 197 InsO, vgl. *Eidenmüller* in MünchKommInsO, § 218, Rn. 115.

1371 S. hierzu insgesamt *Häller*, ZIP 2016, 1903, 1906.

1372 So jedoch i. Erg. *Häller*, ZIP 2016, 1903, 1910.

1373 Ausdrücklich z. B. *Koch*, Stellungnahme, aaO., S. 7 unter spezieller Bezugnahme auf § 56 Abs. 5 BörsO Düsseldorf.

Auslegungsmöglichkeit erwähnt hat. Dies lässt letztlich nur den Schluss zu, dass der Gesetzgeber auch bei Unternehmen in der Insolvenz eine solche Verpflichtung regeln wollte.

Auch wenn man dies anders sähe, wäre die Umsetzung *in praxi* mit großer Unsicherheit behaftet, da man auf die Börse vertrauen müsste entgegen des Wortlauts – u. U. im Hinblick auf eine Erklärung des Insolvenzverwalters – das Delisting ohne Abfindung zu bewilligen.[1374] Damit ist abschließend auch unter Geltung der Neuregelung das grundsätzliche Bestehen der Angebotspflicht des § 39 Abs. 2 S. 3 Nr. 1 BörsG in der Insolvenz eines Emittenten festzustellen.[1375]

Aufgrund des Verbots einer potenziell zur Minderung des Anlegerschutzes führenden Regelung,[1376] ist auch eine Normierung einer solchen Ausnahme auf Ebene der BörsO ausgeschlossen.

## III. Stellungnahme

Rechtspolitisch wäre eine solche Ausnahme jedoch in jedem Fall erstrebenswert. Nach der jetzigen Konzeption sind die vorzugsweise zu schützenden Gläubiger des Emittenten schlechtergestellt als dessen Aktionäre.[1377] Zudem besteht die Gefahr des Aufrechterhaltens ineffektiver Listungen.

### *1. Grundsätzliche Erwägungen*

Steht sowohl die Auflösung als auch die Tatsache fest, dass keine Ausschüttung an die Aktionäre mehr erfolgen wird, sind die Aktionäre nicht mehr schutzwürdig.[1378] Zwar dürften die Fälle der Weiterführung der AG mit den alten Aktionären rein faktisch quantitativ einen zu vernachlässigenden Teil ausmachen; dies darf jedoch nicht darüber hinwegtäuschen, dass diese Fälle nicht von einer potentiellen Ausnahme umfasst sein dürfen. Diese Aktionäre würden nämlich nach wie vor mit Blick auf die – wie sich aus der Intention zum Weiterführen der Gesellschaft ergibt – auch nicht auszuschließende Möglichkeit der Partizipation an zukünftigen (Kurs-)Gewinnen vermögenswerte Papiere halten. Eine insofern differenzierende Handhabung der neuen Regelung ist jedoch aus den genannten

---

1374 Hierauf weist *Häller*, ZIP 2016, 1903, 1910 selbst hin, obwohl er im Übrigen eine teleologische Reduktion befürwortet.

1375 S. jedoch das Sanierungsprivileg auch bei bestehender Insolvenz u.: Kapitel 10 B.I.

1376 S. hierzu o.: Kapitel 8 A.II.

1377 So auch *Häller*, ZIP 2016, 1903, 1910.

1378 *Häller*, ZIP 2016, 1903, 1909.

Gründen *de lege lata* nicht möglich, sodass insofern Regelungsbedarf besteht.[1379] Dem Grunde nach wäre eine an § 56 Abs. 5 BörsO Düsseldorf a. F. angelehnte Regelung zielführend. In diesem wurde eine Ausnahme von der (nach Abs. 4 grundsätzlich bestehenden) Angebotspflicht für den Fall zugelassen, dass der Insolvenzverwalter die Aktionäre drei Monate vor Durchführung des Delisting über seine entsprechenden Absichten informiert und bei Stellung des Delisting-Antrags eine Erklärung über die voraussichtliche Nichtweiterführung der Gesellschaft abgegeben hatte.[1380] Die im Vergleich zur sechsmonatigen Frist zur Börsenkursbestimmung des § 39 Abs. 3 S. 2 BörsG kürzere Frist wäre durch das zeitlich sensiblere Bedürfnis des Insolvenzverwalters, nicht mehr den Zulassungsfolgepflichten unterworfen zu sein gerechtfertigt.

Ergänzend hierzu müsste sich eine Erklärung jedoch zum Schutze der Aktionäre auch darauf erstrecken, dass keine Leistungen aus der Masse an die Aktionäre gem. § 199 InsO mehr erwartet werden können,[1381] da dieser Anspruch der Aktionäre andernfalls kompensationslos entfiele. Im Falle einer solchen Erklärung des Insolvenzverwalters wären dann keine Schutzwürdigkeitsaspekte mehr betroffen.

Dies konkretisiert zudem die Regelung des § 39 Abs. 1 Var. 2 BörsG (nach der ein abfindungsfreies Delisting vAw. durchgeführt wird, wenn der ordnungsgemäße Börsenhandel auf Dauer nicht mehr gewährleistet ist, wovon bei Eröffnung des Insolvenzverfahrens derzeit bei gleichzeitig feststehender Vermögenslosigkeit des Emittenten ausgegangen wird[1382]) mittelbar im Lichte der neu geschaffenen Erweiterung des Anlegerschutzes unter der Prämisse sinnvoll weiter, dass diese Kriterien von der Börsengeschäftsführung nun auch im Rahmen des Widerrufs vAw. zur Sicherstellung der rechtseinheitlichen Behandlung dieser Fälle beachtet werden können und müssen. Damit ist die Behandlung von Fällen bei Eröffnung des Insolvenzverfahrens nunmehr auch normativ abgesichert. Entsprechend birgt dies auch für den Insolvenzverwalter und letztlich die Gläubiger im Falle der (feststehenden) Liquidation des Emittenten ohne zu erwartende Überschüsse Vorteile, da bisher in der Praxis mit der Einstellung des Handels zumeist bis zum Erlöschen des Emittenten infolge der Insolvenz zugewartet wurde.[1383]

---

1379 Vgl. zu diesem Aspekt *Häller*, ZIP 2016, 1903, 1911.

1380 S. *Kastl*, Rückzug von der Börse, S. 406. Vgl. hierzu auch *Häller*, ZIP 2016, 1903, 1909.

1381 In diese Richtung auch *Häller*, ZIP 2016, 1903, 1908 f.

1382 S. hierzu o.: Kapitel 3 B.III.1.

1383 Vgl. hierzu *Groß*, KapMaR, § 25 BörsG, Rn. 8.

### 2. *Normative Umsetzung*

Regelungstechnisch bietet sich insofern die normative Anknüpfung an § 39 Abs. 2 S. 3 BörsG an. In einer neu zu schaffenden Nr. 4[1384] ist eine weitere Ausnahme von der Angebotspflicht zu normieren.

Diese gesetzliche Anordnung ist jedoch auf Fälle des Delisting nach bereits eröffnetem Insolvenzverfahren zu beschränken und bedingt die oben erwähnte rechtzeitige Mitteilung des Insolvenzverwalters und dessen entsprechende Versicherung, dass die Gesellschaft nicht weitergeführt werden wird und keine Leistungen an die Aktionäre mehr erfolgen werden.

Die Modifikation des § 39 Abs. 2 S. 3 BörsG durch eine neue Nr. 4 könnte damit lauten: [ist ein Widerruf nur zulässig wenn,] *„das Insolvenzverfahren über das Vermögen des Emittenten eröffnet wurde und der Insolvenzverwalter a) mindestens drei Monate vor Antragstellung den Aktionären seine Absicht mitteilt, den Antrag stellen zu wollen und b) erklärt, dass keine Aussicht auf Weiterführung der Gesellschaft nach dem Insolvenzverfahren mehr besteht und keine Leistungen aus der Insolvenzmasse an die Aktionäre erfolgen werden.*“[1385]

## B. Einführung eines Sanierungsprivilegs

Nicht von der Hand zu weisen sind zudem Bedenken im Hinblick auf eine fehlende Ausnahme der Angebotspflicht bei *Turnaround*-Situationen, in denen ein Bieter bereit ist, den Emittenten aus der Krise zu führen, diesen hierfür jedoch von der Börse nehmen will.

### I. Bestehen eines Sanierungsprivilegs im Übernahmerecht und beim Delisting *de lege lata* und *de lege ferenda*

Der von *Brellochs*[1386] unterbreitete Vorschlag zur Einführung eines Sanierungsprivilegs wurde vom Gesetzgeber unberücksichtigt gelassen. Diese Annahme der Nichterforderlichkeit verfängt jedoch bei genauerer Betrachtung nicht. Der Gesetzgeber des WpÜG hat dies an anderer Stelle bereits erkannt und § 37 WpÜG iVm. § 9 S. 1 Nr. 3 WpÜG-AngebotVo für sanierungsbedürftige

1384 S. zu der bereits zuvor einzuführenden Nr. 3 für Downlistings o.: Kapitel 5 E.II.2.

1385 I. Erg. ähnlich, wenn auch normativ anders anknüpfend und unter Nichtbeachtung der letzten Einschränkung bzgl. der Leistungen *Kastl*, Rückzug von der Börse, S. 398 f.

1386 *Brellochs*, Stellungnahme, aaO., S. 21 f.

Gesellschaften geschaffen.[1387] Nach diesem kann die BaFin in „*Sanierungssituationen*" auf Antrag des Bieters die Angebotspflicht erlassen.[1388] § 37 WpÜG lag der Gedanke zugrunde, dass die grundsätzliche Angebotspflicht in gewissen Fällen nicht billig sei, wobei sich insbesondere das Sanierungsprivileg als in der Praxis überaus relevant erwies.[1389] Der Gesetzgeber ging hierbei davon aus, dass durch eine solche Ausnahme die Bereitwilligkeit außenstehender Dritter oder bereits bestehender Aktionäre gefördert würde, an der Sanierung einer notleidenden Gesellschaft mitzuwirken.[1390] Die Übertragung dieses Gedankens auf das Delisting sollte vom Gesetzgeber in Erwägung gezogen werden, da er einer weiteren Differenzierung zuträglich ist und aus ökonomischer Sicht für alle Beteiligten Vorteile birgt:[1391] Insbesondere in einem mit signifikanten Unsicherheiten behafteten Investitionsumfeld dürfte die Bereitschaft des Bieters, (vermeintlich alle) Minderheitsaktionäre durch monetäre Entschädigung (unabhängig von der Anknüpfung an den Börsen- oder den Unternehmenswert) abzufinden, besonders gering sein. Wenn jedoch keine Möglichkeit besteht, das Unternehmen ohne weitere oder durch anderweitig ausgerichtete Kapitalzuschüsse sinnvoll fortzuführen, ist dies für alle Beteiligten nachteilig, auch für die Aktionäre.[1392] Freilich muss die Anwendung eines solchen Privilegs konsequent austariert werden, indem sein Anwendungsbereich weder in dem Sinne zu weit gefasst wird, dass die Aktionäre auch in Situationen keine Abfindung bekommen, in denen es erforderlich wäre, während gleichzeitig dem Bieter in den entsprechenden Situationen ein Investment ohne Abfindung ermöglicht wird.

Nach allgemeiner Meinung sind hierfür dem Grunde nach drei Kriterien zu erfüllen: die Sanierungsbedürftigkeit und -fähigkeit des Emittenten sowie der

---

1387 Vgl. *Verse*, Aktionärsschutz beim Delisting, aaO., S. 9.

1388 S. hierzu ausführlich *Krause/Pötzsch/Seiler* in Assmann/Pötzsch/Schneider, WpÜG, § 9 WpÜG-AngVO, Rn. 20 ff.

1389 *Schlitt/Ries* in MünchKommAktG, § 37 WpÜG, Rn. 5 f.; *Versteegen* in KölnKomm-WpÜG, § 37-Anh. – § 9 AngebVO, Rn. 16 („*der zahlenmäßig bedeutendste Tatbestand*").

1390 Vgl. hierzu *Hecker* in Baums/Thoma/Verse, WpÜG, § 37, Rn. 81, der neben den Interessen der (Minderheits-)Aktionäre das Interesse der Arbeitnehmer besonders hervorhebt.

1391 Dem Grunde nach befürwortet auch *Verse*, Aktionärsschutz beim Delisting, aaO., S. 9 eine solche Einführung.

1392 Vgl. zu diesem ganzen Komplex *Schlitt/Ries* in MünchKommAktG, Anhang zu § 37 WpÜG, Rn. 16.

Sanierungsbeitrag des Bieters.[1393] Die Sanierungsbedürftigkeit steht hierbei in Übereinstimmung mit Literatur und der Entscheidungspraxis der BaFin dann fest, wenn bestandsgefährdende Risiken iSd. § 322 Abs. 2 S. 3 HGB drohen.[1394] Es muss damit noch nicht zwingend Zahlungsunfähigkeit vorliegen, sondern nur zu befürchten sein, dass die Gesellschaft nicht fortgeführt werden kann. Dies ist insbesondere dann anzunehmen, wenn eine Liquidation in einem Zeitraum von zwölf Monaten bevorsteht.[1395] Freilich ist jedoch auch in der Insolvenz von einer solchen Bestandsgefährdung auszugehen, sodass in diesen Fällen ebenso eine Angebotsbefreiung möglich ist.[1396]

Nach richtiger (und auch mit der Praxis der BaFin in Einklang stehender) Meinung ist die Sanierungsfähigkeit des Emittenten durch einen Sanierungsplan (erstellt durch einen Wirtschaftsprüfer) darzulegen. Hierbei dürfen keine zu engen Voraussetzungen angelegt werden, da eine mögliche Sanierung (auch) im Interesse der Aktionäre liegt.[1397] Zuletzt muss der Bieter dazu bereit sein, einen beträchtlichen Teil zur Sanierung des Emittenten beizutragen und dies glaubhaft darlegen. Es kommt insofern darauf an, dass er dem Emittenten Vermögenswerte zuführt (irrelevant ist, ob es sich um Kapitalzuschüsse, Schuldübernahmen oder andere Vorteile handelt) und dadurch dessen Überleben langfristig gesichert werden kann.[1398] Kann ein Bieter all dies dartun, besteht insofern keine Notwendigkeit mehr für die Aktionäre, auf ein Abfindungsangebot zu beharren. Freilich fällt letztlich in diesem Fall auch kompensationslos die Börsenzulassung

---

1393 Vgl. insgesamt hierzu *Schlitt/Ries* in MünchKommAktG, Anhang zu § 37 WpÜG, Rn. 17 f.

1394 Statt aller *Versteegen* in KölnKommWpÜG, § 37-Anh. – § 9 AngebVO, Rn. 18 mwN. auch auf die Praxis der BaFin.

1395 Ausführlich hierzu insgesamt *Krause/Pötzsch/Seiler* in Assmann/Pötzsch/Schneider, WpÜG, § 9 WpÜG-AngVO, Rn. 23 ff. mit zahlreichen Nachweisen.

1396 *Hecker* in Baums/Thoma/Verse, WpÜG, § 37, Rn. 80; *Krause/Pötzsch/Seiler* in Assmann/Pötzsch/Schneider, WpÜG, § 9 WpÜG-AngVO, Rn. 24.

1397 Hierzu insgesamt *Schlitt/Ries* in MünchKommAktG, Anhang zu § 37 WpÜG, Rn. 21 f.; a. A. *Versteegen* in KölnKomm, WpÜG, § 37 Anh. – § 9 AngebVO, Rn. 21, der nur bei offensichtlicher Ungeeignetheit diesen Fall verneinen will. Dagegen *Krause/Pötzsch/Seiler* in Assmann/Pötzsch/Schneider, WpÜG, § 9 WpÜG-AngVO, Rn. 30.

1398 Ausführlich hierzu *Schlitt/Ries* in MünchKommAktG, Anhang zu § 37 WpÜG, Rn. 23 ff.; *Krause/Pötzsch/Seiler* in Assmann/Pötzsch/Schneider, WpÜG, § 9 WpÜG-AngVO, Rn. 33 ff. S. beispielhaft zu all diesen Punkten auch die Entscheidung der BaFin zur Übernahme der Kontron AG (veröffentlicht am 12.4.2017, auf der Internetseite der BaFin zum Download unter https://www.bafin.de/SharedDocs/Downloads/DE/Befreiungsentscheidung/kontron_ag.html?nn=7845970, zuletzt abgerufen am 20.8.2017).

weg. Die Möglichkeit der Rettung des Unternehmens wird indes exponentiell gesteigert. Da nach der hier vertretenen Auffassung die Aktionäre auch im Falle der sonst drohenden Liquidation der Gesellschaft nicht kompensiert werden, werden diese daher ein intrinsisches Interesse am Erhalt ihrer Mitgliedschaft haben (unabhängig von der Notierung an der Börse), wenn sie mit der ansonsten (im absoluten Regelfall) bevorstehenden Wertlosigkeit ihrer Beteiligung konfrontiert sind.

## II. Übertragung der übernahmerechtlichen Grundsätze auf das Delisting – Normative Umsetzung des Sanierungsprivilegs

Normativ bietet sich hier die Anknüpfung an § 39 Abs. 3 BörsG an. Es ist dem Bieter die Möglichkeit zu geben, einen entsprechenden Antrag bei der BaFin zu stellen.

Die Einführung einer solchen Ausnahme von der Abfindungspflicht würde sich nahtlos in die Kompetenzverteilung zwischen BaFin, Börse und Gericht und damit letztlich der Gesamtkonzeption des § 39 BörsG einfügen, wenn man auch in diesem Fall der BaFin die Kompetenz einräumte, über eine solche Ausnahme zu entscheiden.[1399] Hierbei sollte auf die eben genannten drei Kriterien für die Bestimmung der Sanierungssituation zurückgegriffen werden. Dies könnte dadurch bewerkstelligt werden, dass die Formulierung des § 9 S. 1 Nr. 3 WpÜG-AngebotVo („*im Zusammenhang mit der Sanierung der Zielgesellschaft*") in auf das Delisting modifizierter Form verwendet wird. Um ferner die Ermessensentscheidung der BaFin sicherzustellen, sollte § 37 Abs. 1 WpÜG für anwendbar erklärt werden, da in diesem der BaFin Ermessen zugesprochen wird und sie so auch die Möglichkeit erhält, die Befreiung mit entsprechenden Nebenbestimmungen zu verbinden.[1400] Hierdurch könnte sie die vom Bieter in Aussicht gestellten Sanierungsmaßnahmen forcieren.[1401] Folgerichtig sollte es daher in einem einzufügenden § 39 Abs. 3 S. 5 BörsG-E heißen: „*Die Bundesanstalt für Finanzdienstleistungsaufsicht kann dem Bieter auf seinen Antrag hin eine Befreiung von der Angebotspflicht nach Absatz 2 Satz 3 Nummer 1 im Zusammenhang mit der Sanierung des Emittenten erteilen; § 37 Absatz 1 des Wertpapiererwerbs- und Übernahmegesetzes findet entsprechende Anwendung.*"

---

1399 S. hierzu o.: Kapitel 4 B.X.

1400 Allgemein hierzu *Krause/Pötzsch/Seiler* in Assmann/Pötzsch/Schneider, WpÜG, § 37, Rn. 79 ff.

1401 *Krause/Pötzsch/Seiler* in Assmann/Pötzsch/Schneider, WpÜG, § 37, Rn. 79 ff.

# 11 Abschließende Erwägungen

## A. Gesamtzusammenfassung

Ziel der Arbeit war es, ein einheitliches und dogmatisch stringentes sowie praktisch sinnvoll handhabbares Gesamtgefüge zu konzipieren.

Das in dieser Arbeit entwickelte Konzept sucht den angestrebten Interessenausgleich durch das Beibehalten des Börsenkurses als Referenzwert zu gewährleisten, während an den entscheidenden Stellen dem Anlegerschutz zur vollen Durchsetzung verholfen werden soll, insbesondere – neben einiger weiterer Modifikationen – im Hinblick auf den Rückzug aus dem Freiverkehr, die extensive Auslegung der Marktenge und die Erweiterung der Abfindung nach dem Unternehmenswert bei Marktmanipulationen. Gleichsam sind im Hinblick auf die zunehmende Internationalisierung des Kapitalmarkts die Fälle der Listung in anderen Ländern (freilich unter Gewährleistung eines ausreichenden Anlegerschutzes) zu erweitern und zudem für notleidende Gesellschaften bedeutende Einschränkungen zu machen, deren ökonomischer Nutzen für alle Beteiligten förderlich wirkt.

Diese Grundannahmen sollten im Rahmen dieser Arbeit durch eine detaillierte Beleuchtung der relevanten Aspekte fundiert dargestellt werden:

Nach kurzer Darstellung der Grundlagen des Delisting sowie der widerstreitenden Interessen der Beteiligten, die entsprechend zu beachten sind, wurde aus der Entwicklung der Rechtsprechung, an deren Ende die vollständige Aufgabe anlegerschützender Vehikel stand, der Frage nach der Erforderlichkeit einer gesetzlichen Regelung nachgegangen. Das hiesige Konzept fußt dabei zunächst auf der Grundannahme des Bestehens eines Regulierungsbedarfs bei Delistings und Rückzügen aus dem Freiverkehr. Dies basiert auf der Tatsache, dass im Falle eines endgültigen Börsenrückzugs – empirisch festgestellte – Wertverluste zu verzeichnen sind und die betroffenen Aktionäre nicht mehr an den Kursentwicklungen partizipieren können. Weiterhin werden auch die Fungibilität sowie die Informationsmöglichkeiten signifikant eingeschränkt.

Die gesetzgeberisch hierfür gewählte Konzeption der Etablierung einer eigenen Angebotskategorie in Anlehnung an § 31 WpÜG ist stimmig, da es sich beim Delisting um einen kapitalmarktrechtlichen Vorgang handelt und damit dogmatisch konsequent und die Marktgegebenheiten realistisch abbildend durch das Rekurrieren auf den Börsenwert dem Schutzbedürfnis der Anleger korrekt in Form des monetären Ausgleichs gerecht geworden wird. Eine Abfindung nach Unternehmenswert wäre hingegen nicht zielführend. Insbesondere die vermeintliche Vergleichbarkeit mit Strukturmaßnahmen vermag insoweit nicht zu überzeugen. Die Berechnung sollte auch weiterhin nicht nach dem Stichtagsprinzip, sondern anhand des derzeit gesetzlich vorgesehenen Zeitraums berechnet werden. Auch eine zeitliche Anpassung ist nicht erforderlich, da der sechsmonatige Zeitraum es vermag, ein verlässliches Bild der Abfindungshöhe abzubilden. Darüber hinaus sind jedoch freilich auch mit Übernahme- oder Pflichtangeboten kombinierte Delistings möglich. Hierbei sind jeweils die entsprechenden Besonderheiten zu beachten, insbesondere ist der jeweils höhere Durchschnittspreis (drei oder sechs Monate) dem Angebot zugrunde zu legen.

Das Angebot hat sich hierbei grundsätzlich auf alle Aktien zu beziehen, die vom Angebot erfasst sein sollen. Im Normalfall des Delisting-Angebots kann sich indes auf eine Aktiengattung beschränkt werden, während dies bei kombinierten Pflicht- oder Übernahmeangeboten aufgrund der übernahmerechtlichen Schutzanordnung des Verbots von beschränkten Angeboten, die auch in diesen Fällen des Delisting gelten muss, nicht möglich ist.

Das Angebotsverfahren muss zudem bei Stellung des Delisting-Antrags noch laufen. Ein in einem bestimmten zeitlichen Zusammenhang zuvor abgeschlossenes Angebot genügt insofern nicht.

Aus Gründen des Anlegerschutzes muss zudem eine Einschränkung vom Grundsatz der Bedingungsfeindlichkeit gemacht werden, wenn die erfolgreiche Durchführung des Delisting das bedingte Ereignis ist. Selbiges gilt bei kombinierten Übernahmeangeboten, wenn die Bedingungen bereits vor Stellung des Delisting-Antrags eingetreten sind. Die Bedingungsfeindlichkeit gilt jedoch (mit der soeben erwähnten Ausnahme) für regulatorische Bedingungen, die – anders als im Übernahmerecht – beim Delisting nicht vereinbart werden dürfen.

Die an sich sinnvolle Anwendbarkeitserklärung der Angebotspflicht auf ausländische Emittenten in § 39 Abs. 4 BörsG muss hingegen im Wege einer teleologischen Auslegung beschränkt werden, da für EWR-Emittenten im Hinblick auf die Übernahmerichtlinie nur die in § 1 Abs. 3 S. 2 WpÜG normierten Bereiche von Relevanz sind bzw. sein dürfen.

Aufgrund der umfassenden Regelung ist ein Verzicht auf die Börsennotierung hingegen nicht mehr möglich.

Aus verfahrensrechtlicher Perspektive wird es sich für Bieter und Emittenten bzw. dessen Vorstand anbieten, ein Delisting-*Agreement* zu vereinbaren, in dem das Vorgehen – innerhalb der aktienrechtlich zulässigen Grenzen – genauestens koordiniert werden sollte. Hierbei sind (besonders im Hinblick auf die Stellungnahme des Vorstands) entsprechende Restriktionen zu beachten. Des Weiteren sind alle auch für die jeweilige Angebotskategorie des WpÜG relevanten

Vorschriften einzuhalten; insbesondere hat das Angebot alle nach dem WpÜG zu veröffentlichenden Angaben zu beinhalten.

Kritikwürdig ist jedoch die derzeitige gesetzliche Erstreckung der Abfindungspflicht auf Fälle des Downlisting. Hierin ist eine überobligatorische Umsetzung des Anlegerschutzgedankens zu sehen, der den zeitlichen Ansatzpunkt für eine Abfindungspflicht auf den vollständigen Rückzug von der Börse zeitlich nach vorne verschiebt. Eine Abfindung beim Downlisting in den qualifizierten Freiverkehr ist nicht verhältnismäßig, da durch die Einführung der MAR der Schutz der Aktionäre ausreichend gewährleistet wird, indem – neben der Preisbildung – nun auch die Informationspflichten der Emittenten und die Sanktionsmöglichkeiten bei Marktmanipulationen an den regulierten Markt angeglichen wurden. *De lege ferenda* müsste – mit Blick auf die empirischen Erkenntnisse – die Abfindungspflicht nun beim Rückzug aus dem Freiverkehr einsetzen. All dies kann nach der hiesigen Konzeption damit erreicht werden, dass ein § 39 Abs. 2 S. 3 Nr. 3 BörsG-E geschaffen wird, der ein abfindungsfreies Delisting bei weiterhin bestehender Listung im qualifizierten Freiverkehr (mit dem Antrag des Emittenten als Differenzierungsmerkmal) ermöglicht. Gleichzeitig müsste den Börsen in § 48 Abs. 1 S. 5 BörsG-E aufgegeben werden, eine der Abfindungspflicht in § 39 BörsG entsprechende Regelung in ihren jeweiligen BörsO zu treffen.

Ein weiterer Schritt hin zu einem interessengerechten Abfindungskonzept sind die in § 39 Abs. 3 S. 3 BörsG normierten Ausnahmen von der börsenkursbasierten Abfindung bei Kapitalmarktverstößen. Beim Verstoß gegen die Pflicht zur Veröffentlichung von Ad-hoc-Mitteilungen ist keine beschränkende Auslegung erforderlich, da die gesetzgeberische Konzeption alleinig auf die Nichtrepräsentativität des Kurses als Kriterium für die Ausnahme abstellt. Nach der momentanen gesetzlichen Regelung ist die noch nicht abschließend geklärte Frage nach der Zurechnung von Marktmanipulationen mit der entsprechenden Anwendung der übernahmerechtlichen Zurechnungsregelungen bei Vor- oder Nacherwerben zu beantworten. *De lege ferenda* sollte jedoch in diesen Fällen gänzlich auf Zurechnungskriterien verzichtet und jede Marktmanipulation als hinreichender Grund für eine Abfindung nach Unternehmenswert angesehen werden.

Entgegen der gesetzgeberischen Vorstellung ist zudem eine rechts- oder bestandskräftige Feststellung eines Verstoßes für die Annahme des Tatbestands des § 39 Abs. 3 S. 3 BörsG nicht erforderlich.

Die Rückausnahme des § 39 Abs. 3 S. 3 Hs. 2 BörsG ist in Anlehnung an § 39 Abs. 3 S. 4 BörsG bei einer (starren) Grenze von 5% zu verorten, wobei sich hierbei eine Gesetzesänderung dahin gehend anbietet, auf den Kurssprung selbst und nicht auf die Kursauswirkungen während des Berechnungszeitraums abzustellen.

Außerdem sind die Aktionäre nicht schutzwürdig, die das Angebot nicht angenommen haben, wenn sich im Nachhinein herausstellt, dass dieses aufgrund eines Verstoßes gegen die kapitalmarktrechtlichen Vorschriften hätte höher sein müssen. Zugunsten dieser Aktionärsgruppe bestehen zumindest seit Inkrafttreten der MAR (neben den entsprechenden Sanktionsmöglichkeiten) auch ausreichend privatrechtliche Schutzmechanismen, um ihren vermeintlichen Verlust zu kompensieren.

Die weitere Ausnahme bei Marktenge gem. § 39 Abs. 3 S. 4 BörsG ist dem Grunde nach eine wünschenswerte Konsequenz des Anlegerschutzgedankens, wobei ihr praktischer Nutzen sich noch beweisen müssen wird. Zur Gewährleistung einer höheren Abfindung im Falle eines entsprechenden Erwerbs während der Berechnungsperiode, sollte jedoch in jedem Fall § 31 Abs. 4 und 5 sowie § 4 WpÜG-AngebotVo für entsprechend anwendbar erklärt werden. Weitere Ausnahmen kommen indes nicht in Betracht.

Die grundsätzlich bestehende Angebotspflicht erfährt in § 39 Abs. 2 S. 3 Nr. 2 BörsG entscheidende Einschränkungen. Unproblematisch entfällt die Angebotspflicht bei Bestehen einer weiteren Listung an einer anderen deutschen Börse. Selbiges soll – zu Recht – zur Verhinderung einer Börsenrechtsarbitrage auch für Listungen im europäischen Ausland und den EWR-Staaten gelten, sofern bezüglich des Delisting vergleichbare Voraussetzungen gelten. Dies ist von der Börsengeschäftsführung jeweils im Einzelfall zu prüfen. Während das Auslösen der Angebotspflicht in diesen Fällen für den Anlegerschutz unabdingbar ist, offenbart die örtliche Beschränkung jedoch Unzulänglichkeiten aufgrund ihrer zu engen Konzeption und bedarf damit einer gesetzlichen Erweiterung. So sollte auch bei fortbestehender Listung im nicht-europäischen Ausland ein abfindungsfreies Delisting möglich sein, wenn die dortigen Vorschriften für Melde- und Transparenzpflichten sowie die Delistingregelungen den hiesigen Anforderungen an den Anlegerschutz in ausreichendem Maße Genüge tun. Dies kann mit einer an § 33 Abs. 1 Nr. 1 lit. c BörsG angelehnten Erweiterung der Ausnahmetatbestände in § 39 Abs. 2 S. 3 Nr. 2 lit. c BörsG-E in dogmatisch stimmiger und auch im Hinblick auf den Prüfungsumfang der Börse sinnvollerweise geschehen.

Eine gesetzliche oder teleologische Ausnahme von der Angebotspflicht bei Zustimmung aller Aktionäre ist aus Gründen des Anlegerschutzes und mangels praktischer Relevanz abzulehnen.

§ 39 Abs. 5 S. 3 BörsG ist dahin gehend zu verstehen, dass die Börsen Regelungen treffen können, welche die Durchführung des Delisting oder Wertpapiere, die nicht unter § 2 Abs. 2 WpÜG fallen, betreffen, nicht jedoch solche, die den Anlegerschutz beschränken und/oder modifizieren.

Der Rechtschutz im neuen Regelungskomplex verläuft grundsätzlich zweispurig. Die Aktionäre haben (und das werden die relevanten Fälle sein) einen Anspruch auf Zahlung der Abfindungssumme nach Börsenwert (§ 39 Abs. 2 S. 3 Nr. 1 iVm. Abs. 3 S. 2 BörsG) oder Unternehmenswert (§ 39 Abs. 3 S. 4 BörsG) bzw. auf den Differenzwert von Börsen- zu Unternehmenswert (§ 39 Abs. 3 S. 3 BörsG), der im zivilgerichtlichen Verfahren verfolgbar, von dem jedoch das verwaltungsbehördliche (und u. U. auch verwaltungsgerichtliche) Verfahren bezüglich des Widerrufs der Zulassung unabhängig ist.

Hierbei stellt die Erweiterung des KapMuG auf Delistings eine sinnvolle komplementierende Maßnahme dar, da es die Verfolgung dieser Ansprüche auch in einem quantitativ umfassenden Rahmen zu gewährleisten vermag. Die hiergegen eingewandten Bedenken im Hinblick auf die vermeintlich erleichterte Durchsetzung durch Verortung des Rechtsschutzes im SpruchG oder die kostenrechtlichen sowie zeitlichen Aspekte greifen nicht durch. Insbesondere die Anordnung, dass es sich bei den Fällen des § 39 Abs. 3 S. 3 und 4 BörsG um Feststellungsziele handelt, lässt die Überlegenheit dieser Verortung gegenüber einer solchen im SpruchG erkennen. Auch der vermeintliche Vorteil der zeitlichen Beschränkung zur Anspruchsgeltendmachung des § 4 SpruchG verspricht in der Praxis keine Vorteile, ohne die der Anlegerschutz in signifikantem Maße konterkariert würde. Nur hinsichtlich der zeitlichen Komponente ist im Wege der Neuevaluierung abzuwarten, ob die Verfahrensdauer eine entsprechende Änderung erforderlich machen wird. Sollte man im Hinblick auf die Periode der vermeintlichen Unsicherheit für den Bieter nach Abwicklung des Angebots eine entsprechende Begrenzung verlangen, könnte diese sinnvollerweise an § 12 Abs. 4 WpÜG angelehnt werden.

Aus verwaltungsgerichtlicher Sicht handelt es sich nach hiesiger Ansicht bei der Rücknahme der Zulassung ferner um einen gebundene Entscheidung der Börse, auch wenn der Wortlaut des § 39 Abs. 2 S. 3 BörsG etwas anderes suggerieren mag.

Im Übrigen ist es dem Emittenten nicht gestattet, in der Satzung eine Börsennotierung (u. U. gesichert durch eine Abfindungspflicht) zu konstituieren.

Es sind indes zwei bedeutende Änderungen in Form von Erweiterungen des Tatbestands um Möglichkeiten zur Ausnahme von der Angebotspflicht in die Neuregelung aufzunehmen. In beiden Fällen handelt es sich um Ausnahmetatbestände bei notleidenden Gesellschaften. Zunächst muss gesetzlich eine Ausnahmeregelung in § 39 Abs. 2 S. 3 Nr. 4 BörsG-E für den Fall geschaffen werden, in dem das Insolvenzverfahren über das Vermögen des Emittenten eröffnet wurde und der Insolvenzverwalter, nachdem er den Aktionären drei Monate vor der entsprechenden Durchführung sein Vorhaben mitgeteilt hat, der Börse erklärt, dass der Emittent nicht weitergeführt werden wird und auch keine Überschusszahlungen an die Aktionäre mehr zu erwarten sind. Zudem ist der BaFin die Möglichkeit einzuräumen, den Bieter in Sanierungssituationen von seiner Angebotspflicht zu befreien, wenn die zu § 9 S. 1 Nr. 3 WpÜG-AngebotVo entsprechend niedergelegten Kriterien erfüllt werden. Auch hier ist eine entsprechende gesetzliche Ausnahmeregelung zu schaffen (§ 39 Abs. 3 S. 5 BörsG-E).

## B. Fazit und Ausblick

Durch die Neuregelung hat sich der Gesetzgeber zwar – insbesondere im Hinblick auf die überobligatorische regulative Erfassung des Downlisting und das völlige Außer-Acht-Lassen von Ausnahmen bei notleidenden Gesellschaften – kein Ruhmesblatt geschaffen. Die an der Neuregelung geäußerte Kritik ist in ihrer Schärfe indes nicht angebracht und in diesem Ausmaß nicht von der vorhandenen Empirie gestützt. Der grundlegende Gedanke des Gesetzgebers einer Regulierung von regulären Delistings ist *per se* zustimmungswürdig. Der Gesetzgeber kann sich *prima facie* zudem für die Schaffung eines einfachen und effektiven Wegs, ein Delisting durchzuführen, verantwortlich zeichnen. Es besteht jedoch an einigen Stellen noch entscheidender Verbesserungsbedarf. Hierbei sollte an der grundsätzlichen Konzeption nichts geändert, sondern diese im Sinne der dargestellten Punkte erweitert bzw. beschränkt werden.

Es bleibt abzuwarten, wie sich die Praxiserfahrungen im Rahmen der Berichterstattung an den Gesetzgeber darstellen und Einfluss auf potenzielle Änderungen nehmen werden. Zu hoffen ist hierbei lediglich, dass sich nicht auf die Vertretung von Eigeninteressen oder die Durchsetzung einer politischen Agenda zurückgezogen, sondern im Wege des geordneten Diskurses auf dogmatisch fundierter Grundlage eine rechtssichere Lösung für alle Teilnehmer am Markt gefunden wird, um somit die nunmehr über 15 Jahre währende Kontroverse zum Delisting zu einem Ende zu bringen, das – soweit möglich – einen sinnvollen Interessenausgleich unter allen Beteiligten und umfassende Rechtssicherheit schafft.

# Anhang

## A. Vorschlag einer Neufassung der § 39 Abs. 2 und Abs. 3 BörsG

(2) Die Geschäftsführung kann die Zulassung im Sinne des Absatzes 1 auch auf Antrag des Emittenten widerrufen. Der Widerruf darf nicht dem Schutz der Anleger widersprechen. Bei Wertpapieren im Sinne des § 2 Absatz 2 des Wertpapiererwerbs- und Übernahmegesetzes ist ein Widerruf nur zulässig, wenn

1. bei Antragstellung unter Hinweis auf den Antrag eine Unterlage über ein Angebot zum Erwerb aller Wertpapiere, die Gegenstand des Antrags sind, nach den Vorschriften des Wertpapiererwerbs- und Übernahmegesetzes veröffentlicht wurde,
2. die Wertpapiere weiterhin zugelassen sind
   a) an einer anderen inländischen Börse zum Handel im regulierten Markt,
   b) in einem anderen Mitgliedstaat der Europäischen Union oder einem anderen Vertragsstaat des Abkommens über den Europäischen Wirtschaftsraum zum Handel an einem organisierten Markt, sofern für einen Widerruf der Zulassung zum Handel an diesem Markt Nummer 1 entsprechende Voraussetzungen gelten oder
   c) *in einem Drittstaat, sofern an diesem Markt Melde- und Transparenzpflichten bestehen, die mit denen im regulierten Markt für zugelassene Wertpapiere vergleichbar sind, der Informationsaustausch zum Zwecke der Überwachung des Handels mit den zuständigen Stellen in dem jeweiligen Staat gewährleistet ist und für einen Widerruf der Zulassung zum Handel an diesem Markt Nummer 1 entsprechende Voraussetzungen gelten,*
3. *die Wertpapiere weiterhin auf Antrag des Emittenten in den Freiverkehr einbezogen sind oder*
4. *das Insolvenzverfahren über das Vermögen des Emittenten eröffnet wurde und der Insolvenzverwalter*
   a) *mindestens drei Monate vor Antragstellung den Aktionären seine Absicht mitteilt, den Antrag stellen zu wollen und*
   b) *erklärt, dass keine Aussicht auf Weiterführung der Gesellschaft nach dem Insolvenzverfahren mehr besteht und keine Leistungen aus der Insolvenzmasse an die Aktionäre erfolgen werden.*

(3) Im Fall des Absatzes 2 Satz 3 Nummer 1 darf das Angebot nicht von Bedingungen abhängig gemacht werden. Auf das Angebot ist § 31 des Wertpapiererwerbs- und Übernahmegesetzes mit der Maßgabe entsprechend anzuwenden, dass die Gegenleistung in einer Geldleistung in Euro bestehen und mindestens dem gewichteten durchschnittlichen inländischen Börsenkurs der Wertpapiere während der letzten sechs Monate vor der Veröffentlichung nach § 10 Absatz 1 Satz 1 oder § 35 Absatz 1 Satz 1 des Wertpapiererwerbs- und Übernahmegesetzes entsprechen muss. Hat während dieses Zeitraums so ist der Bieter zur Zahlung des Unterschiedsbetrags zwischen der im Angebot genannten Gegenleistung und der Gegenleistung verpflichtet, die dem anhand einer Bewertung des Emittenten ermittelten Wert des Unternehmens entspricht; dies gilt nicht, soweit die in den Nummern 1 und 2 bezeichneten Verstöße nur unwesentliche Auswirkungen auf den *Börsenkurs* hatten. Sind für die Wertpapiere des Emittenten, auf die sich das Angebot bezieht, während der letzten sechs Monate vor der Veröffentlichung nach § 10 Absatz 1 Satz 1 oder § 35 Absatz 1 Satz 1 des Wertpapiererwerbs- und Übernahmegesetzes an weniger als einem Drittel der Börsentage Börsenkurse festgestellt worden und weichen mehrere nacheinander festgestellte Börsenkurse um mehr als 5 Prozent voneinander ab, so ist der Bieter zur Zahlung einer Gegenleistung verpflichtet, die dem anhand einer Bewertung des Emittenten ermittelten Wert des Unternehmens entspricht; *§§ 31 Absatz 4 und 5 des Wertpapiererwerbs- und Übernahmegesetzes sowie § 4 der WPÜG-Angebotsverordnung finden entsprechende Anwendung. Die Bundesanstalt für Finanzdienstleistungsaufsicht kann dem Bieter auf seinen Antrag hin eine Befreiung von der Angebotspflicht nach Absatz 2 Satz 3 Nummer 1 im Zusammenhang mit der Sanierung des Emittenten erteilen; § 37 Absatz 1 des Wertpapiererwerbs- und Übernahmegesetzes findet entsprechende Anwendung.*

1. der Emittent entgegen Artikel 17 Absatz 1 der Verordnung (EU) Nr. 596/2014 oder einer entsprechenden Vorschrift des anwendbaren ausländischen Rechts eine Insiderinformation, die ihn unmittelbar betrifft, nicht so bald wie möglich veröffentlicht oder in einer Mitteilung nach Artikel 17 Absatz 1 dieser Verordnung oder einer entsprechenden Vorschrift des anwendbaren ausländischen Rechts eine unwahre Insiderinformation, die ihn unmittelbar betrifft, veröffentlicht, oder
2. *der Emittent, der Bieter oder ein Dritter* in Bezug auf die Wertpapiere, die Gegenstand des Antrags sind, gegen das Verbot der Marktmanipulation nach Artikel 15 der Verordnung (EU) Nr. 596/2014 verstoßen,

## B. Vorschlag einer Ergänzung des § 48 BörsG durch Einfügung eines neuen Abs. 1 S. 5

*Die Geschäftsbedingungen haben eine dem § 39 Absatz 2 Satz 3 Nr. 1 und 2 und Absatz 3 BörsG entsprechende Regelung für die Kündigung einer auf Antrag des Emittenten erfolgten Einbeziehung zu enthalten.*

# Abkürzungsverzeichnis

| | |
|---|---|
| A. A. | Andere(r) Ansicht |
| A. F. | Alte Fassung |
| A. M. | Am Main |
| AaO. | Am angegebenen Ort |
| ABl. | Amtsblatt |
| Abs. | Absatz/Absätze(n) |
| AEUV | Vertrag über die Arbeitsweise der Europäischen Union |
| AG | Aktiengesellschaft(en)/Die Aktiengesellschaft |
| AGB | Allgemeine Geschäftsbedingungen |
| AGB FV FWB | Allgemeine Geschäftsbedingungen der Deutsche Börse AG für den Freiverkehr an der Frankfurter Wertpapierbörse |
| AktG | Aktiengesetz |
| Art(t). | Artikel |
| Az. | Aktenzeichen |
| BaFin | Bundesanstalt für Finanzdienstleistungsaufsicht |
| BB | Betriebsberater |
| BCA | Business Combination Agreement – Zusammenschlussvereinbarung |
| Bearb. | Bearbeiter |
| BeckRS | Beck online Rechtsprechung |
| Beschl. | Beschluss |
| BGB | Bürgerliches Gesetzbuch |
| BGBl. | Bundesgesetzblatt |
| BGH | Bundesgerichtshof |
| BKR | Zeitschrift für Bank- und Kapitalmarktrecht |
| BMF | Bundesministerium der Finanzen |
| BörsG | Börsengesetz |
| BörsO | Börsenordnung(en) |
| BörsZulVo | Verordnung über die Zulassung von Wertpapieren zum regulierten Markt einer Wertpapierbörse – Börsenzulassungsverordnung |
| BR-Drucks. | Bundesrats-Drucksache |
| BRAK | Bundesrechtsanwaltskammer |

| | |
|---|---|
| BT | Bundestag |
| BT-Drucks. | Bundestags-Drucksache |
| BVerfG | Bundesverfassungsgericht |
| BVerfGG | Bundesverfassungsgerichtsgesetz |
| BVerwG | Bundesverwaltungsgericht |
| Bzgl. | Bezüglich |
| Bzw. | Beziehungsweise |
| Ca. | Circa |
| CAR | Cumulative Abnormal Returns – kumulierte abnormale Rendite |
| CCZ | Corporate Compliance Zeitschrift |
| CDU | Christlich Demokratische Union |
| CF | Corporate Finance |
| CSU | Christlich-Soziale Union |
| D. h. | Das heißt |
| DAI | Deutsches Aktieninstitut e. V. |
| DAV | Deutscher Anwalt Verein |
| DAX | Deutscher Aktienindex |
| DB | Der Betrieb |
| DCGK | Deutscher Corporate Governance Kodex |
| Ders. | Derselbe |
| Dies. | Dieselbe(n) |
| DNotZ | Deutsche Notar Zeitschrift |
| DÖV | Die Öffentliche Verwaltung |
| DrittelbG | Gesetz über die Drittelbeteiligung der Arbeitnehmer im Aufsichtsrat |
| DStR | Deutsches Steuerrecht |
| DSW | Deutsche Schutzvereinigung für Wertpapierbesitz e. V. |
| DZWIR | Deutsche Zeitschrift für Wirtschafts- und Insolvenzrecht |
| E. V. | Eingetragener Verein |
| EBOR | European Business Organization Law Review |
| EG | Europäische Gemeinschaft |
| Einl. | Einleitung |
| Erg-Lief. | Ergänzungslieferung |
| ESMA | European Securities and Market Authority – Europäische Wertpapier- und Marktaufsichtsbehörde |
| EU | Europäische Union |

| | |
|---|---|
| EuGH | Europäischer Gerichtshof |
| EUR | Euro |
| EUV | Vertrag über die Europäische Union – EU-Vertrag |
| EuZW | Europäische Zeitschrift für Wirtschaftsrecht |
| EWG | Europäische Wirtschaftsgemeinschaft |
| EWiR | Entscheidungen zum Wirtschaftsrecht |
| EWR | Europäischer Wirtschaftsraum |
| f. | Folgende/r |
| FAQ | Frequently Asked Questions |
| ff. | Folgende |
| FiMaNoG | Gesetz zur Novellierung von Finanzmarktvorschriften aufgrund europäischer Rechtsakte – Erstes Finanzmarktnovellierungsgesetz |
| FinDAG | Gesetz über die Bundesanstalt für Finanzdienstleistungsaufsicht – Finanzdienstleistungsaufsichtsgesetz |
| FMFG | Finanzmarktförderungsgesetz |
| Fn. | Fußnote(n) |
| FRUG | Gesetz zur Umsetzung der Richtlinie über Märkte für Finanzinstrumente und der Durchführungsrichtlinie der Kommission – Finanzmarktrichtlinie-Umsetzungsgesetz |
| FS | Festschrift |
| FV | Freiverkehr |
| FWB | Frankfurter Wertpapierbörse |
| GebührenO | Gebührenordnung |
| Gem. | Gemäß |
| GesAusG | Gesellschafter-Ausschlussgesetz |
| GG | Grundgesetz für die Bundesrepublik Deutschland |
| Ggf. | Gegebenenfalls |
| GKG | Gerichtskostengesetz |
| GmbH | Gesellschaft mit beschränkter Haftung |
| GNotKG | Gesetz über Kosten der freiwilligen Gerichtsbarkeit für Gerichte und Notare – Gerichts- und Notarkostengesetz |
| GWB | Gesetz gegen Wettbewerbsbeschränkungen |
| GWR | Gesellschafts- und Wirtschaftsrecht |
| H. M. | Herrschende/n/r Meinung |
| Hdb. | Handbuch |
| HRB | Handelsregister Abteilung B |

| | |
|---|---|
| Hrsg. | Herausgeber |
| Hs. | Halbsatz |
| HV | Hauptversammlung |
| I. Erg. | Im Ergebnis |
| IDW | Institut der Wirtschaftsprüfer in Deutschland e. V. |
| IFRS | International Financial Reporting Standards |
| InsO | Insolvenzordnung |
| InsVV | Insolvenzrechtliche Vergütungsverordnung |
| IPO | Initial Public Offering |
| ISd. | Im Sinne des/der |
| ISe. | Im Sinne einer |
| iVm. | In Verbindung mit |
| JA | Juristische Arbeitsblätter |
| Jew. | Jeweils |
| JuS | Juristische Schulung |
| JZ | Juristenzeitung |
| KAGB | Kapitalanlagegesetzbuch |
| KapMuG | Gesetz über Musterverfahren in kapitalmarktrechtlichen Streitigkeiten – Kapitalanleger-Musterverfahrensgesetz |
| KG | Kammergericht Berlin |
| KGaA | Kommanditgesellschaft(en) auf Aktien |
| KMU | Kleine und mittlere Unternehmen |
| KonTraG | Gesetz zur Kontrolle und Transparenz im Unternehmensbereich |
| Krit. | Kritisch/en |
| LG | Landgericht |
| Lit. | Littera |
| LMK | Kommentierte BGH-Rechtsprechung Lindenmaier-Möhring |
| LSE | London Stock Exchange |
| MAR | Market Abuse Regulation – Marktmissbrauchsverordnung |
| MDAX | Mid-Cap-DAX |
| Mind. | Mindestens |
| Mio. | Millionen |
| MitbestG | Gesetz über die Mitbestimmung der Arbeitnehmer |
| MwN. | Mit weiteren Nachweisen |
| N. F. | Neue Fassung |

| | |
|---|---|
| NJOZ | Neue Juristische Online-Zeitschrift |
| NJW | Neue Juristische Wochenzeitschrift |
| NJW-RR | NJW–Rechtsprechungs-Report |
| Nr. | Nummer/n |
| NYSE | New York Stock Exchange |
| NZG | Neue Zeitschrift für Gesellschaftsrecht |
| NZI | Neue Zeitschrift für Insolvenz- und Sanierungsrecht |
| O. | Oben |
| OLG | Oberlandesgericht |
| OWiG | Gesetz über Ordnungswidrigkeiten |
| RdF | Recht der Finanzinstrumente |
| Reg-Begr. | Regierungsbegründung |
| Rn. | Randnummer/n |
| Rspr. | Rechtsprechung |
| Rz | Randziffer/n |
| S. | Satz/Sätze/Seite(n)/Siehe |
| SdK | Schutzgemeinschaft der Kapitalanleger e. V. |
| SE | Societas Europaea – Europäische Gesellschaft |
| SE-VO | Verordnung (EG) Nr. 2157/2001 des Rates vom 8. Oktober 2001 über das Statut der Europäischen Gesellschaft (SE) |
| SEBG | Gesetz über die Beteiligung der Arbeitnehmer in einer Europäischen Gesellschaft |
| Sog. | Sogenannt/e/en |
| SPD | Sozialdemokratische Partei Deutschlands |
| SpruchG | Gesetz über das gesellschaftsrechtliche Spruchverfahren – Spruchverfahrensgesetz |
| StPO | Strafprozessordnung |
| Tz | Textziffer/n |
| U. | Unten |
| U. a. | Unter anderem/und andere |
| U. U. | Unter Umständen |
| UAbs. | Unterabsatz |
| ÜbG | Bundesgesetz betreffend Übernahmeangebote – österreichisches Übernahmegesetz |
| UmwG | Umwandlungsgesetz |
| Urt. | Urteil |
| USA | United States of America – Vereinigte Staaten von Amerika |

| | |
|---|---|
| V. | Vom |
| Var. | Variante |
| VAw. | Von Amts wegen |
| VerkProspG | Wertpapier-Verkaufsprospektgesetz |
| VermAnlG | Gesetz über Vermögensanlagen |
| VG | Verwaltungsgericht |
| Vgl. | Vergleiche |
| VGR | Vereinigung für Unternehmens- und Gesellschaftsrecht |
| Vo | Verordnung |
| VorstAG | Gesetz zur Angemessenheit der Vorstandsvergütung |
| Vs. | Versus |
| VWD | Vereinigte Wirtschaftsdienste GmbH |
| VwGO | Verwaltungsgerichtsordnung |
| VwVfG | Verwaltungsverfahrensgesetz |
| VzfK | Verbraucherzentrale für Kapitalanleger |
| WiWo | WirtschaftsWoche |
| WM | Zeitschrift für Wirtschafts- und Bankrecht |
| WpAIV | Verordnung zur Konkretisierung von Anzeige-, Mitteilungs- und Veröffentlichungspflichten sowie der Pflicht zur Führung von Insiderverzeichnissen nach dem Wertpapierhandelsgesetz – Wertpapierhandelsanzeige- und Insiderverzeichnisverordnung |
| WpHG | Gesetz über den Wertpapierhandel – Wertpapierhandelsgesetz |
| WpPG | Gesetz über die Erstellung, Billigung und Veröffentlichung des Prospekts, der beim öffentlichen Angebot von Wertpapieren oder bei der Zulassung von Wertpapieren zum Handel an einem organisierten Markt zu veröffentlichen ist – Wertpapierprospektgesetz |
| WpÜG | Wertpapiererwerbs- und Übernahmegesetz |
| WpÜG-AngebotVo | Verordnung über den Inhalt der Angebotsunterlage, die Gegenleistung bei Übernahmeangeboten und Pflichtangeboten und die Befreiung von der Verpflichtung zur Veröffentlichung und zur Abgabe eines Angebots – WpÜG-Angebotsverordnung |

| | |
|---|---|
| WpÜG-AnwendbkVo | Verordnung über die Anwendbarkeit von Vorschriften betreffend Angebote im Sinne des § 1 Abs. 2 und 3 des WpÜG – WpÜG-Anwendbarkeitsverordnung |
| Z. B. | Zum Beispiel |
| ZBB | Zeitschrift für Bankenrecht und Bankwirtschaft |
| ZfbF | Schmalenbachs Zeitschrift für betriebswirtschaftliche Forschung |
| ZfPW | Zeitschrift für die gesamte Privatrechtswissenschaft |
| ZGR | Zeitschrift für Unternehmen- und Gesellschaftsrecht |
| ZHR | Zeitschrift für das gesamte Handels- und Wirtschaftsrecht |
| Ziff. | Ziffer |
| ZInsO | Zeitschrift für das gesamte Insolvenzrecht |
| ZIP | Zeitschrift für Wirtschaftsrecht |
| Zit. | Zitiert |
| ZPO | Zivilprozessordnung |

# Literaturverzeichnis

*Aders, Christian/Muxfeld, Dennis/Lill, Felix*, Die Delisting-Neuregelung und die Frage nach dem Wert der Börsennotierung, CF 2015, 389 ff.

*Altmeppen, Holger*, Anmerkung zu BGH, Urt. v. 26.4.2004 – II ZR 155/02, ZIP 2004, 999 ff.

*Altmeppen, Holger*, Die unzulängliche Abfindungsregelung beim Squeeze out, ZIP 2010, 1773 ff.

*Altmeppen, Holger*, Masseschmälernde Zahlungen, NZG 2015, 521 ff.

*Angerer, Lutz/Geibel, Stephan/Süßmann, Rainer* (Hrsg.), Wertpapiererwerbs- und Übernahmegesetz (WpÜG) Kommentar, 3. Aufl., München 2017. Zit.: *Bearb.* in Angerer/Geibel/Süßmann, WpÜG, §, Rn.

*Arnold, Michael*, Mitwirkungsbefugnisse der Aktionäre nach Gelatine und Macrotron, ZIP 2005, 1573 ff.

*Arnold, Michael/Rothenburg, Vera*, BGH-Entscheidung zum Delisting: Alle Fragen geklärt?, DStR 2014, 150 ff.

*Assmann, Heinz-Dieter/Pötzsch, Thorsten/Schneider, Uwe H.* (Hrsg.), Wertpapiererwerbs- und Übernahmegesetz Kommentar, 2. Aufl., Köln 2013. Zit.: *Bearb.* in Assmann/Pötzsch/Schneider, WpÜG, §, Rn.

*Assmann, Heinz-Dieter/Schneider, Uwe H.* (Hrsg.), Wertpapierhandelsgesetz, 6. Aufl., Köln 2012. Zit.: *Bearb.* in Assmann/Schneider, WpHG, §, Rn.

*Auer, Marietta*, Der Rückzug von der Börse als Methodenproblem, JZ 2015, 71 ff.

*Banerjea, Nirmal Robert*, Der Schutz von Übernahme- und Fusionsplänen, DB 2003, 1489 ff.

*Bauer, Patrick*, BGH: Abfindung außenstehender Aktionäre, NZG 2001, 891 ff.

*Baumbach, Adolf/Hopt, Klaus J.*, Handelsgesetzbuch, 37. Aufl., München 2016. Zit.: *Bearb.* in Baumbach/Hopt, HGB, §, Rn.

*Baums, Theodor/Thoma, Georg F./Verse, Dirk A.* (Hrsg.), WpÜG Kommentar zum Wertpapier- und Übernahmegesetz, Band 1, Köln, Stand: 11. Erg-Lief., August 2016. Zit.: *Bearb.* in Baums/Thoma/Verse, WpÜG, §, Rn.

*Bayer, Walter*, Aktionärsschutz beim Delisting: Empfehlungen an den Gesetzgeber, ZIP 2015, 853 ff.

*Bayer, Walter*, Delisting: Korrektur der Frosta-Rechtsprechung durch den Gesetzgeber, NZG 2015, 1169 ff.

*Bayer, Walter*, Die Delisting-Entscheidungen „*Macrotron*" und „*Frosta*" des BGH, ZfPW 2015, 163 ff.

*Bayer, Walter*, Unterschiede im Aktienrecht zwischen börsennotierten und nichtbörsennotierten Gesellschaften, in Festschrift für Klaus J. Hopt zum 70. Geburtstag am 24. August 2010, *Grundmann, Stefan/Haar, Brigitte/Merkt, Hanno/Mülbert, Peter/Wellenhofer, Marina* u. a. (Hrsg.), Berlin/New York 2010, S. 373 ff. Zit.: *Bayer*, FS Hopt, S.

*Bayer, Walter/Hoffmann, Thomas*, Kapitalmarktreaktion beim Delisting, AG 2013, R 371 ff.

*Bayer, Walter/Hoffmann, Thomas*, Die Folgen von Frosta: zur vorläufigen empirischen „Schadensbilanz" von BGH v. 8.10.2013 - II ZB 26/12, AG 2013, 877, AG 2015, R55 ff.

*Bayer, Walter/Vetter, Jochen*, Lutter, Umwandlungsgesetz, Band 1, 5. Aufl., Köln 2014, §§ 1–122l. Zit.: *Bearb.* in Lutter, UmwG, §, Rn.

*Bayer, Walter/Vetter, Jochen*, Lutter, Umwandlungsgesetz, Band 2, 5. Aufl., Köln 2014, §§ 123–325. Zit.: *Bearb.* in Lutter, UmwG, § Rn.

*Behnke, Thorsten*, BVerfG: Verfassungswidrigkeit der Nichtberücksichtigung des Börsenkurses für Abfindungs-/Ausgleichsanspruch von außenstehenden/ausgeschiedenen Aktionären (DAT/Altana), NZG 1999, 931 ff.

*Benecke, Martina*, Gesellschaftsrechtliche Voraussetzungen des Delistings, WM 2004, 1122 ff.

*Bernuth, Wolf H. von/Kremer, René M.*, Das neue KapMuG: Wesentliche Änderungen aus Sicht der Praxis, NZG 2012, 890 ff.

*Binz, Karl-Josef/Dörndorfer, Josef/Petzold, Rainer/Zimmermann, Walther*, Gerichtskostengesetz, Gesetz über Gerichtskosten in Familiensachen, Justizvergütungs- und -entschädigungsgesetz Kommentar, 3. Aufl., München 2014. Zit.: *Bearb.* in Binz/Dorndörfer/Petzold/Zimmermann, GKG, §, Rn.

*Braun, Eberhard* (Hrsg.), Insolvenzordnung, 7. Aufl., München 2017. Zit.: *Bearb.* in Braun, InsO, §, Rn.

*Brellochs, Michael*, Der Rückzug von der Börse nach „Frosta", AG 2014, 633 ff.

*Buckel, Jochen/Glindemann, Jan/Vogel, Christian*, Delisting nach „Frosta" – Eckpunkte für eine gesetzliche Regelung, AG 2015, 373 ff.

*Bungert, Hartwin*, Delisting und Hauptversammlung, BB 2000, 53 ff.

*Bungert, Hartwin/Leyendecker-Langner, Benjamin E.*, Börsenkursrechtsprechung beim vorgeschalteten Delisting, BB 2014, 521 ff.

*Bungert, Hartwin/Leyendecker-Langner, Benjamin E.*, Unternehmensbewertung oder Durchschnittskurs beim Delisting?, DB 2015, 2251 ff.

*Bungert, Hartwin/Leyendecker-Langner, Benjamin E.*, Die Neuregelung des Delisting, ZIP 2016, 49 ff.

*Bungert, Hartwin/Wettich, Carsten*, Die zunehmende Bedeutung des Börsenkurses bei Strukturmaßnahmen im Wandel der Rechtsprechung, in Festschrift für Michael Hoffmann-Becking zum 70. Geburtstag, *Krieger, Gerd/Markus, Lutter/Schmidt, Karsten* (Hrsg.), München 2013, S. 157 ff. Zit.: *Bungert/Wettich*, FS Hoffmann-Becking, S.

*Bürgers, Tobias*, Aktienrechtlicher Schutz beim Delisting?, NJW 2003, 1642 ff.

*Burgi, Martin*, Börse, Börsenträger und Börsenaufsicht im System des Wirtschaftsverwaltungsrechts, WM 2009, 2337 ff.

*Buttlar, Julia von*, Kapitalmarktrechtliche Pflichten in der Insolvenz, BB 2010, 1355 ff.

*Calliess, Christian/Rüffert, Matthias*, EUV/AEUV, 5. Aufl., München 2016. Zit.: *Bearb.* in Calliess/Rüffert, EUV/AEUV, Art., Rn.

*Casper, Matthias*, Delisting – das Ende einer unendlichen Geschichte, in Festschrift für Johannes Köndgen, *Casper, Matthias/Klöhn, Lars/Roth, Henning/Schmies, Christian* (Hrsg.), Köln 2016, S. 117 ff. Zit.: *Casper*, FS Köndgen, S.

*Claussen, Carsten P.*, Wie ändert das KonTraG das Aktiengesetz?, DB 1998, 177 ff.

*Conen, Andreas*, Grundsatzurteil zur Haftung für unterbliebene Ad-hoc-Mitteilungen aus § 37b WpHG, GWR 2012, 132.

*Dauses, Manfred A.* (Hrsg.), Handbuch des EU-Wirtschaftsrechts, Band 1, München, Stand: 41. Erg-Lief., Mai 2017. Zit.: *Bearb.* in Dauses, Hdb. EU-WirtschaftsR, Kapitel, Rn.

*Dörndorfer, Josef/Neie, Jens/Petzold, Rainer/Wendtland, Holger* (Hrsg.), Beck'scher Online-Kommentar Kostenrecht, München, Stand: 18. Edition, 15.05.2017. Zit.: *Bearb.* in BeckOK, KostenR, §, Rn.

*Drygala, Tim*, Die Neuregelung des Delistings, in Gesellschaftsrecht in der Diskussion 2015, *Altmeppen, Holger/Bergmann, Alfred/Drygala, Tim/Franzmann, Georg* u. a. (Hrsg.), Köln 2016, S. 75 ff. Zit.: *Drygala*, Gesellschaftsrecht in der Diskussion 2015, S.

*Eisele, Florian/Walter, Andreas*, Kursreaktionen auf die Ankündigung von Going Private-Transaktionen am deutschen Kapitalmarkt, ZfbF 2006, 337 ff.

*Ekkenga, Jens*, „Macrotron" und das Grundrecht auf Aktieneigentum – der BGH als der bessere Gesetzgeber?, ZGR 2003, 878 ff.

*Emmerich, Volker*, Wie rechne ich mich arm? Kritische Anmerkungen zur gegenwärtigen Bewertungspraxis in Spruchverfahren, in Recht und spontane Ordnung – Festschrift für Ernst Joachim Mestmäcker zum achtzigsten Geburtstag, *Engel, Christoph/Möschel, Wernhard* (Hrsg.), Baden-Baden 2006, S. 139 ff. Zit.: *Emmerich*, FS Mestmäcker, S.

*Emmerich, Volker*, Anmerkungen zur Bewertung von Unternehmen im Aktienrecht, in Festschrift für Uwe H. Schneider zum 70. Geburtstag, *Burgard, Ulrich/Hadding, Walther/Mülbert, Peter O./Welter, Reinhard/Nietsch, Michael* (Hrsg.), Köln 2011, S. 323 ff. Zit.: *Emmerich*, FS Schneider, S.

*Emmerich, Volker/Habersack, Mathias/Schürnbrand, Jan*, Aktien- und GmbH Konzernrecht, 8. Aufl., München 2016. Zit.: *Bearb.* in Emmerich/Habersack, Aktien- und GmbH Konzernrecht, §, Rn.

*Erne, Roland* (Hrsg.), Claussen, Bank und Börsenrecht, 5. Aufl., München 2014. Zit.: *Bearb.* in Claussen, Bank- und BörsenR, §, Rn.

*Eßers, Klaus/Weisner, Arnd/Schlienkamp, Caroline*, Anforderungen des BGH an den Rückzug von der Börse – die Macrotron-Entscheidung des BGH, DStR 2003, 985 ff.

*Even, Frank/Vera, Antonio*, Die Techniken des Going Private in Deutschland, DStR 2002, 1315 ff.

*Falkenhausen, Joachim Freiherr von*, Die Übernahme der Postbank – Neues zum Recht des Pflichtangebots, NZG 2014, 1368 ff.

*Fleischer, Holger*, Rechte der Minderheitsaktionäre bei „übertragender Auflösung" einer Aktiengesellschaft, DNotZ 2000, 876 ff.

*Fleischer, Holger*, Grundfragen der ökonomischen Theorie im Gesellschafts- und Kapitalmarktrecht, ZGR 2001, 1 ff.

*Fleischer, Holger*, Der Zusammenschluss von Unternehmen im Aktienrecht, ZHR 2008, 538 ff.

*Fleischer, Holger*, Zur rechtlichen Bedeutung der Fairness Opinion im deutschen Aktien- und Übernahmerecht, ZIP 2011, 201 ff.

*Fluck, Jürgen*, Zum Verzicht des Begünstigten auf Rechte aus einem Verwaltungsakt am Beispiel der Börsenzulassung, WM 1995, 553 ff.

*Fridgen, Alexander/Geiwitz, Arndt/Göpfert, Burkard* (Hrsg.), Beck'scher Online-Kommentar Insolvenzordnung, Stand: 6. Edition, 30.4.2017. Zit.: *Bearb.* in BeckOK, InsO, §, Rn.

*Fuchs, Andreas*, Wertpapierhandelsgesetz, 2. Aufl., München 2016. Zit.: *Bearb.* in Fuchs, WpHG, §, Rn.

*Gajo, Marianne*, Börse Düsseldorf stärkt Anlegerschutz bei Totaldelisting, AG 2014, R130.

*Gebhardt, Cord*, Prime und General Standard: Die Neusegmentierung des Aktienmarkts an der Frankfurter Wertpapierbörse, WM Sonderbeilage Nr. 2/2003, 3 ff.

*Gegler, Felix*, Die Neuregelung des Delistings – Angemessener Aktionärsschutz oder „Dolchstoß"?, BKR 2016, 273 ff.

*Giering, Thomas*, Das neue Kapitalmarktmissbrauchsrecht für Emittenten, CCZ 2016, 214 ff.

*Glienke, Tobias/Röder, Daniel*, „FRoSTA ist für alle da." – Praxisfolgen der BGH-Rechtsprechungsänderung insbesondere für anhängige Delisting-Spruchverfahren, BB 2014, 899 ff.

*Goette, Wulf/Habersack, Mathias* (Hrsg.), Münchener Kommentar zum Aktiengesetz, Band 1, §§ 1–75, 3. Aufl., München 2008. Zit.: *Bearb.* in MünchKommAktG, §, Rn.

*Goette, Wulf/Habersack, Mathias* (Hrsg.), Münchener Kommentar zum Aktiengesetz, Band 2, §§ 76–117, MitbestG, DrittelbG, 4. Aufl., München 2014. Zit.: *Bearb.* in MünchKommAktG, §, Rn.

*Goette, Wulf/Habersack, Mathias* (Hrsg.), Münchener Kommentar zum Aktiengesetz, Band 3, §§ 118–178, 3. Aufl., München 2013. Zit.: *Bearb.* in MünchKommAktG, §, Rn.

*Goette, Wulf/Habersack, Mathias* (Hrsg.), Münchener Kommentar zum Aktiengesetz, Band 4, §§ 179–277, 3. Aufl., München 2011. Zit.: *Bearb.* in MünchKommAktG, §, Rn.

*Goette, Wulf/Habersack, Mathias* (Hrsg.), Münchener Kommentar zum Aktiengesetz, Band 5, §§ 278–328, SpruchG, ÖGesAusG, Österreichisches Konzernrecht, 3. Aufl., München 2010. Zit.: *Bearb.* in MünchKommAktG, (3. Aufl.), §, Rn.

*Goette, Wulf/Habersack, Mathias* (Hrsg.), Münchener Kommentar zum Aktiengesetz, Band 5, §§ 278–328, SpruchG, ÖGesAusG, Österreichisches Konzernrecht, 4. Aufl., München 2015. Zit.: *Bearb.* in MünchKommAktG, §, Rn.

*Goette, Wulf/Habersack, Mathias* (Hrsg.), Münchener Kommentar zum Aktiengesetz, Band 6, §§ 329–410, WpÜG, Österreichisches Übernahmerecht, 3. Aufl., München 2011. Zit.: *Bearb.* in MünchKommAktG, §, Rn.

*Goette, Wulf/Habersack, Mathias* (Hrsg.), Münchener Kommentar zum Aktiengesetz, Band 7, Europäisches Aktienrecht, SE-VO, SEBG, Europäische Niederlassungsfreiheit, 4. Aufl., München 2017. Zit.: *Bearb.* in MünchKommAktG, Europäisches AktR, Abschnitt, Rn.

*Gottwald, Peter* (Hrsg.), Insolvenzrechts-Handbuch, 5. Aufl., München 2015. Zit.: *Bearb.* in Gottwald, InsolvenzR-Hdb., §, Rn.

*Graßl, Bernd*, Die neue Marktmissbrauchsverordnung der EU, DB 2015, 2066 ff.

*Groß, Wolfgang*, Die Neuregelung des Anlegerschutzes beim Delisting, AG 2015, 812 ff.

*Groß, Wolfgang*, Kapitalmarktrecht, 6. Aufl., München 2016. Zit.: *Groß*, KapMaR, §, Rn.

*Große, Christian*, Analyse der Ermittlung der Erwerbsangebotshöhe bei Delisting- und Downlistingvorgängen, DB 2016, 1330 ff.

*Grub, Volker/Streit, Georg*, Börsenzulassung und Insolvenz, BB 2004, 1397 ff.

*Grunewald, Barbara*, Die Auswirkungen der Macrotron-Entscheidung auf das kalte Delisting, ZIP 2004, 542 ff.

*Gutte, Robert*, Das reguläre Delisting von Aktien, Berlin 2006. Zit.: *Gutte*, Delisting, S.

*Habersack, Mathias*, Mitwirkungsrechte der Aktionäre nach Macrotron und Gelatine, AG 2005, 137 ff.

*Habersack, Mathias*, „Macrotron" – was bleibt?, ZHR 2012, 463 ff.

*Habersack, Mathias*, Anmerkung zu BGH, Beschl. v. 8.10.2013 – II ZB 26/12, JZ 2014, 147 f.

*Habersack, Mathias/Drinhausen, Florian* (Hrsg.), SE-Recht, 2. Aufl., München 2016. Zit.: *Bearb.* in Habersack/Drinhausen, SE-Recht, Art., Rn.

*Habersack, Mathias/Mülbert, Peter/Schlitt, Michael* (Hrsg.), Handbuch der Kapitalmarktinformationen, 2. Aufl., München 2013. Zit.: *Bearb.* in Habersack/Mülbert/Schlitt, Hdb. Kapitalmarktinfo, §, Rn.

*Habersack, Mathias/Mülbert, Peter/Schlitt, Michael* (Hrsg.), Unternehmensfinanzierung am Kapitalmarkt, 3. Aufl., Köln 2013. Zit.: *Bearb.* in Habersack/Mülbert/Schlitt, Unternehmensfinanzierung am Kapitalmarkt, §, Rn.

*Häller, Jan*, Delisting von Aktien in der Insolvenz, ZIP 2016, 1903 ff.

*Hamann, Uwe*, Die Angebotsunterlage nach dem WpÜG – ein praxisorientierter Überblick, ZIP 2001, 2249 ff.

*Harnos, Rafael*, Aktionärsschutz beim Delisting, ZHR 2015, 750 ff.

*Harrer, Herbert/Wilsing, Hans-Ulrich*, Aktuelle Aspekte des Rückzugs von der Wertpapierbörse (sog. Delisting), DZWIR 2002, 485 ff.

*Hasselbach, Kai/Pröhl, Maike*, Delisting mit oder ohne Erwerbsangebot nach neuer Rechtslage, NZG 2015, 209 ff.

*Heidel, Thomas* (Hrsg.), Aktienrecht und Kapitalmarktrecht, 4. Aufl., Baden-Baden 2014. Zit.: *Bearb.* in Heidel, AktR, §, Rn.

*Heldt, Cordula/Royé Claudia*, Das Delisting-Urteil des BVerfG aus kapitalmarktrechtlicher Perspektive, AG 2012, 660 ff.

*Hellgardt, Alexander*, Europarechtliche Vorgaben für die Kapitalmarktinformationshaftung, AG 2012, 154 ff.

*Hellwig, Hans-Jürgen*, Möglichkeiten einer Börsenreform zur Stärkung des deutschen Kapitalmarkts, ZGR 1999, 781 ff.

*Henssler, Martin/Strohn, Lutz* (Hrsg.), Gesellschaftsrecht, 3. Aufl., München 2016. Zit.: *Bearb.* in Henssler/Strohn, GesR, §, Rn.

*Henze, Hartwig*, Erscheinungsformen des squeeze-out von Minderheitsaktionären, in Festschrift für Herbert Wiedemann zum 70. Geburtstag, *Wank, Rolf/Hirte, Heribert/Frey, Kaspar/Fleischer, Holger/Thüsing, Gregor* (Hrsg.), München 2002, S. 935 ff. Zit.: *Henze*, FS Wiedemann, S.

*Henze, Hartwig*, Voraussetzungen und Folgen des Delistings, in Festschrift für Thomas Raiser zum 70. Geburtstag am 20. Februar 2005, *Damm, Reinhard/Heermann, Peter/Veil, Rüdiger* (Hrsg.), Berlin 2005, S. 145 ff. Zit.: *Henke*, FS Raiser, S.

*Herzog, Roman/Scholz, Rupert/Herdegen, Matthias/Klein, Hans H.* (Hrsg.), Maunz/Düring, Grundgesetz Kommentar, München, Stand: 79. Erg-Lief., Dezember 2016. Zit.: *Bearb.* in Maunz/Düring, GG, Art., Rn.

*Hirte, Heribert*, Ad-Hoc-Publizität und Krise der Gesellschaft, ZInsO 2006, 1289 ff.

*Hirte, Heribert/v. Bülow, Christoph* (Hrsg.), Kölner Kommentar zum WpÜG, 2. Aufl., Köln 2010. Zit.: *Bearb.* in KölnKommWpÜG, §, Rn.

*Hirte, Heribert/Möller, Thomas M. J.* (Hrsg.), Kölner Kommentar zum WpHG, 2. Aufl., Köln 2014. Zit.: *Bearb.* in KölnKommWpHG, §, Rn.

*Hoffmann-Becking, Michael* (Hrsg.), Münchener Handbuch des Gesellschaftsrechts, Band 4: Aktiengesellschaft, 4. Aufl., München 2015. Zit.: *Bearb.* in Münchener Hdb. des GesR, §, Rn.

*Hölters, Wolfgang* (Hrsg.), Aktiengesetz, 2. Aufl., München 2014. Zit.: *Bearb.* in Hölters, AktG, §, Rn.

*Holzborn, Timo/Hilpert, Christian*, Wechsel in den Freiverkehr als Rückzug aus dem regulierten Markt ohne Delisting – Eine effektive Möglichkeit zur Kostensenkung für Mittelständler? –, WM 2010, 1347 ff.

*Hopt, Klaus J./Rudolph, Bernd/Baum, Harald* (Hrsg.), Börsenreform, Stuttgart 1997. Zit.: *Bearb.* in Hopt/Rudolph/Baum, Börsenreform, S.

*Jäger, Axel*, Thema Börse (5): Wahl des richtigen Börsensegments, NZG 1999, 381 ff.

*Jarass, Hans D.*, Der Rechtsschutz Dritter bei der Genehmigung von Anlagen am Beispiel des Immissionsschutzrechts, NJW 1983, 2844 ff.

*Kalss, Susanne*, Geregelte Märkte dürfen keine Einbahnstraße sein!, EuZW 2016, 321 f.

*Karami, Behzad/Schuster, René*, Anlegerschutz beim Börsenrückzug im Spannungsfeld zwischen Rechtsdogmatik, Jurisprudenz und

Rechtstatsachenforschung – Problemskizze und Würdigung aus ökonomischer Sicht, CF 2016, 106 ff.

*Kastl, Stephanie*, Der Rückzug kapitalmarktfähiger Unternehmen von der Börse, Augsburg 2016. Zit.: *Kastl*, Rückzug von der Börse, S.

*Kiem, Roger*, Investorenvereinbarungen im Lichte des Aktien- und Übernahmerechts, AG 2009, 301 ff.

*Kiesewetter, Matthias/Parmentier, Miriam*, Verschärfung des Marktmissbrauchsrechts – ein Überblick über die neue EU-Verordnung über Insidergeschäfte und Marktmanipulation, BB 2013, 2371 ff.

*Kirchhof, Peter/Eidenmüller, Horst/Stürner, Rolf* (Hrsg.), Münchener Kommentar zur Insolvenzordnung, Band 1, §§ 1–79, InsVV, 3. Aufl., München 2013. Zit.: *Bearb.* in MünchKommInsO, §, Rn.

*Kirchhof, Peter/Eidenmüller, Horst/Stürner, Rolf* (Hrsg.), Münchener Kommentar zur Insolvenzordnung, Band 2, §§ 80–216, 3. Aufl., München 2013. Zit.: *Bearb.* in MünchKommInsO, §, Rn.

*Kirchhof, Peter/Eidenmüller, Horst/Stürner, Rolf* (Hrsg.), Münchener Kommentar zur Insolvenzordnung, Band 3, §§ 217–359, 3. Aufl., München 2014. Zit.: *Bearb.* in MünchKommInsO, §, Rn.

*Kleindiek, Detlef*, „Going Private" und Anlegerschutz, in Festschrift für Gerold Bezzenberger zum 70. Geburtstag am 13. März 2000, *Westermann, Harm-Peter/Mock, Klaus* (Hrsg.), Berlin/New York 2000, S. 653 ff. Zit.: *Kleindiek*, FS Bezzenberger, S.

*Klenke, Hilmar*, Der Rückzug mehrfach notierter Unternehmen von den deutschen Regionalbörsen, WM 1995, 1089 ff.

*Klepsch, Oliver*, Delisting Börsengesetz: Abfindungspflicht als Voraussetzung, BaFin Journal Januar 2016, 23 ff.

*Klepsch, Oliver/Hippeli, Michael*, Update Delisting, RdF 2016, 194 ff.

*Koch, Jens/Harnos, Rafael*, Die Neuregelung des Delistings zwischen Anleger- und Aktionärsschutz, NZG 2015, 729 ff.

*Koch, Jens*, Hüffer/Koch, Aktiengesetz, 12. Aufl., München 2016. Zit.: *Bearb.* in Hüffer, AktG, §, Rn.

*Kocher, Dirk/Widder, Stefan*, Delisting ohne Hauptversammlungsbeschluss und Abfindungsangebot, NJW 2014, 127 ff.

*König, Jan/Möller, Jörn*, Steuerliche Bewertung von KMU und der neue Praxishinweis des IDW, BB 2014, 983 ff.

*Königshausen, Andreas*, Auch verfassungsrechtlich ist die BGH-Entscheidung zugunsten der Unternehmen konsequent, BB 2013, 3025.

*Kraft, Julia*, Streitverkündung in überlangen Spruchverfahren, GWR 2016, 47 ff.

*Krause, Hartmut*, Kapitalmarktrechtliche Compliance: neue Pflichten und drastisch verschärfte Sanktionen nach der EU-Marktmissbrauchsverordnung, CCZ 2014, 248 ff.

*Kreymborg, Dorothea/Land, Volker/Undritz, Sven-Holger*, Delisting von Aktien in der Insolvenz, ZInsO 2011, 71 ff.

*Kropff, Bruno/Semler, Johannes* (Hrsg.), Münchener Kommentar zum Aktiengesetz, Band 4, §§ 118–147, 2. Aufl., München 2004. Zit.: *Bearb.* in MünchKommAktG (2. Aufl.), §, Rn.

*Krüger, Wolfgang/Rauscher, Thomas* (Hrsg.), Münchener Kommentar zur Zivilprozessordnung, Band 1, §§ 1–354, 5. Aufl., München 2016. Zit.: *Bearb.* in MünchKommZPO, §, Rn.

*Kumpan, Christoph*, Ad-hoc-Publizität nach der Marktmissbrauchsverordnung, DB 2016, 2039 ff.

*Lampert, Stephen/Weichel, Mario*, Wegfall der „Macrotron-Trias" – Folgen für Umstrukturierungskonstellationen in Konfliktlagen des Aktien-und Kapitalmarktrechts, WM 2014, 1024 ff.

*Land, Volker/Hasselbach, Kai*, „Going Private" und „Squeeze-out" nach deutschem Aktien-, Börsen- und Übernahmerecht, DB 2000, 557 ff.

*Lenz, Jürgen/Behnke, Thorsten*, Das WpÜG im Praxistest – Ein Jahr Angebotsverfahren unter der Regie des neuen Gesetzes, BKR 2003, 43 ff.

*Lenz, Jürgen*/Linke, *Ulf*, Die Handhabung des WpÜG in der aufsichtsrechtlichen Praxis, AG 2002, 361 ff.

*Linden, Klaus von der*, Kann die Satzung eine Börsennotierung vorschreiben?, NZG 2015, 176 ff.

*Linden, Klaus von der*, Das neue Marktmissbrauchsrecht im Überblick, DStR 2016, 1036 ff.

*Lingemann, Stefan/Wasmann, Dirk*, Mehr Kontrolle und Transparenz im Aktienrecht: Das KonTraG tritt in Kraft, BB 1998, 853 ff.

*Linnerz, Markus/Freyling, Till*, Delisting im Freiverkehr – Sanktionsregime und Pflichtenprogramm, BB 2017, 1354 ff.

*Lochner, Daniel/Schmitz, Benjamin*, Delisting – Rückwirkung der „Frosta"-Entscheidung für laufende Spruchverfahren, AG 2014, 489 ff.

*Löhdefink, Andreas/Jaspers, Philipp*, Fortgeschrittenenveranstaltung zum WpÜG – die Postbank-Entscheidung des BGH, ZIP 2014, 2261 ff.

*Lorenz, Dirk*, Das Spruchverfahren – Dickes Ende oder viel Lärm um Nichts, AG 2012, 284 ff.

*Marsch-Barner, Reinhard*, Anlegerschutz und Rolle der Hauptversammlung beim Rückzug einer Gesellschaft von der Börse – reguläres Delisting, LMK 2003, 108 ff.

*Matyschok, Edgar*, Finanzberichterstattung bei Aufnahme und Beendigung der Börsennotierung, BB 2009, 1494 ff.

*Maume, Philipp*, The Parting of the Ways: Delisting Under German and UK Law, EBOR 2015, 255 ff.

*Mayen, Thomas*, Anlegerschutz ist (auch) öffentliches Recht, ZHR 2015, S. 1 ff.

*Mense, Christian/Klie, Marcus*, Deutliche Erleichterungen beim Delisting – Aufgabe der „Macrotron"-Rechtsprechung durch den BGH, GWR 2013, 505 ff.

*Mense, Christian/Klie, Marcus*, Neues zum Going Private – Praxisfragen zur aktuellen Rechtslage zum Delisting, DStR 2015, 2782 ff.

*Möllers, Thomas M. J./Kernchen, Eva*, Information Overload am Kapitalmarkt, ZGR 2011, 1 ff.

*Morell, Alexander*, Gefahr erkannt, Gefahr gebannt? Ist eine Abfindung beim regulären Delisting aus Effizienzsicht überhaupt geboten?, ZBB 2016, S. 67 ff.

*Müller, Gwendolyn Antonia/Schorn, Florian*, Auswirkungen der Frosta-Entscheidung des BGH auf bereits anhängige Delisting-Spruchverfahren, AG 2015, 420 ff.

*Müller, Welf/Rödder, Thomas* (Hrsg.), Beck'sches Handbuch der AG, 2 Aufl. München 2009. Zit.: *Bearb.* in Beck'sches Hdb. AG, §, Rn.

*Nerlich, Jörg/Römermann, Volker* (Hrsg.), Insolvenzordnung, München, Stand: 31. Erg-Lief., Januar 2017. Zit.: *Bearb.* in Nerlich/Römermann, InsO, §, Rn.

*Nettesheim, Martin* (Hrsg.), Das Recht der Europäischen Union, Band II, München, Stand: 61. Erg-Lief., April 2017. Zit.: *Bearb.* in Grabitz/Hilf/Nettesheim, Recht der EU, §, Rn.

*Nies, Cora*, Kein schutzwürdiges Vertrauen auf die Fortführung von Spruchverfahren nach Aufgabe der Macrotron-Grundsätze, GWR 2016, 33.

*Nikoleyczik, Tobias*, Neues zum übernahmerechtlichen Squeeze-out, GWR 2014, 207 ff.

*Palandt, Otto* (Begründer), Palandt, Bürgerliches Gesetzbuch, 76. Aufl., München 2017. Zit.: *Bearb.* in Palandt, § BGB, Rn.

*Pasch, Lilia/Schmeling, Ann-Kathrin/Starke, Dennis*, Wechsel vom regulierten Markt in den Freiverkehr in Deutschland – Rechtliche Voraussetzungen und Konsequenzen, CF 2015, 259 ff.

*Pasch, Lilia/Schmeling, Ann-Kathrin/Starke, Dennis*, Wechsel vom regulierten Markt in den Freiverkehr in Deutschland – Eine Analyse der Unternehmenscharakteristika und Motive, CF 2015, 295 ff

*Paschos, Nikolaos/Klaaßen, Kristina*, Delisting ohne Hauptversammlung und Kaufangebot – der Rückzug von der Börse nach der Frosta-Entscheidung des BGH, AG 2014, 33 ff.

*Pfüller, Markus/Anders, Dietmar*, Delisting-Motive vor dem Hintergrund neuerer Rechtsentwicklungen, NZG 2003, 459 ff.

*Pilsl, Ludwig/Knoll, Leonhard*, Delisting und Börsenkurs, DB 2016, 181 ff.

*Pluskat, Sorika*, Going Private durch reguläres Delisting, WM 2002, 833 ff.

*Pluskat, Sorika*, Das Kalte Delisting. BKR 2007, 54 ff.

*Poelzig, Dörte*, Private Enforcement im deutschen und europäischen Kapitalmarktrecht, ZGR 2015, 801 ff.

*Poelzig, Dörte*, Die Neuregelung der Offenlegungsvorschriften durch die Marktmissbrauchsverordnung, NZG 2016, 761 ff.

*Poelzig, Dörte*, Durchsetzung und Sanktionierung des neuen Marktmissbrauchsrechts, NZG 2016, 492 ff.

*Poelzig, Dörte*, Insider-und Marktmanipulationsverbot im neuen Marktmissbrauchsrecht, NZG 2016, 528 ff.

*Posser, Herbert/Wolff, Heinrich Amadeus* (Hrsg.), Beck'scher Online-Kommentar VwGO, München, Stand: 41. Edition, 01.04.2017. Zit.: *Bearb.* in BeckOK, VwGO, §, Rn.

*Puszkajler, Karl Peter/Sekera-Terplan, Tino*, Reform des Spruchverfahrens?, NZG 2015, 1055 ff.

*Renz, Hartmut T./Leibold, Michael*, Die neuen strafrechtlichen Sanktionsregelungen im Kapitalmarktrecht, CCZ 2016, 157 ff.

*Retsch, Alexander*, Die Selbstbefreiung nach der Marktmissbrauchsverordnung, NZG 2016, 1201 ff.

*Richard, Jörg/Weinheimer, Stefan*, Der Weg zurück: Going Private, BB, 1999, 1613 ff.

*Richard, Jörg/Weinheimer, Stefan* (Hrsg.), Handbuch Going Private, Heidelberg 2002. Zit. *Bearb.* in Richard/Weinheimer, Hdb. Going Private, S.

*Roßkopf, Gabriele*, Delisting zwischen Gesellschafts- und Kapitalmarktrecht, ZGR 2014, 487 ff.

*Roth, Hans-Peter*, Erstes Gesetz zur Novellierung von Finanzmarktvorschriften auf Grund europäischer Rechtsakte, GWR 2016, 291 ff.

*Rothley, Oliver*, Aufgabe der Macrotron-Grundsätze, GWR 2013, 493.

*Rubner, Daniel/Pospiech, Lutz,* Die EU-Marktmissbrauchsverordnung – verschärfte Anforderungen an die kapitalmarktrechtliche Compliance auch für den Freiverkehr, GWR 2016, 228 ff.

*Rubner, Daniel/Pospiech, Lutz,* Rückzug von der Börse – Neue Regeln für Delisting und Downgrading, NJW-Spezial 2016, 207 f.

*Ruthardt, Frederik/Hachmeister, Dirk,* Ermittlung der angemessenen Barabfindung beim Squeeze Out – Zur grundsätzlichen Notwendigkeit einer fundamentalen (Ertrags-) Wertermittlung, NZG 2014, 41 ff.

*Rutz, Konstantin,* Delisting und Downgrading, Jena 2015. Zit.: *Rutz,* Delisting und Downgrading, S.

*Säcker, Franz Jürgen/Rixecker, Roland/Oetker, Hartmut/Limperg, Bettina* (Hrsg.), Münchener Kommentar zum Bürgerlichen Gesetzbuch, Band 1, §§ 1–240, ProstG, AGG, 7. Aufl., München 2015. Zit.: *Bearb.* in MünchKommBGB, §, Rn.

*Schanz, Kay-Michael,* Börseneinführung, 4. Aufl., München 2012. Zit.: *Schanz,* Börseneinführung, §, Rn.

*Schaub, Bernhard,* Gesellschaftsrecht: Delisting einer AG, DStR 2001, 950 ff.

*Schenke, Wolf-Rüdiger* (Hrsg.), Kopp/Schenke, VwGO, 23. Aufl., München 2017. Zit.: *Bearb.* in Kopp/Schenke, VwGO, §, Rn.

*Schilba, Ralph/Fekonja, Benjamin,* Anmerkung zu VG Düsseldorf, Beschl. v. 7.8.2015 20L 2589/15, EWiR 2015, 667 f.

*Schimansky Herbert/Bunte, Herrmann-Josef/Lwowski, Hans-Jürgen,* Bankrechts-Handbuch, Band II, 5. Aufl., München 2017. Zit.: *Bearb.* in Schimansky/Bunte/Lwowski, BankR-Hdb., §, Rn.

*Schlitt, Michael,* Die gesellschaftsrechtlichen Voraussetzungen des regulären Delisting – Macrotron und die Folgen, ZIP 2004, 533 ff.

*Schlote, Klaus/Schmitt, Joachim,* Delisting nach Frosta – Investoren, Börsen und Gesetzgeber gefordert, HV-Magazin 1/2015, 26 f.

*Schlüter, Uwe,* Börsenhandelsrecht, 2. Aufl., München 2002. Zit.: *Schlüter,* BörsenhandelsR, Kapitel, Rn.

*Schmid, Martina,* Delisting berührt nicht den Schutzbereich des Eigentumsgrundrechts – Macrotron-Rechtsprechung zulässig, GWR 2012, 320.

*Schmidt, Karsten,* Macrotron oder: weitere Ausdifferenzierung des Aktionärsschutzes durch den BGH, NZG 2003, 601 ff.

*Schmidt, Karsten,* Aktienrecht: Keine Barabfindung beim Delisting, JuS 2014, 174 ff.

*Schmidt, Karsten.* (Hrsg.), Münchener Kommentar zum Handelsgesetzbuch, Band 4, §§ 238–342e, 3. Aufl., München 2013. Zit.: *Bearb.* in MünchKommHGB, §, Rn.

*Schmidt, Karsten.* (Hrsg.), Insolvenzordnung, 19. Aufl., München 2016. Zit.: *Bearb.* in K. Schmidt, InsO, §, Rn.

Schmidt, Karsten/*Lutter, Marcus* (Hrsg.), Aktiengesetz Kommentar, I Band, §§ 1–149, 3. Aufl., München 2015. Zit.: *Bearb.* in Schmidt/Lutter, AktG, §, Rn.

Schmidt, Karsten/*Lutter, Marcus* (Hrsg.), Aktiengesetz Kommentar, II Band, §§ 150–410 und SpruchG, 3. Aufl., München 2015. Zit.: *Bearb.* in K. Schmidt/ Lutter, AktG, §, Rn.

*Schmitt, Christoph/Süßmann, Rainer*, Rückzug mittelständischer Unternehmen aus dem regulierten Markt, BB 2014, 1451 ff.

*Schmolke, Klaus Ulrich*, Private Enforcement und institutionelle Balance – Verlangt das Effektivitätsgebot des Art. 4 III EUV eine Schadensersatzhaftung bei Verstoß gegen Art. 15 MAR?, NZG 2016, 721 ff.

*Schnaittacher, Ralf M./Westerheide, Stefan/Stindt, Sebastian*, Freie Fahrt in den Freiverkehr (?), WM 2012, 2225 ff.

*Schneider, Burkhard/Heppner, Heiko*, KapMuG Reloaded – das neue Kapitalanleger-Musterverfahrensgesetz, BB 2012, 2703 ff.

*Schockenhoff, Martin*, Delisting – Karlsruhe locuta, causa finita?, ZIP 2013, 2429 ff.

*Scholz, Philipp*, Zurück ins „Macrotron"-Zeitalter durch Satzungsregelung?, BB 2015, 2248 ff.

*Scholz, Philipp*, Ad-hoc-Publizität und Freiverkehr, NZG 2016, 1286 ff.

*Schulz, Stephan/Wieneke, Laurenz*, Delisting ausländischer Emittenten, NZG 2017, 449 ff.

*Schüppen, Matthias/Tretter, Alexandra*, Grundsatzentscheidung des Bundesgerichtshofs bringt Klarheit zum Delisting, Die Bank 2003, 400 ff.

*Schüppen, Matthias/Schaub, Bernhard* (Hrsg.), Münchener Anwalts Handbuch Aktienrecht, 2. Aufl., München 2010. Zit.: *Bearb.* in Münchener Anw. Hdb. AktR, §, Rn.

*Schwark, Eberhard*, Zur rechtlichen Zulässigkeit der Konzerneingliederung des Trägers der Frankfurter Wertpapierbörse unter eine ausländische Holding und eines blue-chips-Handelssegments in alleiniger Zuständigkeit einer ausländischen Börsenholding, WM 2000, 2517 ff.

*Schwark, Eberhard/Zimmer, Daniel (Hrsg.),* Kapitalmarktrechtskommentar, 4. Aufl., München 2010. Zit.: *Bearb.* in Schwark/Zimmer, KPMK, §, Rn.

*Seibt, Christoph H./Wollenschläger, Bernward*, Downlisting einer börsennotierten Gesellschaft ohne Abfindungsangebot und Hauptversammlungsbeschluss, AG 2009, 807 ff.

*Seibt, Christoph H./Wollenschläger, Bernward*, Revision des Marktmissbrauchsrechts durch Marktmissbrauchsverordnung und Richtlinie über strafrechtliche Sanktionen für Marktmanipulation, AG 2014, 593 ff.

*Semler, Johannes/Stengel, Arndt* (Hrsg.), Umwandlungsgesetz mit Spruchverfahrensgesetz, 4. Aufl., München 2017. Zit.: *Bearb.* in Semler/Stengel, UmwG, §, Rn.

*Siebel, Ulf R.*, Insolvenzverwalter, Gesellschaftsorgane und die Börse, NZI 2007, 498 ff.

*Söhner, Matthias*, Das neue Kapitalanleger-Musterverfahrensgesetz, ZIP 2013, 7 ff.

*Spindler, Gerald*, Vorstandsgehälter auf dem Prüfstand – das Gesetz zur Angemessenheit der Vorstandsvergütung (VorstAG), NJOZ 2009, 3282 ff.

*Spindler, Gerald/Stilz, Eberhard* (Hrsg.), Kommentar zum Aktiengesetz, 3. Aufl., München 2015. Zit.: *Bearb.* in Spindler/Stilz, AktG, §, Rn.

*Steck, Kai-Uwe*, „Going private" über das UmwG, AG 1998, 460 ff.

*Steinmeyer, Roland/Santelmann, Matthias*, Zur Widerleglichkeit der Angemessenheitsvermutung beim übernahmerechtlichen Squeeze out, BB 2016, S. 674 ff.

*Stern, Klaus*, Die Schutzpflichtenfunktion der Grundrechte: Eine juristische Entdeckung, DÖV 2010, 241 ff.

*Stöber Michael*, Die Zukunft der Macrotron-Regeln zum Delisting nach den jüngsten Entscheidungen des BVerfG und des BGH, BB 2014, 9 ff.

*Stöber Michael*, Ungeschriebene Hauptversammlungskompetenzen am Beispiel des Börsenrückzugs und der fakultativen Insolvenzantragsstellung, WM 2014, 1757 ff.

*Stöber Michael*, Die Entscheidung stellt eine erfreuliche Maßnahme zur Schadensbegrenzung dar, Kommentar zu OLG Düsseldorf, Beschl. v. 19.11.2015 – Az.: I-26 W 4/15 [AktE], BB 2016, 976.

*Streinz, Rudolf*, EUV/AEUV, 2. Aufl., München 2012. Zit.: *Bearb.* in Streinz, EUV/AEUV, Art., Rn.

*Streit, Georg*, Delisting Light – Die Problematik der Vereinfachung des freiwilligen Rückzugs von der Frankfurter Wertpapierbörse, ZIP 2002, 1279 ff.

*Streit, Georg*, Anmerkung zu BGH, Urt. v. 25. 11. 2002 – II ZR 133/01, ZIP 2003, 392 ff.

*Streit, Georg*, Veröffentlichungspflichten gem. §§ 21, 25 WpHG bei der insolventen AG, Inanspruchnahme des Insolvenzverwalters und Kostenhaftung der Masse?, NZI 2005, 486 ff.

*Stürner, Rolf* (Hrsg.), Jauernig, Bürgerliches Gesetzbuch, 16. Aufl., München 2015. Zit.: *Bearb.* in Jauernig, BGB, §, Rn.

*Thomale, Chris*, Minderheitenschutz gegen Delisting – die MACROTRON – Rechtsprechung zwischen Eigentumsgewähr und richterlicher Rechtsfortbildung, ZGR 2013, 686 ff.

*Thomale, Chris*, AG: Reguläres Delisting ohne Hauptversammlungsbeschluss und Pflichtangebot zulässig, DStR 2015, 2526 ff.

*Thomale, Chris/Walter, Andreas*, Delisting als Regulierungsaufgabe, ZGR 2016, 679 ff.

*Uhlenbruck, Wilhelm/Hirte, Heribert/Vallender, Heinz* (Hrsg.), Insolvenzordnung, 14. Aufl., München 2015. Zit.: *Bearb.* in Uhlenbruck, InsO, §, Rn.

*Umnuß, Karsten* (Hrsg.), Corporate Compliance Checklisten, 3. Aufl., München 2017. Zit.: *Bearb.* in Umnuß, Corporate Compliance Checklisten, Kapitel, Rn.

*Veranneman, Peter*, Verfassungsbeschwerde von T-Online-Aktionären gegen Spruchverfahrensbeschluss zur baren Zuzahlung nicht zur Entscheidung angenommen, GWR 2011, 256.

*Verse, Dirk A.*, Neues zum Rechtsschutz der Aktionäre im Übernahmerecht, Der Konzern 2015, 1 ff.

*Vollmer, Lothar/Grupp, Alexander*, Der Schutz der Aktionäre beim Börseneintritt und Börsenaustritt, ZGR 1995, 459 ff.

*Vorwerk, Volkert/Wolf, Christian* (Hrsg.), Kapitalanleger-Musterverfahrensgesetz (KapMuG), München 2007. Zit.: *Bearb.* in Vorwerk/Wolf, KapMuG, §, Rn.

*Wackerbarth, Ulrich*, Das neue Delisting-Angebot nach § 39 BörsG oder: Hat der Gesetzgeber hier wirklich gut nachgedacht?, WM 2016, 385 ff.

*Wardenbach, Frank*, KapMuG 2012 versus KapMuG 2005: Die wichtigsten Änderungen aus Sicht der Praxis, GWR 2013, 35 ff.

*Wasmann, Dirk/Glock, Jana*, Die FRoSTA-Entscheidung des BGH – Das Ende der Macrotron-Grundsätze zum Delisting, DB 2015, 105 ff.

*Weber, Martin*, Die Entwicklung des Kapitalmarktrechts im zweiten Halbjahr 2014, NJW 2015, 212 ff.

*Weber, Martin*, Die Entwicklung des Kapitalmarktrechts in 2016/2017, NJW 2017, 991 ff.

*Weidemann, Ulrich/Weiß, Simon*, Kein Barabfindungsangebot bei Widerruf der Zulassung einer Aktie zum Handel im regulierten Markt, BKR 2014, 168 ff.

*Weidlich, Thomas/Dietz, Philipp/Cammerer, Claus*, Nach der Neuregulierung des Open Market der Deutschen Börse: Notierungsmöglichkeiten für Unternehmen, GWR 2013, 39 ff.

*Weitnauer, Wolfgang*, Handbuch Venture Capital, 5. Aufl., München 2016. Zit.: *Weitnauer*, Hdb. Venture Capital, Teil, Rn.

*Wessels, Ulrich/Röder, Klaus*, Die Kurswirkung von Delistings in Deutschland, CF 2016, 357 ff.

*Wicke, Hartmut*, Aktionärsschutz beim Delisting Reformüberlegungen nach der Frosta-Entscheidung des BGH, DNotZ 2015, 488 ff.

*Wieneke, Laurenz*, Aktien- und kapitalmarktrechtlicher Schutz beim Delisting nach dem FRoSTA-Beschluss des BGH, NZG 2014, 22 ff.

*Wieneke, Laurenz/Schulz, Stephan*, Durchführung eines Delistings, AG 2016, 809 ff.

*Wilsing, Hans-Ulrich/Kruse, Tobias*, Börsenrechtliches Delisting nach Macrotron, WM 2003, 1110 ff.

*Wilsing, Hans-Ulrich/Paul, Carsten A.*, Verfassungsmäßigkeit des übernahmerechtlichen Squeeze-out, GWR 2012, 369.

*Wirth, Gerhard/Arnold, Michael*, Anlegerschutz beim Delisting von Aktiengesellschaften, ZIP 2000, 111 ff.

*Witt, Carl-Heinz*, Angemessenheit eines Übernahme- oder Pflichtangebots und Zurechnung von Stimmrechten: Die Postbank-Entscheidung des BGH, DStR 2014, 2132 ff.

*Wittig, Arne* (Hrsg.), Bank- und Kapitalmarktrecht, 4. Aufl., Köln 2011. Zit.: *Bearb.* in Kümpel/Wittig, Bank- und KapitalmarktR, Rn.

*Zetzsche, Dirk*, Reguläres Delisting und deutsches Gesellschaftsrecht, NZG 2000, 1065 ff.

*Zimmer, Lutz/Imhoff, Julian von*, Die Neuregelung des Delisting in § 39 BörsG – Zur Bedingungsfeindlichkeit des Delisting-Angebots und dem zeitlichen Zusammenhang zwischen Erwerbsangebot und Delisting-Antrag, NZG 2016, 1056 ff.

*Zöllner, Wolfgang/Noack, Ulrich* (Hrsg.), Kölner Kommentar zum Aktiengesetz, Band 6, §§ 291–393 und §§ 15–22, 3. Aufl., Köln 2004. Zit.: *Bearb.* in KölnKommAktG, §, Rn.

*Zwirner, Christian/Kähler, Malte*, (Unternehmens-)Bewertung beim Delisting: Auswirkungen der Neuregelung des § 39 BörsG auf KMU, BB 2016, 171 ff.

FSC
www.fsc.org
MIX
Papier | Fördert
gute Waldnutzung
FSC® C083411

Kolibri 360 GmbH
Ferdinand-Jühlke-Straße 7
99095 Erfurt, Deutschland
produktsicherheit@kolibri360.de